문화 혼종과 탈경계 주체

* 이 학술총서는 정부(교육과학기술부)의 재원으로 한국연구재단의 인문한국지원사업 지원을 받아 발행되었음(NRF-2007-361-AL0015).

탈경계
인문학
학술총서 10

문화 혼종과 탈경계 주체

| 이화인문과학원 편 |

이화여자대학교출판부

문화 혼종과 탈경계 주체

펴낸날 1판 1쇄 2013년 5월 15일
엮은이 이화인문과학원
펴낸이 김훈순
펴낸곳 이화여자대학교출판부
주소 서울특별시 서대문구 이화여대길 52(우120-750)
등록 1954년 7월 6일 제9-61호
전화 02) 362-2966(편집), 02) 362-6076(마케팅)
팩스 02) 312-4312
전자우편 press@ewha.ac.kr
홈페이지 www.ewhapress.com
디자인 신성기획
찍은곳 한영문화사

ISBN 978-89-7300-980-0 94000
ISBN 978-89-7300-834-6(세트)
값 20,000원

이 도서의 국립중앙도서관 출판시도서목록(CIP)은 서지정보유통지원시스템 홈페이지 (http://seoji.nl.go.kr)와 국가자료공동목록시스템(http://www.nl.go.kr/kolisnet)에서 이용하실 수 있습니다.(CIP제어번호: CIP2013004556)

| 서문 |

문화 혼종과 탈경계 주체

탈경계인문학 연구단의 '문화 교섭과 혼종성' 연구팀에서는 혼종적 시공간과 문화 정체성, 글로컬 문화 환경과 젠더 역학, 문화 번역과 수행적 주체, 그리고 탈경계 문화 경험과 디아스포라를 중심으로 연구를 진행하여 『문화 혼종과 탈경계 주체』를 펴낸다. 전지구적 차원에서 이루어지는 문화 변동의 핵심에는 끊임없이 서로의 경계를 넘나들면서 교섭하고 혼종하여 융합하는 문화의 다양한 얼굴이 존재한다. 문화 간의 연계와 새로운 문화의 형성, 문화적 경계짓기 및 해체는 그러므로 현재화된 우리 시대의 문화적 특성을 그대로 보여주고 있으며, 그 과정에서 글로컬리티glocality의 다양한 면모 또한 두드러지고 있다.

오늘날 문화 혼종의 개념은 국가와 민족 중심의 문화 개념에서 출발해 일상생활 속 미디어스케이프mediascape의 차원에서 더욱 정치한 개념 정의를 요구하는 문화로 진화하고 있다. 이에 문화를 특정한 시공간에 한정하는 것이 아니라, 문화에 대한 지구적 인식과 지역적 인식, 그 문화적 실천에 대한 새로운 이해를 위해 '글로컬 문화 환경'에 대한 문제적 시각을 갖는 것이 필요하다. 그 실천 영역에서의 문제적 현상을 찾고 긍정적인 차원에서 인문적 가치를 부여할 전략적 문화 이론이 절실하다. 그런 점에서 문화 혼종성과 유동적 정체성은 주목해야 할 21세기 문화의 주요 현상이다. 탈식민주의 문화이론적 관점에서 보자면 '혼종성'은 동질적 정체성에 대한 서구적 환상과 토착적 환상을 넘어 '제3의 공간'을 열고자 시도하는, 그리고 지배적인 문화에로의 순수 동화의 가능성을 근본적으로 거절하고자 시도하는 데 결정적으로 중요한 개념이다.

이러한 문제 의식에 따라 구성된 '문화 교섭과 혼종성' 연구팀은 그동안 문화 혼종의 이론적 논의를 천착하면서 글로컬 문화 환경에서 이주하는 타자들과 그들의 유동적인 문화 정체성, 다양한 방식으로 교집합을 이루는 문화의 여러 양상, 그리고 동시대적 배경에서 미세하게 융합하는 문화를 문화 혼종의 구체적인 실천의 장에서 고찰하는 연구를 진행했다. 그동안의 연구 결과인 총 12편의 논문을 '문화 혼종의 개념과 적용', '포스트식민 역사에서 본 혼종적 시공간', '글로컬 텍스트와 탈경계 정체성'의 세 가지 범주로 묶어 〈탈경계인문학 학술총서〉로 펴냄으로써 경계를 넘는 주체를 통해 인문학의 새로운 가치를 제시하고자 하는 원대한 연구 목표 실현의 디딤돌로 삼고자 했다. 특히 이 책에는 2011년에 이화인문과학원에서 주최한 국제학술대회인 '문화 혼종성과 유동적 정체성'에서 논문을 발표한 연구단 외부의 두 필자인 영국 맨체스터대학교 사회학과에 재직 중인 클레어 알렉산더Claire Alexander 교수와 시인이자 사회학자인 경희사이버대학교 문화예술경영학과 심보선 교수의 논문이 포함되었다.

먼저 제1부에서는 '문화 혼종의 개념과 적용'을 중심으로 혼종성과 수행적 주체에 대한 이론적 논의와 이를 구체적 사례에 적용한 논문들을 통해 문화 혼종의 동시대적 논의의 핵심에 다가가고자 했다. 제1부의 각 논문을 살펴보면 다음과 같다.

이수안은 문화 혼종성과 혼종 문화의 이론적 논의를 바탕으로 문화 혼종화 과정을 유추해 보는 글 "문화 혼종 이론으로 본 케이팝K-pop 열풍"을 통해 동시대 문화 현상의 가장 두드러진 현상인 '혼종hybridization'과 '융합convergence'의 과정, 그리고 그 안에서 발견되는 글로컬리티를 들여다보고 있다. 이론적 논의에서는 기본적으로 포스트콜로니얼리즘 문화이론가들에 의해 개념화되어 온 문화 혼종성cultural hybridity 개념에 주목하면서 특히 호미 바바, 로버트 영 등 문화이론가와 아리프 딜릭 등 역사적 관점의 이론가들에 의해 이루어져 온 개념적 정의와 논의를 중심으로 문화 형성의 현장과 실천적 차원에서 혼종성을 논의할 때 기준으로 삼는 구분을 차용했다. 즉, 과정으로서의 문화 혼종화cultural hybridization와, 그 결과로서의 혼종 문화hybrid culture를 구체적 사례와 함께 살펴보아야 한다는 점을 역설하고 있다. 이에 따르면 문화 혼종화와 혼종 문화에 대한 논의의 중심에는 네스토르 가르시아 칸클리니와 마원 크레이디가 있다. 이 연구에서 사례로 분석한 케이팝의 경우, 서구의 대중 음악인 팝송이 한국에서 수용되는 과정에서 단순히 '이국적인 문화'의 이식으로서 서구 문화를 수용함으로써 정착한 것이 아니라 '전유'의 과정을 거치면서 다시 역으로 세계 무대를 향해 글로컬리티의 특성을 내포한 상태로 문화적 지구화를 이루는 것으로 평가되었다. 문화 간의 혼종은 결국 어느 한쪽으로의 병합이나 통합이 아니라 둘 또는 그 이상의 문화 간에 미세 차원에서의 치열한 교섭과 갈등, 그리고 상호 이해를 통해 도출되는 새로운 형태의 문화를 이끌어 내는 과정이라고 할 수 있다.

클레어 알렉산더의 "문화적 혼종성의 성별화: 결혼 시장"은 2011년 이화인문과학원 주최 국제학술대회 '문화 혼종성과 유동적 정체성'에서 발표된 논문을 수정한 글로, 국제 결혼 시장에서 문화 혼종성이 성별화되는 과정을 심층적인 사례 연구를 바탕으로 이론화하고 있다. 이 글의 논지는 성(그리고 세대)의 문제는 확장된 사회, 정치 및 문화적 맥락과 논쟁을 연관지어 파악되어야 한다는 것이다. 이러한 맥락과 논쟁을 통해 용인 가능한 문화적 다양성과 혼종성의 개념 내에 포함될 사람이 누구인지 혹은 그 외부에 있는 사람들은 누구인가를 틀 지어주기 때문이다. 이 글에서는 최근의 유럽 지역에서 형성되고 있는 문화적 정체성을 둘러싼 긴장과 특별히 다문화주의와 문화적 혼종성 간의 긴장을 공개하고 탐색하고자 했다. 이를 위해 영국으로 이주한 벵골/방글라데시 이슬람 여성 이주민들과 특히 '결혼 시장'이라는 영역에서 나타나는 변화와 경쟁을 살펴보고 있다. 문화적 혼종성이 종종 무비판적으로 진보적이며 일반 보통 사람들의 것이고 민주적이라고 찬양받는 것과 달리 혼종성이 갖고 있는 수용 및 배척, 그리고 침묵과 삭제라는 경합적이면서도 모순적인 면이 간과되었음을 논의했다. 이를 통해 정체성이 형성될 때 권력과 행위성agency, 구조와 문화, 그리고 장소와 시간이 다중적으로 교차한다는 것이 드러났다. 이 글의 목적은 이주민들의 삶이 역사의 흐름에 의해 형성되고, 다시 역사의 흐름을 형성하는 방식, 평범한 사람들의 개인(역)사가 지워지는 방식, 그중에서도 특별히 가난한 자와 도망자, 그리고 여성을 포함한 사람들의 경험이 지나치게 자주 간과되는 방식을 탐색하는 것이었으며, 이는 이 글의 분석을 통해 잘 드러나고 있다.

이선주는 "혼종 문화 속의 수행적 주체로서 수키 김과 창래 리"에서 혼종 문화와 수행적 주체에 대한 대표적인 비평가들의 논의를 간략하게 살펴보면서 논의를 시작하고 있다. 미국의 혼종 문화 속에서 수키 김과 창래 리라는 한국계 미국 소설가가 어떻게 수행적 주체로서 부각될 수 있는지를 살펴보기 위해 두 작가가 혼종 사회 속에서 소수민족과 인종 문제를 일반적인 소수민족 작가들과는 어떻게 다르게 바라보며 중대한 서사적 발전을 이루게 되는가를 살펴보고자 하는 목적에서 출발한다. 수키 김의 수행적 주체로서의 면모는 '이민자로서 미국 주류 사회에게 말걸기'라고 특징지을 수 있음을 『통역가』와 미국 신문 등에 낸 그녀의 기고문들을 예로 들며 살펴보았다. 창래 리의 수행적 주체의 면모는 한국계 미국 소설가라는 이름을 넘어서서 이미 미국 현대 소설가의 위치에 우뚝 서게 된 그가 혼종 문화 속의 소통의 모색이라는 어려운 분투를 어떻게 하고 있는가에서 나타난다. 창래 리의 수행성은 『원어민』과 『비상』을 예로 언급하면서 살펴보았고, 한국과 한국계 이민자의 삶을 자산으로 소설을 쓰는 소수민족 작가로서의 자의식에 대해서도 함께 고찰했다.

심보선은 "정체성 정치와 수행적 주체성 개념에 대한 비판적 고찰"을 통해 정체성 정치가 갖고 있는 사회문화적 함의를 통해 수행적 주체성 개념을 비판적으로 고찰함으로써 행위자의 실천적 힘의 원천을 찾아보고 있다. 정체성 정치라는 말이 효용을 지니기 위해서는 학문적 · 실천적 관심이 존재해야 한다고 전제하면서 한국의 역사와 학문적 · 실천적 관심에 비추어볼 때, 정체성 정치라는 개념이 얼마만큼 정당성과 적절성을 갖느냐가 문제의 핵심이라고 전제하고 있다. 한편 수행적 주체성 이론은 거시적 사회 구조의 미시적 기초를 행위자의 수행적 행위에 정초함으로써 사회 구조를 본질적으로 취약하며 변화 가능한 것으로 파악한다. 여기서 '수행적performative'이라는 말이 갖는 어떤 인위성에 주목할 필요가 있다. 집합적 연대감은 종교적 의례에 행위자들이 참여함으로써 강화되고 재생산된다는 에밀 뒤르켐의 논의와 수행적 주체에 대한 주디스 버틀러의 논의를 대조하여 읽고 있다. 이러한 논의를 바탕으로 하여 이 글은 우리 사회의 주변으로 밀려나 있는 타자의 입장들을 수용할 때에만

이, 우리는 소위 보편적이고 정당한 것으로 여겨지던 담론들, 법들, 상징들을 진정한 의미에서의 민주주의적 문자들로 전환시킬 수 있을 것이라는 결론을 맺고 있다.

제2부는 '포스트식민 역사에서 본 혼종적 시공간'이라는 주제로 서구의 근대와 조선의 봉건에 해당되는 시기 조선 개화 지식인의 근대주의, 태평양 전쟁과 재미 일본인 사회, 재일 한인의 정체성, 이스라엘의 '중다한 잡족'의 정체성에 초점을 맞춘 네 편의 글이 다양한 시공간적 · 역사적 맥락을 보여주고 있다.

김수자는 "근대 초 개화 지식인들의 근대주의와 유학儒學 인식: 『독립신문』 논설을 중심으로"에서 개화 지식인들이 근대로 진입하는 조선의 미래를 '밝혀 줄' 등불로 인식했던 『독립신문』의 논설을 중심으로 연구했다. 당시 『독립신문』은 근대주의적 입장에서 전통적인 지역 질서 체제, 신분제, 사상, 학문, 유학 등을 부정적으로 인식했으며, 그 '부정적' 인식은 다분히 '의도적'인 것이었다. 그것은 전근대 시기 조선의 학문, 사상 등 각 분야에서 '유학'이 차지한 위치가 절대적이었다는 인식에서 나온 것이라 할 수 있다. 그리고 동양 문화의 중심이었던 중국에 기원한 유학적 가치 체계, 사상의 탈보편화, 탈역사화 작업은 어쩌면 당연한 것이었는지 모른다. 그리고 탈보편화의 방식으로 사용한 것이 중국적인 것, 중국의 사회적 풍습, 중국 관리들의 행태, 나아가 중국의 전통, 사상, 학문을 '야만적인 것'으로 치부하는 것이었다. 문명, 야만의 이분법적 방식의 사용은 문화의 '모범'이 되었던 중국적인 것을 '야만의 것'으로 규정함으로써 각 방면에서 중국에 종속되어 있던 부분을 빠른 시간에 극복하기를 기대했기 때문이다. 그러나 근대 서구와 교류하며 문화 접촉이 이루어지던 당시 조선 개화 지식인들의 문명 개화의 논리는 서구 열강의 식민 침탈을 합리화, 정당화하는 근대주의적 '문명 담론'의 성격이 강하게 깔려 있었으며, 이것은 그들이 가지고 있었던 시대적 · 사상적 한계라 할 수 있다.

김영숙은 "아시아 태평양 전쟁과 재미 일본인 사회의 동향"에서 동아시아 이주민들의 상호 관계를 아시아 태평양 전쟁이 시작되던 1941년을 전후하여 특히 재미 일본인 사회를 중심으로 고찰했다. 미일 외교 관계가 악화되자 친선 만찬회와 일본계 병사의 입영 축하모임 등을 통해 충실한 미국 시민으로서의 재미 일본인을 부각시키기 위한 일본인 사회의 노력은 일본이 진주만을 기습하면서 물거품이 되었다. 재미 중국인들과 필리핀인들이 일본인들을 습격하는 경우가 많았고 한국인들이 종종 일본인으로 오해받아 습격당하는 일이 있었다. 한국인들은 재미한족연합회를 중심으로 한인이라는 표시를 하는 한편, 일본 국적에서 분리시키는 운동을 했다. 개전 후 재미 일본인 사회는 1세들의 조직이 해산을 당하자 2세들은 공식적으로 미국 정부에 대해 충성을 맹세하고 미국인임을 강조했다. 이 연구는 당시 미국의 일본어 신문을 통해 동아시아 이민 사회를 분석했으며, 미일 개전을 전후한 시기인 '혼종적 시공간'에서 미국의 아시아 이민 사회의 상호 관계를 살펴보았다는 데 의의가 있다.

윤정화의 "제노사이드 기억의 재현 방식과 재일 한인의 정체성: 재일 한인 작가 이양지의 작품을 중심으로"는 재일 한인은 제노사이드의 역사에서 살아남은 생존, 그 자체로 주목받아 마땅함에도 불구하고 제노사이드의 연구 대상에서 제외되어 있다는 문제 의식에서 출발한다. 담론화되지 않는 기억은 이미 삭제 진행 중인 기억으로 서사화되지 못한다. 이양지의 작품에서 발견되는 학살의 기억에 주목해야 하는 이유는 이러한 작업이 재일 한인의 정체성을 규명하는 데에 필수적이기 때문이다. 타자로서의 자기 자신을 응시하도록 추동하는 것은 기억이고 이양지의 경우에 이 지점이란 바로 학살에 대해 기억해 내는 순간이다. '말할 수 없는 소수자'인 이양지는 자신의 정체성의 중요한 부분을 차지하는 '제노사이드에 대한 기억과 두려움'을 형상화한다. 그런데 이양지의 작품 전체에서 기억의 주체인 재일 한인 주인공의 목소리는 삭제된 침묵의 상태로 재현되고 다수자에 의해 전언되는 양상으로 나타난다. 이양지의 작품에서 재현되고 있는 제노사이드의 기억에 대한 논의는 재일 한인이라는 소수자가 희생되고 전멸되는 무기력한 존재가 아니라, 그 역사를 기억하고 저항의 글쓰기 전략을 고안하는 실천적 주체로 재규정될 수 있는 또 하나의 증거로 기능할 수 있다.

백소영의 "'중다한 잡족' 이스라엘의 사회적 상상력과 21세기적 함의"는 이스라엘의 기원이 혈연으로 묶여진 동질화된 '민족' 집단으로 출발한 것이 아니라 메소포타미아 상부, 시리아, 이집트에 흩어져 살던 '아피루'(법적 보호를 받지 못하는 불법 체류 계약 노동자들)들의 연합체였다는 성서학자들과 고고학자들의 이론을 소개하면서, 그 초기 형태의 특징과 제도적 고찰을 통해 21세기를 사는 오늘날 점차 증가하는 '전지구적 이주 노동자들'의 인권과 공동체적 연대의 가능성을 위한 집단 정체성 형성을 위해 새로운 사회적 상상력을 촉구하고 있다.

제3부 '글로컬 텍스트와 탈경계 정체성'은 탈경계 문화 현상의 문화적 재현을 세밀하게 들여다보고, 포스트식민 공간에서 인종과 문화의 혼종으로 인해 야기되는 권력과 위계의 복잡한 구조를 천착하는 한편, 문화 번역의 주체적 행위자의 실천성에 대해 논의하고 있다.

오윤호는 "탈경계 주체들과 문화 혼종 전략: 디아스포라 소설을 중심으로"를 통해 제국과 국민국가 패러다임에 밀착되어 있는 문학 개념을 새롭게 이해하려고 했으며, 탈식민주의 이론 안에서 문학적 상상력의 전략을 구체화했던 에드워드 사이드와 가야트리 스피박의 논의를 그 출발점으로 삼아 글로컬 문화 환경 속에서 유동적 삶을 대위법적으로 비평하는 새로운 비교문학의 가능성을 시론적으로 점검하려고 했다. 르 클레지오의 『황금물고기』와 황석영의 『바리데기』를 읽으면서 제3세계 난민인 라일라와 바리가 유럽의 혼종 문화를 체현하며 '봉합'하는 과정을 살펴보았으며, 제발트의 『아우스터리츠』와 최인훈의 『화두』를 읽으면서 '근대적' 지식인이 근대 유럽의 서로 이질적인 문화와 이데올로기를 통찰하며 근대 체제에 '틈'을 내는 과정을 살펴보았다. 그 과정에서 소설 속에 나오는 디아스포라가 내면화하는 타자 정체성과 혼종 문화를 전유하는 서술 전략 속에서 탈국가적 정체성의 의미를 찾으려 했고, 서유럽 문학과의 대비 속에서 제3세계 문학으로서 한국 문학의 의미에 대한 이해도 도모하려고 했다.

이경란의 글 "혼종성과 정체성의 서사: 폴리 마셜의 『선택된 장소, 시간 너머 사람들』"은 불균등한 권력 관계 속에 포섭되어 있는 문화와 인종 간의 접촉으로 생성된 문화적, 언어적, 인종적 '혼종성'의 다양한 양상을 세심하게 분석하면서 동시에 포스트식민 혼종 사회 주민들이 자신들의 혼종적 정체성이 야기하는 다양한 문제를 어떻게 대면하고 어떤 해결 방법을 모색하는지 그 구체적인 과정을 추적한다. 인종과 문화의 섞임이 서양의 식민주의와 신식민주의가 야기한 복잡한 권력의 위계를 통해 구성되고 경쟁하는 방식들을 치밀하게 그려낸 카리브계 미국 여성 작가인 마셜의 텍스트는, 혼종성의 전복적 가능성에 천착하여 포스트식민 사회의 혼종적 현실이 담고 있는 부정적이고 폭력적인 측면을 간과하곤 하는 최근의 혼종성 논의에 균형을 잡게 한다. 동시에 이 글은 카리브의 혼종 사회를 민속지적으로 충실하게 분석적으로 묘사하는 마셜의 글쓰기가, 탈식민 상태에서도 여전히 식민적 상처를 안고 살아가는 현재의 '대지의 저주받은 사람들'이 어떤 구체적인 방식으로 자신들에게 강요된 식민적 정체성에 대항하여 새로운 상상력으로 새로운 세상과 새로운 정체성을 꿈꾸고 실천하는지 그 구체적인 방식을 드러냄으로써 대항 정체성 서사의 가능성을 모색한다.

김영숙의 "'문화 번역'의 시각에서 본 량치차오 희극 개량 담론"은 20세기 초 중국 희극戲劇 문화의 변혁과 근·현대화의 전환을 이끈 량치차오의 '희극 개량' 담론을 19세기 말 20세기 초 동서 문화 교류가 활발하게 진행되던 특정 역사 맥락에서 생성된 문화 번역의 결과물로 간주하고, 그 안에 투사된 문화 번역의 형성 과정을 '혼종성'과 '주체성'의 각도에서 고찰한 것이다. 문화 번역의 시각에서 량치차오梁啓超의 희극 개량 담론을 새롭게 독해함으로써, 그동안 '희극 개량' 담론을 정치사상의 개량과 연결해 정치적 도구 또는 선전의 도구로서 단선적으로 해석하거나, 일방적인 유럽 선진 문화의 번역과 수용, 혹은 모방의 각도에서 읽어온 기존의 연구 시각에서 벗어나, 그것을 특정 역사 맥락과 그 안에서 주체적으로 행동하는 인간(문화 번역의 행위자)을 통해 좀 더 입체적이고 종합적으로 읽어 내고자 했으며, 이를 통해 중국의 근·현대화의 과정과 그 특징을 파악하고자 했다. 이러한 문화 번역의 시각을 통한 독해는 또한 량치차오가 서양 문화 번역에서 오류를 많이 범했다는 기존의 지적과 비판에 대해서도 새로운 시각에서 재평가할 수 있는 시야를 제공할 것으로 보았다.

김연수는 "상호 문화적 소통과 오해: 헤벨의 달력 이야기 「칸니트페어스탄」 분석을 토대로"에서 요한 페터 헤벨이 1808년에 발표한 민중 달력 이야기 『라인지역 가족의 벗*Rheinländischer Hausfreund*』에 실린 짤막한 이야기 「칸니트페어스탄」을 토대로 '실패한 상호 문화적 소통'을 분석하고 있다. 「칸니트페어스탄」은 독일 슈바벤의 청년이 당시 상업이 발달한 네덜란드의 암스테르담을 여행하면서 경험한 네덜란드인과의 만남을 통해 상호 문화적 소통에서의 '이해'와 '오해'의 진수를 유머러스하게 이야기하는 작품이다. 왜 주인공이 상호 문화적 소통에서 실패할 수밖에 없었는지, 그가 오해를 통해 인식에 도달했다는 인생의 교훈이 지니는 의미는 무엇인지, 상호 문화적 소통에서 중요한 것은 무엇인지, 주인공의 출생 문화 맥락과 그가 방문한 타지 문화 맥락 사이의 상이성과 보편성, 주인공의 자기 이해와 세계 이해 대 텍스트에 암시된 세계사 등을 살피면서 '소통'과 '문화'의 관계 양상 및 의미를 분석한다.

이 책의 중심을 이루는 문화 혼종화와 행위 주체의 탈경계적 자의식은 문화 현장에서 역동적 실천으로 이해되는 문화정치학을 통해 새로운 문화의 생산 가능성을 가늠해 보는 데 중요한 근거가 되고 있다. 혼종성이 '문화적 대상, 상징, 기호, 시간성의 공존과 겹침으로 인해 근대 사회가 가지고 있는 복합성'의 특성을 가지고 있다면 혼종 문화를 연구하는 것은 거시적 문화 변동의 과정과 더불어 미시적 현상학적 문화의 흐름에 대한 이해를 의미하며 그런 맥락에서 이 책을 구성하고 있는 글들은 이러한 연구 과제를 충실히 수행한 결과라고 평가할 수 있다. 이제 이 연구들을 바탕으로 하여 문화의 교차와 교섭에 따른 시대 정신 내지 사회적 가치의 다양한 혼합에 대한 연구와, 동시대적 문화의 혼종과 융합이 이루어져 드러나는 문화 현상의 세부적인 결을 따라 새로운 문화적 종species의 출현을 분석하여 글로벌 미디어스케이프를 조망하는 연구 등으로 좀 더 진화하는 문화 혼종 연구를 전망해 본다.

2013년 4월
저자를 대표하여
이수안 씀

| 차례 |

제1부

문화 혼종의 개념과 적용

문화 혼종 이론으로 본 케이팝K-pop 열풍*

이수안

1. 들어가는 말

최근 독일의 유력 일간지인 『프랑크푸르터 알게마이네 차이퉁*Frankfurter Allgemeine Zeitung*』은 전통적으로 묵직한 문화 비평을 게재해 왔던 비평Feuilleton 면에, 한국의 케이팝K-pop[1] 열풍에 대해 비평하는 기사를 "Das ist die perfekte Welle(완벽한 물결이다)"라는 제목으로 내보냈다.[2] 같은 도시에서 발간되는 『프랑크푸르터 룬트샤우*Frankfurter Rundschau*』에 비해 보수 성향을 보이면서 전통적으로 권위 있는 문예 비평을 게재하기로 정평이 나 있는 신문의 문예란이라서 한국의 대중문화, 그 중에서도 케이팝 열풍에 대해 다루었다는 점은 매우 이례적이다. 동

* 이 글은 2009년도 이화여자대학교 교내연구비 지원에 의한 연구로, 『한독사회과학논총』 제22권 제1호(2012년 3월)에 실린 논문을 총서의 형식에 맞게 재구성한 것이다.

1 이하 한글로만 표기함.

2 *Frankfurter Allgemeine Zeitung*, 5, Nov. 2011. "Das is die perfekte Welle," Z4.

시에 그만큼 케이팝 열풍이 독일 사회에서 예상하지 못했던 강한 반향을 일으킨 사실에 대한 입증이면서 동시에 독일의 문화계가 이를 진지하게 받아들이기 시작했다는 증거로 볼 수 있다. 여기에서 '물결Welle'이란 '한류(Koreanische Welle; *Hallyu*)'를 염두에 두고 사용한 용어로서, 최근 독일뿐 아니라 프랑스와 영국 등 유럽 여러 나라에 기존의 아시아 각국에서와 같이 한류가 상륙하여 유행처럼 여러 가지 문화 현상을 동반하고 있는 상황을 '가장 완벽한 상태의 물결'이 크게 몰아닥친 것으로 비유한 것이다.

독일보다 조금 앞서서 케이팝 한류가 밀어닥친 프랑스에서는 2011년 여름의 SM타운SM Town 파리 공연을 계기로 주류 일간지 등에 보도되기 시작했다. 그 중 최대 일간지 중 하나인 『르몽드*Le Monde*』지는 2011년 6월 9일자 문화면(25쪽)에 "팝 한류가 유럽에 도달하다La vague pop Coréenne gagne l'Europe"라는 제목으로 제니스 드 파리Zénith de Paris에서 열리는 공연을 계기로 케이팝에 대해 비중 있게 다루었다.[3] 이 기사에서는 SM 엔터테인먼트가 연예기획사로서 케이팝 아이돌 그룹을 중심으로 제작하고 기획하는 과정을 다루면서 감수성을 최대한 높인 그룹으로 만들기 위해 오랜 기간 트레이닝을 해오고 있다는 점을 강조함과 동시에 프랑스에서의 팬덤 현상의 중심이 되고 있는 팬 중심 공동체인 '한국 커넥션Korean Connection'을 소개하고 있다. 이 기사는 2009년 6월에 있었던 케이팝 공연이 유럽에서 한류가 확산되는 데 하나의 기폭제가 되었음을 시사한다.

유럽에서 케이팝이 이슈가 되면서 부정적인 측면에 대한 논란도 일고 있다. 영국의 BBC는 "한국 대중음악의 어두운 측면The dark side of

3 *Le Monde*, 9, Juin 2011. "La vague pop Coréenne gagne l'Europe."

South Korean pop music"[4]이라는 제목의 보도를 하고 이는 유튜브를 통해 공유되었다. 여기서 케이팝 열풍을 주도하고 있는 한국 연예기획사의 제도적 관행과 산업적 이해를 중심으로 한 투자 마인드를 소위 '노예 계약' 문제를 중심으로 비판하고 있다.

'한류'가 대체로 아시아 국가들, 특히 일본과 중국을 중심으로 시작되어 이제 동남아시아로 번지게 된 한국 대중문화의 확산을 통틀어 일컫는 것이라면 케이팝은 한류의 한 지류로서 한국의 대중가요, 특히 아이돌 그룹 중심의 특정한 양식의 대중가요를 가리킨다. 그렇다면 팝 음악의 본산이라고 할 수 있는 유럽에서 불고 있는 케이팝 열풍 현상에 대해 어떻게 이해할 수 있을 것인가?

'한류'는 1990년대 후반부터 중국을 비롯해 대만, 홍콩, 베트남 등에서 특히 청소년들 사이에서 번지고 있는 가요, 드라마, 패션, 관광, 영화 등 한국 대중문화를 향유, 소비하는 경향(조한혜정, 2003: 2)을 말한다. 이미 잘 알려져 있듯이 해방 이후 한국전쟁을 거치면서 한국의 대중문화는 미국으로 대표되는 서구 문화를 일방적으로 수입하는 상황이었고, 이는 우리의 대중문화가 미국의 대중문화에 식민화되어 왔다는 일반적인 진단(Anderson, 1984)을 그대로 보여주고 있다. 1960년대 이후 80년대까지 미국 팝음악, 할리우드 영화, 청바지, TV 외화 시리즈 등이 한국의 대중문화에 원천적 자료를 제공해 왔던 문화적 식민성을 한류가 뒤집는 상황이 되면서 한류의 존재, 그리고 한류의 이슈화 전체가 이처럼 통념화된 문화 지형의 균열을 반영한다(최우영, 2006)는 것이다.

'한류'라는 용어는 1999년 중반 중국 언론에서 한국의 대중음악이 유행하는 현상으로 사용되기 시작했으며(이은숙, 2002), 드라마 방영으로

4 *BBC-News*, 6, June 2011. "The dark side of South Korean pop music." http://www.bbc.co.uk/news/world-asia-pacific-13760064.

조성된 한국에 대한 관심이 커지다가 국내 언론에서는 2000년 H.O.T.의 중국 공연을 계기로 본격적으로 사용되었다. 이로 미루어볼 때 한류의 기반은 한국 TV 드라마가 중국에 상륙하기 이전에 한국 가요의 방송과 가수들의 활동을 통해 서서히 형성되었다는 것이 일반적인 추론(김미주 외, 2010)이다.

한류를, 한국 문화가 지역을 넘어서 문화적 파동을 전달하는 물결로 규정한다면 이 현상은 본질적으로 어떠한 방식으로든 하나의 문화와 다른 문화가 만나는 경계 지점을 상정하고 그 경계를 넘는 현상을 일컫는다. 문화적 지구화가 이 현상을 가속화하고, 그 과정의 역동성을 지배하는 핵심에는 문화 혼종성이 존재한다. 즉, 어떠한 방식으로든 문화적 정체성이 서로 만나고 갈등하거나 교류하여 정체성의 혼합이 이루어지는 것이다.

지금의 전지구적 문화 혼종화는 끊임없이 교차하고 혼합하고 착종하는 유동적인 양식을 통해 근대성이 표방하던 구체적인 사회적 범주 간의 명확한 경계를 허물고 있다. 근대성과 탈근대성의 경계 지대에서 모든 종류의 이분법을 넘어서기 위한 방법론적 의미로 문화 혼종화 과정이 주목받고 있는 배경이다. 지구화 시대의 문화적 파동은 결국 글로벌 문화 환경 속에서 이루어지는 사회 관계를 통해 만들어지고 전달되는, 지구화의 핵심적인 효과라고 규정할 수 있으며, 이 파동은 결국 이주민에 의해 발생하는 다양한 문화 접변을 통해 더욱 구체화된다. 이 과정에서 이주민 사회의 문화 혼종성이 주요 논제로 부상했고, 지난 10여 년간의 포스트콜로니얼 문화 이론과 문화 번역의 담론 형성은 이를 중심으로 이루어져 왔다.

그동안 케이팝을 혼종성 논의에 의거해 분석한 연구들은 대체로 글로벌한 팝의 로컬에서의 수용 과정에 대해, 다시 말하자면 서구 중심의 팝

음악의 아시아적 수용에 대해 연구했으며(신현준, 2005; 박현주, 2006), 좀 더 구체적으로 서구적 음악적 스타일을 받아들여 변형한 문화 변환의 차원에서 '외국 스타일의 전유', '사회 · 문화적 기원을 고려하지 않는 음악 사운드와 음악 구조의 차용'등으로 혼종화의 초기 단계인 모방 mimicry으로 평가(Howard, 2002)하고 있다. 한편 팝이 글로벌 차원에서 로컬 차원으로 변용되고, 이것이 다시 글로벌로 간다고 보는 관점을 유지한 연구(Lee, 2004)도 수용이라는 차원에서 케이팝의 혼종성을 바라보고 있다. 그러나 이 경우에도 로컬에서 다시 밖으로 나가는 글로벌이라는 지역적 범주가 사실은 주로 일본을 지칭하고 있고, 기껏해야 중국 정도가 추가되는 정도였기 때문에 이 논문들은 최근의 케이팝처럼 동아시아를 넘어서 유럽과 팝의 본고장이라고 할 수 있는 미국과 영국, 남미, 러시아, 호주 등 말 그대로 전지구적 차원에서 선풍적 인기를 누리고 있는 현상에 대해서는 설명하기 어려운 측면이 있다.

이 글에서는 바로 이 점에 주목하면서 최근의 케이팝 열풍이, 제이미 리Jamie Lee가 가리키던 '아시아 역내 문화 교통intra-Asia cultural traffic' 혹은 '아시아 횡단적 교통trans-Asian cultural traffic'의 차원을 넘어서서 글로벌 차원, 즉 전 세계에서 향유되는 점에서 이전의 케이팝의 혼종 양상과는 다른 새로운 혼종화 방식이 발견된다고 보고, 이를 가능하게 하는 요소가 무엇인지 탐구하는 것이 의미 있다고 판단했다. 우선 유럽이나 미주, 남미 등지에서 주로 팬덤을 형성하고 있는 케이팝의 주역들이 아이돌 그룹인 점을 주목할 필요가 있다.

이들이 케이팝 열풍의 진원지가 된 배경에는 두 가지 층위의 요소가 작동한다. 첫째, 문화 생산자의 입장으로, 고도로 기획된 문화 상품으로서의 층위, 둘째, 문화 소비자의 입장에서 볼 때 예기치 못하게 친숙하면서도 이국적인 요소의 배합으로 인한 혼종 문화적 측면이다. 이러한 논리에 따르면 케이팝의 문화 혼종적 요소는 케이팝 열풍이라는 결과를 놓고 거꾸로 유추하는 방식으로 찾아볼 수 있다. 특히 첫 번째 층위에서 볼 수 있는 문화 상품으로서의 케이팝에 대해 열광하는 유럽의 팬덤 현상에는 음악적 요소 외에도 한국의, 국민국가로서의 경제적 발전 상황이 작용하지는 않는지 조심스럽게 추정해 볼 수 있다. 왜냐하면 케이팝이라는 문화 상품을 구성하는 요소로는 음악이 가장 큰 비중을 차지하고 있지만, 그 밖에도 그 음악을 담당하는 가수의 문화적 육체 자본 관리가 중요한 비중을 차지하고 있으며, 이에 뒤따르는 요소로 안무, 의상, 공연 무대장치, 음악적 기술 등과 이러한 모든 요소를 경영의 차원에서 관리하는 연예기획사의 자금력과 경영 기술이 포함된다. 기획사의 전략에 따라 치밀하게 짜여진 작곡이나 안무 등이 오히려 케이팝에 대한 기대를 쉽게 무너뜨릴 수도 있다는 우려도 있는 것이 현실이다. 즉, 자발적으로 결성된 개별 그룹이 하는 싱어송 라이터로서의 창의성을 따라갈 수 없는 상황에서 후크송 등 금방 식상할 수 있는 구성 요소로 된 자극적 방식의 팝으로 과연 케이팝이 지속될 수 있을 것인가 하는 우려가 제기되고 있는 것이다.

이 글에서는 이상과 같이 거시적 관점의 문화 접변의 차원에서부터 케이팝의 음악과 안무를 통해 보는 스타일, 감성, 안무 등 문화의 미시적 내용까지 들여다봄으로써 케이팝 열풍을 하나의 매개로 하여 문화의 소통(inter-)과 횡단적(trans-) 교차가 빚어내는 혼종 양상과 그 작용 요소가 무엇인지 분석해 보고자 한다. 이는 구체적으로는 케이팝이라는 현상을 통해 아시아뿐 아니라 언어와 문화가 다른 전 세계의 젊은이들이 문화적으로 소통하는 방식의 실체를 찾아낼 수도 있을 것이라는 전망을 가지고 기획되었다. 이 연구를 위해 각종 매체에 소개된 케이팝 관련 동영상과 TV 프로그램, 언론 보도, 인터뷰 기사 등이 1차 자료로 사용되고 관련 연구물의 1차 자료가 참고되었다.

2. 문화 혼종성과 혼종 문화의 이론적 논의

문화 혼종성 개념

문화 혼종에 대한 논의의 핵심 개념으로는 혼종성, 혼종화, 혼종 문화가 설명 대상에서 약간의 차이를 보이고 있다. 혼종성은 주로 추상적 개념에서 인종, 계급, 성별, 민족 등의 문화적 차이에 기반을 두고 설명하는 추상적 개념이고, 혼종화는 혼종성이 나타나게 되는 과정을 의미하며, 혼종 문화는 구체적인 사회·문화적 실천의 결과로 나타나게 되는 문화 양상을 말한다. "혼종성은 일차적으로 생물학적 용어인 혼합mixture을 연상시킨다"는 로버트 영Robert Young의 설명이 말해 주듯이 지금의 전지구화가 진행되는 사회적 변동의 시대에 문화 혼종성은 기본적으로 문화의 다양한 혼합을 말해 주고 있다. 그렇지만 '모든 문화는 혼종적이다'라고 선언적으로 규정하는 것은 사실상 아무 논의도 출발시키지 못한다. 따라서 문화 혼종성과 문화 혼종화, 그리고 혼종 문화가 갖는 함의를 구체적으로 천착하면서 각 개념에 대한 이론적 관점의 차이를 살펴보는 것이 중요하다.

문화 혼종성cultural hybridity은 기본적으로 포스트콜로니얼리즘 문화이론가들에 의해 개념화되어 왔다. 특히 호미 바바Homi K. Bhabha는 『문화의 위치*The Location of Culture*』(1994)에서 문화 혼종성의 개념적 논의와 이 개념이 갖는 정치성을 잘 보여주고 있다. 혼종성 논의는 바바 외에도 영 등 문화이론가, 아리프 딜릭Arif Dirlik 등 역사적 관점의 이론가들에 의해 이루어져 왔다. 이러한 담론적 논의를 넘어서서 문화 형성의 현장과 실천적 차원에서 혼종성을 논의할 때는, 과정으로서의 문화 혼종화cultural hybridization와, 그 결과로서의 혼종 문화hybrid culture로 구분해 살펴보아야 할 것이다. 문화 혼종화와 혼종 문화에 대한 논의의 중심에는 칸클리니(Canclini, 1995)와 크레이디(Kraidy, 2005)가 있다.

이 글에서, 이주를 중심으로 한 문화 혼종성보다 주목하는 층위는 바로 '문화적 지구화'를 통해 형성되는 문화 혼종성이다. 아르준 아파두라이Arjun Appadurai가 개념화해 낸 문화 풍경, 즉 인터넷 등 디지털 문화로 인해 인종적 · 민족문화적으로 이루어지는 혼종적 문화에 덧붙여서 지구화 과정이 물질 재화, 자본, 메시지, 이주자들의 세계 시장을 만들면서 근대적 상호문화성을 강조하며 과거보다 더 소비 스타일에서 생산적이고 소통적인 혼종화 형식을 진작해 왔다. 혼종성이 "문화적 대상, 상징, 기호, 시간성들의 공존과 겹침으로써 근대 사회가 가지고 있는 복합성"의 속성을 가지고 있다고 한다면, 혼종 문화를 연구하는 것은 거시적 문화 변동의 과정과 미시적 현상학적 문화의 흐름에 대한 이해를 의미한다. 이 층위에서는 예를 들면, 문화적 지구화의 첨단 매체로 일컬어지는 인터넷을 통한 '유튜브' 동영상, '테드TED' 동영상 등 구체적인 문화 생산물에서 문화 생산의 행위자가 어떠한 내용을 가지고 어떠한 이미지와 라이프스타일을 만들어 내는지를 연구함으로써 문화 변동의 흐름을 탐구할 수 있다.

사회과학적 관점에서 본 혼종 문화

혼종성에 대한 이론적 논의는 인문학, 특히 문학에 기반한 문화이론가들에 의해 추상적이고 담론적인 차원에서 이루어져 오다가 역사학계에서 비판적인 관점을 유지하면서 근대/탈근대 논의에 끌어들여졌다. 사회과학계에서도 일찌감치 문화인류학에서 문화 번역의 방법론적 차원에서 비교문화나 문화 교차transculturation 연구를 통해 혼종 양상에 대한 논의를 진행해 온 것을 비롯해 최근에는 사회학계에서도 서서히 논의가 시작되고 있다. 특히 근대성의 다양성에 대한 인식이 혼종성 개념에 의해 가능해졌다(Appadurai, 1996; Bhabha, 1994)는 인식(채오병, 2011: 52)은 이러한 논의가 사회학 연구에서도 좀 더 본격적으로 진행될 조짐을 보여주는 징후이다.

혼종성 논의는 식민지 혹은 주변부에서, 중심부 문화와 지역문화의 교차는 단선적 근대의 가정에 도전할 수 있는 다양한 혼종적 현실을 생산해 낸 것이라는 문제 의식에서 출발하고 있다. 혼종성hybridity 혹은 혼합성syncreticism의 논의는 그것이 양가성兩價性, ambivalence을 함의함에도 사회과학과 포스트콜로니얼리즘 연구에서 매우 긍정적인 의미를 부여받았다(Appadurai, 1996; Bhabha, 1994; Pieterse, 1995, 채오병, 2011: 52 참조)는 것이다. 그 이유는 혼종성의 개념이 역사주의에 기초한 서구 중심의 단선론과 수렴론의 속박에서 벗어나게 해 줌으로써 서구중심주의를 극복하고 비서구 사회의 주체성을 회복시켜 줄 가능성을 마련해 주기 때문이다.

네스토르 가르시아 칸클리니Néstor García Canclini는 바바의 정신분석학적이고 담론적인 혼종성 논의와는 대조적으로 라틴 아메리카 역사 속에서 혼종성이 갖고 있는 의미를 "위기에 처한 서구적 근대성 속에서 전통, 문화적 모더니즘, 사회경제적 근대화 사이의 관계들이 어떻게 변형되어 다양한 방식으로 전유될 수 있는가" 하는 가능성에서 찾는다(Canclini, 1995). 따라서 좀 더 적극적인 방식으로 문화 변동의 계기를 혼종 문화로부터 찾는 것이다. 특히 라틴 아메리카의 오랜 식민적 역사 속에 다양한 정체성이 경합하면서 만들어진 혼종 문화는 매우 여러 가지 결을 가진 다문화적 산물이어서 그 자체가 역사적 궤적을 가지고 있다.

칸클리니는 바로 이러한 문화의 다층적 측면을 라틴 아메리카의 근대화 과정과 연결시켜서 혼종 문화로 읽어내고 있다.

혼종성을 국제적 커뮤니케이션의 주요 토대의 하나로 상정하는 마원 크래이디Marwan M. Kraidy는 비판적 트랜스컬츄럴리즘critical transculturalism의 기저를 이루는 혼종성 개념을 역사적 · 수사적rhetorical 차원에서 해석하고, 마지막으로 혼종성은 사례 연구에 적용되어야 한다는 점을 강조하고 있다(Kraidy, 2005: vii). 이로써 바바에서 논의되던 추상성을 넘어 칸클리니와 크레이디 등 사회과학자에 이르러 혼종성은 구체적인 문화 변동의 차원에서 설명 개념이 된다.

한편 딜릭은 혼종성 담론이 인종적, 종족적, 민족적 구분에 대한 반응이지만, 인종, 종족, 민족을 전경화前景化함으로써 지탱되기도 한다는 점을 들어 정체성의 물화物化를 강화하는 패러독스를 가졌다고 보고 있다. 딜릭은 폴 길로이Paul Gilroy, 스튜어트 홀Stuart Hall, 가야트리 스피박Gayatri Spivak 등 이론가들이 혼종성을 역사적으로, 구조적으로 구분하는 데 관심을 가져왔지만, 바바나 소하Edward W. Soja 같은 이들은 확실한 위치가 없는 추상적인 개념으로 만들어 버렸다(딜릭, 2005: 352)고 비판한다. 더욱이 초국적 문화 흐름 안에서 발생하는 다양한 문화 변용과 전유 과정을 포스트콜로니얼 문화 이론으로 설명할 때, 자칫하면 자본과 산업적인 측면을 간과하고 지나치게 텍스트와 정체성 등 인식론적 현상에만 집중하게 되어 문화 연구에서 혼종성 개념이 너무도 손쉽게 '자유방임적 다원주의'와 등치되어 사용될 가능성에 대한 우려도 제기되고 있다(Chen, 1996: 53). 이는 딜릭이, 포스트콜로니얼 문화 이론에서 혼종성 개념을 사회적 맥락에 상관없이 무비판적으로 수용하려는 순진한 낙관주의는 위험하다고 지적한 것과도 일맥상통한다. 특히 케이팝 현상처럼 상업적인 경제 현상을 동반하는 대중문화 산업의 경우에는 자본주의적 계기가 엄청난 비중을 지니면서 작동하기 때문에 문화정치학적 함의에서 좀 더 신중한 접근이 필요하다.

3. '케이팝'이라 명명되는 혼종 문화

주로 아시아에서 드라마와 몇몇 대표적 스타를 중심으로 일었던 '한류'는 최근 들어 케이팝 열풍으로 번지면서 유럽을 비롯한 전 세계로 확산되고 있다. 유럽의 케이팝 열풍은 독일뿐 아니라 열기가 먼저 시작된 프랑스, 영국, 그리고 최근에는 폴란드[5] 등 동유럽 등지에서 여러 가지 방식으로 새로운 '한류'의 바람을 일으키고 있다. 최근 들어 종종 한국의 언론에 소개되는 바에 의하면 맨 처음 시작된 아시아뿐 아니라 남미, 아프리카 등 소위 제3세계를 넘어서 예전의 동유럽 지역을 포함해 서유럽, 그리고 미국에서까지 공연을 요청하는 시위, 즉 '플래시 몹'이 유행처럼 번져 나가는 것을 알 수 있다. SM 타운 월드투어 콘서트의 입장권 7천 장이 단 15분 만에 매진되자 2011년 5월 1일 정오에 루브르박물관 앞에서는 콘서트 입장권을 구입하지 못한 팬들이 적어도 1천 명은 넘게 모여서 슈퍼주니어의 〈Sorry, Sorry〉에 맞추어 춤을 추면서 일종의 항의 시위를 했다. '우리는 두 번째 공연을 원한다'는 취지로 파리에서 열린 이 플래시 몹은 곧바로 유튜브, 페이스북, 트위터를 통해 전 세계로 전해졌다. 그 직후 공연 기획자는 파리에서 케이팝 추가 공연을 하겠다고 발표했고 이 공연의 입장권 역시 순식간에 매진되었다. 이렇게 케이팝 그룹들의 노래와 춤을 추는 플래시 몹은 그후 독일, 폴란드, 남미, 미국 등지

5 Wprost, 2012, Vol. 3. "K-pop이 점점 유럽으로 넘어오고 있다." pp. 87-89. http"//www.vop.co.kr/A00000468364.html.

에서 케이팝 팬들이 공연을 열망하면서 취하는 일종의 시위 방식으로 정착하면서 커버댄스cover dance 등의 새로운 유행을 만들어 오고 있다.

'케이팝'이라는 용어는 사실 한국에서보다는 일본 등에서 한류 스타들이 한국의 대중가요로 인기를 얻게 되자 제이팝J-pop과 구별되면서 생겨났으며, 정작 한국에서는 최근 들어 뒤늦게 널리 사용되고 있다. 일본을 주 무대로 한 한국의 원조 한류 스타인 배용준, 류시원 등의 배우와 가수 보아, 중국을 주 무대로 하고 있는 장나라 등 배우이자 가수들이 한국의 대중가요로 다른 나라에서 인기를 얻으면서 '케이팝'이 각광을 받기 시작하다가 최근에는 아시아는 물론 유럽, 러시아, 미국, 호주, 남미, 중동 등 지역의 경계를 넘어 거의 전 세계적으로 인기를 얻고 있다. 대체로 댄스와 결합된 아이돌 가수들의 노래가 케이팝 열풍의 선두에 서 있으면서 지난 몇 달 새 유럽을 비롯해 남미에 이르기까지 이른바 '커버댄스' 경연대회가 개최되고 이와 연동되어 열성 팬들이 한국을 방문하면서 단순히 대중가요를 좋아하는 정도에서 그치는 것이 아니라 이와 연관된 다양한 후속 반응 — 관광, 앨범 판매 등 — 으로 이어지고 있다.

한국에서는 케이팝이라는 용어가 최근 들어서야 일반화되었지만 일본의 대중매체와 음악 산업에서는 케이팝이라는 용어가 이미 오래전부터 일반화되어 있었다. '제이팝'이 일본 대중음악을 포괄하는 용어가 되었듯, 케이팝은 한국 대중음악을 포괄하는 용어가 된 것이다. 이 용어는 '한국 음악', '한국 팝(스)' 등의 과도기적 용어를 대체하면서 이제는 하나의 장르로 정착한 것으로 보인다(신현준, 2005). 즉, '한류'가 중국어권에서 형성된 용어라면, '케이팝'은 일본어권에서 형성된 용어이다. 말하자면 케이팝은, 신현준에 의하면 용어 자체가 '타자가 호명한' 것이자 국경을 넘는, 이른바 월경적 실천의 산물에 속한다.

신현준은 "용어법의 변화는 의미화의 변화를 동반한다. 고니시 아키코(2003)가 케이팝이라는 용어가 과거의 용어들에 비해 '좀 더 친밀해지기 쉽고, 좀 더 경쾌하고, 좀 더 콤팩트하고, 좀 더 가볍고, 좀 더 밝다'고 말했듯, 케이팝은 한국 음악 및 한국 문화 일반에 대한 이미지 변화를 반영한다"(신현준, 2005: 8)고 주장한다. 또한 그에 의하면, 이런 이미지 변화는 케이팝이 마니아적 관심을 넘어 '시장에서의 소비'로 발전하고 있다는 변화가 연관되어 있으며, 따라서 케이팝이란 한국의 음악 산업을 통해 생산되고 일본을 비롯한 (동)아시아 권역에서 소비되는 대중음악 및 그와 연관된 문화를 포괄적으로 지칭하는 국제적 고유명사라고 규정할 수 있다는 것이다. 이러한 신현준의 케이팝에 대한 개념 규정은 지역적 범주만을 동아시아 권역에서 전 세계로 확대해 적용한다면 최근의 케이팝을 명명하는 데 대체적으로 수용되는 개념 정의이다.

케이팝의 로컬/글로벌 차원

지역적 의미로 본다면 서구에 기원을 둔 팝 음악이 일본과 한국으로 들어오면서 변형의 단계를 거쳐 제이팝이나 케이팝을 형성하게 되는 과정은 미국이나 영국이라는 로컬에서 일본과 한국이라는 아시아로 이행되는 과정, 즉 글로벌라이제이션을 거쳐 제이팝, 케이팝의 탄생이라는 로컬의 단계로 환원된 상태라고 할 수 있다. 이러한 과정을 거쳐 생산된 케이팝이 다시 팝의 본고장인 서구에서 팬덤 현상을 창출하면서 열광 속에서 수용되고 있는 것이다.

그렇다면 이러한 케이팝 열풍의 핵에는 어떤 문화적 요인이 작용하는가, 케이팝의 어떤 요소가 지역과 문화가 다른 사람들의 열광을 이끌어내는가를 들여다볼 필요가 있다. 지역이나 민족 특유의 전통 문화에 매혹을 느끼는 데에는 나와 다른 특이성이 작동한다고 한다면, 대중문화에서 사람을 움직이는 데에는 즉각적인 감흥으로 이어지는 공감대 형성이 중요하게 작용한다고 할 수 있다. 인터넷의 발달과 다양한 매체의 발달로 이제 대중음악이 더 이상 하나의 지역 내에서만 통용되지 않는다는 의미에서 본다면 영국인 학자 키스 하워드Keith Howard가 정의한 대로 모든 대중가요는 '지구적 팝의 지역적 변종'으로 볼 수 있고, 이는 제이팝이나 케이팝 모두에 적용될 것이다. 이 글의 주요 내용은 문화적 지구화 과정에서 문화 혼종의 양상을 이론적 논의를 통해 분석하고 이 이론적 논의가 동아시아, 유럽, 남미 등지에서 일고 있는 케이팝 열풍의 발생 요소와 연관이 있는지 살펴보는 내용으로 구성된다.

신현준은 1980년대 이후 대중음악에 대한 국제적 담론의 새로운 경향이 '문화 제국주의' 명제를 비판하면서 특히 제3세계에서의 음악적 실천의 '포스트제국주의적post-imperial' 혹은 '포스트식민적post-colonial' 성격을 강조해 온 점을 주목한다(신현준, 2005: 10). 1980년대 중반 이래 월드 뮤직 웨이브world music wave가 형성되면서 문화 제국주의 담론의 핵심적 개념인 '중심부의 문화적 강제imposition 및 이에 대한 주변부의 저항'이라는 도식을 동요시켰다. 대안적 패러다임은 지구화 과정에서 발생하는 문화적 현상을 혼종화hybridization와 문화 변환transculturation 등 '포스트식민주의' 담론에서 유래한 개념을 원용하여 설명하는 것이었고, 그 함의는 중심과 주변 사이의 문화적 교류와 협상을 통해 양방의 문화가 교차풍부화cross-fertilization될 수 있다는 것이었다.

신현준의 견해에 따르면 동아시아의 음악적 생산에서 발생한 지배적 경향은 양방향적 잡종화(혼종화)나 문화 변환을 통한 월드 뮤직의 형성이라기보다는 오히려 팝 음악의 권역화regionalization, 즉 아시아화Asianization였다. 즉, 아시아의 대중음악 영역에서 지구화 과정의 지배적 경향은 '아시안 팝의 탄생'으로 요약할 수 있다는 것이다. 라틴 팝이나 아프리칸 팝이 음악 어법과 악기 편성 면에서 서양 음악의 기원으로 환원하기 힘든 요소가 강한 반면, 아시안 팝은 가사의 언어를 제외하고는 서양의 팝 음악으로부터 파생된 요소가 강하기 때문에 '월드 뮤직'으로서의 의의와 가치를 부여하기 어렵다는 설명이다(신현준, 2005).

하워드는 특히 서태지와 아이들이 등장한 1992년 이후의 한국 팝의 변화의 특징을 '랩의 도래'로 규정하고 이들 음악의 혼종성hybridity을 논하면서 '레게 그리고 그 이상: 한국 음악, 글로벌로 가다Reggae and more: Korean music goes global'라고 함축적으로 표현하고 있다(신현준, 2005). 하워드는 이를 통해 '외국 스타일의 전유', '사회 · 문화적 기원을 고려하지 않은 음악 사운드와 음악 구조의 차용'을 들어 지구화를 논하고 있다. 즉, 그의 책 제목과 같이 "글로벌은 로컬로 간다"는 명제를 표면화하고 있는 것이다. 한편 이와는 대조적으로 "로컬이 글로벌로 간다"고 명시적으로 주장하고 있는 글(Lee, 2004)도 있다. 제이미 리는 이 글에서 가사에서 나타나는 '영어 혼용English mixing' 현상을 '언어적 잡종화(혼종화)'라는 개념을 통해 분석하고 있는 것이다.

케이팝과 관련한 복잡한 문화적 형세가 위에 예로 든 두 학자의 대조적인 명제처럼 간단히 설명되지는 않겠지만 케이팝의 혼종 문화로서의 양상을 살펴보는 데 좋은 논리적 바탕이 될 수 있을 것이다. 이동연(2011)은 케이팝을 '초국적 국민문화 아이콘'이라고 명명하면서 '초국적transnational'과 '국민national'이라는 대치되는 개념을 합쳐서 역설적 정의를 내리고 있다. 케이팝의 초국적 성격은 미국의 힙합과 유럽의 일렉트로닉 팝을 비롯해서 다양한 음악 장르를 혼합한 혼성적 음악 스타일뿐 아니라 멤버의 다양한 국적, 아시아뿐 아니라 미국, 이제는 유럽과 남미에서까지 형성되고 있는 다국적 팬덤 등을 들 수가 있다. 그런데 이동연은 이러한 초국적 현상 속에 국민문화의 정서가 깊숙이 들어 있다고 분석한다. 그에 의하면 한국 사회에서 국민문화의 흐름을 세 단계로 정리할 수 있는데, 첫째, 식민 지배나 독재 권력에 저항하는 '저항적 국민문화'가 있었고, 둘째, 지배 권력의 입장에서 '국민'이라는 기치 하에 사람들을 동원하려고 했던 '억압적 국민문화'가 있었다는 것이다. 그런데 이제 최근의 단계로 신자유주의 시대로 들어서서는 기존의 저항과 억압의 틀에서 벗어나 '글로벌 경쟁력'을 앞세우는 자본과 경쟁의 논리에 따른 새로운 국민문화가 출현했다고 보면서 케이팝을 이러한 판도 속에서 살펴보고 있다.

케이팝이라는 한류의 정점을 찍고 있는 새로운 국민문화는 초국적 조건을 폭넓게 받아들이고 스스로도 초국적이기를 지향하지만, 한국이라는 나라가 갖는 독특한 역사적 · 지리적 성격 때문에 오히려 국민문화적 성격을 강하게 드러내는 역설을 보인다고 분석한다. 이는 케이팝을 바라보는 한국인의 시선과 언론에서 접근하는 방식에서 '한국의 자부심', '선진 국가' 등의 인식이 자리 잡고 있는 것을 보면 쉽게 알 수 있다. 또한 케이팝 아이돌 가수나 연예기획사 스스로도 '한국 문화의 우수성을 세계에 전파한다'고 홍보하는 수사에서도 드러난다. 삼성 같은 글로벌 대기업과 유사하게 케이팝은 글로벌하면서도 초국적 존재로서 유럽을 비롯한 전 세계에서 각광을 받지만 동시에 한국을 대표하는 국민문화적 존재로서 상징적인 의미를 가진다는 것이다.

케이팝의 문화 혼종성

케이팝은 우선적으로는 동아시아, 특히 일본으로 먼저 확산되어 갔다. 일본으로 가장 먼저 확산된 이유는 정서적으로 소통이 될 수 있는 통속적 멜로드라마 수출로 인한 '한류'가 일본에서 가장 먼저 싹트기 시작했기 때문이다. 중국이나 동남아로 한류가 확산된 것은 일본에서의 드라마 인기에 힘입은 바 크다. 미국과 영국 등 팝의 근원지라고 할 수 있는 지역에서 음악의 형식이 들어온 경로도 케이팝과 제이팝이 아주 유사하다. 특히 미군이 주둔했던 두 나라에서 미국의 팝송이 수입되고 대중에게 소개된 것은 매우 자연스러운 현상이다. 그냥 미국식, 영국식 팝이 아니라 케이팝, 제이팝이 되는 과정에서 자연스럽게 각 나라의 정서가 용해되어 새로운 팝이 만들어진 것이다. '초국적' 혹은 '혼성적' 음악이라는 개념에 대해 서양 음악의 중심부와 주변부의 관계를 대입하여 살펴볼 때 로빈슨과 동료 학자들이 제안한, 주변부에 접근한 수입 음악의 수용과 문화 접변의 단계를 살펴보는 것은 매우 유용하다.

로빈슨과 그의 동료들(Robinson et al., 1991 ; 박현주, 2006 : 51에서 재인용)이 제시하고 있는 수입 음악의 수용과 문화 접변의 단계는 크게 4단계로 나뉜다. 1단계는 모방mimicry 단계로서, 이 단계에서는 서구의 새로운 음악적 요소의 흡수가 시작된다. 2단계는 서구화westernization 단계로서, 모방을 통해 새로운 형식의 음악이 시작된다. 3단계에서는 비로소 토착화, 혼성화 또는 문화 변환indigenization, hybridization or transculturation이 시작되며 이 단계에서는 수입된 서양 음악적 요소와 토착적인 음악 전통이 국경을 넘어 결합되는 쌍방향의 과정이 이루어진다. 마지막으로 4단계는 절충과 혼합eclecticism의 단계로서, 이 단계에서는 글로벌화에 따른 음악 장르의 분화 및 다양화와 포스트포디즘post-Fordism적 소량 생산이 특징으로 부각되며 세계 각지로부터 유입된 다양한 음악적 요소의 창조적 혼합과 절충의 가능성을 보여주게 된다.

물론 지금의 케이팝을 이 네 단계에 그대로 대입하기는 어려운 점이 있으나 좀 더 넓은 시각에서 케이팝의 발전 단계를 이 단계 이론에 대입해 보자면 다음과 같이 요약될 수 있다. 1단계가 미군 주둔으로부터 시작된 미국 문화의 유입에 따라 수용하게 된 팝을 모방하던 1950년대라고 한다면 2단계인 서구화 단계는 1960년대로 볼 수 있고, 1970년대에 들어서면서 적극적인 토착화, 혼성화 또는 문화 변환의 단계가 전개되었다고 볼 수 있다. 1980년대를 거쳐 1990년대와 2000년대를 3단계에 걸쳐 있는 4단계라고 할 수 있으며, 이 시기에 다양한 팝의 하류 체계에 속하는 발라드, 레게, 힙합 등이 절충과 혼합의 방식으로 발전해 오면서 지금의 케이팝의 토대를 마련했다고 할 수 있다. 그렇지만 표면적으로 케이팝 열풍의 주역이라고 할 수 있는 가수들은 오히려 다양한 장르를 모두 망라한다기보다는 아이돌 그룹 중심이기 때문에 설사 위의 네 번째 단계에서 대중음악 전반의 혼종성이 폭넓은 장르로 진행되었다고 해도 케이팝 열풍의 진원지에 있는 음악은 댄스곡 중심으로 매우 한정되어 있다. 따라서 진정한 의미의 혼종성을 논의하려면 케이팝을 현재의 열광적 외국인 팬에 의해 선호되는 음악의 범위를 넘어서는 범주까지로 확대해서 살펴보아야 한다.

독일에서 발행되고 있는 현지 웹진 〈K-Colors of Korea〉는 2011년 8월 20일에 베를린에서 '제1회 케이팝의 밤'을 개최하여 독일 내 케이팝 열풍의 교두보 역할을 했다. "케이팝을 베를린으로"라는 캐치프레이즈를 내걸고 커버댄스, 케이팝 노래방, 케이팝 퀴즈 등을 주요 프로그램으로 하여 독일에서 순전히 팬들의 이벤트를 구성한 첫 사례가 되었다. 이벤트를 주관한 이 웹진의 발행인인 에스터 클룽Ester Klung 씨는 "독일인은 프랑스나 영국인 등과 달리 매우 보수적인 성향이 있어서 겉으로 표현하지 않을 뿐 케이팝 팬이 급속도로 늘어 이미 수백 개의 팬클럽과 팬들이 독일에 있다"고 전했다. 이러한 종류의 이벤트와 대도시에서의 플래시 몹이 일종의 청원운동이 되어 독일 베를린에서는 2011년 11월 7일 대표적인 케이팝 아이돌 그룹인 JYJ의 단독 공연이 있었다. 보도에

의하면(YTN. 2011.11.7)[6] 이보다 앞서 열린 스페인 공연에 이어 베를린 공연에는 독일은 물론, 폴란드와 스웨덴 등 동유럽과 북유럽에서도 팬들이 몰려들어 3천 개 좌석은 모두 매진되었다고 한다.

스타일에서의 혼종성

케이팝이 인기를 얻고 있는 지역에서는 방송사(MBC-TV)를 중심으로 최근 들어 커버댄스 경연대회를 개최하고 있다. 커버댄스란 자신이 좋아하는 가수의 춤을 그대로 모방해 추는 춤이다. 유럽의 케이팝 열풍을 적극적으로 주도하는 연예기획사들이 언론기관과 연합하여 개최하고 있는 케이팝 커버댄스 경연대회를 MBC-TV에서 〈K-pop 로드쇼 — 커버댄스 페스티벌〉[7]이라는 프로그램에서 2011년 9월 22일부터 11월 17일까지 총 8회에 걸쳐 전 세계의 케이팝 팬들로부터 참가 신청을 받아 개최했다. 특히 유럽 지역에서는 유럽 전역으로부터 참가한 참가자를 대상으로 하여 경연을 펼친 뒤 여기에서 입상하면 한국 방문의 기회를 제공하고 케이팝 가수들의 공연에 초대하는 등 부상이 주어진다.

유럽 현지에서 개최되는 커버댄스 경연대회 참가자들의 댄스를 자세히 관찰하면 여기에서도 문화적 요소가 혼종되는 현상을 발견하게 된다. 이들이 케이팝 아이돌 그룹의 안무를 노래와 함께 그대로 재현해 얼마나 원래의 춤에 가깝게 추느냐를 기준으로 하여 아이돌 그룹의 멤버들이 심사를 하게 되는데 이들의 춤은 각 나라별로 그 나라의 춤 스타일과 기묘하게 혼합하게 된다. 예를 들어 스페인에서 커버댄스 경연대회를 하면

6 YTN, 2011. 11. 7. "JYJ, 베를린 공연……팬 3천 명 K-pop에 열광." http://news.naver.com/main/read.nhn?mode=LPOD&mid=tvh&oid=052&aid=0000379960

7 MBC-TV, 2011. 9. 22 ~ 11. 17. 〈K-pop 로드쇼! 커버댄스 페스티벌〉.

스페인의 훌라춤의 리듬과 동작이 원래의 아이돌 그룹의 안무와 섞여서 나오는 것을 볼 수 있다. 남미에서 열리는 커버댄스 경연대회의 경우, 예를 들어 브라질 여성들이 경연대회에서 추는 춤에는 원래의 아이돌 그룹의 안무에는 없었던 삼바춤의 허리돌리기가 들어가는 방식으로 재현된다. 또한 태국에서 열린 커버댄스 경연대회에서는 태국 전통춤에서 볼 수 있는 손가락을 이용한 춤이 가미되기도 한다. 케이팝 아이돌 그룹이 추는 춤 역시 그 기원으로 거슬러 올라가면 힙합이나 재즈댄스 등의 요소가 들어와서 새롭게 변형시키는 방식으로 안무가 이루어진다고 하면 이 춤을 모방하는 서구나 아시아의 팬들은 여기에 다시금 각자의 문화적 전통에 따라 추던 춤의 요소가 가미되어 이중적인 혼종 문화를 만들어 내는 것이다.

음악의 장르에서는 원래 서구에서 장르가 생겨날 당시의 사회문화적 기원과 그것을 받아들이는 한국적 상황이 혼합되면서 스타일에 새로운 형식과 내용이 만들어지고 새로운 혼종 양식이 발현된다. 예를 들어 힙합이나 랩의 경우 미국의 흑인들이 표현하고자 했던 이른바 '소울 정신'[8]은 많이 희석된 상태로 외형적 스타일만 가져올 때 이는 미국적 힙합 형식에 한국적 텍스트가 혼합되면서 '진정한' 힙합 정신이 제대로 구현되기 어렵고 이른바 '한국적 힙합'이 만들어지게 된다. 이는 비보이 현상과도 매우 흡사하다(이수안, 2008). 비보이가 미국 대도시의 뒷골목에서 히스패닉과 흑인들 간, 혹은 아시아계 청소년들 간의 헤게모니 싸움에서 비롯된 사회문화적 배경을 지니고 있고, 이로써 '저항성'이 가장 커다란 특성으로 부각되는 몸짓인데 한국에서 비보이가 성행할 때는 저항성은 거의 희석되고 다만 난이도 있는 춤사위를 구현해 내는 기술의 발달에 치

8 『코리아 헤럴드』 인터뷰 기사에서 윤미래가 언급한 용어. 『코리아 헤럴드』, 2000년 2월 4일자. "It brings attitude to Korean pop" 제목의 기사 참조.

중하는 방식으로 변형된 것이다. 이러한 점은 서구적 비보이 스타일을 받아들이면서 그 스타일이 만들어지게 된 사회적 맥락은 그대로 구현되지 못하게 되는, 표피적 지역화의 한 예라고 할 수 있다.

『프랑크푸르터 알게마이네 차이퉁』 기사에서는 한국의 아이돌 그룹의 탄생을 유교와 자본주의적 생산 양식이 혼합된 결과물이라고 해석하고 있다. 이러한 해석은 결국 한국의 대형 기획사들이 소속 아이돌 그룹 멤버들과 갖는 관계가 유교적 온정주의적 관계로서, 기획사에서 '베풀어주면' 가수들은 이를 '고맙게 생각하면서' 적극 수용하는 방식으로 관계가 이루어지게 되는 것이다. 이른바 '노예 계약'의 토대가 여기에 있다고 할 수 있는데, 10대 청소년들의 맹목적이다시피 한 아이돌 가수 지망열이 불평등한 계약 관계에 대해서도 거부할 수 없는 유교적 온종주의적 관계 형성에 일조하고 있다. 유럽의 관객이 케이팝 스타들에게 열광하는 요인에도 유교적 요소가 작용하고 있다. 독일 TV방송국인 Pro-7의 특집 프로그램인 〈K-pop in Germany〉에서 앵커는 기자 회견이나 팬들과의 대화 시간에 아이돌 그룹의 멤버들이 허리 숙여 인사하면서 유순하고 공손한 태도를 보이는 것을 이들이 각광받는 또 하나의 긍정적인 요소라고 소개하고 있다. 이 점은 2010년부터 독일에서 결성된 팬클럽으로 웹사이트에서 왕성한 활동을 하고 있는 〈독일 한류 프로젝트German *Hallyu* Project〉의 멤버들도 케이팝 스타들에 열광하는 주요 요소로 삼고 있는 점이다.

유럽의 팝스타들이 접근이 어렵고 주로 관객들에게 군림하는 우상적 존재라면 케이팝 스타들은 비교적 나이가 어리고, 10대 청소년들의 정서에 잘 맞는 노래와 춤을 통해 접근이 쉽게 느껴진다는 것이다. 또한 웹사이트 등을 통해 팬들과의 소통도 잘 되는 점 등도 친근감을 느끼는 요인이다. 폴란드의 유력 주간지인 『브프로스트*Wprost*』에서 문화면 특집으로 편성한, “케이팝이 점점 유럽으로 넘어오고 있다”는 제목의 기사에서 “유럽의 아티스트들이 자신들의 인기를 스캔들이나 팬들을 도발하게 만드는 행동으로 얻는 것과는 대조적으로 성실한 연습과 체계적인 공연을 통해 어필한다”는 평가를 싣고 있다. 이러한 평가에 의하면 케이팝 스타들이 유럽에서 인기를 얻고 있는 이유 중 일정 부분은 동양적인 가치와 태도가 차지하고 있는 것이라고 할 수 있다. 즉, 유럽에서 우상으로 군림하는 팝스타들에 익숙했던 관객들에게 매우 이질적이면서도 접근을 용이하게 하고 관객이 일회적인 관객으로서가 아닌 지속적인 유대를 갖는 팬으로서 존중받는다는 느낌을 갖게 하는 문화적 매력으로 작용한다고 볼 수 있다. 기존 서양의 팝스타들에게서 발견하지 못했던 동양적 공손함 등이 배태된 태도가 한국의 문화를 표현하고 있다고 한다면 이를 긍정적으로 받아들이는 유럽인들의 수용 과정에서 문화 혼종이 시작되고 있다고 평가할 수 있다.

언어와 인터넷을 매개로 한 감성적 융합

케이팝 가수들의 노래 가사에서 특징적인 면은 가사의 많은 부분에 영어가 혼합되는 점이다. 이는 우선 내용이 크게 스토리를 가지고 있지 않기 때문에 가능하며 지금의 인터넷 세대가 일상적으로 영어 단어를 혼용하면서 언어적 순수성이 그리 첨예하게 요구되지 않는 세대적 감수성을 반영하는 것이라 할 수 있다. 영어 혼용은 한국어를 사용하지 않는 아시아 지역이나 유럽에서 케이팝 노래에 대한 접근성을 용이하게 만드는 의외의 효과로 작용한다. 즉, 영어권이나 유럽 등지의 관객이나 팬들이 다른 부분은 몰라도 영어 혼용의 가사를 쉽게 따라 부를 수 있고, 이를 계기로 노래에 친숙해지면서 다른 부분의 한국어 가사까지도 익히게 되는 결과를 낳는다. 아이돌 그룹의 멤버들 중에서 영어권에서 성장한 멤버를 영입하거나, 아예 외국인(태국, 중국인 등)이 멤버로 합류해 있는 경우에는 이들의 존재가 언어뿐 아니라 인종적 혼합으로서 글로벌 차원의 시장 진출에서 더욱 유리한 조건을 만들 수 있었던 것으로 풀이된다.

파리에 거주하는 한 블로거에 의하면,[9] 프랑스의 한류층을 이루는 젊은 여성들이 한국 드라마에 탐닉하면서 번역을 통해 드라마 내용을 공유하고 점차 한류에 흡수되는 것의 발단은 일본의 만화에서 비롯되었다는 관측이 있다. 이 블로그의 내용에 의하면, 지난 3년간 서유럽의 한류를 연구하고 있는 보르도대학의 홍석경 교수는 연구를 통해 "프랑스 한류의 뿌리는 일본의 망가漫畫"라고 진단하면서 "프랑스는 망가의 세계 2위 시장으로 1990년대 청소년으로 일본 만화와 애니메이션을 즐기며 동양 문화에 익숙해진 세대가 2000년 이후 남자들은 게임과 공상과학 중심의 미국 드라마로, 여성은 일본 · 한국 · 대만의 로맨틱 드라마에 빠져들었다"고 한다.

프랑스에서는 한국 드라마를 보기 위해 한국어를 익히고 소위 '품앗이 번역'을 해서 서로 돌려 보기도 한다. 한국의 소위 '미드 보기' 동호회에서 번역본을 공유하는 현상과 같은 맥락이라고 할 수 있다. 최근에 영국의 BBC에서 방송되는 〈셜록 홈즈〉를 한국의 팬들이 즉각적으로, 거의 경쟁적으로 번역해 인터넷 카페에서 공유하는 방식도 이와 같다. 드라마의 동영상을 입수해 임의로 번역해서 공유하는 행위는 불법이지만 프랑스의 경우에 한국 드라마를 방송사 등에서 공식적으로 수입해 방영하지 않았기 때문에 팬들의 입장에서 어쩔 수 없이 이런 방법을 선택하고 있는 것이다. 이렇게 한국 드라마에 빠져드는 이유에 대해 한 카페[10]에서

9 http://blog.daum.net/parismadame/8792343
10 http://cafe.naver.com/hallyucom.cafe?iframe_url=/ArticleRead.nhn%3Farticleid=53&

분석한 결과에 의하면, 프랑스 방송사가 드라마를 다양하게 제작하지 않고 대부분 미국 드라마를 방영하는데 미국 드라마와는 달리 한국 드라마의 아기자기한 재미가 중독성을 불러일으킨다는 평가가 있다. 한국 문화를 좋아하는 사람들의 모임인 프랑스의 코리안 커넥션Korean Connection의 결성 계기에 드라마가 작용했다고 한다면 그 결실로는 2011년 6월의 파리 SM Town 공연이 있다. 이런 활동들은 팬의 입장에서 케이팝을 수용하는 데 정서적 연결고리를 만들어 주며 이를 용이하게 하는 데 인터넷 등의 매체가 매우 중요한 역할을 한다. 또한 팬덤 형성에서도 인터넷 카페나 팬클럽 사이트는 결정적인 역할을 하고 있다.

한 인터넷 뉴스 매체는 "유튜브, K-pop 카테고리 신설……한류 열풍 가속화에 엔진 달았다"라는 제목의 2011년 12월 15일자 기사에서 그동안 케이팝 열풍의 주요 확산 매개 역할을 해온 유튜브가 본격적으로 케이팝을 하나의 음악 장르로 분류해 소개하기로 했다는 소식을 전했다.

> 세계 최대 온라인 동영상 사이트인 유튜브(www.youtube.com)가 유튜브 음악 카테고리에 K-pop 장르를 신설했다. 2011년 12월 15일 유튜브는 사이트 내에서 가장 인기 있는 장르를 중심으로 구분한 팝, 레게, 락, R&B, 랩 등에 K-pop을 하나의 음악 장르로 분류했다고 밝혔다. 유튜브 내에서도 특정 국가의 음악이 카테고리 내에서 별도의 장르로 소개되는 것을 K-pop이 최초인 것으로 알려져 한류 열풍을 더욱 가속화하는 데 기여할 것으로 전망된다. …… 소녀시대, 원더걸스 등 해외 진출 아티스트들의 뮤직 비디오 조회 수나 국가별 관심도 등이 온라인상에 떠돌며 K-pop 열풍이 거품이 아님을 증명하는 자료로 사용되기도 했다. 한편 구글코리아 염동훈 대표는 "K-pop이 유튜브의 음악 카테고리 내에 하나의 장르로 당당히 이름을 올릴 만큼 큰 인기를 누리며 세계로 뻗어나가는 데 유튜브가 최고의 파트너로 함

께할 수 있어 매우 기쁘다"며 "앞으로도 다양한 분야에서 적극적으로 협력해 나갈 계획이다"라고 전했다(*TV Daily*, 2011.12.15).

케이팝 열풍이 전지구적으로 확산되는 데에는 인터넷, 특히 동영상을 전달하는 유튜브의 역할이 컸다는 점은 이미 검증된 상황인데 이를 통해 주목해 보아야 할 것은 매체적 융합이 지역적 문화 혼종을 가속화하는 데 커다란 역할을 했다는 점이다. 이는 테크놀로지와 감성의 융합이 감각의 융합, 즉 시각과 청각의 동시적 만족을 이끌었고, 이를 통해 새로운 감각적 만족, 즉 몸이 감흥하는 댄스의 단계로 발전되면서 케이팝과 이를 재현해 내는 아이돌 그룹에 대한 열광으로 이끌어 갔다는 점에서 감각의 혼종적 열광에 대해 통찰해 볼 여지를 제시하고 있다.

유럽에서 케이팝이 선풍적 인기를 얻는다는 것이 의미하는 바를 고찰한다고 할 때 가장 우선적으로 고려되어야 할 점은 정서와 감성의 혼종화 현상이다. 이른바 서양적 정서의 진수라고 할 수 있는 팝음악이 한국적 변용을 거쳐서 케이팝으로 탄생했다고 한다면 이를 다시금 받아들이는 서양인의 관점에서 이는 과연 자신들의 전통적 팝음악과의 공통점과 차이점을 세밀하게 구분하는 과정을 거치고 있는 것인가 살펴볼 필요가 있다. 여기에서 공통점 때문에 케이팝을 좋아한다면 이는 유럽 사람들이 케이팝을 서양의 팝음악의 아시아적 지역의 특성이 가미된 변형물로 인식한다고 해석할 수 있다. 반면 케이팝 선호의 이유를 차이점에서 찾는다고 한다면 이는 이질적인 문화의 요소를 부각시켜 수용한다는 것으로 해석 가능하다. 즉, 유럽의 팝음악과 형식은 같을지라도 완전히 다른 정서적 특성을 발견하고 이를 자신들의 정서에 받아들임으로써 서서히 감성의 접점을 찾는다는 것이다.

댄스가 수반되는 형식적인 측면에서는 유럽의 팝음악적 요소가 충분히 그대로 반영된 것으로 볼 수 있는데 그 가운데에서도 이국적인 정서는 여러 명이 한꺼번에 매우 숙련된 댄스를 한다는 점이다. 이는 유럽의 가수들이 대체로 한 명의 스타 가수, 예를 들어 마돈나, 레이디 가가 등이 뛰어난 춤 솜씨를 발휘하는 것과는 확연히 다른 효과를 가져오고 더욱이 이들이 대부분 10대의 미소년, 미소녀들이면서도 선정적인 안무를 보여준다는 점이 차별적인 요소이다. 그렇다면 이러한 케이팝 선호의 과정을 통해 감성적 융합은 어떻게 이루어진다고 할 수 있을 것인가? 이는 팬덤 형성과 팬으로서의 활동에서 공유되는 감정의 표출을 분석함으로써 해석 가능하다.

『르몽드』지에서 인터뷰로 다룬 바 있는 프랑스의 '한국 문화를 사랑하는 모임'인 코리안 커넥션Korean Connection의 대표인 제시카 풀라Jessica Fulrad의 경우가 대표적으로 소셜 네트워크를 통해 한국의 드라마와 음악을 발견한 경우이다. 소셜 네트워크를 통해 영어로 정보가 소개되면서 비로소 한류를 접하게 되는 것이다. 풀라의 경우에는 유튜브 등을 통해 케이팝을 접하고 이를 좋아하게 된 이유가 케이팝 그룹의 뛰어난 퍼포먼스, 미국적 분위기, 그리고 일본보다는 덜 정형화된 복장 때문이며, 이로써 지난 6년 동안 한국 대중문화에 열광하게 되고 급기야 한국어를 공부하게 만들었다.

유튜브 등 소셜 네트워크가 케이팝 열풍이 확산되는 데 역할을 해왔다면 최근에는 케이팝에 대한 비판과 옹호 등 논쟁의 각축도 인터넷 매체를 통해 이루어지고 있다.[11] 다양한 인터넷 매체의 발달과 소셜 네트워크는 언어와 매체의 융합을 통해 또 다른 문화를 쉽게 접하게 하는 매개가 되고 있다. 특히 음악은 가사에 들어가는 약간의 언어를 빼고는 멜로디

11 『한겨레』, 2012.2.18. 「케이팝 유명세, 최선과 최악 사이」.

와 춤을 통해 쉽게 소통할 수 있는 요소를 갖추고 있다. 이로써 다른 언어에 대한 호기심과 이해의 필요성이 대두되면서 언어 습득의 차원으로까지 나아감으로써 이를 통한 문화 혼종의 범위가 확대된다.

4. 나오는 말

이주와 더불어 급부상한 논제인 '문화적 지구화'는 테크놀로지의 발달과 함께 문화의 초국적 흐름 속에 변화하는 문화적 정체성의 측면에서 글로벌과 로컬의 구분을 사실상 모호하게 만들고 있다. 특히 서구와 비서구라는 지역적이고도 문화적인 범주가 인터넷을 통해 실시간 공유되는 대중문화를 통해 서로 혼합되거나 융합되어 새로운 정체성을 만들어 내는 사례는 대중음악과 영화적 재현, 뮤지컬 공연 등 대중문화 산업의 전반적인 문화적 실천 분야에서 광범위하게 찾아볼 수 있다. 이 글은 연구자가 기획하고 있는 혼종 문화의 다양한 양상과 형성 방식에 대한 연구의 일환으로, 문화의 혼종화 과정에 대한 이론적 논의가 구체적인 문화 실천 속에서 어떻게 설명력을 갖는지 성찰해 보려는 목적으로 기획되었다. 즉, 그동안 주로 포스트콜로니얼 문화 이론을 중심으로 연구되어 왔던 혼종성과 혼종화 과정에 대한 이론적 논의를 중심으로 하고, 문화제국주의 논의, 글로벌/로컬의 문화적 역학 관계에 대한 논의를 이론적으로 검토한 후 이 이론적 논의들에 대해 한국의 대중문화 산업, 특히 최근 전 세계적으로 열광적인 반응을 이끌어 내고 있는 케이팝 열풍의 현상을 하나의 사례로 하여 설명력이 있는지 검토해 보았다.

2011년의 해외 공연 활동을 고무적인 성공으로 평가한 연예기획사들은 2012년에는 좀 더 적극적으로 월드 투어를 기획하고 있다. 빅뱅은 세계적인 콘서트 제작사인 라이브 네이션Live Nation[12]과 손잡고 아시아를 비롯해 북미, 남미, 유럽까지 16개국 25개 도시에서 월드 투어를 진행하는데, 이는 케이팝이 이제 한국 연예기획사의 기획에 따라 지역을 넘어서 전지구적 문화의 자본주의 회로 속으로 들어감을 의미한다. 또한 북미, 남미, 유럽, 아시아 등의 지역적 범주가 커다란 권역으로 묶어서 문화 혼종의 범주로 분류, 사고할 수 있는 단위로 등장함을 의미하며, 이로써 향후 더욱 세밀한 해석이 가능해질 시점이 다가오고 있다는 점을 시사한다.

문화 혼종은 최근 들어 다문화주의multiculturalism와 함께 지구화와 연동되어 나타나는 다양한 문화 현상을 설명하는 중요한 키워드가 되어 왔다. 미국같이 다민족의 다양한 문화가 공존하는 상황에 대한 이해에는 본래적 의미의 다문화주의가 유용했다. 그러나 문화 현상이라는 것이 다만 병렬적으로 존재하기만 하는 것이 아니라 서로 상호 작용하거나inter-cultural, 서로가 합쳐지면서 두 가지 이상의 문화가 다른 문화를 만들어trans-cultural 낸다고 보는 상황 이해(Welsch, 1999)가, 문화를 훨씬 생동감 있게 살아 있는 것으로 파악하는 길이 될 것이다. 이런 의미에서 케이팝 열풍은 문화가 상호 작용하여 혼종 문화를 만들거나, 아예 다른 새로운 문화로서 이른바 월드 뮤직으로 발전한다든가 하는 다양한 방향을 앞에 두고 있다.

12 "레이디 가가의 월드 투어를 지휘한 로리엔 깁슨이 총감독을 맡고, 마돈나, 에미넴 등 유명 팝스타들의 콘서트에 참가했던 리로이 베텟, 케네스 반드루텐 등이 참여한다"는 기사를 보면 이 기획사의 전지구적 기획력을 엿볼 수 있다. 이는 YG엔터테인먼트를 비롯한 한국의 연예기획사들이 이미 케이팝 공연의 글로벌한 기획 의도를 실천에 옮기고 있는 과정에 있음을 보여줌과 동시에 전지구적 자본주의 체제가 언제든 문화를 매개로 우리의 일상에 깊이 들어올 수 있음을 보여준다.

참고 문헌

김미주 · 김성섭 · 박제온 · 김도윤, 「한국 대중가요 선호 이유에 따른 한류 문화관광상품이 한국 국가 이미지와 한국 방문 의향에 미치는 영향 연구」, 『관광 · 레저연구』 제22권 제5호, 2010.

딜릭, 아리프, 『포스트모더니티의 역사들』, 황동연 옮김, 서울: 창비, 2005.

박현주, 「글로벌 대중문화물의 한국적 변용과 탈식민주의적 문화정체성에 대한 연구: 한국 대중음악에 관한 사례분석」, 『언론과 사회』 14권 3호, 2006.

신현준, 「K-pop의 문화정치학」, 『언론과 사회』 13권 3호, 2005.

이나영 · 정민우, 「탈/식민성의 공간, 이태원과 한국의 대중음악: 이태원 '클럽'들의 형성과 변화 과정을 중심으로(1950~1991)」, 『사회와 역사』 제87집, 2010.

이동연, 「케이팝(K-pop): 신자유시대 초국적 국민문화 아이콘」, 『내일을 여는 역사』, 서해문집, 2011년 겨울호.

이수안, 「재현으로서의 남성성에 대한 젠더문화론적 분석: 비보이 현상을 중심으로」, 『사회과학연구』 16권 2호, 2008.

이은숙, 「중국에서의 '한류' 열풍 고찰」, 『문학과 영상』, 2002 가을/겨울.

조한혜정, 「글로벌 지각 변동의 징후로 읽는 '한류 열풍'」, 『한류와 아시아의 대중문화』, 연세대학교출판부, 2003.

채오병, 「이행과 번역: 한국 사회의 근대성 이해를 위한 방법론적 소고」, 『경제와 사회』 통권 89호, 2011.

최우영, 「한국 사회의 '근대' 해석과 대중문화 지형의 변화」, 『담론 201』 제9권 4호, 2006.

『한겨레』, 「케이팝 유명세, 최선과 최악 사이」, 2012.2.18.

Anderson, Michael, *Madison Avenue in Asia*, Cranbury: Associated

University Presses, 1984.

Appadurai, Arjun, *Modernity at Large*, Minneapolis: University of Minnesota Press, 1996.

Bhabha, Homi K., *The Location of Culture*, London, New York: Routledge, 1994.

Canclini, Néstor García, *Hybrid Cultures*, Minneapolis: University of Minnesota Press, 1995.

Chen, Kuan-Hsing, "Not Yet the postcolonial era: The (Super)Nation-state and transnationalism of cultural studies," *Cultural Studies*, Vol. 10 No. 1, 1996.

Howard, Keith, "Exploding ballads: The transformation of Korean Pop music," Craig, T, J, & King, R, (ed,), *Global goes local*, Vancouver: University of British Columbia Press, 2002.

Kraidy, Marwan M., *Hybridity, or the Cultural Logic of Globalization*, Temple University Press, 2005.

Lee, Jamie, "Linguistic hybridization in K-pop: Discourse of self-assertion and resistance," *World Englishes*, Vol. 23 No. 3, 2004.

Lee, Youngnam, "*Hallyu* und der koreanische Film in Deutschland," 『세계문학비교연구』 제30집, 2010.

Manuel, Peter, *Popular Musics of the Non-Western World*, Oxford University Press, 1990.

Sun Jung, *Korean Masculinities and Transnational Consumption*, Hong Kong University Press, 2011.

Welsch, Wolfgang, "Transculturality — the Puzzling Form of Cultures Today," *Spaces of Culture: City, Nation, World*, Featherstone, Mike &

Scott Lash(ed.), London: Sage, 1999.

Young, Robert, *Colonial Desire: Hybridity in Culture, Theory and Race*, London: Routledge, 1995.

Frankfurter Allgemeine Zeitung, 5, Nov. 2011, Z4, "Das is die perfekte Welle."

Le Monde, 9, Juin 2011, "La vague pop Coréenne gagne l'Europe."

BBC-News, 6, June 2011, "The dark side of South Korean pop music," http://www.bbc.co.uk/news/world-asia-pacific-13760064

"Transculturality — the Puzzling Form of Cultures Today," http://www2.uni-jena.de/welsch/Papers/transcultSociety.html(2011년 6월 12일 검색)

"K-Pop in Germany," http://www.youtube.com/watch?v=mqDYEj3JtiY(2011년 11월 2일 검색)

"독일에도 한류가 싹트다[독일 K-pop 팬 문화]," http://blog.daum.net/kcc1335/3592(2011년 11월 4일 검색)

"German Hallyu Project: Let's bring the wave to Germany," http://z7.invisionfree.com/ GermanHallyuProject(2011년 11월 4일 검색)

"독일서도 K-pop 열풍 조짐," http://news.kbs.co.kr/world/2011/08/21/2343718.html(2011년 11월 4일 검색)

"폴란드 WPROST, 'K-pop이 점점 유럽으로 넘어오고 있다," http://www.vop.co.kr/A00000468364.html(2011년 11월 9일 검색)

"유럽 한류(韓流) 열풍, 대한민국 콘텐츠 수출 견인," http://www.inven.co.kr/webzine/news/?news=40604(2011년 11월 9일 검색)

"獨 언론 한류 집중 조명 '세계 팝음악 중심은 한국," http://biz.heraldm.com/common/Detail.jsp?newsMLId=20111108000392(2011년 11월 10일 검색)

"JYJ, 베를린 공연……팬 3천 명 K-pop에 열광," http://news.naver.com/main/read.nhn?mode=LPOD&mid=tvh&oid=052&aid=0000379960 (2011년 11월 12일 검색)

"영화 스튜디오 짓고 멀티플렉스 열고, 한류가 진화하고 있다," http://news.hankooki.com/ lpage/culture/201201/h2012012921000686330.htm(2012년 1월 29일 검색)

"경제 효과 5조 원, 전 세계 '한류' 홀릭," http://weekly.hankooki.com/lpage/coverstory/201201/wk20120105202004121180.htm (2012년 1월 9일 검색)

"공연은 '新한류' 메시지다," http://biz.heraldm.com/common/Detail.jsp?newsMLId=20111229000146(2011년 12월 29일 검색)

"〈뮤직뱅크〉 2월 프랑스 시작으로 월드 투어……한류 확산 기여," http://joynews.inews24.com/php/news_view.php?g_menu=700200&g_serial=629473&rrf=nv (2012년 1월 9일 검색)

"K-pop 로드쇼: 커버댄스 페스티벌," http://www.imbc.com/broad/tv/ent/kpopshow(2011년 11월 9일 검색)

"The dark side of South Korean pop music," http://www.bbc.co.uk/news/world-asia-pacific-13760064(2012년 1월 12일 검색)

"유튜브, K-pop 카테고리 신설……한류 열풍 가속화에 엔진 달았다," http://tvdaily.mk.co.kr/read.php3?aid(2012년 1월 30일 검색)

문화 혼종성의 성별화:
결혼 시장*

클레어 알렉산더

1. 들어가는 말

2011년 2월 5일, 데이비드 캐머런David Cameron 영국 총리는 뮌헨에서 열린 안보 콘퍼런스에서 "급진화와 안보 및 이슬람식 과격주의"라는 주제로 2010년 10월에 앙겔라 메르켈Angela D. Merkel 독일 총리가 한 연설을 연상시키는 연설을 했다. 그 자리에 모인 수많은 유럽 국가의 수장에게 캐머런 총리는 급진주의화와 테러리즘은 젊은 남성들이 압도적으로 과격하게 영국과 유럽, 그리고 '다문화주의자'의 정책에 대해 가하는 위협으로, 이 젊은 남성들은 완전히 삐뚤어지고 뒤틀리게 해석한 이

* 이 글은 *The Journal of Ethnic and Migration Studie* 33권 3호(2013년)에 「결혼, 이주, 다문화주의: 성별화된 "벵골 디아스포라"」("Marriage, migration, multiculturalism: Gendering "the Bengal diaspora")라는 제목으로 실린 것을 수정 · 보완한 것이다. 이 글의 번역자인 성정혜는 이화여자대학교 영어영문학과를 졸업하고 동 대학원에서 「탈식민 시대의 디아스포라와 혼종성: 살만 루시디의 『자정의 아이들』, 『수치』, 『악마의 시』」로 박사학위를 받았다. 현재 한국성서대학교 자유전공학부 조교수로 재직 중이다.

슬람주의를 추종하며 스스로 자폭하고 동료 시민을 살해할 준비가 되어 있다(Cameron, 2011)고 비난했다. 캐머런 총리는 '이슬람 급진주의'와 '이슬람교'를 조심스럽게 구분하고 '모든 이슬람인을 동일하게 취급하는' 정치 좌파와 우파에 대한 비판으로 연설을 시작했으나 '우리의 집단적 정체성을 약화시키고 개별적 삶을 살아가는 다른 문화를 조장하는' '다문화주의의 이념'에 뿌리내린 '정체성에 대한 문제'로 급진주의에 대한 비난을 자연스럽게 이동시켰다. 결국 캐머런의 주장에 따르면, 받아들일 수 없는 (특별히 성별화된) 문화 관습을 고취하고 '일부 젊은 이슬람인들이 뿌리가 없다고 느끼게 하는' 이슬람 문화와 이슬람 공동체가 문제가 된다는 것이다. 해결책은 무엇인가? 좀 더 강하게 국가 정체성을 느끼게 해주는 것, '우리의' 가치를 나누는 사람들을 포함시키는 것, '우리의' 가치를 나누지 못하는 사람들을 주변화하는 것, '좀 더 소극적인 수용과 좀 더 적극적이고 강한 자유주의'이다. 캐머런이 마지막으로 호소한 것은 다면적 정체성multiple identities에 대한 개념이다. 다면적 정체성을 가진 사람은 "좀 더 자유롭게 나는 이슬람인이다, 나는 힌두인이다, 나는 기독교인이다라고 하면서 동시에 나는 런던에 사는 사람이다 혹은 베를린 사람이다라고 말할 수 있다." 이것이 내가 생각하기에 조국에 소속감을 느끼는 정체성이며 진정한 융합을 이룰 수 있는 열쇠이다.

캐머런의 연설에서 중요한 점은 테러와의 전쟁을 치른 십 년 동안 영국과 유럽의 다문화적 구조에 관한 정치적 담론이 구체적으로 변화했음을 볼 수 있다는 점이다. 다문화적 구조는 다음을 반영한다. 상징적인 동시에 매우 실체적인 용어라고 할 수 있는 유럽 요새Fortress Europe의 국가 및 문화의 경계가 다시 그려진 것, 안전한 이주민의 이주와 위협적인 이주민의 이주에 관한 문제, 융합 아니 실질적으로는 동화同化에 대한 부활로 다양성의 수용을 외면하는 것, 기독교 가치를 통해 정의된 포용의 범위 재결정, 그리고 새롭게 힘을 받은 시민권과 국민성에도 불구하고 부풀려서 과시되었던 다문화주의의 '죽음'이다. 이와 같은 논의로 인해 현재 서유럽에서 특정한 방향으로의 반응이 생겨났다. 서유럽 국가들에서는 민족국가 및 유럽 정치의 제도적 중심에 중심 우파 및 극우파 정당이 득세하여 시민권에 대한 배타주의, 복지국가의 후퇴, 정치적 망명자나 보호를 청하는 이슬람 시민과 같은 사람에 대한 권리 박탈, 결혼 관습이나 언어 사용 권리와 같은 사적 영역에서부터 사원의 (비)건립과 부르카/니캅의 (비)착용에 관한 공적인 영역까지 문화적 차이의 근절에 국가가 개입하게 된 것이다.

세부적인 것을 언급하지 않더라도 무엇보다 캐머런의 연설이 바탕으로 하고 있는 내용은 정체성 · 이주 · 다문화주의와 문화 혼종성과 관련된 확장된 담론과 그에 대한 긴장을 살펴볼 수 있는 통찰력을 제공한다. 첫째, 정체성과 문화의 문제에 관한 정책 및 정치학에 대한 과도한 관심과 정체성과 차이의 언어가 학문의 영역으로부터 다소 개념적으로 덜 다듬어진 대중의 영역으로 '새어나가고' 있다는 항상 편안하지만은 않은 방식을 지적한다. 둘째, 차이를 반영하고 강화하거나 소속이라는 경합하는 형식을 위한 공간을 열어주는 문화라는 아이디어와 한편에서는 '다문화주의'와 다른 편에서는 '다면적 정체성' 혹은 문화 혼종성(캐머런이 이 용어를 사용하지는 않았으나) 간에 나타나는 차이로 이루어진 형식과 실천 사이에 나타나는 긴장감을 강조한다. 셋째, 갈수록 문화 · 민족성 혹은 종교의 렌즈를 통해 보게 되는 정체성이나 소속감 및 시민권 자체가 공식적 권리(이주할 권리, 정착할 권리 혹은 결혼할 권리)와 다소 모호한 비공식적 개념인 '국가 정체성' 모두에 관해 국가가 나서서 제도적으로 형성되고 있다는 점을 드러낸다. 넷째, 일부 단체는 국가 혹은 (이 경우에는) 유럽 문화의 밖에 있는 것으로 파악된다. 캐머런 등이 주장하는 긍정적인 정체성의 버전이 불가능하거나 혹은 이에 반하는 것으로 보고 있으며, 이러한 구별은 유럽/기독교/서구 대 비유럽/이슬람/동구의 '문명의 충돌'이라는 관점에서 이해된다. 다섯째, 이와같이 저항하는 반反근대 문화가 젠더 및 세대 간의 문제들을 통해 파악된다는 점이 중요하다. 이러한 문제에는 스스로를 파괴시키는 것에 열광하는 젊은이들과 캐머런의 연설에서 언급된 젊은이들, 그리고 흔히 희생자로 몰리면서 겉으로 보기에 이러한 문화 관습의 수동적 저장소로 여겨지는 말없고 얼굴 없는 여성들이 있다.

이 글에서는 다섯 번째 논의점, 그 중에서도 특히 젠더의 역할에 대해 주목한다. 이 글의 논지는 성(그리고 세대)의 문제는 확장된 사회 · 정치 및 문화적 맥락과 논쟁과 연관되어 파악되어야 한다는 것이다. 이러한 맥락과 논쟁을 통해 용인 가능한 문화적 다양성과 혼종성의 개념 안에 포함될 사람이 누구인지 혹은 그 외부에 있는 사람들은 누구인가를 규정하고 있음이 드러나기 때문이다. 이 글은 앞에서 설명한 문화적 정체성을 둘러싼 긴장과 특별히 다문화주의와 문화 혼종성 간의 긴장을 공개하고 탐색하고자 한다. 이를 위해 영국으로 이주한 벵골/방글라데시 이슬람 여성 이주민들과 특히 '결혼 시장'이라는 영역에서 나타나는 변화와 경합을 살펴보고자 한다. 문화 혼종성이 종종 무비판적으로 진보적이며 일반 보통 사람들의 것이고 민주적이라고 찬양받는 것과 달리 혼종성이 갖고 있는 수용 및 배척, 그리고 침묵과 삭제라는 경합적이면서도 모순적인 면이 간과되었음을 논할 것이다. 주변화되고 종종 혼종성의 외부에 있다고 여겨지는 이슬람 이주 여성들의 위치와 경험을 탐색하면서 이 글은 사회 및 문화적 변화와 혼용의 과정에 대해 좀 더 섬세하게 설명하고자 한다. 이 설명을 통해 정체성이 형성될 때 권력과 행위성agency, 구조와 문화, 그리고 장소와 시간이 다중적으로 교차한다는 것이 드러날 것이다.

2. 문화 혼종성의 성별화: 다문화주의로부터 혼종성으로?

최근 문화 혼종성에 매료되는 현상과 문화 혼종성이 지니는 전복적 정치적 잠재력은 국제화의 물결을 타고 이주의 범위와 규모가 변화하는 것에 대한 반응이며, 국가성 및 시민성의 단일화, 균질화가 부활하는 것에 대한 배경으로 이해할 필요가 있다(Hall, 2000).

아파두라이(Appadurai, 1993)는 시각적으로나 문화적으로 이주민들이 남쪽으로부터 그리고 동쪽으로부터 이주하면서 북구와 서구 사회의 '민족지ethnoscapes'가 변화한다고 언급했다. 유엔은 2005년에 자신의 조국이나 출생국을 떠나 살고 있는 사람이 2억 명 이상이라고 추정했으며, 대다수의 이주민이 근처 지역 내에 거주하려는 경향이 있지만 1980년대 이래로 이주민들이 더 멀리 그리고 새로운 목적지로 이동하는 현상이 현저하게 두드러지고 있다. 이는 이전에 이주민들을 받아들이기보다 보내는 국가라고 자신들을 규정한 인식이 달라지는 것이며, 아일랜드나 이탈리아, 스칸디나비아 국가 혹은 한국이나 일본처럼 국제화의 광범위한 세계화 과정에 영향을 받지 않았던 국가라는 인식이 이제 달라지고 있는 것으로 볼 수 있다.

이 중 중요한 현상은 캐슬과 밀러(Castles & Miller, 2003)가 '이민의 시대the Age of Migration'라고 명명하고 코저와 루츠(Koser & Lutz, 1998)가 '신이민new migrations'이라고 명명한 것으로서, 변화하는 성별화의 관점과 특별히 '이주의 여성화'로 부를 수 있는 현상이 두드러지고 있다는 것이다. 이는 여성들이 '생계 부양자'이며 독립적 노동자로 이동하는 수가 늘어났다는 것을 보여줄 뿐 아니라 이주와 정착이 일어나는 방식이 성별화되어 관찰되고 성별적인 법령이 만들어지며 경험된다는 것을 재조명한다. 결혼 이주와 특히 신부의 이동은 흥미로운 주제임에도 불구하고 연구가 크게 진척되지 않는 방식으로 '가족'과 '직장'의 분류를 연결하기도 하면서 흐리기도 한다. 결혼은 따라서 이주가 가능하게 하는 도관의 역할을 한다. 대부분의 유럽 국가에서 이 현상은 법으로 제정될 필요가 있는 문제라고 여겨지는 한편, 다른 곳에서는 국제화의 한 형태로 긍정적으로 여겨진다. 켈지Karen Kelsey는 국제화에 대해 일본 여성이 외국인과 결혼하는 것을 '국제 관계의 에로틱화'로 언급한 바 있다(Kelsey, 2001). 혹은 이 현상은 한 국가 내에서 변화하는 성性의 관계에 기인한 신부 부족 현상에 따른 필연적 대응으로 여겨지기도 한다(한국(Lee, 2008)과 스웨덴).

오래전부터 여성은 국가의 화신, 문화와 국경의 상징, 문화적 가치의 전달자이며 전수자로 인식되었다(Anthias & Yuval-Davis, 1992; Anthias, 2011). 인종, 민족 및 종교의 렌즈를 통해 굴절되면 이주민이나 소수민족 여성은 모호하게 문화적 차이의 화신으로 위치지어지고, '공동체'의 경계 내에 놓이며 갇히게 된다. 그리고 즉시 복제의 근원이며 종종 희생자로 사회적 절차의 외부에 놓여진다. 문화를 담는 그릇으로 바라보는 관점은 다문화주의의 주요 시각의 근거를 형성한다. 다문화주의는 문화가 고정적이고 내부를 향하며 내적 균질화와 외적 차이를 강화하며, 확장된 사회와 '공동체' 내의 권력 역학을 무시하는 관점으로 인해 비판을 받아왔다(Anthias & Yuval-Davis, 1992; Anthias, 2011). 일부 여성학자는 다문화주의가 진정성을 찾고 특히 국가가 함께 작업할 수 있는 문화 중개인을 찾는다는 명목으로 보수적이고 가부장적인 요소를 조장해 왔다고 주장하면서 공격해 왔다. 이러한 공격은 여성에 대한 관심을 주변화하고 여성을 혐오할 가능성이 있는 문화 관습을 간과하게 한다(Okin, 1999). 또한, '공동체'와 확장된 사회에서 여성들이 수행하는 투쟁을 지워버리기도 한다(Anthias, 2011). 동시에, 급진적 담론에서는 위에서 설명한 캐머런의 연설에서와 같이 억압된 여성성을 소수 문화를 악마화하는 방식으로 사용하거나 주류 문화를 우월한 가치로 주장하거나 심지어 가야트리 스피박Gayatri Spivak이 '황색 남성에게서 황색 여성을 구해 주는 백인 남성'으로 식민지 이미지(Spivak, 1998)를 언급하면서 공격한 것에 대한 정당화로 사용되기도 했다.

결혼 이주의 '문제'는 문화 혹은 문화 전달의 '문제'로 설명된다. 이 지점이 성별화된 차원이 특별히 두드러지는 지점이다. 예를 들어, 영국의 밀타운 북부에서 대부분 파키스탄 이슬람 젊은 남성들이 연루되어 발생한 2001년 도시 소요 이후에 대부분의 비난은 자체 분리된 공동체에 돌려졌으며, 이 공동체에서는 인도나 남아시아인과의 결혼이 두드러지게 나타났다. 브래드퍼드Bradford 의원인 앤 크라이어Ann Cryer는 이에 대해 '수입된 가난'이라고 언급했고, 데이비드 블런킷David Blunkett 내무장관은 집에서 '모국어'를 사용하는 것이 사회적 배척을 부르고 이슬람 젊은 남성들 간의 '세대 간 정신분열'의 형태를 야기했다고 비난했다(캐머런의 연설이 떠오른다)(Alexander, 2004, 2010b). 좀 더 최근에는 영국의 '폭력적 급진주의 예방 안건'에서 테러리즘과의 전쟁을 위한 계획의 주된 강령으로 '이슬람 여성의 세력화(임파워먼트)'를 문제삼았다(Rashid, 2011). 도시 소요가 일어난 이후 테러와의 전쟁과 지난 10년간 유럽 전역에 안보 안건이 급부상한 것은 문화적 · 사회적 통합과 동화에 대한 생각이 강하게 연결된 것이다. 정치적으로 좌파이든 우파이든 많은 비평가가 '다문화주의의 죽음'을 서둘러 언급했다(Kundnani, 2007; McGhee, 2008). 이슬람 여성들이 논쟁과 법률 제정의 중심에 대두되는 일이 증가하는 현상과 함께 이러한 논의의 중심에 젠더가 있다는 사실이 중요하다. '이슬람 여성'의 모호한 이미지가 동시대 유럽에서 여성들이 베일을 쓰는 것과 관련한 논쟁에서 제기되었으며, 특히 부르카와 니캅이 프랑스, 독일, 벨기에 그리고 네덜란드의 입법 주제가 되었다. 그러나 이슬람 여성들은 이민의 위험, 다문화주의의 한계, 융합의 불가능성 및 문화적 혼동(합)을 둘러싼 염려에 대한 해석자로 대표된다. 예를 들어 2006년에 당시 잭 스트로Jack Straw 외무장관은 영국에서 베일은 "분리와 차이를 시각적으로 표현"(BBC News, 6th October, 2006)하는 것이라고 주장하면서 이슬람 여성이 블랙번Blackburn에 있는 자신의 선거구 사무실을 방문할 때 베일을 벗어줄 것을 요구하면서 국가적 논란을 유발했다. 블랙번은 영국의 북쪽에 위치한 도시로 2001년 폭동이 일어났으며 대규모의 남아시아 이슬람 인구가 사는 곳이다. 그러나 흥미롭게도 스트로는 당혹해하면서 '전반적으로 영국식 악센트를 사용하고 영국에서 모든 교육과정을 받은 사실에서 유대감을 나타내는 것과 베일을 썼다는 사실 간에 드러나는 불일치성'을 언급했다(앞의 뉴스). 스트로에게 민족적 · 종교적 차이는 여성의 신체에서 드러났으며, 이러한 차이는 '주류' 문화의 가치와 정체성에 대한 구별과 대립으로 이해될 수밖에 없는 것이었다. 그에게 문화적 혼합, 혹은 혼종성이라는 신호는 불일치나 충돌로 치부되었다. 분명히 문화 혼종성은 그 중 일부 형태만 중요하며, 일부 사람들에게만 인정되는 것이다.

이와 같은 모호함은 문화 혼종성을 다문화주의의 위험성에 대한 해결책으로 삼을 때 주의해야 할 필요가 있음을 보여준다. 자매 개념인 '디아스포라'처럼 혼종성은 1980년대에 등장하여 이후 학문 분야에서 최근의 이주 및 정착에서 나타나는 복잡성을 이해하고 해석하는 방식이었으며, 국가 · 문화 및 시민권에서 나타나는 균질화 및 배척의 개념을 전복하는 방식이었다(Alexander, 2010a). 혼종성은 '아래로부터의' 정체성 형성에 초점을 맞춤으로써 문화적 번역과 혼용의 과정을 강조하여 개념화했고, 좀 더 글로벌하기도 하고 지역적이기도 한 국가성과 소속감에 대한 대안적 상상을 위한 열린 공간을 마련했다. 다문화주의가 공동체와 이웃, 거리, 집, 학교와 가족 등의 수준에서 형성된다면, 혼종성은 전복되고 살아남은 정체성과 초국가적 경로 및 기원을 엮으면서 호미 바바 Homi K. Bhabha가 만남의 '제3의 공간third space'(Bhabha, 1990)으로 명명한 것 혹은 폴 길로이Paul Gilroy가 '공생공락conviviality'(Gilroy, 2004)이라고 부른 것을 창조한다. 혼종성은 논쟁의 공간, 혼합의 공간이며 바바에 따르면 "새로운 것이 세계로 들어오는"(Bhabha, 1994: 227) 경계의 문화로 등장했다.

혼종성이 "정체성과 민족성이라는 본질주의적 개념에 대한 처방"(Pieterse, 1994: 71)으로, 그리고 내재적으로 전복적 · 초월적이며 정치적으로 진보적이라고 옹호되었던 반면, 혼종성의 자취를 보면 역사적으로나 경험적으로나 다소 양가적이다(Young, 1995; Gilroy, 2004; Kalra et al., 2005; Alexander, 2010a). 혼종성은 문화적 차이를 열기도 하고 닫기도 하며 또 한편으로는 민족적 생물과 문화적 순수성이라는 본질주의 개념을 강화하기도 하고 해체하기도 한다(Anthias, 2001). 그렇다면 '약한' 버전의 문화적 혼종성과 '강한' 버전의 문화적 혼종성을 구별하는 것이 필요하다. '약한' 버전은 백Les Back이 '혼종성의 사실'(Back, 2002)이라고 부른 일상생활의 '절단과 혼합'(Chambers, 1996)에 초점을 맞추고 있으며, '강한' 버전은 문화적 만남과 교환이 발생하는 비균질적, 임시적, 논쟁적인 영역에 집중한다(Alexander, 2010a; Kalra et al., 2005). 바바(Bhabha, 1990: 211)가 말하듯이 '제3의 공간'은 종합을 통해 발생하는 것과 마찬가지로 모순 · 갈등과 '통분 불가능성incommensurability'으로 생성되는 '의미와 재현이 협상되는 새로운 공간'을 창조한다.

다문화주의와 더불어 젠더는 혼종성의 의미를 둘러싼 투쟁과 협상의 중요한 영역이 되고 있다(Kalra et al., 2005; Anthias, 2001, 2010). 인종이 섞인다는 두려움에 역사적 뿌리가 있고, 좀 더 현대적인 대중문화 형식에서는 여성 혐오와 과도한 남성성이라는 측면에서 비판을 받고 있다(Gilroy, 2004). 동시에, 스트로와 캐머런의 설명에서 드러나듯이 (인종적 · 민족적 및 문화적 차이로 정의되는) 일부 문화는 혼종성을 넘어서는 것으로 여겨지며 서구의 '진보'가 정의하고 가늠할 수 있는 것에 대항하는 (길로이가 다른 맥락에서 쓴 도발적 문구를 사용하면) '앞선 순수성'(Gilroy, 1994: 54-55)의 예로 제시된다. 앤티아스Floya Anthias가 지적하듯이, '가족 조직, 성별 관계 및 종교'는 특별히 서구 글로벌화의 균등화 과정에 저항한다(Anthias, 2010: 235-236). 아래에서 논의하겠지만, 이 말이 특별히 이주 과정과 세대 간의 변화를 통해 발생하는 변화에 영향을 받지 않는다는 것을 의미하는 것은 아니다(Kalra et al., 2005: 3장 참조).

따라서 문화 혼종성에 대한 호소에 내재하는 양가성은 좀 더 조심스러운 접근이 필요함을 의미한다. 구체적인 맥락에서 잠재성과 제약 및 통분 불가능성을 탐색하는 접근과 권력과 불평등의 내 · 외적 역학 관계를 주의 깊게 살펴보는 시각이 필요하다. 따라서 이 글의 나머지 절에서는 영국에서의 이주 결혼에 초점을 맞추어 문화 혼종성에서 나타나는 성별화를 둘러싼 긴장을 탐색하고자 한다. 이는 특히, 최근에 나와 동료가 '벵골 디아스포라'에 대해 연구한 내용이다. 이 연구는 3년 프로젝트로 벵골 주에서 1947년의 분리가 일어난 이후 이주민들의 경험을 연구한 것이다. 벵골 주에서는 이 기간 동안 2천만 명이 넘는 사람이 이주를 하거나 고향을 떠난 것으로 추정되며, 이는 근대에 발생한 가장 큰 규모의 이주 중 하나이다. 대부분은 이웃 국경을 넘어갔으며 약 2%에 해당하는 사람들만 해외로 이주했다. 해외 이주의 경우 특히 중동아시아나 영국으로 이주했다. 이 프로젝트는 특히 최대 규모의 해외 이주를 형성하고 있는 이슬람인들의 이주에 관심을 갖고 있으며, 이를 위해 인도, 방글라데시 및 영국에 있는 8개의 장소에서 160명의 이주민의 삶을 조사했다(더 자세한 정보는 www.banglastories.org 참조). 이 프로젝트의 목적은 이주민들의 삶이 역사의 흐름에 의해 형성되고 다시 역사의 흐름을 형성하는 방식, 평범한 사람들의 개인(역)사가 지워지는 방식, 그 중에서도 특히 가난한 자와 도망자, 그리고 여성을 포함한 사람들의 경험이 지나치게 자주 간과되는 방식을 탐색하는 것이다.

영국에서는 네 곳을 지정해 런던에서 두 곳, 북서쪽의 올드햄Oldham과 이주민들이 좀 더 확산된 지역에서 한 곳을 선택했다. 선택된 네 곳을 통해 벵골 이슬람인과 방글라데시인 공동체 사이에서 발생하는 내부적 이주의 유동성을 확인하고자 했다. 이를 위해 식당 직원과 결혼한 신부들을 인터뷰했다. 이 글은 인터뷰 대상자 중 신부들로 구성된 마지막 부분 집합에 근거하고 있다. 이 프로젝트의 연구원인 샤자드 피로즈Shahzad Firoz가 벵골에서 인터뷰를 수행한 후, 인터뷰 내용을 번역하고 전사했으며 방글라데시에서 영국으로 홀로 (부인 혹은 신부) 이주해 온 벵골 이슬람 여성들의 삶을 다른 장소와 시간에서 조명했다. 이 자료는 여성들이 결혼 이주를 하는 과정에서 숨겨진 이야기를 깊이 조명하고 이주, 정착, 문화적 연속성과 변화의 복잡한 역학을 다르지만 서로 연결되어 있는 4개의 차원에서 탐색한다. 4개의 차원은 1) 초국가적, 2) 국가적(영국), 3) 공동체적, 그리고 4) 개인적인 차원이다. 이 글은 이러한 차원에 대한 이해와 다섯 번째 차원인 일시성temporality과의 교차 지점을 이해함으로써만 이주·다문화주의와 문화 혼종이 지닌 좀 더 미묘한 설명이 가능하다고 주장한다.

3. 벵골 디아스포라: 결혼 시장

초국가적 측면

벵골에서 영국으로 온 신부들의 이주를 말하기 위해서는 전쟁 이후의 시기에 인도 아대륙으로부터 영국으로의 이주에서 발견되는 특수성과 확장된 역사와 분리해 생각할 수 없으며, 이는 다시 이후에 이어지는 이주의 흐름을 형성한다는 사실에 주목해야 한다. 벵골 남성들은 대영제국 시기와 세계 양차 대전 시기에 동인도인 선원으로 영국 해군의 상선에서 일했으며, 19세기 이래로 런던을 포함한 영국 항구에 작지만 벵골인들의 정착지가 있었고 그 규모는 증가하고 있었다. 전쟁이 끝난 이후 대다수는 노동력 부족으로 인해 영국으로 이주했다(Adams, 1987; Visram, 1986). 영국에는 훨씬 이전부터 가정부와 식민지에 다녀온 장교의 부인으로 남아시아 여성들이 있기는 했으나(Visram, 1986) 대다수의 남아시아 이슬람 여성은 1950년대 이후 급격하게 수가 증가했는데, 영국으로 이주한 남성들을 찾아 뒤따라온 부인과 가족이었다(Adams, 1987; Gardner, 2002). 그러나 흥미로운 것은 벵골 공동체 사이에서 가족의 재결합 과정이 인디언과 파키스탄 공동체에서 일어나는 것보다 훨씬 뒤늦게 발생했다는 것이다(Gardner & Shakur, 1994). 1950년대와 1960년대 초에 이주를 한 남성들은 부인과 자식을 '고국'인 동파키스탄(이후에는 방글라데시)에 두고 떠나왔다. 영국과 남아시아를 쉽게 이동할 수 있었고 이동에 제약이 없었기 때문이다. 1971년 방글라데시에서 독립전쟁이 발발하고 영국에서 이주 법안이 강화된 이후 남성들은 가족을 데리고 오기 시작했다. 1951년과 1971년 사이에 영국으로 이주한 벵골 이슬람인의 수는 2,000명에서 22,000명으로 증가했다. 1991년에는 163,000

명으로 늘었다. 이러한 증가의 주요한 원인은 여성과 아동들이 영국으로 이주했기 때문이다(Alexander, Firoz, & Rashid, 2010). 이렇게 이주민의 수가 증가하자 방글라데시 '본국'과 영국에서 이루어지는 결혼 생활에 변화가 생겼다. 1960년대에 영국으로 온 이쉬티아크 아메드Ishtiaq Ahmed는 결혼을 하고 네 명의 자녀를 두었다. 그는 다음과 같이 말한다.

> 1965년에 영국으로 왔을 때, 아시아 여성을 볼 수 없었어요. 벵골 여성을 볼 수 있었던 것은 1971년 이후나 되어서입니다. 그 이전에는 영국에 들어온 벵골인들은 고향으로 돌아가 결혼을 했지만 부인과 자식을 데리고 오지 않았습니다. 부인이나 자식이 영국 문화에 영향을 받을까 두려워해서입니다. 우리는 이슬람 문화를 따릅니다. 이슬람 문화가 혼탁해질까봐 걱정했습니다.

그는 이러한 태도가 부분적으로는 남성뿐만 아니라 여성에 대한 기대가 변화했기 때문이라고 생각한다.

> 고국에 있는 사람들의 생각이 바뀌었으나 그 이유는 나도 모르겠어요. 한 가지 이유는 부인의 불평 때문일 것입니다. 남편이 2, 3년에 한 번씩 집에 온다면, 남편이 집에 없는 동안 외롭다고 불평할 것이며 남편을 따라오고 싶어 할 것입니다. 한두 명의 부인이 남편을 설득시키면 뒤따라 다른 부인들이 남편을 설득시켰겠지요. 이제 어느 누구도 부인을 방글라데시에 남겨두지 않습니다. 생각이 변했고 문화도 변했어요.

이쉬티아크의 설명에서 영국과 방글라데시 양국에서 문화 및 태도의 변화를 이끈 현상에는 남성 이주민들의 태도 변화뿐 아니라 여성들이 변화의 주요 동인임을 인식하고 있다는 점이 중요하다. 그는 영국에서의 변화에 대한 '두려움'으로 표현되는 종교적 · 문화적 혼종에 대한 저항을 지적했을 뿐 아니라 그러한 변화가 불가피함을 인식하고 있음도 지적했다. 앤티아스는 '다른 문화 요소가 혼합되면 그 의미가 변화될 수 있으나 문화적 가치가 지닌 중심 혹은 핵심이 해체되는 것을 의미할 필요는 없다고 언급했다(Anthias, 2010: 235-236). 다시 말하면, 이주의 과정을 통해 문화적 가치가 강화되는 방향으로 혼종성이 발생할 수도 있는 것이다. 결혼과 관련해서 예를 들면, 영국으로 부인과 자식들이 오면 가족들의 필요를 충족시키기 위해 사원이나 학교가 세워지면서 좀 더 구별된 종교적 · 문화적 '공동체' 형성이 가능해질 수도 있다.

이주로 인해 새로운 장소에서의 가족과 공동체에 대한 개념을 와해되거나 재구성될 필요성이 발생하고 이주국 사회와의 새로운 관계와 업무도 발생한다. 모리엄 초두리Morium Chowdhury는 현재 60대 후반의 과부로 1989년에 영국에 옴으로써 가족들의 재결합 과정이 마무리되었다. 모리엄이 14세가 되었을 때 아버지와 할아버지는 당시에 이미 런던에 정착한 남자와 그녀와의 결혼을 결정지었다. 그러나 그녀는 결혼 생활 내내 여섯 명의 자녀를 데리고 남편과 떨어져서 방글라데시에서 살았다. 모리엄은 이렇게 말한다.

> 남편이 나를 데려오지 않았어요. 남편은 그렇게 하고 싶어하지 않았어요. 우리가 방글라데시에 남는 게 낫겠다고 생각했어요. 특히 애들 생각하면 그게 좋겠다고 했어요. 애들이 영국에 오게 되면 영향을 받게 될 거라고 했어요. 남편은 현명한 사람들은 런던에 오지 않는다고 항상 말했어요.

남편은 결국 어른들에게 설득을 당했고, 가족을 영국으로 불러들였다.

그러나 모리엄은 방글라데시에 대가족을 두고 떠나기를 망설였다.

> 모든 어른이 남편에게 우리를 데리고 오라고 말했어요. 그분들은 그렇게 하는 것이 우리에게 좋을 것이라고 말했지요. 이때에는 아이들이 이미 자라서 남편은 이제 아이들을 영국으로 불러들여도 좋은 때라고 생각했어요. 남편은 내가 런던에 우리를 데려가 달라고 말하지 않기를 바랐어요. 왜냐하면 나는 부모와 친척이 모두 방글라데시에 있었으니까요.

모리엄이 들려주는 이야기는 방글라데시와 영국에서 가족 이주에 대한 태도가 변하고 있음을 증명한다. 그리고 국내 및 해외에서 상황이 변화하고 그러한 상황에 적응하는 가족 및 문화적 맥락에서 결정에 대한 협상이 이루어진다는 것을 보여준다. 또한 가족, 집과 소속감이라는 개념이 이동의 과정 중에 새롭게 구성되는 방식을 보여준다. 모리엄과 여섯 명의 아이들이 런던에 도착했을 때, 모리엄은 새로운 집과 새로운 친척들 그리고 친구들과 관계를 맺었다. 흥미로운 것은 남편이 1998년에 죽었을 때, 모리엄은 방글라데시로 돌아가지 않기로 결정했다. 영국에서 맺은 가족 유대 때문이었으며, 심지어 방글라데시를 방문할 마음도 별로 생기지 않았다고 말했다. 결혼의 과정과 의식도 이주 과정을 통해 변화했다.

국가적 차원

초국가적 이주는 국경과 국가적 맥락에서 이해할 필요가 있다. 특히 한 국가의 국경 내에 누가 들어와 거주할 수 있는가에 관한 규정이라는 면과 좀 더 넓은 의미에서 누가 '속하고' 그리고 좀 더 중요하게는 누가 그렇지 않은가에 관한 규정이라는 면에서 그러하다. 앞서 논의했듯이 시민권에의 포함 · 배제의 범주는 인종, 민족 그리고 종교적 차이의 개념에 따라 '문화'의 렌즈를 통해 파악된다. 국가 경계와 문화의 영역을 의미화하는 젠더는 특히 중요한 문제로 대두된다. 예를 들어, 이주 여성은 대부분 문화적 차이를 구현하는 것으로 규정되거나 남성 이주자들에게 의존하는 자들로 표현된다. 이는 여성들을 이주국에 위협이며 짐인 동시에 부수적인 시민으로 위치시킨다(Anthias & Yuval-Davis, 1993).

1962년 이래로 영국 이민법은 인종적으로 구성되고(Solomos, 2003), 남아시아, 아프리카와 캐러비안으로부터의 이주를 저지하는 방향으로 고안된 것으로 알려져 있다. 앞서 제시한 것처럼 영국에서 남아시아로부터의 이주를 제한하고자 시도한 것은 의도와 달리 1970년대 이후 (1971년과 1981년 국적법의 제정 이후) 남아시아의 이주민들이 가족을 영국으로 데려오기 시작하게 만든 원인이 되었다. 남아시아와 영국 간의 이동이 자유롭지 못하게 되면서 남편들이 오랫동안 부인과 자식들과 떨어져 있을 것을 두려워하여 이런 결정을 내렸기 때문이다. 이 법안 역시 상당히 성별화된 것으로 그 중에서도 가장 악명이 높은 것은 영국에 거주하는 이주민과 결혼하기 위해 입국하는 남아시아 여성들에게 가한 '처녀성 시험'(Carby, 1982)이다. 이 시험은 이전에 알려졌던 것보다 광범위하게 시행된 것으로 1970년대에 인도와 파키스탄으로부터 온 80명 이상의 여성들에게 시행했다(*The Guardian*, 13th May, 2011)고 밝혀졌다. 그 후 정부에서는 이주를 하기 위해 결혼을 이용하지 못하도록 하는 내용을 주요 목적으로 하여 법안을 제정했으나(Gardner & Shakur, 1994) 지나치게 인종 차별적인 성격으로 인해서 1997년에 폐지되었다(Solomos, 2003). 최근에, 영국은 아대륙 간 결혼 연령을 높였으며 배우자와 함께 살기 위해 파키스탄과 방글라데시로부터 입국하는 자들이 기본 영어 실력을 갖출 것을 요구하는 새로운 절차를 제정했다. 이 역시 명백하게 차별적인 법으로 '강제 결혼'과 같은 문화적 관습으로부터 여성을 보호한다는 근거와 '공동체 융합'을 원활하게 한다는 근거로 정당화된다. 신보수주의 정부는 영국으로 이주한 가족 구성원이 가족을 위해 신청한 비자를 거부당해 주로 남아시아 가족으로 구성된 8만 가족 이상이 제기한 상소권을 현재 박탈하는 계획을 추진 중에 있다. 비평가들은 인권법에 위배되며 결혼, 장례식 혹은 죽어가는 친척들을 보기 위해 입국하는 남아시아 가족들에게 엄청난 영향을 미칠 것이라고 평한다(*The Guardian*, 9th May, 2011). 이런 상황에서 결혼을 위해 이주하는 여성과 남성의 숫자가 가파르게 감소하고 있다는 것은 놀랍지 않다. 예를 들어, 2005년에 방글라데시에서 온 1,530명의 신랑과 2,133명의 신부만이 정착 비자를 승인받았다.[1]

국가와 그 국경은 우리가 인터뷰를 한 많은 신랑과 신부들의 경험에 결정적 영향을 미쳤다. 즉, 그들이 살고 일하고 있는 장소의 모습을 결정짓고 영위할 삶의 질을 구성했다. 재키아 초두리Jakia Chowdhury는 1987년에 친척 방문을 위해 남편과 자식들과 함께 런던에 왔다. 그리고 비자에 기재된 체류 기간을 '넘겨 머물고' 있다. 남편이 예상치 못한 계획으로 자식들을 데리고 방글라데시로 돌아갔을 때, 재키아는 런던에 남기로 결정했다. 인터뷰에서 "현재 합법적으로 이곳에 머물지 못합니다. 합법적으로 체류하려면 15년이 걸려요"라고 하면서 다음과 같이 이야기했다.

> 남편이 아이들을 집으로 데려간 후에 체류 허가를 받으려고 했습니다. 저

1 2008년에는 정착권의 37%가 인도 대륙으로부터 입국한 남자, 30%는 여자에게 주어졌다. (이들의 수를 모두 합쳐도 40,000명이 넘지 않는다.) 이들 중 대다수는 파키스탄 출신이다(ONS, 2008).

는 신청 방법도 모르고 영구 체류를 하려면 어떤 신청을 해야 최선인지도 몰랐어요. 1993년에 내무부에서 제 신청서를 기각하고 저에게 본국으로 돌아가라고 하더군요. 거절 통보를 받은 후 저는 다시 정치적 망명을 신청했습니다. 역시 거절당했습니다. 다섯 번이나 송환하려고 했어요.

재키아는 공무원들이 자신이 다니는 직장으로 찾아와 송환시키려고 해 자신의 불법 체류 상태에서 느낀 불안에 대해 설명했다.

한 번은 이민국 직원이 저를 잡으러 사무실로 와서 고용주에게 저에 대해 물었습니다. 제 사진을 보여주자 저는 우유를 사러 간다는 핑계로 직장에서 나오려고 했으나 그럴 수 없었습니다. 경찰이 저를 제지했고 질문을 계속했어요. 30분이나 인터뷰를 했어요. 너무 긴장해서 제대로 생각할 수조차 없었습니다. 어쨌든, 저는 이민국 직원이 저에게 친절했다고 생각해요. 제가 살기 위해 애쓰는 여성임을 알게 되어서 그렇다고 생각합니다. 그 직원은 저를 송환하지 않고 돌아갔습니다.

다른 경험에 대해 이렇게 말했다.

비어 있는 아파트에 피난처를 삼고 낮에는 나가지 않고 밤에는 어둠 속에 지냈습니다. 너무 무서워서 불을 켤 수도 없었고 무엇을 사려고 밖에 나갈 수도 없었어요. 심지어 집에서 전화도 못했습니다. 누군가에게 전화를 하면 제가 숨어 있는 곳을 찾을지도 모른다고 생각했습니다.

재키아는 방글라데시와 영국 정치계에서 적극적으로 활동하여 알게 된 연락처를 통해, 그리고 노동 하원의원의 개입을 통해 결국 체류 허가를 받았다. 재키아는 현재 영국과 방글라데시에 거주하는 여성들의 상황을 향상시키기 위한 일을 하고 있다. "런던에서는 많은 것이 좋습니다. 모든 사람이 선한 마음을 갖고 일관성 있고 사교적입니다. 20년 전에 방글라데시를 떠났지만 그곳에서 느끼는 편안함을 런던에서도 느낍니다. 그렇지만 저는 이 나라에서 제 정신적 성숙이 이루어졌기 때문에 심적으로 런던에 더 가깝다고 생각합니다."

재키아의 이야기가 영국으로 온 벵골 이주민의 경험을 대표하는 것은 아니지만 그녀의 경험은 초국가적 이동과 정착 과정을 경험할 때 국가의 역할을 극적으로 보여주고 있다. 국가는 재키아의 입국을 결정할 뿐 아니라 그녀의 법적 상태도 결정짓는다. 이 상태는 재키아가 일을 하고, 집을 구하고, 자신이 속한 공동체와 확장된 사회에서 네트워크를 구축하고, 소속감을 느끼는 능력에 영향을 준다. 젠더의 역할 또한 중요하다. 성별이 재키아가 영국에 오고 체류하기로 결정한 데에 중요한 역할을 했다. 그뿐 아니라 국가의 에이전트들과 맺은 상호 작용의 일정 부분을 구성하고 독립된 이주민으로든 혹은 정치적 망명자로든 영국에 체류하는 것을 거부당한 데에도 영향을 미쳤을 것이다. 동시에 재키아의 이야기는 남아시아 · 이슬람 여성이 소극적인 희생자로 주류 사회에서 중요하다고 그려지는 것과 상반된다. 오히려 그녀의 이야기에서 인내와 주도적인 행위성을 찾아볼 수 있고, 영국과 런던이라는 맥락에서 벵골 무슬림 여성으로서 변화하는 자아 의식과 사회적 · 문화적 경계를 가로질러 그 사회에 참여한 것을 확인할 수 있다.

영국 정부가 개입함으로써 이주민들은 방글라데시에 있는 가족들과의 네트워크를 재형성했으며 동시에 영국에 살고 있는 이주 여성들의 삶에서 사적인 영역이 재형성되었다. 제부네사Zebunnesa는 67세의 여성으로 인터뷰를 하기(2001) 6년 전에 남편과 함께 살기 위해 영국으로 왔다. 남편은 1960년대부터 영국에서 살고 있었다. 제부네사는 법에 따라 세 아이 중 한 명만을 데리고 올 수 있었고, 가장 어린 딸만 영국으로 데려왔다. 제부네사는 "아들과 딸을 버리고 왔습니다"라고 말한다. 제부네사의 첫째아이는 아들이었으나 일찍 죽어서 그녀는 후에 마을에 있는 남자 아이를 입양했다.

> 그 아이의 아버지와 어머니가 죽었어요. 어머니는 아들을 낳고 며칠 지나지 않아 죽었고 아버지는 몇 년 후에 죽었습니다. 묘지로 어머니의 시체를 옮길 때 아들의 삼촌이 아들을 나에게 데리고 왔고 그때부터 제가 그 아이의 엄마로 살았습니다.

아들은 제부네사와 살면서 21세가 될 때까지 그가 입양되었다는 사실을 알지 못했다. 제부네사는 영국으로 아들을 데려오고 싶어했으나 관계를 증명할 수 없다는 이유로 거절당했다.

> 대사관에 있는 사람들이 마을로 와서 그 아이가 내 아들이 아니라는 것을 알았습니다. 입양했다는 서류를 제출하라고 하더군요. 그 아이에게도 곧 비자를 줄 것이라고 생각했습니다. 요청한 서류를 모두 제출했으니까요. 아들 때문에 매일 울고 있습니다.

제부네사는 큰딸을 방문 비자를 받아 영국으로 데려오고자 했고 영국에 거주하는 남자와 결혼을 시켜 영국에 거주할 수 있게 하려고 했다. 작은딸은 최근에 불법 이민자와 결혼을 했다. 제부네사는 사위를 선택하는 가장 중요한 요소에 대해 다음과 같이 말했다.

무엇보다도 총각이어야 해요. 이곳에 가족이 없고 혼자 있어야 해요. 그래야 우리가 그의 가족이 되어줄 것이고 딸이 평탄한 삶을 살겠지요.

이 예에서 볼 수 있는 것은 이민과 정착 과정을 형성하는 데 민족국가의 역할이 지속된다는 것이다. 또한, 성별화되고 인종화된 담론과 관습이 고국과 영국 모두에서 여성 이주민, 가족 그리고 공동체의 삶에 영향을 미치는 방식을 보여준다. 이민의 과정과 같이, 민족국가는 결혼과 가족 형성을 둘러싼 문화적 관습을 변형시키고 혼종화하는 작업을 한다. 동시에 문화적 관습이 단단하고 반근대적으로 유지되게 하는 역할도 한다. 제부네사가 마지막으로 언급한 내용을 보면, 이 과정에서 결혼과 가족의 형성을 둘러싼 공동체의 기대가 새롭게 형성되며, 이러한 변화는 이주 신부와 신랑들에 대한 복잡한 결과를 이끌어낼 뿐만 아니라 오래 정착한 소수 공동체에도 영향을 미치는 것이다. 이제 이 부분에 대한 논의를 하려고 한다.

공동체 측면

2001 센서스에서 영국에서 살고 있는 방글라데시 후손은 283,000명으로 추산되며 이 중 154,000명은 방글라데시에서 태어났다(Kyambi, 2005). 인구는 대부분 북동 방글라데시, 실헷(약 85%) 주 출신으로 90% 이상이 이슬람교이다. 인구는 런던에 집중되어 있으며, 런던에는 54% 이상의 방글라데시인들이 살고 있다. 버밍엄, 올드햄, 루튼Luton과 브래드퍼드에도 상당히 살고 있다. 이들 지역은 대규모의 다양한 소수 인종이 살고 있으며 '인디언' 레스토랑 무역의 선점으로 인해 작은 도시에 퍼져 있다. 영국에 있는 85% 이상의 '인디언' 레스토랑은 방글라데시 이

슬람인들이 소유하고 운영하고 있다. 방글라데시 공동체는 영국에서 가장 가난한 공동체 중 하나로 실업률이 높고 학업 성취가 낮으며, 주택보유율도 낮고 가구 빈곤율이 높다. 평균 급여는 주당 238파운드로 영국 국민의 평균 393파운드에 비해 낮다(Alexander et al., 2010). 결혼율은 높으며(74%), 20세에서 24세 사이에 결혼하는 여성은 2/3이다(Samad & Eade, 2002). 다른 민족과 결혼하는 비율은 매우 낮으며 아대륙 간 결혼과 혈족 간 결혼(사촌 결혼) 역시 줄어들고 있다.

지난 30년간 주류를 형성한 다문화주의 영국의 지형도에서, 인종 및 민족 차이는 주로 '공동체'의 렌즈를 통해 개념화되었다. 이 렌즈에서 국가는 기껏해야 '공동체들의 공동체이며 시민들의 공동체'로 여겨졌다(Parekh et al., 2000). 앞서 논의한 바와 같이 이러한 버전의 '공동체'는 소수민족 집단을 문화 차이에 대한 고정적이고 내재적인 시각으로 정의한다(Alexander, 2002). 즉, 내재적으로 단일하며 외재적으로 차이가 발생한다는 것이다. 지난 10년간 융합이 다시 강조되면서 다문화주의를 권장하는 현상은 후퇴하는 양상을 보였다. 동시에 누가 이슬람 공동체에 소속되어 있으며, 누가 소속되어 있지 않은지 혹은 누가 속할 수 없는지에 대한 변인들이 '이슬람 공동체'의 문제로 대두되고 있다. 방글라데시 공동체는 이미 다문화주의의 실패를 보여주는 상징이 되어 버렸는데 현재는 증가하는 '이슬람 최하층 계급'의 전형적인 예가 되었으며, 이들이 지닌 종교적 · 문화적 차이가 그들의 사회적 · 경제적 주변화와 불평등을 낳고 있다고 생각된다(Alexander, 2011). '공동체', 종교 및 '문화'는 따라서 상호 교환 가능하며 (캐머런이 분명히 밝힌 바와 같이) 주류 사회에 문제를 만들어 내는 것으로 이해된다. 그리고 젠더와 세대는 이러한 문제의 중심에 있다.

방글라데시 공동체의 결혼 관습은 분명하게 세대와 시민권 문제의 교차점을 예증한다. 영국 시민권을 지닌 신부는 이주 신랑보다 큰 영향력을 지닌다. 특히 전통적으로 결혼 제도가 가부장적이어서 신부는 결혼을 한 후에 남편의 집으로 들어가 남편의 가족과 함께 살게 되는 방글라데시에서 여성 우위는 불가능한 일이다. 라일라 라흐만은 아시아 여성을 위한 공동체 조직에서 일하는데 영국-방글라데시 '공동체' 내에서 보이는 결혼의 상이한 양상에 대해 다음과 같이 기술한다.

> 좋은 집안 배경에서 교육을 잘 받은 아가씨를 찾기 위해 고국으로 돌아갑니다. 그리고 아가씨들을 데리고 오지요. 그런 사람들도 자신의 딸을 위한 신랑은 이곳에서 찾아요. 고국에 있는 청년들은 똑똑하지 않고 아가씨들이 이러한 청년들을 좋아하지 않는다고 하지요.

대부분의 여자가 영국계 방글라데시인과 결혼하기를 바라지만 라일라가 말하듯이 방글라데시에서 결혼하는 사람들은 남편에 대해 행사할 수 있는 권한이 커진다는 이점이 있다.

> 방글라데시에서 남편감을 찾는 아가씨들이 있어요. 가정 배경이 좋은 남자들을 찾지요. 교육도 잘 받았고, 예의바르며 온화하고 시골뜨기가 아닙니다. 신랑 될 남자들이 자신의 모든 수입을 부인에게 준다고 하소연할 때도 있어요. 그들은 식당에서 일하고 적절한 직업이 없지요. 하지만 그 수는 적습니다.

라일라는 방글라데시에서 영국계 벵골인과 결혼하기 위해 영국에 입국하는 신부들에게 상황은 다르다고 말한다. 그렇지만 여전히 여기에도 장점이 있다.

아가씨들은 그러한 상황을 참아요. 많은 경우에 아가씨들은 교육을 남성의 반 정도 받았습니다. 이들은 자신의 삶에 만족하고 훌륭한 식사, 좋은 옷, 그리고 좋은 환경에 만족합니다. 방글라데시에서의 상황보다 훨씬 나으니까요.

그러나 여기에도 문제는 있다.

주요한 문제는 가정 내에서 일어나는 폭력입니다. 방글라데시에서 온 부인들이 좀 더 보편적으로 겪어요. 방글라데시에서 데려오지만 이들은 영어를 모르지요. 남편뿐만 아니라 시어머니가 함께 부인을 집 밖에 나가지 못하게 합니다. 굉장히 심하게 때립니다.

라일라의 경험을 통해 대두되는 것은 이주의 과정과 세대 및 시민권을 둘러싼 문제를 통해 '공동체' 내에서 젠더 관계와 성별화된 권력에서 보이는 복잡함과 변화하는 양상이다. 영국 내에서 이렇게 관점이 변화함으로 인해 초국가적으로 위치한 가족 내에서는 긴장이 형성된다. 메자빈Mehjabin은 30대 초반에 이혼을 했는데, 아버지와 함께 살기 위해 어린 시절 영국으로 왔다. 방글라데시에 있는 친척은 방글라데시에 있는 메자빈의 사촌이 영국으로 이주할 수 있도록 메자빈과의 결혼을 주선했다. 메자빈은 다음과 같이 회상한다.

제가 열네 살이 되었을 때 결혼을 주선한 것은 친척들이었어요. 제가 결혼을 할 것인지 안 할 것인지에 대해 9년을 싸웠지요. 아버지는 거절하셨고 친척 간에 결혼은 없다고 하셨습니다. 삼촌 중의 한 명은 아버지에게 내가 사촌과 결혼을 하면 우리 친척들이 득을 볼 것이라고 하셨어요. 그들의 아들이 영국으로 올 수 있을 테니 말입니다. 아버지는 쉽게 동의하지 않았지만 결국 가족들의 지나친 압력을 받은 후에 내가 원하는 대로 하라고 하셨어요. 이때가 되자 할머니가 개입했고 결혼은 성사되었지요.

메자빈은 이렇게 결혼한 것과 결과적으로 이혼한 것에 대해 운명으로 받아들였다.

누군가와 결혼했어야 했고 내가 알고 있는 사람이면 낯선 사람보다 낫다고 생각했어요. 우리가 생각하는 것이 하늘과 땅처럼 그렇게 다르다고 생각하지 않아요. 어쨌든 이게 저의 운명이에요.

결혼을 둘러싼 공동체의 경계가 그렇게 선명하지 않다는 것을 상기할 필요가 있다. 코리무네사 베굼Korimunessa Begum은 1975년에 남편과 함께 살기 위해 영국으로 입국했으며, 시아버지는 영국 여성과 결혼했고 방글라데시에도 부인이 있다고 했다.

시아버지는 영국 여성과 결혼했어요. 시아버지의 형제도 영국 여성과 결혼했으며 시삼촌 중 두 명도 영국 여성과 결혼했습니다. 배를 타고 영국에 온 사람들은 대부분 이와 같았어요. 이곳에서 혼자였으며 스스로 요리를 했지요. 힘들게 사셨습니다.

시아버지의 벵골 부인은 후에 영국으로 왔고, 시아버지는 두 가정을 모두 유지했다. 영국 부인과의 사이에서 세 명의 자식이 있었다. 코리무네사의 영국 부인은 남편이 벵골 부인을 영국으로 데려올 수 있도록 도움을 주었고, 부인과 자식들이 가족 경조사에 참석할 수 있도록 해 주었다고 회상한다.

> 헐Hull에 있을 때, 두 아들과 딸을 데리고 오곤 했습니다. 우리 집으로 와서 파티가 있으면 와서 함께 축하하겠다고 말했지요. 시아버지는 그들을 데리고 오곤 했었고, 그들이 이곳에 있을 때 잘 대해 주라고 하셨어요. 제가 음식을 갖다주면 먹곤 했습니다.

라미Rami가 알려주듯이 오늘날 영국에서 결혼 시장의 경계선에는 훨씬 빈틈이 많다. 이는 여성의 지위, 교육 및 종교에 대한 태도가 변화한다는 것을 의미한다.

> 이제는 여성들이 공부를 하고 결혼에 흥미를 갖지 않아요. 노처녀인 아가씨들을 보기도 하지요. 예전에는 일찍 결혼했어요. 일찍 결혼하지 않는 데는 부모들의 걱정도 있습니다. 딸들이 다른 문화의 사내와 결혼하는 것을 염려하는 것이지요. 이제 인디언, 파키스탄, 터키인의 경우에는 그들이 이슬람교라면 결혼하기도 합니다. 부모들이 다소 개방적이 되었기 때문이지요.

개인적 측면

마지막으로 살펴볼 측면은 개인적 측면이다. 개인은 융합과 시민권이라는 현재 논의의 중심에 있다. 캐머런이 '다중적 정체성'이라고 호소한 것은 다른 소속의 층위와 맥락 사이에서 이동할 수 있고 선택할 수 있는 개인에 근거한 것이며 '우리'보다 '나'에 기반을 둔 것이다. 물론, 개인은 항상 더 넓은 사회, 문화 및 역사적 맥락에 포함되어 있으며, 지금까지의 논의는 이러한 연결들을 따라가면서 개인이 좀 더 확장된 과정에 의해 한편으로는 형성되고 한편으로는 이 과정들을 형성하는 방식을 탐색했다. 문화와 공동체는 스튜어트 홀Stuart Hall이 '이다'이기도 하면서 '되다'로 명명한 정체성일 뿐 아니라 협상의 과정인 것이다(Hall, 1990). 그러나 앞에서 초국가적, 국가적 그리고 공동체 차원의 맥락에서 앞서 살펴본 바와 같이 역사의 상호 작용과 권력의 관계를 통해서도 형성된다. 여기에서는 앞선 논의들에서 함의했던 한 가지 측면에 초점을 맞출 것이다. 즉, 시간과 사회적 변화의 과정에 관한 논의로 결혼 이주에서 개인 및 주체의 경험이 시간과 공간에 위치되는 방식에 관한 것이다. 이를 위해 완전히 다른 시기에 매우 다른 영국 사회로 이주해 온 두 명의 신부의 경험을 비교하고자 한다.

첫 번째 살펴볼 여성은 자하나라 록만Jahanara Lokman으로 결혼을 하고 몇 달 지나지 않아서 1965년에 영국으로 이주했다. 남편은 에섹스주 콜체스터Colchester에 생긴 첫 번째 '인디언' 레스토랑을 소유했다. 이 지역은 심지어 최근[2]까지도 소수민족이 거의 없는 지역이다. 자하나라는 다음과 같이 말한다.

> 이곳에 온 후 굉장히 화가 났어요. 아버지와 삼촌, 그리고 대가족을 방글라데시에 두고 왔지요. 이 나라에 왔을 때 저의 상황이 나빴지요. 주변은 침묵이었고 아무도 없었어요. 그보다도 더한 것은 영어를 몰랐던 거지요. 오고 나서 2년 동안 너무 힘들어서 항상 울었어요. 그 당시에는 레스토랑 직원이나 남편의 친척들과 말도 못했어요. 부끄러워서 말을 할 수가 없었어요. 집에 혼자 있을 때, 벽이 말을 할 수 있으면 벽과 말을 할 수도 있다고 생각했죠.

2 2001년 센서스에서 콜체스터의 인구 중 아시아계는 1%에 지나지 않았으며, 96%는 백인 영국인이었다.

자하나라는 '인도'에서 먹던 음식을 먹을 수 없었고, 영국 여성들은 혼란스럽고 이상하다고 생각했다.

> 우리나라에서는 남자들 때문에 밖에 나가 걸을 수 없어요. 이곳에서는 모든 연령대의 여성이 걸어다녀요. 그들의 문화를 볼 수 있어요. 나이 많은 남성과 여성이 걷는 것을 보고, 서로서로 손을 잡고 걷는 것을 보고, 젊은 연인들이 손을 잡고 걷는 것을 봅니다. 내가 보는 것이 무엇인지 생각하고 내가 어떤 곳으로 온 것인지를 생각했지요.

딸들이 태어나자 자하나라는 영국인 이웃들과 친구가 되었다.

> 제니스는 집에 놀러와서 말을 걸었어요. 뭐라고 말하는지 이해할 수가 없었지요. 옆집에 사는 이웃은 이름이 노마였습니다. 그녀가 말하는 것은 이해할 수 있었어요. 교육을 잘 받은 이웃이었어요. 그들 모두 저를 자매처럼 사랑했어요. 그들의 엄마를 '엄마'라고 불렀죠. 정말 많이 도와줬습니다. 잊을 수 없을 겁니다.

자하나라의 이야기는 알레야 파르빙Aleya Parvin의 이야기와 놀라울 정도로 대조된다. 인터뷰한 신부 중에 가장 최근에 영국으로 온 알레야는 2006년에 영국으로 와서 버밍엄에 있는 남편과 함께 살게 되었다. (버밍엄은 영국에서 두 번째로 흑인 및 소수 인종 인구의 규모가 큰 도시이다.[3]) 남편은 자하나라의 남편과 마찬가지로 식당을 소유하고 있다. 이들의 결혼은 '사촌 결혼'으로 남편의 아버지가 주선했다. 그렇지만 알

3 2001년에 도시 인구 중 20%는 아시아인, 15%는 이슬람인이며 21,000명의 방글라데시인(2.1%)이 있다. 알레야가 살고 있는 애스턴 워드Aston Ward에는 인구의 20%가 방글라데시인이다.

레야는 "서로 좋아한다"고 말한다. 알레야의 가족은 자하나라의 가족과는 달리 전 세계에 퍼져 있다. 미국과 중동아시아에 친척들이 있으며, 영국에 형제자매들이 살고 있다. 부모님이 돌아가시고 나자 알레야는 "방글라데시로 돌아갈 필요가 없어졌다"고 말한다. 알레야는 영국에 왔을 때의 경험을 다음과 같이 말한다.

> 처음에 저는 매우 힘들었어요. 조국을 위한 것인지 친척들을 위한 것인지 알 수 없었어요. 점점 이곳에 적응하면서 회복이 되었어요. 남동생이 왔고, 여동생은 저보다 먼저 영국에 와 있었어요. 다른 친척들도 있었어요. 그래서 이제 이 나라가 좋아졌어요.

알레야는 운전을 배우고 주변 지역과 런던에 있는 친척을 방문했다. 많은 시간을 남편의 식당에서 보낸다. '저는 성격이 소탈한 사람입니다. 다른 사람과 쉽게 이야기를 할 수 있어요. 식당에는 남편이 있고 일하는 다른 사람들이 있어요. 그들과 수다를 떨고 좋은 시간을 보내요.' 알레야는 파키스탄 친구가 있다. 그러나 대부분의 시간을 벵골인들과 함께 보낸다. 그러나 이스트 런던에 있는 벵골인들이 그 지역을 '고향'과 같이 만들어 가는 것에 대해 비난했다. "저는 이런 시나리오를 좋아하지 않아요. 런던이 런던 같았으면 좋겠어요."

앞에서 살펴본 두 신부 간에 벌어져 있는 30년의 시간 동안 영국은 변화했다. 다문화주의가 발생하고 정착한 방글라데시 이슬람 공동체의 성장이 있었던 시기이다. 이 요소들은 이주의 경험을 형성하도록 도움을 주었고, 지역 공동체와 확장된 사회와의 접촉을 다양하게 만들었다. 그러나 두 여성은 모두 외로움과 뿌리뽑힘에 대해 말했고, 새로운 가족과 가정을 꾸미는 것, 변화하는 문화적 태도와 적응에 대해 언급했다. 확실한 것은 두 여성 모두 주류 사회에서 주변화되고 억압된 '이슬람 여성'으로 기술하는 모습에 맞지 않았다는 점이다. 둘 다 사회적 · 문화적 혼종의 주체적 행위자이다.

4. 나오는 말: 문화 혼종성의 성별화

이상에서 설명한 이야기들은 '이슬람 여성'과 이주 신부들에 관한 담론을 통해 부분적으로 여성의 이야기와 목소리를 담은 것이다. 이 글은 이주와 다문화주의가 필연적으로 생성하는 변화와 융합의 과정인 문화 혼종성에 관한 '사실'뿐만 아니라 이러한 만남이 완전히 결정적이지는 않다 하더라도 이동과 정착의 경험을 형성하는 층위와 '측면'이라는 범주 내에서 이루어지는 방식을 밝히는 데 초점을 맞추었다. 이러한 측면은 초국가적, 국가적, 공동체 그리고 개인적 측면으로 상호적, 사회적, 문화적, 정치적 영역에서 여성 신부의 이동을 형성하기도 하고 한편으로는 형성되기도 한다. 이러한 영역을 나는 '결혼 시장'으로 구분했다.

따라서 성별화된 이주에 대해 고려하면 문화 혼종 이론을 둘러싼 광범위한 긴장이 드러난다. 문화 혼종 이론은 단순하고 과하게 문화적 '컷 앤 믹스cut & mix'나 복수의 정체성을 찬양하는 설명을 거부하며 주류에 있는 민족과 인종 담론에서 펼쳐지는 배타적인 단일 논리를 거부한다. 국가와 소속에 대한 배타적 개념이 우세한 시기에 문화 혼종에 대한 설명은 중요한 수정을 가하고 우리 모두가 살고 있는 복잡하고 변화하는 세계를 다시 상기하게 만든다. 이와 같은 중요성을 얻기 위해 맥락에 따른 혼종적 삶에 대해 미묘한 차이를 지닌 비판적 경험적 설명이 요구된다.

참고 문헌

Adams, Caroline, *Across Seven Seas And Thirteen Rivers: Life Stories of Pioneer Sylheti Settlers in Britain*, London: Thap, 1987.

Alexander, Claire, "Beyond Black: Rethinking the Colour/Culture Divide," *Ethnic and Racial Studies* 25.4: 552-571, 2002.

_____, "Re-Imagining the Asian Gang: ethnicity, masculinity and youth after the riots," *Critical Social Policy* 24.4: 526-549, 2004.

_____, "Diaspora and Hybridity", P. Hill Collins & J. Solomos (eds), *Handbook of Race and Ethnic Studies*, London: Sage, 2010a.

_____, "Culturing Poverty? Ethnicity, Religion, Gender and Social Disadvantage amongst South Asian Communities in the UK," S. Chant (ed), *International Handbook of Gender and Poverty*, Edward Elgar, 2010b.

_____, "Making Bengali Brick Lane: claiming and contesting space in East London," *British Journal of Sociology*, 2011.

Alexander, Claire, S. Firoz, & N. Rashid, *The Bengali Diaspora in Britain: a review of the literature*, 2010. (www.banglastories.org)

Anthias, Floya, "Nation and Post-Nation: Nationalism, Transnationalism and Intersections of Belonging," P. Hill Collins & J. Solomos (eds), *Handbook of Race and Ethnic Studies*, London: Sage, 2010.

_____, "New Hybridities, Old Concepts: the limits of culture," *Ethnic and Racial Studies* 24.4: 619-641, 2011.

Anthias, Floya & Nira Yuval-Davis, *Racialised Boundaries: Race, Nation Gender, Colour and Class and The Anti-racist Struggle*, London:

Routledge, 1993.

Appadurai, Arjun, *Anthropology of consumption a Transnational Perspective*, London: Westview Press, 1993.

______, "Disjuncture and Difference in the Global Cultural Economy," J. A. Braziel & A. Mannur (eds), *Theorizing Diaspora*, Oxford: Blackwell, 2003.

Back, Les, "The Fact of Hybridity: Youth, Ethnicity and Racism," D. T. Goldberg & J. Solomos (eds), *A Companion to Racial and Ethnic Studies*, Oxford: Blackwell, 2002.

BanglaStories Website (www.banglastories.org).

BBC News Online, "In Quotes: Jack Straw on the Veil,' Friday 6th October 2006," 2006. (www.bbc.co.uk)

Bhabha, Homi K., "The Third Space," J. Rutherford (ed), *Identity: Community, Culture, Difference*, London: Lawrence & Wishart, 1990.

______, *The Location of Culture*, London: Routledge, 1994.

Cameron, David, Speech at Munich Security Conference, 2011. (www.number10.gov.uk)

Carby, Hazel, "White Woman Listen! Black Feminism and the boundaries of sisterhood," CCCS Collective *The Empire Strikes Back*, London: Hutchinson, 1982.

Castles, Stephen & Mark J. Miller, *The age of migration*, 3rd ed., Guilford Press, 2003.

Chambers, Iain, "Signs of Silence, Lines of Listening," I. Chambers & L. Curti (eds), *The Postcolonial Question*, London: Routledge, 1996.

Gardner, Katy, *Narrative, Age and Migration: Life history and the Life Course*

Amongst Bengali Elders in London, Oxford: Berg, 2002.

Gardner, Katy & Assata Shakur, "I'm Bengali, I'm Asian, and I'm living here," Roger Ballard (ed), *Desh Pardesh: The South Asian Presence in Britain*, UK: C. Hurst & Co, 1994.

Gilroy, Paul, *After Empire: Melancholia or Convivial Culture?*, London: Routledge, 2004.

Hall, Stuart, "Cultural Identity and Diaspora," in J. Rutherford (ed), *Identity: Community, Culture, Difference*, London: Lawrence & Wishart, 1990.

______, "The Multicultural Question," B. Hesse (ed), *Un/Settled Multiculturalisms*, Zed Press, 2000.

Kalra, Virinder, Raminder Kaur, & John Hutnyk, *Diaspora and Hybridity*, London: Sage, 2005.

Kelsey, Karen, *Women on the Verge: Japanese Women, Western Dreams*, Durham: Duke University Press, 2001.

Koser, Khalid & Helma Lutz, *The New Migration in Europe*, Basingstoke: Macmillan, 1998.

Kundnani, Arun, *The End of Tolerance*, London: Pluto Press, 2007.

Kyambi, Sarah, *Beyond Black and White: Mapping New Immigrant Communities*, London: Institute of Public Policy Research, 2005.

Lee, Hye-Kyung, "International Marriage and the State in South Korea," *Citizenship Studies*, 12.1: 107-123, 2008.

McGhee, Derek, *The End of Multiculturalism?*, Maidenhead: McGraw Hill, 2008.

Okin, Susan Moller, *Is Multiculturalism Bad for Women?*, Princeton

University Press, 1999.

Parekh, Bhikhu et al., *The Future of Multi-Ethnic Britain*, London: Profile Books, 2000.

Pieterse, Jan Nederveen, *Globalization and Culture: Global Melange*, New York: Rowman & Littlefield, 2004.

Rashid, N., "En-gendering Britishness: constructing the Muslim Woman in New Labour's Social Policy Agenda," C. Alexander & M. James (eds), *New Directions, New Voices*, 2011. (www.runnymedetrust.org)

Samad, Y & Eade, J., *Community Perceptions of Forced Marriage*, London: Foreign and Commonwealth Office, 2002.

Spivak, Gayatri C., *In Other Worlds: Essays in Cultural Politics*, London: Routledge, 1998.

Solomos, J., *Race and Racism in Britain,* 3rd ed., Palgrave, 2003.

Visram, R., *Ayahs, Lascars, and Princes: Indians in Britain 1700–1940*, London: Pluto Press, 1986.

Young, Rebert, *Colonial Desire: Hybridity in Culture, Theory and Race*, London: Routledge, 1995.

혼종 문화 속의 수행적 주체로서 수키 김과 창래 리*

이선주

1. 혼종 문화와 수행적 주체

최근 30년 사이에 세계는 명실상부한 하나의 지구촌이 되었다. 전지구적인 위성 통신 체계와 인터넷은 지구촌 어디에서나 사람들이 실시간으로 접촉하며 반응할 수 있도록 만들었다. 교통통신 시설의 발달로 세계 대부분의 나라가 하루이틀 안에 도달할 수 있는 동시 생활권의 영역에 들어왔다. 더욱이 주식과 채권이라는 추상적인 금력에 세계 경제가 시시각각 출렁이면서 아시아발 금융 위기는 미국 달러를 치솟게 만들고, 유럽발 금융 위기에 전 세계가 경기 침체의 회오리에 휩쓸리게 된다. 데이비드 하비David Harvey는 지구화 시대인 포스트모더니티의 속성으로 '시공의 응축time-space compression'을 손꼽았다(Harvey, 1989: 55).

* 이 글은 『미국소설』 18권 2호(2011)에 실린 논문을 수정 · 보완한 것이다.

앤서니 기든스Anthony Giddens도 지구화는 각각의 국민국가나 종교나 지역들 앞에 놓여 있는 거리distance를 녹아내리게 하는 '거리의 소멸'을 가져왔다고 말한다. 지구화는 지역적 시간들이 하나의 세계 시간으로 통합되고 거리를 녹아내리게 하여 시공간을 압축시킨 극도의 긴밀하면서도 고도의 긴장을 요구하는 생활 반경을 만들어 내었다.

전 세계의 지구촌화, 전 세계의 인터넷망 속에서 문화는 서로 교류하고 섞이고 잡종화된다. 이러한 현재의 문화를 설명해 주는 중요한 담론으로 혼종 문화·혼종화가 부각되고 있다. 네스토르 칸클리니Néstor García Canclini는 『혼종 문화*Hybrid Cultures*』에서 혼종화 과정은 정체성 개념을 상대화하여, 정체성을 '순수'하거나 '진정한' 것으로 간주하는 입장을 의문시함을 강조한다(Canclini, 1995: 2). 혼종 문화는 국민 문화 간의 경계는 약화되고, 문화들 간의 조우와 혼종은 일상적인 것이 되며, 문화들 간의 틈새와 사이를 새로운 문화적 초점으로 부각시킨다. 이러한 시대적 상황에 맞추어 문화 연구의 패러다임은 국가의 경계를 넘어서는 다양한 문화 간의 혼종과 횡단이 벌어지는 경계와 접경의 문화를 연구의 주요 대상으로 삼는 패러다임의 전환이 이루어지고 있다.

혼종성 개념이 저항적·비판적 개념으로 최근에 적극적으로 전유되기 이전에는 이 개념이 부정적 의미를 담고 있고 있었다. 혼종은 '순수' '고유' '본질'이라는 기준을 오염시키고 타락시키는 이질성을 지칭하며 배제되었다. 특히 인종주의와 결합해서 혼종성에 대한 부정적 인식은 극대화되었고 우리 내면 깊숙이 작동하는 인종 차별의 왜곡된 인식으로 자리잡아왔다. 최근 혼종성에 대한 부정적 관점은 탈식민주의와 현대 문화 이론 등에 의해 전복된다. 현대의 혼종성 개념은 식민주의·제국주의·인종주의 등에 의해 자행된 주변의 착취를 정당화하는 데 일조한 인종·정체성에 저항하도록 재배치됨으로써, 그 저항적·비판적 의미를 획득한다.

로버트 영Robert Young의 『식민지 욕망*Colonial Desire: Hybridity in Theory, Culture and Race*』은 혼종성의 문화 이론을 시작한 대표서 중 하나이다. 영은 혼종의 어원에서부터 시작하여 18, 19세기의 영국의 소설에서도 이미 혼종성이 다분히 있었음을 증명하는 훌륭한 읽기를 보여주며, 특히 제국주의 국가와 식민지 간의 관계 속에서 식민지인의 '이질적인' 육체에 대한 백인들의 강한 욕망을 혼종성 관점에서 분석한다. 에드워드 사이드Edward Said, 호미 바바Homi K. Bhabha와 가야트리 스피박Gayatri Spivak을 포스트식민 이론의 빼어난 삼성좌라고 뽑으며, 그들의 논의 중 혼종성에 집중하며 비교 분석하는 영의 논의는 혼종성 이론에 크게 참고된다. 바바는 『문화의 위치*The Location of Culture*』에서 식민 공간 내부의 혼종성, 특히 식민주의자와 식민지인 사이의 담론적이고 무의식적인 문화 공간의 혼종성을 탐구한다. 바바에게 이 공간은 지배와 저항이라는 물리적 힘이 부딪히는 대립적 공간보다는 오히려 그런 지배와 저항의 대립이 끊임없이 미끄러지고 섞이고 갈라지는 탈구와 이접의 공간이다. "어떻게 새로움이 세계 속으로 들어가는가"라는 장에서는 현 시대의 혼종적 주체의 대표적인 예인 이주자들이 문화 번역이 결코 투명하게 이루어질 수 없는 사이 공간에서 어떻게 서로 경합하고 섞이며 경계를 흐리고 재형성하며 차이적 정체성들을 수행해 나가는지를 보여준다.

아리프 딜릭Arif Dirlik은 『포스트모더니티의 역사들*Postmodernity's Histories: The Past as Legacy and Project*』(2002)에서 혼종 문화가 주변부에까지 부와 혁신을 가져다 준다는 경제적 시각에서의 혼종화 관점에 비판적인 입장을 보여준다. 딜릭은 혼종 문화를 해당 사회 구조의 맥락 속에 두고 보는 것이 중요함을 역설한다(Dirlik, 2002: 352). 만일 혼종성이 맥락에서 추상화되어 물신화될 경우, 혼종의 사회문화적 구조는 은폐되고 혼종성은 경제적 이윤의 논리에 따라 전지구적 자본주의의 문화 논리로 귀착될 것이기 때문이다. 그는 혼종성이 온갖 대립적인 의미를 포괄하는 거대 용어로 사용된다면 그것은 용어로서의 차별성을 잃게 될 것이라고 말한다. 딜릭의 지적은 혼종의 관점에서 본 비평이 그 사회경제적인 특정 맥락을 단순화시키지 않고 손쉬운 대립 구도에 기대지 않으려 부단히 노력해야 함을 말한다. 혼종성의 추상화를 경계하며 혼종성 연구를 사회문화 구조로 향하게 할 때 어떤 긍정적이고 역동적인 가치를 발견할 수 있는가는 계속 탐구할 과제이다.

아르준 아파두라이Arjun Appadurai는 『확대되어가는 근대성*Modernity at Large*』(1996)에서 미디어와 이주가 현대의 구성적 특징으로서의 상상력에 미치는 영향에 주목한다. 전지구적 전자 매체의 등장과 노동의 대량 이주 현상은 민족국가의 경계를 넘어 초국가적 상상력을 가능하게 하는 기반으로 작용한다. 아파두라이는 코스모폴리턴적 시각을 가진 이주하는 지식인의 관점에서 경계를 넘어서서 확장되어 가는 주체를 강조한다. 혼종성의 추상화를 경계하며 문제가 되고 있는 그 구체적 혼종 문화 속에서 개인은 어떻게 삶의 방향을 잡아가며 어떻게 주체되기를 수행해 가는지를 살피는 것은 매우 의미 있는 작업이다.

이 글은 미국의 혼종 문화 속에서 수키 김과 창래 리라는 한국계 미국 소설가가 어떻게 수행적 주체로서 부각될 수 있는지를 살펴본다. 최근 십 년 동안 미국과 특히 한국에서는 한국계 미국 소설가의 작품에 대한 연구가 활발히 이루어졌지만 지금 현재 진행 중인 혼종 문화라는 복합적인 특성 속에서 한국계 미국 소설가를 조명하는 비평은 드물다. 지금까지의 한국계 미국인의 정체성에 관한 연구의 초점은 두 가지로 정리할 수 있다. 한국계라는 정체성을 미국의 주류 문화와의 대립 구도 안에서 보면서 이 정체성이 가지는 주류 문화에의 저항 가능성을 강조하는 것이 좀 더 일반적인 경향을 차지하고 있다. 다른 하나는 한국계라는 고유한 정체성이 결국 지배 세력 속으로 유입되기 위해 동화되는 면을 집중적으로 보여주는 연구 경향이며, 이때 동화를 바라보는 관점은 비평가에 따라 수긍적인 태도이기도 하고 매우 비판적이기도 하다. 정체성을 바라보는 이 두 가지 접근법은 어쨌든 주류인 미국 백인 세력과 소수민족인 한국인을 분명하게 구분한다. 소수민족인 약자 '우리'와 다수의 미국 주류 세력인 '그들'로 나뉜다. 한국계 미국 문학의 작품이나 혹은 그에 대한 비평 연구가 모두 지배/종속이나 저항/동화의 도식적인 이분법적 구도 속에서 흔히 진행되어 왔다.

하지만 한국계 미국 문학에 대한 주로 지배/동화나 정체성 문제에 천착하는 관점들은 최근 초국가적 혼종 문화라는 복합적인 현실에 의해 시험대에 오르고 있다. 비엣 응구옌Viet Nguyen의 『인종과 저항*Race and Resistance*』(2002)은 아시아계 미국인 지식인들이 아시아계 미국인을 미국의 국가적 호명에 순응하는 '좋은 주체good subject'와 주류 사회에 저항하는 '나쁜 주체bad subject'로 구분하며, 저항의 주체를 바람직한 것으로 고수하는 이데올로기적 경직성을 보여왔음을 여러 작품과 사회 현상을 통해 설명하고, 그것이 현실과 어떻게 괴리되며 어떻게 자본주의 사회에 역이용당하게 되는지를 분석한다.

셸리 피쉬킨Shelley Fishkin은 유색인 작가가 백인을 주인공으로 하거나 백인 작가가 흑인을 주인공으로 진지하게 다루는 소설을 "위반적 텍스트transgressive text"라고 명명한다(Fishkin, 2002: 121). 피쉬킨은 일반적으로 백인 작가는 백인 주인공에 초점을 둔 책을 쓰고 거기에서 인종 문제가 설령 있다 하더라도 주변적으로 남아 있는 반면 흑인 작가는 흑인 주인공에 초점을 둔 책을 쓰며 거기에서 인종 문제는 중심이 되고 있다는 가정이 미국 문학계에 팽배해 있음을 지적한다. 이에 반해 최근 등장하기 시작한 위반적 텍스트들이 작가와 텍스트를 손쉽게 일치시키고 인종의 의미를 본질주의적으로 바라보는 문학 풍토를 흔들어 놓고 있음을 지적한다.

소수민족 문학은 지금까지 미국 내에서의 이주자들이 겪는 억울함과 유색 인종에 대한 불평등을 바꾸기 위해 자신들의 문제의 공통성과 공통의 어젠다를 주장하며 민족과 인종에 대한 '본질주의'를 전략적으로 다분히 사용해 왔다. 실제 현실에서 전략적 본질주의는 상당한 효과가 있었던 것도 사실이고 현재에도 사안에 따라서는 하나임을 주장하며 쟁취하는 집단 행동이 필요하다. 그러나 이제는 전략적 본질주의가 희생시키고 있는 면, 즉 한국계 미국인 각각의 고유한 성격과 꿈을 간과하고 비평가 자신의 저항성을 강요하는 면이라든가, 현시대의 혼종 문화 속에서 주체의 수행성, 주체되기의 지독한 복합성을 간과해 버리는 측면을 부각시켜야 한다.

끊임없이 이동하고 변화하는 혼종 사회에서 근대의 '힘 있는' 주체 개념은 그 힘을 잃었다. 근대에는 주체를 외부의 구속적인 세력에 대해 자유 의지를 가지고 대항할 수 있는 일관성 있는 힘을 가진 존재로 생각했다. 하지만 사회의 복합적인 구조와 눈에 보이지 않는 권력의 망이 인간을 근본적으로 구속하고 있다는 사실을 사람들은 지식과 경험을 통해 터득하게 되었다. 자신의 의지를 발휘하는 독립적인 주체 개념은 설득력을 잃고 주체를 구속하는 사회의 억압 구조와 권력 구조가 훨씬 더 강력히 부각되었다. 더군다나 세계화와 다매체 속에서 시공간을 실제와 가상으로 오가며 생활하는 현대인들은 근대와는 완전히 다른 압축된 시간과 공간 속에서 주체도 그만큼 유동적이 된다. 주체는 변화하는 사회 구성체 속에서 변화하는 주체 위치에 따라 끊임없는 접합과 탈접합의 과정을 통해 새롭게 구성되고 있다.

주디스 버틀러Judith Butler는 『의미를 체현하는 육체*Bodies That Matter*』

(1993)에서 주체를 수행성 개념과 연결지어 설명한다. 버틀러는 사람의 외부에서 사람을 억압하는 것으로 권력을 이해하는 것이 아니라, 권력이 주체를 형성하고 주체의 실존을 위한 조건 자체이자 주체의 욕망의 궤적을 제공하는 것으로 이해한다. 버틀러는 권력과 주체 사이에 흔히 가정되는 내/외부의 경계를 허물고 그녀의 행위성 개념은 자율적 · 독립적이고 규범들 외부에 존재하는 주체 개념과 결별한다. 권력 구조의 작동 방식은 사람들의 계속적인 반복과 인용을 통해서이다(Butler, 1993: 27-50). 법의 권력은 인용보다 선행하는 것처럼 보이지만 사실상 계속 반복해서 그러한 모습으로 인용되어야만 권위적인 법으로 남을 수 있다. 사람들은 대개 자신이 무엇을 하고 있는지 정확히 알지 못한 채 규범을 반복하고 계속된 반복을 통해 규범화된 규제적 허구들을 재인용하면서 그 허구들에 생기와 권위를 불어넣어주는 역할을 한다. 이것이 바로 버틀러의 수행성 performativity 개념이다. 버틀러는 행위성agency이라는 용어를 버리지는 않지만, 자유 의지적인 주체에 기반한 기존의 자율적 행위성 개념을 지양하기 위해 행위성을 수행성 안에 배치한다(전혜은, 2011: 160). 사람은 자신의 행위성을 가능케 해주는 담론 안에 배태되어 있기 때문에, 자신의 고유한 형성 조건들에 반대하여 투쟁할 때조차도 주체와 행위 주체로서 형성되기 위해 바로 그 규범들에 의존한다는 것이다.

미국에 이주한 소수민족들은 낯선 이주국에서의 사회적 · 정치적 구속을 갑자기 매우 첨예하게 자각할 수밖에 없게 되어 소수민족 문학에서는 그 구속이 확연히 전경화前景化된다. 그런 면에서 사회의 관습과 권위에 둘러싸인 버틀러의 주체와 수행성 개념은 한국계 미국 문학 읽기에 도움이 된다. 이 글에서는 버틀러의 수행성 개념을 염두에 두면서도 그 이론의 엄격한 적용보다는 개인이 의식을 하고 행위를 하는 과정 중에 주체화되어 간다는 좀 더 통상적 의미로서 수행적 주체를 사용하고 있다. 그러면서도 기존 사회 구조 안에 들어 있는 개인의 구속에 대한 버틀러의 강조점은 낯익은 환경에 놓인 사람보다 이주하여 낯선 환경에 갑자기 부닥치게 된 이주자에게 사회 구조적 구속이 크게 전경화됨을 상기할 때 연결점이 보이며 훨씬 더 부담스러워진 사회적 구속 안에서 개인이 어떠한 형태의 수행성을 드러내 보이는지를 살펴본다는 점에서는 버틀러의 수행성 개념과 연결점이 있다.

미국에서의 현재 혼종적 문제를 다루고 있는 한국계 미국 소설가로는 대표적으로 수키 김Suki Kim, 1970- 과 창래 리Chang-rae Lee, 1965- 가 있다.

수키 김은 번창하던 사업가였던 아버지의 사업 실패로 1983년 13세 때 가족을 따라 미국으로 도주하듯 이주한다. 그녀는 사회 계층의 급격한 하락과 영어 사용 능력 결핍으로 지진아 취급을 받는 상황 등 충격적인 이탈 경험을 한다. 그러한 그녀가 30대가 되어 이민 사회의 경험을 영어로 소설을 써서 큰 상을 수상하게 된다. 한때 풀브라이트 장학생으로 한국에서도 공부했고(2001년) 현재 독신으로 뉴욕에 거주하며 작가와 프리랜서 기고가라는 상당히 유동적이면서 계속 능력을 입증해 보여야 되는 일에 몰두하고 있다. 창래 리는 한국계 미국인 작가로서 가장 높은 위상을 갖게 된 작가이다. 두 살 때 부모를 따라 미국으로 이민 가서 예일대학교에서 공부했고 오리건대학교의 석사학위 제출 작품을 『원어민*Native Speaker*』(1995)으로 데뷔하면서 일약 문단의 주목을 받기 시작했다. 현재까지 『제스처 인생*A Gesture Life*』(1999), 『비상*Aloft*』(2004), 『굴복한 자들*The Surrendered*』(2010)을 발표했고, 현재 프린스턴대학교의 창작과 교수로 있다. 수키 김과 창래 리는 고국으로부터의 이탈과 이질 언어와 이질 문화로의 갈등적인 적응이라는 산 경험을 자산으로 소설가가 된다.

수키 김과 창래 리의 소설은 민족 얼과 기원으로의 회귀로 귀결되는 자서전 양식의 한국계 작가의 작품들과 확연히 구별된다. 두 작가는 민족주의적 정서에서 벗어나 이민자들이 미국에서 겪는 삶의 실상에 초점을 맞춘다. 이 소재에 아시아계 미국 문학에서 넘쳐나는 성공담의 상투형을 비판적으로 성찰하는 시각을 투영함으로써 참신한 진실성을 부여한다. 모범 소수민족의 신화와 같은 소수민족이 과다하게 의존하고 미화해 온 성공담의 이면을 해부하는 것이다. 무엇보다도 두 작가의 소설은 미국의 현재 진행 중인 혼종의 세계를 붙들고 씨름한다. 이민자의 정체성 탐구를 다루더라도 한인 가정이나 교포 사회의 울타리를 넘어 다양한 소수민족과 인종이 섞여 사는 미국 사회로 그 폭을 확장시킨다. 수키 김의 소설은 현재 뉴욕 사회 안에서 한국계 민족의 배반의 삶을 다루고, 창래 리의 소설은 아시아계만이 아니라 다민족 전시장이라 할 정도로 다양한 민족계가 등장하여 상호 작용하는 삶을 그린다.

이 글은 수키 김과 창래 리를 현재 진행 중인 미국의 혼종 사회를 치열하게 대면하며 글쓰기를 하는 대표적인 한국계 미국 소설가라고 평가한다. 이 글에서는 두 사람이 혼종 사회 속에서 소수민족과 인종의 문제를 일반적인 소수민족 작가들과는 어떻게 다르게 바라보며, 중대한 서사적 발전을 이루게 되는가를 보고자 한다. 수키 김의 수행적 주체로서의 면모는 '이민자로서 미국 주류 사회에 말걸기'라고 특징지을 수 있음을 『통역가 *The Interpreter*』(2003)와 미국 신문 등에 낸 그녀의 기고문들을 예로 들며 살펴본다. 창래 리의 수행적 주체의 면모는 한국계 미국 소설가라는 이름을 넘어서서 이미 미국 현대 소설가의 위치에 우뚝 서게 된 그가 혼종 문화 속의 소통의 모색이라는 어려운 분투를 어떻게 하고 있는가에서 나타난다. 창래 리의 수행성은 『원어민』과 『비상』을 예로 언급하면서 살펴보고자 한다. 한국과 한국계 이민자의 삶을 자산으로 소설을 쓰는 소수민족의 작가로서의 자의식에 대해서도 고찰하고자 한다.

2. 수키 김: 이민자로서 미국 주류 사회에 말걸기

수키 김의 글쓰기는 "이민자로서 미국 주류 사회에 말걸기addressing"라 할 수 있다. 필자가 미국 시민인 그녀를 굳이 '이민자로서'라고 한 데는 이유가 있다. 그녀는 엄연히 미국 소설가이나 그녀의 대부분의 글은 한국이나 한국계 이민자 사회나 이민자의 정서와 관련한 문제를 가지고 글을 쓰고 있기 때문이다. 또한 미국은 물론이거니와 한국을 상당히 잘 알고 있는 작가가 작품에서 보여주는 위치는 미국 시민이라고 말하기보다는 이민자라고 말하는 게 더 어울리도록 양쪽의 경계에 위치한 태도를 대부분 보여주기 때문이다.

그녀는 한국에서 광산과 호텔업을 하던 아버지의 사업이 실패하여 "사업 파산은 감옥행이므로 우리는 돈 한푼 없이 미국으로 달아났다"[1]고 『뉴욕타임스』에 기고한 글에서 쓰고 있다. 아무런 준비와 돈도 없이 야반도주한 경우여서 불법적 위치에서부터 미국 생활을 시작했을 것으로 짐작한다. 열세 살 때 도착한 그녀는 "영어를 배우는 데 수년이 걸렸다. 그것은 매우 굴욕스러운 경험이었다"[2]고 말한다. 그녀는 한국의 상류 사회에서 미국 퀸스Queens의 가난한 이민자의 삶으로 떨어지고 법적으로 매우 불안정한 신분으로 의사 소통도 전혀 안 되던 상태로 몇 년을 견뎌냈다. 수키 김은 한국 이민자들이 일반적으로 겪던 그러한 불리한 조건을 모두 갖고서 산 경험을 통해 미국 사회에서 법적 · 사회적 · 문화적으로 소외된 이민자들의 삶을 체득한다. 그 척박한 이주 경험과 한국에 대한 지식을 그녀는 자양분으로 하여 첫 소설 『통역가』를 쓰게 되고, 소설가라는 직함을 기반으로 『뉴욕타임스』, 『워싱턴 포스트』, 『뉴스위크』,

1 "Facing Poverty with a Rich Girl's Habit"
2 "Ten to Watch in 2003 Suki Kim: The New Electra"

『하퍼스 매거진』에 시사성 있는 글을 기고한다. 그녀는 고국 한국에서 살던 어린 시절에 대한 정겨운 기억,[3] 통역가로서 일한 경험에 대한 토로,[4] 미국의 신용카드 위기를 그보다 앞선 한국의 신용카드 남발로 인한 파산 범람과 연결지은 글,[5] 특히 중국에서의 북한 탈북자와의 면담과 그들을 돕는 브로커나 단체에 대한 탐사 기록,[6] 뉴욕필하모니 오케스트라의 북한 공연 방문 기록[7]과 같은 한국과 밀접히 관련된 사건에 대해 미국 독자를 상대로 자신의 생각을 피력한다.

수키 김의 글쓰기는 사카이 나오키酒井直樹가 글쓰기의 올바른 자세로서 권장하는 이언어적 말걸기heterolingual address 자세를 보여준다. 사카이는 같은 일본어를 쓰고 같은 일본인이라 하더라도 보편적인 일본어 · 일본인이라는 것은 없다면서 동일한 언어 공동체로 상정된 것의 대표라는 입장을 취하며 글쓰기를 해서는 안 된다고 말한다(사카이 나오키, 2005: 49). 가능한 한 청중을 언어적으로 이질적인 사람들의 총체로 설정하도록 노력하고 '우리' 속에서 '우리'는 오해뿐만 아니라 이해의 결여와 항상 부딪치게 된다고 그는 말한다. 청중에게 말을 거는 것은 이해를 보장받을 수도 없는 상태에서 듣는 이에게 손을 뻗는 일이다. "말을 거는 것은 실제로 동일한 정보를 전달했는지 여부와 무관하게 본질적으로 수행적인 관계를 가리킨다"(사카이 나오키, 2005: 50). 언어적으로 문화적으로 이질적인 '우리'를 향해 말을 거는 것은 외부에 자신을 노출시키고자 하는 수행적 행위이다. 수키 김의 경우에는 일반적인 의미에서의 이언어적 말걸기의 상황보다 훨씬 더 근본적으로 이언어적 말걸기이

3 "Forced From Home Yet Never Free of It"
4 "Translating Poverty and Pain"
5 "Notes from Another Credit Card Crisis"
6 "The System of Defecting: Stories from the North Korean Border"
7 "A Really Big Show: The New York Philharmonic's fantasia in North Korea"

다. 어렵게 습득한 영어로 스스로를 외부성에, 매우 두려운 외부성에 드러내 놓고 자신의 세계와 생각을 터놓는 것이다. 위의 그녀의 글들에 대한 미국 사회의 반응이 여러 갈래이듯이 외부성이 엄연한 타자가 되어 자신을 이해해 주지 못할 나쁜 상황을 각오하고서 담대하게 그녀는 글쓰기를 한다.

"나에게 미국이라는 것은 어떤 면에서는 부모를 죽이는 것이다"[8]라고 수키 김은 말한다. 미국에 와서 겪은 가난과 굴욕과 소속에의 갈망은 마음속으로 부모를 죽이는 것과 같은 엄청난 것을 요구했다는 의미일 것이다. 실제 수키 김은 『통역가』에서 주인공의 부모가 살해당하는 상황을 만든다. 주인공 수지 박은 두 발의 총성으로 죽임당한 부모의 끔찍한 죽음에 대한 트라우마에 시달린다. 사건은 5년 동안 제대로 수사도 하지 않은 채 미결 사건으로 남는다. 그녀는 이민자 사회나 미국 사회와 단절된 채 은둔해 살며 통역 일을 하던 중 사건의 단서와 맞닥뜨리자 탐정의 역할을 맡는다. 수지는 고통스러운 기억들이 숨겨져 있는 과거로 다시 돌아가야만 하게 되고, 과거로의 여정은 그녀가 깨닫지 못했던 가족의 많은 비밀을 드러내 보인다. 부모가 시민권을 받기 위해 어떻게 불법 체류 한국인들을 고발했는지, 한국인들이 그들을 얼마나 증오하며 죽음을 사주했는지, 미국 경찰과 이민국이 아버지와 같은 내부 고발자를 가동시키고 더 이상 필요 없을 때 어떻게 유기하는지를 그녀는 모두 밝힌다. 열다섯 살 때 가족이 미국으로 불법 이주해서 뉴욕 퀸스 등의 이민자 사회에서 성장하여 컬럼비아대학교를 다녔던 주인공은 다분히 작가 수키 김이 문단에 등단하기 전의 사회적 · 심정적 위치를 연상시킨다.

부모가 살해당하기 몇 년 전에 수지는 이미 부모를 버렸다. 자신의 일

8 "Ten to Watch in 2003 Suki Kim: The New Electra"

본계 미국인 여교수의 남편인 백인 동양미학자 데미안과 동거하기 시작하면서 그녀와 부모의 관계는 단절된다. 수지가 그렇게 모든 상식과 도덕을 저버리고 자신의 교수의 남편에게 매달리는 이유는 소수민족 이민자의 딸로서의 결핍감 때문으로 드러난다. 수지는 백인 중산층 출신의 백인 여자 친구 젠의 태도에서 자신있게 풍겨 나오는 "당연한 권리 의식과 확실한 소속감"(Suki Kim, 2003: 163)을 자신은 한번도 가져보지 못했다고 한다. 그녀는 데미안이 주는 미국 사회에서의 심리적 · 신분적 안정감을 갖고 백인 주류 사회의 테두리 안으로 들어가고 싶은 욕구에 모든 불이익, 즉 대학 중퇴, 사회 생활의 단절, 심지어 부모와의 단절까지 감수한다. 소설에서 데미안에 대한 수지의 절박한 의존은 충분히 드러나나, 데미안이 수지를 어떻게 생각하는지는 매우 적어 단편적으로만 알 수 있지만 독자가 그의 감정이 그녀처럼 진지하지 않다는 것만은 알 수 있다. 수지는 잘 의식하지 못하지만 독자는 수지에 대한 데미안의 끌림은 서양과는 다른 이질적인 동양미에 대한 순전히 육체적 끌림임을 안다. 데미안의 오리엔탈리즘적 태도를 독자는 추론할 수만 있는 반면, 소설에서 자신의 주체 의식이나 자존심을 버린 오리엔탈리즘적 태도를 다분히 보이고 있는 것은 오히려 수지이다. "그녀는 무엇이 그녀로 하여금 그렇게 멀리 밀고 나가게 했는지 의아했다. 나중에, 훨씬 나중에, 그가 그녀의 이름을 한 번, 두 번, 그리고 또 불러주었을 때 그녀는 눈을 감았고 이제 모든 것이 달라졌다고, 모든 것이 영원히 변해 버렸다고 생각했다"(Suki Kim, 2003: 86). 수지는 게토화된 이민자 사회의 남루함과 이민자 딸로서의 좌절을 씻어주리라는 기대를 갖고 백인 주류 사회를 대표하는 데미안에게 자신을 전부 내던진 것이다. 수지는 자신에게 "추한 문신처럼 달라붙어 있는 자기 부모의 한국으로부터 멀리멀리 달아나 버리고 싶었다"(Suki Kim, 2003: 122). 작가 수키 김은 이렇게 굴복한 상태의 수지를 통해 "미국이라는 것은 부모를 죽이는 것이다"는 상태를 재현한다.

수키 김은 이민자의 주변적 삶과 미국 주류 사회의 경계에 흔히 자신을 위치시킨다. 수키 김은 이 소설을 준비하면서 수지의 경계적 위치와 분열된 충성심에 적합한 직업으로 소송 사건 등에서 영어를 못하는 한국인의 말을 영어로 통역하는 통역가가 좋겠다고 생각한다. 수키 김은 이를 위해 실제 자신이 통역가로 한동안 일을 했다. 「가난과 고통을 통역하며」에서 수키 김은 "통역 일은 내 소설의 인물을 발전시키는 데에 도움이 되었다", "죄가 있는 쪽은 이들 피고인이나 나는 그 문제가 전적으로 그들 탓이라고는 생각하지 않게 되었다"라고 말한다. 수키 김은 통역 일 이후 뉴욕은 자신에게 달라 보여 "계속해서 경계선을 알아차리게 되었다"고 말한다. 그녀는 이러한 경계 위에 선 의식을 가지고 작품을 쓰면서 주인공 수지를 이민자와 주류 사회 사이의 경계에 있는 그러나 그 경계 위에 선 주체적 모습보다는 그 둘 사이에 끼인 존재로 시작한다.

그녀는 아버지가 미국 이민국에 한국인 불법 체류자들을 밀고하여 시민권과 경제적 이득을 챙겼다는 것, 밀고자였던 아버지가 이민 사회로부터 앙갚음을 당했을 때 아버지를 이용했던 미국 당국은 수사조차 하지 않았다는 사실을 알게 된다. 결말 부분에서 수지가 한 행동은 판단이 쉽지 않다. 위에서 신문에 기고한 글처럼 "죄 있는 쪽은 [아버지]이나 그 문제가 전적으로 [아버지] 탓이라고는 생각하지 않"았고 아버지를 이용한 국가 조직의 부당성을 외치며 동시에 비록 아버지로 인해 엄청난 고통을 겪었지만 사건 내막을 알고 있는 김용수도 신고하여 수사를 촉구한다. 과오 많은 아버지이지만 아버지의 세계를 껴안은 태도이다. 그런데 동시에 소설의 마지막 문장은 언니와 자기는 "부모 없는 두 소녀, 어여쁜 미국 소녀"(Suki Kim, 2003: 294)이기 때문에 "추한 문신"(Suki

Kim, 2003: 122)처럼 자신들의 동화를 방해하는 아버지의 죽음에 안도감이 없지 않음을 다시 드러낸다.

그래서 수키 김은 마지막의 수지를 주류 사회에의 저항이냐 아니면 동화냐의 이분법의 구도 속에 놓지 않는다. 아니 수지는 동화의 길을 아마도 계속 갈 것이다. 좀 더 의식 있는 태도로. 혹은 작가는 동화나 미국 주류 사회 안으로의 유입에 대해 크게 비판적이지 않다고 보는 것이 더 맞을 것이다. 일반적으로 한국계 미국 소설에 대한 한국 영문학자의 비평들은 주인공의 태도에서 동화와 저항을 중요한 척도로 생각하고 동화에 대해 비판적인 입장을 취하는 경향이 많다. 이와 관련하여 응구옌은 『인종과 저항』에서 현재 소수민족계 주체의 수행성이 그렇게 단순하지 않음을 보여준다. 그는 아시아계 미국인 지식인들은 주류 사회의 인종주의에 저항할 수 있는 논리를 찾는 과정에서 미국의 국가적 호명에 순응하는 '좋은 주체'와 주류 사회에 저항하는 '나쁜 주체'로 구분한다(Nguyen, 2002: 144-145). 그들은 모범 소수민족과 같은 성공을 기대하며 동화해 가는 아시아인을 비판적으로 바라보고 주류 사회에 저항하는 '나쁜 주체'를 바람직한 태도로 보는 이데올로기적 경직성을 보여 왔다는 것이다. 응구옌은 이렇게 아시아계의 저항의 주체를 바람직한 것으로 고수하는 태도는 인종적 정체성을 본질주의적으로 고정시켜 도리어 아시아계의 저항적 정체성을 후기 자본주의 사회의 하나의 '상품'처럼 유통되는 상황을 만들어 내고 있다는 것이다. 더욱이 지식인들의 소망과는 다르게 현재의 많은 아시아계 미국인은 이미 주류 사회에 동화되어 있고 자본주의의 흐름에 적극 참여하고 있는 상황에서 전통적인 저항의 고수가 현 시대의 문제점에 대한 적합한 대응인지를 반문한다. 혼종 문화의 관점은 이와 같은 동화/저항의 이분법은 혼종 사회 속에서의 의식 있는 생존 전략으로서는 그 어느 쪽이든 너무 단순하여 적합하지 않음을 보여준다. 수키 김은 주류 사회에 대한 비판적 시각을 미국 중심부 문화로의 동화와 유입이라는 맥락 속에 포함시킨다. 이 상황에서 과제는 소수자의 관점에서 중심부의 문화를 좀 더 주체적으로 수용할 수 있는 가능성을 모색하는 일이 될 것이다.

3. 창래 리: 혼종 문화 속의 소통

창래 리의 글쓰기는 미국 현대 소설가의 위치에서 혼종 문화 속의 소통을 모색하는 작업이라 할 수 있다. 그를 소수민족계 작가라고 국한하기에는 이제 미국의 대표적인 작가로서 우뚝 섰고, 현대 미국의 도시 공간을 배경으로 복합적인 혼종 문화 속에서의 생존 방식과 소통을 모색한다. 수키 김이 경계에 선 위치에서 미국 주류 세계와 주변의 이민자 사회 간의 갈등을 선명한 구도로 나타냈다면, 창래 리는 『원어민』에서 복합적이고 탈구적disjunction인 세계를 그려낸다.

앞서 수키 김이 주인공 수지를 문단에 등단하기 전의 자신의 사회적 · 심정적 위치에 놓았듯이, 창래 리는 주인공 헨리 박을 마치 문단에 등단하기 전의 자신의 사회적 · 심정적 위치에 놓는다. 미국에서 태어난 헨리와 아기였을 때 이민 온 창래 리는 둘 다 의심할 여지없이 원어민이고 명문대학 출신자들이다. 하지만 헨리는 원어민이면서도 원어민이 아닌 이방인의 심리를 가지고 삶을 살아왔다. 창래 리도 「영어 전용 세계에서 벙어리Mute in an English-Only World」라는 글에서 유치원에서 거의 알아듣지 못하고 입 다물고 보냈던 경험과 영어를 못하는 어머니와 어릴 때부터 마켓 등을 함께 가야 했고 그곳에서 창피를 당한 경험을 이야기한다. 원어민이 아닌 이민 1.5세대인 수키 김이 처음으로 소설 쓰기를 감행하면서 택한 절실한 주제는 한국 이민자와 미국 주류 사회를 연결해 주는 『통역가』가 되듯이, 이민 2세인 창래 리가 처음으로 소설 쓰기를 감행하면서 택한 절실한 주제는 객관적으로는 원어민이되 이민자 자녀로서의 갈등을 구현한 『원어민』이다. 작가와 작품 제목 간의 절실한 관련성을 생각해 보면 이렇게 작가와 주인공의 위치를 연결짓는 게 상당히 타당하다.

앞서 수키 김의 소설과 응구옌의 책을 통해 현대의 혼종 문화 속에서 동화/저항의 이분법은 의식 있는 생존 전략으로서는 그 어느 쪽이든 너무 단순하여 적합하지 않음을 보았다. 창래 리는 매우 복합적이며 지적인 스파이 헨리의 면모를 통해 동화가 전혀 안전한 게 아니며 오히려 위험에 처하게 함을 보여준다. 동시에 미국 지배 사회에 대한 강한 비판을 하는 마지막 부분에서 헨리가 그럼에도 저항하는 삶으로 가지는 못하는 결론에서 주체적인 수행이라는 게 얼마나 복잡해지는지를 실감하게 한다. 헨리는 가족 부양에 인생을 바치며 열심히 일하나 영어 구사 능력 부족으로 사회 생활을 거의 하지 않는 이민자 아버지를 마음속으로 경멸해 왔다. 미국에서 태어났으나 부모가 미국 사회로의 안내자가 되지 못하는 상황에서 헨리는 분노를 속으로 삭이며 눈에 띄지 않는 방식으로 살아왔다고 말한다. 나를 "동화주의자, 추종자, 하란대로 하는 외국인 얼굴을 한 사내"든 "부르고 싶은 대로 불러라"(Lee, 1995: 160)라고 말하는 매우 자조적인 태도를 노출한다. 미국 태생이고 원어민이고 미국 명문대 출신이며 백인 여성과 결혼했으나 그는 여전히 아시아인의 외모로는 미국인으로 최종적으로 받아들여지지 못한다고 느낀다. 그래서 혼혈 아들 미트에게는 "넓적한 황색 얼굴이 줄 수 없는 권위와 자신감을 제공해 주기 위해 단일한 인생과 단 하나의 세계 의식을 가지고 자라도록 구식 언어를 배우게 하지 않겠다. 이 점에 대해서는 의심의 여지가 없다"(Lee,

1995: 266)고 말한다. 한국어도 모르게 한 채 완벽히 미국인으로 교육했지만 아들은 부유한 백인 동네 아이들에게 평소 놀림당하다가 놀이 중에 백인 아이들 밑에 깔려 죽게 된다. 이 비극 이후 헨리는 항상 자중하며 '같아지기' 위해 노력한 동화가 자신을 안전하게 해 주는 게 아님을 절감했기에 동화라는 말이 나올 때마다 그의 톤은 뒤틀려 있을 수밖에 없다.

더욱이 그의 동화는 소수민족 소설에서 일반적으로 보여지는 순진한 동화가 아니다. 비록 자신이 미국 사회에 동화되기 위해 노력했으면서도 아마도 헨리는 스스로를 동화주의자라는 협소한 범주에 속한다고는 생각하지 않을 것이다(이선주, 2008: 107). 오히려 그는 동화하는 순한 사람으로 위장한 배반자이다. 헨리의 그러한 은밀과 배반이 집약된 것은 스파이 직업에서이다. 전통적인 스파이 장르와는 달리 스파이 소설인 『원어민』에서 국가는 더 이상 정치적 경쟁에서 주인공이 아니다(Parikh, 2002: 272). 헨리는 007처럼 국가 기관의 첩자가 아니라 합당한 대가만 준다면 의뢰인이 적국의 기관이든 누구이든 상관하지 않는다. 그가 하는 첩보 일은 대의명분이나 국익에의 봉사 같은 알리바이가 없다. 아니 아예 누가 의뢰인인지도 모른 채 그것이 어디에 쓰이는지도 모른 채 임무를 수행하고 보수를 받을 뿐이다.

소설 속에는 그리스계, 나이지리아계, 남미계 등 다양한 민족계의 스파이가 등장한다. 그들은 자신이 가장 잘 알고 접근하기 쉬운 자신의 민족계의 사람들을 첩보하도록 대상을 지목받고 그 대상에게 접근할 수 있는 방법과 전략은 자기가 알아서 수시로 만들어 낸다. 실로 다양한 민족계 스파이들의 다양한 음모와 그 수행이 혼종성을 더럽힌다. 헨리는 일 때문에 끊임없이 한국계나 아시아계의 특정 사회 속에 일정 기간 들어가 살며 내부 정보를 알아낸다. 염탐은 매우 밀착된 관계를 요구하므로 실제로 그들을 돕게도 되고 자신도 모르게 그들에게 깊은 감명을 받아 일을 그르치게도 된다. 유력한 뉴욕시장 후보자인 한국계 미국인인 존 강John Kwang을 염탐하는 임무를 받은 헨리는 자신의 의도와는 다르게 그의 이상주의적 꿈에 감동을 받는다. 존 강은 어느 민족이나 인종이든 상관없이 미국에 온 이주자들의 정착을 돕고 소수민족계 간의 연대를 주장하며 실천한다. 불법 체류자를 불법적으로 도운 죄목으로 존 강이 여론의 뭇매를 맞을 때 헨리는 무너져 내리는 그의 편에 서서 분노하는 주류 사회의 돌팔매를 막아선다. 헨리가 속한 스파이 회사에 존 강의 염탐을 의뢰한 것이 미국의 이민국INS으로 밝혀짐으로써 '지나치게' 야심 많은 이민자 출신의 정치인에 대한 국가의 통제가 드러난다. 주류 사회에 대한 환멸과 자신의 죄에 대한 통렬한 인식으로 헨리는 스파이 일에서 손을 뗀다. 그러나 그 전에 예정대로 존 강의 사람들의 명단을 넘겨주게 되고 그 명단으로 신분이 노출된 수백 명의 불법 체류자가 추방당한다.

호미 바바는 『문화의 위치 *The Location of Culture*』(1994)의 마지막 장인 「어떻게 새로움이 세계로 들어오는가How Newness Enters the World」에서 문화적 차이의 위치를 서구 중심적인 문화 공간으로부터 문화적 번역이 항상적으로 일어나는 현 시대의 틈새적이고 경계적인 장으로 옮긴다. "이 경계에서는 전지구적 문화와 민족적 문화들로 구성된 비동시적인 시간성들이 제3의 문화 공간을 개방하고 공통 분모를 찾을 수 없는 차이들의 협상이 경계적 삶에 고유한 긴장을 창조한다"(김용규, 2005: 50). 이 경계에서는 투명한 문화적 이식이나 전달이 발생하는 것이 아니라 번역의 이질성foreignness 내지 번역의 불가능성이 활발한 문화 생산을 유발한다. 바바는 문화 번역의 공간에서 "관건이 되는 것은 차이적 정체성의 수행적 성격, 다시 말해 끊임없이, 우연적으로 개방되고, 경계들을 재형성하며 — 계급이든 성이든 인종이든 — 단일하고 자율적인 차이의 기호를 내세우는 모든 주장의 한계를 드러내는 공간들의 규제와 협상들이다"(Bhabha, 1994: 313)라고 말한다. 바바의 이러한 틈새의 차이적 정체성들의 수행적 성격을 읽어보면 헨리의 생존 전략도 이러한 협상과 경쟁이 아니었나 하고 생각하게 된다. 미국 주류 사회와 이민자, 동화주의자와 스파이 사이를 오가며 혼종 사회 속의 틈새와 경계에서 사안사안마다의 결심과 수행을 해가는 헨리는 고도의 긴장된 경계적 삶을 살아가고 있다고 볼 수 있다. 스파이 일을 해오는 동안 헨리는 자신의 생존 전략을 주체적인 수행이라고 생각하고도 싶었을 것이다. 그러나 주체의 수행성이란 주변부와 소수자의 관점에서 중심부의 문화를 좀 더 주체적으로 수용 혹은 저항할 수 있는 가능성이라고 할 것이다. 지금까지의 헨리의 삶은 자신의 이해 관계를 넘어서는 가치지향성과 같은 관점이 없었기 때문에 이러한 긍정적 맥락에서 생각하기 어렵다.

배반자의 참회의 서사인 『원어민』에서 헨리가 이루어낸 인식은 지금까지의 자신의 삶이 동족을 비롯해 다른 약자들을 배반한 삶이었다는 자각이다. 그는 스파이 일을 그만두고 이민자의 어린이들에게 영어를 가르치는 일을 하는 아내의 일을 보조하는 모습으로 끝난다. 이 소설에 대한 상당수의 비평이 바로 직전까지의 헨리의 참회와 다짐에 큰 의미를 부여하고 그가 주류 사회에 저항하는 움직임을 하기 시작했음을 강조한다. 또는 아내의 언어 교정 일을 보조하는 그의 평화로운 모습을 화해, 치유나 다문화라는 의미로 희망적으로 읽는다. 그런데 물론 이민자들의 자녀에게 영어 교육은 반드시 필요한 것이면서도, 내내 소설이 동화의 맹점과 복합성을 보여준 상황에서 각성을 한 헨리가 아내의 언어 교정 일 보조로 제시된 것에서는 아이러니를 느끼지 않을 수가 없다. 그 맥락에서 박인찬은 스파이로서의 삶을 청산하는 것은 의당 환영할 만한 일이지만 "소수자의 입장에서 미국 사회의 현실을 예리하게 탐사하고 드러내는 스파이로서의 의식만은 계속해서 지녔어야 한다"(Lee, 1995: 138)고 요구하기도 한다. 삶의 기반이 되어버린 혼종 문화 속에서 주체적 수행이란 이렇게 간단치 않은 것이다. 그렇게 때문에 『통역가』에서도 그랬고 『원어민』에서도 결말이 그다지 희망적으로 제시되지 못하는 것이다. 작가가 희망적으로 결론지을 수 없는 또 다른 이유는 소수민족의 주변적 존재의 각성으로 사회적 문제에 대한 해소책이 나오기 힘들다는 점이다. 한국계만으로는 희망적 결론이 나올 수 없다.[9] 지배 세력이 움직이도록 해야 하고 같이 섞인 구조 속에서야 어떤 유력한 대안을 생각해 낼 수 있다.

창래 리는 세 번째 소설 『비상』에서 롱아일랜드 교외에 사는 이태리계 백인 중산층 남자를 주인공으로 한다. 피쉬킨은 「인종 분리를 폐지하는 미국문학 연구Desegregating American Literary Studies」에서 창래 리의 『비상』처럼 유색인 작가가 백인을 주인공으로 하거나 백인 작가가 흑인을 주인공으로 진지하게 다루는 소설을 "위반적 텍스트"라고 명명한다(Fishkin, 2002: 121). 그녀는 일반적으로 백인 작가는 백인 주인공에 초점을 둔 책을 쓰고 거기에서 인종 문제는 설령 있다 하더라도 주변적으로 남아 있는 반면 흑인 작가는 흑인 주인공에 초점을 둔 책을 쓰며 거기에서 인종 문제는 중심이 되고 있다는 가정이 미국 문학계에 팽배해 있음을 지적한다. 그러한 범주에 들지 않는 작품은 그다지 읽혀지지도 않고 비평적 분석은 더군다나 별로 이루어지지 않는 경향을 보인다고 피쉬킨은 말한다. 위반적 텍스트들은 작가와 텍스트를 손쉽게 일치시키고 인종의 의미를 본질주의적으로 바라보는 문학 풍토를 흔들어 놓는다. 그

9 후앙Betsy Huang과 코울리Liam Corley와 다니엘 김Daniel Kim의 『원어민』에 대한 비평은 아시아계 미국문학에서 미국 정치를 소설에 등장시킨 것은 거의 처음임을 크게 평가하며 존 강의 정치적 이상과 그 좌절에 초점을 맞추어 분석한다. 존 강은 단지 어떤 소수민족에게서 표를 얻는 소수민족 정치가가 되려는 게 아니고 다양한 민족 출신의 이주자들을 대표해 그들의 한과 소망을 목소리 내어 미국 시민으로서의 권리를 가지게 하겠다는 포부를 갖고 있다. 아시아계 정치인이 미국 지배 세력이 용인하는 경계를 넘어서려 할 때 국가 기관은 밀탐해 그의 정치 생명을 끝내고 미국 주류 사회는 그를 한낱 이민자로 취급하며 고국으로 돌아가라는 데모를 한다.

녀의 말처럼 위반적 텍스트인 『비상』은 어떤 면에서는 더 뛰어난 소설인데도 창래 리의 다른 소설들보다 확실히 덜 읽혔고, 특히 한국이나 미국 모두에서 비평이 그다지 나오지 않았다. 그나마 나온 비평 중에서도 인종 문제가 작품의 중심 주제로 전경화되어 있지 않고 백인 남성 가부장제적인 특성이 주인공 제리Jerry의 두드러진 특징이 아닌데도 여전히 그러한 주제로 작품을 분석하는 경우도 있다. 창래 리는 이 소설에서 화자인 백인 제리와 자살한 한국계인 데이지Daisy 사이에서 난 혼혈 자녀와 독일계와 한국계인 그들의 배우자와, 아내 사후 엄마와 아내 역할을 한 푸에토리코계 흑인인 리타Rita가 이루는 다양한 인종으로 이루어진 가족의 형태를 집중 조명한다. 문제는 훨씬 복합적이 되나 결론은 좀 더 희망적이 된다.

제리는 가업인 조경업을 하다가 은퇴한 남자로 경비행기를 타는 취미를 가졌다. 80대인 아버지는 상류층을 위한 시설에 살고 있고, 아들은 가업을 확장시키는 중이고, 딸은 영문학 교수여서 그의 삶은 경비행기에서 내려다보는 세상처럼 평온하게 보인다. 하지만 아버지가 쓰러지고, 방만한 운영으로 아들의 사업이 기울었으며, 아내 죽음 후 20년 동안 가정을 돌보아준 애인이 무심한 자신을 떠났고, 임신한 딸은 암으로 위독한 상황임이 점차 밝혀진다. 이전에 아내에 대한 무심함으로 자신이 그녀의 자살의 한 요인이었던 제리는 딸의 임박한 죽음 앞에서는 더 이상 현실을 회피하지 못한다. 마음은 따뜻하나 골치 아픈 현실에 개입하려 않으려 했던 그는 도움이 필요한 가족을 모두 불러들여 함께 살며 서로 협동과 희생을 배워 나간다.

이렇게 말한 큰 줄거리에는 전혀 인종이 없다. 마크 정Mark Jerng이 말하듯이 이 소설의 독특함은 인종이 "전혀 특별히 나오고 있지 않다"(Jerng, 2010: 183)는 것이다. 인종이 특별히 나오는 게 아니라 오히려

"인종이 도처에 깔려 있다"(Jerng, 2010: 191). 제리가 다양한 사물을 보고 복잡한 생각을 자신에게 이해시키는 특징적인 방식이 인종을 통해서이기 때문이다. 마치 그의 사고 습관과 정서 반응은 인종의 방법론을 투과하고 있다고까지 할 정도이다. 슬라보예 지젝Slavoj Žižek은 민족을 "하나의 물건에 대한 공유된 관계"라고 했다(Žižek, 1993: 386). 민족이라는 사물은 공동체 구성원이 그것을 믿는 한에서만 존재한다는 의미이다. 민족이라는 것은 실체가 있는 것이 아니라 전통이나 민족성과 같은 집단적 판타지에 의해 구조화된 것이기 때문이다. 이것을 '미국 민족'으로 말해 보면 '미국 민족'이라 칭할 수 있는 것도 존재하지 않는다. 만약에 존재한다면 그것은 오로지 특정 부류의 사람들이 지니는 집단적 판타지 속에서만 존재한다. 그런데 이민으로 이루어진 나라인 미국은 세계 어느 곳보다도 다인종이 혼종되어 있는 상황에서 누가 미국의 정체성을 대표하는가라는 문제 앞에서 인종이 척도로 부각된다. '미국 민족'이라는 물건은 백인 집단에 의해 독점된다. 본래 존재하는 것이 아닌 민족이 그 '단일한' 특성을 가장 발휘할 때는 자신들과 '동일'하지 않은 타자가 나란히 섰을 때이다. 타자에 대한 이러한 비교와 배척을 통해서만 존재를 드러낼 수 있는 민족의 특성이 제리의 생각에서 드러난다. 제리는 이런 생각을 전혀 담론적으로 사고하는 것이 아니고 '미국 민족' 정체성을 독점해 온 백인으로서 살아오면서 '저절로' 체득한 것을 그냥 표현했을 뿐이다. 1970년대 중반에 전부 백인만 있는 롱아일랜드의 고급 유람선에 푸에토리코계인 애인 리타를 처음 보았던 순간에 대한 묘사는 이 소설의 많은 그러한 예 중 하나이다.

> 리타는 발을 진찰받기 위해 줄을 선 여자들 중 하나는 아니었으며 자신을 잘 드러내지도 않았고, 파티를 즐기는 여자도 아니었다. 솔직히 그녀는 나쁜

> 아니라 모두에게 처음부터 눈에 띄었을 것이다. 그녀만이 그곳에서 유일하게 백인이 아니었기 때문이다. 대부분의 장소에서 사람들이 자신과 같은 부류와, 혹은 최소한 자신과 같은 부류라고 생각되는 사람들과 어울리는 경향이 있다는 사실은 놀라운 얘기가 아니다. 그리고 롱아일랜드의 중심부에서도 중심에 있던 우리 또한 다르지 않았다. 배에 있던 사람들은 아일랜드와 이탈리아, 그리고 폴란드계이거나 백 년 전쯤에 해안으로 떠밀려 온 다른 나라 사람들의 후손이었다. 그러나 사람들은 누군가가 나타나 일부러 그런 것은 아니지만 그 장소에 어떤 여과 장치 같은 것을 만들어 친숙한 효과를 바꾸기 전에는 그런 것을 의식하지 못한다. 그녀와 그녀의 친구가 배와 부두를 연결하는 다리를 걸어올 때 내 뒤에 있던 어떤 멍청이가 "이런, 누군가 하녀를 초대했군" 하는 소리가 들렸다(Lee, 2004: 53).

자신이 말하지 못하는 일종의 서발턴subaltern인 데이지가 겪었을 실제적 고통이나 모멸은 그동안 한국계 작가들이 많이 지적해 온 요소들이다. 이 소설은 그 다음에 대한 것, 즉 데이지의 사후 효과이다. 제리와 아들과 딸의 중요한 특징이나 특히 결함은 그들이 함구하고 있는 데이지의 자살에 의한 사후 효과이다. 한국계인 사위를 통해 딸의 말기암 소식을 들은 제리는 처음으로 데이지와의 비극을 회상해 본다. 겨우 소통만 가능한 영어를 주눅들지 않고 쾌활하게 쏟아내는 데이지에게 느꼈던 성적 매력, 자신이 알던 여자들과 전혀 다른 동양의 몸 데이지에게 끌렸다는 말을 하면서 그렇게 오리엔탈리즘적으로 생각하는 자신에게 쏟아질 비난을 의식하면서 "부당하다고. 나도 안다. 부당하다는 것"(Lee, 2004: 113)이라며 인정한다. 또 다소 낭비하는 성향이 있는 그녀를 훈육하기 위해 매우 냉정하게 대했음을 "그녀가 불가사의한 오리엔탈/아시안 삶을 살면서 겪어 왔을 그런 방식으로"(Lee, 2004: 113) 최소한으로만 응대했다고 말한다.

처음으로 고통스럽게 데이지와의 관계를 들여다보는 제리는 평소의 자신의 인식 방식, 즉 사물을 이해하는 데 습관적으로 인종적인 방법론을 쓰곤 하는 그의 평소 인식 방식을 드러낸다. 그는 인종적 표현으로 자신의 정서적 비리를 들춰 보인다. 그는 별로 인종 차별적인 생각이 아닌 때에도 인종에 따른 차이를 곁들이며 생각을 정리하는 습관을 보인다. 불현듯 '아시아 혼혈'이어서 효심 있는 아들이 같이 살자고 초대할 것을 기대해 보는 생각에서도 곧바로 "이 면에서는 우리 백인과 흑인들은 뒤처진다"(Lee, 2004: 253)고 덧붙인다. 앞에서 데이지를 아시아인이어서 어떨 것이다고 단정짓는 오리엔탈리즘적 사고를 보일 때는 그에게 상당한 비난이 가게 마련이다. 그런데 이렇게 전혀 예기치 않은 순간에도 번번히 인종적 언급을 하는 것은 꼭 차별과 배제하는 마음에서가 아니라 그의 습관적인 사고 방식임이 명확해진다. 그렇게 인종이 생활 문화가 되어 인식의 중대 방법론이 된 형국이다.

데이비드 리David Leiwei Li는 "문화는 인종의 완곡어법"(Li, 1998: 7)이라고 말한다. 아파두라이도 자신은 '문화'라는 말 대신 '문화적'을 더 선호한다면서 그 이유는 '문화'라고 실체화하게 되면 본디 인종적 담론과 맞서도록 고안되었던 문화라는 개념이 번번이 인종이라는 담론 공간으로 되돌아 가버리기 때문이라고 말한다(아파두라이, 2004: 12). 이정덕도 표면상으로는 생물학적 특성에 기반한 듯이 보이는 인종이 실제는 백인 지배 계층이 부여한 문화적 범주임을 말한다(이정덕, 2005: 424).[10] 이

10 유럽인이 오기 전부터 미국에 살던 다양한 원주민은 자신들을 인디언이라는 하나의 동일 인종집단으로 생각한 적이 없다. 인디언이라는 이름도 영국인이 이들이 인도인 같다고 해서 붙인 이름이다. 아프리카 출신의 그토록 다양한 흑인도 서로가 같은 흑인이란 생각을 한 적이 없었으며, 한국인도 인도인을 같은 인종이라고 생각한 적이 없다. 이러한 인종 범주는 미국을 주도하는 백인들이 그들의 의도에 맞게 세계의 다양한 집단을 인종적으로 범주화시키면서 나타난 것이다(이정덕, 2005: 424).

비평가들은 문화가 인종이고 인종이 문화가 되어 버리곤 하는 미국적 '혼종' 상황을 지적하는 것이다. 창래 리는 『비상』에서 문화적 범주로서의 인종을 재현한다. 그는 제리의 감지 방식과 인식 습관을 통해 인종과 문화가 혼종되어 미국의 상위 가치 척도가 되어버린 현실을 재현한다. 인종이 문제가 되는 작품에서는 거의 언제나 인종이 대립적으로 전경화되는 데 반해 창래 리는 『비상』에서 인종을 문화 속에 스며들게 만든다. 그래서 이 소설은 매우 독특한 방식으로 인종이 소설 도처에 깔려 있다. 인종주의적 구도를 갖는 소설은 대안이나 저항도 인종주의적 방식으로 제기되는 데 반해 창래 리는 『비상』에서 혼종 사회의 복합성은 인종주의적 담론을 넘어섬을 보여준다. 마지막에 서로 협력과 타협을 하는 다인종의 제리 가정은 바람직한 혼종적 미국 사회를 상징하는 듯하다. 한국계 미국인의 테두리 안에서만으로는 보이지 않던 희망이 이러한 전체 사회의 소통에서야 보인다.

4. 혼종 문화 시대 소수민족 작가에게 요구되는 복합적 성찰

이 글은 혼종 문화 속의 수행적 주체로서의 면모를 갖춘 작가로서 수키 김과 창래 리를 살펴보았다. 두 작가는 현재 미국에서 진행 중인 혼종적 사회의 복합적 문제들을 도시 공간을 배경으로 매우 잘 포착하고 있다. 미국 사회에서의 주체로서 서는 삶부터 치열하게 분투한 수키 김과 창래 리는 한편 서로 비교되는 면들이 있어 연구 대상으로 적합하다고 생각되었다.

수키 김은 같은 한국계 이민자 사회라는 소재를 다루더라도 그것을 한국 교포 사회 안에서의 불안과 소외, 한국인 세대 간의 갈등 속에서 움직이는 일반적인 아시아계 소설과는 다른 구도를 취한다. 『통역가』는 미국 주류 사회도 알고 이민자 사회도 아는 작가가 미국 사회라는 전체 구도 속에서 주변적인 한국계 이민자 사회를 파악함으로써 이 소설은 한국계 미국인이 쓴 미국 혼종 사회의 중대한 국면을 그린 미국 소설이 된다. 이민자로서 미국 주류 사회에 말걸기라는 그녀의 글쓰기 특징은 신문과 저널에 기고한 글에서 두드러진다. 한국 사회와 북한, 미국에 사는 한국계 이민자들의 삶이 그녀의 전문적 영토이다. 그녀는 현재 미국에서 일어나고 있는 사안과 관련지어 한국을 비교하며 언급하거나 미국인들이 흥미를 가지는 사안이면서 민족적인 연유로 자신이 잘 알게 된 사안에 대해 예리하고 편파적이지 않은 시각으로 자신의 생각을 말한다. 창래 리가 프린스턴대학교의 교수로서 미국 사회에서 전문가의 시각이라는 공신력을 가지고서 미국 사회를 대면하고 있다면, 수키 김은 그러한 아우라 없이 오직 글로써 적극적으로 자신의 생각을 밝히고 혼종의 사람들의 반응을 이끌어 내는 수행성을 성취한다.

창래 리는 뉴욕의 현재의 도시 공간 속의 혼종의 문제를 작품의 주제로 다루기 시작했다는 점이나, 미국의 정치 현실 속에서 한국계 미국인의 입지를 작품 속에서 타진해 본 점에서나, 백인 남성을 주인공으로 하여 미국 문화 속에 삼투된 인종을 형상화한 점에서 작가로서의 탁월한 수행성이 단연 돋보인다. 그가 한국계나 아시아계 작가라는 경계를 이미 넘어서서 미국의 대표적인 소설가로 자리매김했다는 데 거의 이견이 없다. 특히 금년에 출판한 『굴복한 자들』에 대한 여러 대중 매체의 잇단 인터뷰와 독자와의 만남의 자리나 프린스턴대학교에서의 수업의 영상들을 보면 미국 작가로서의 높은 위치를 확인할 수 있다. 창래 리의 혼종적 세계 속에서는 저항/동화는 더 이상 선명하게 한 길을 주장하며 밀고 나갈 수 없게 혼용되며 사안과 상황에 따라 결정해야 하는 문제이다. 창래 리는 인종이 특정 몸에 속하고 특정 몸을 지칭하는 것이 아니라 인종이 사람들의 지각을 통해 어떤 방법으로 감지되고 인종적 차이에 대한 지각이 어떻게 사회적 위치들을 정당화하는지를 형상화한다.

수키 김과 창래 리의 주인공들의 직업인 통역가와 스파이는 작가의 직업과 상통하는 면이 있다. 통역가는 영어를 못하는 한국 이민자의 한국어를 영어로 통역하여 이민자 사회와 미국 사회를 연결하는 역할을 해준다. 현재 미국에서 흥행하는 스파이 회사들은 많은 소수민족계의 스파이를 고용해 그들이 잘 알고 쉽게 접근할 수 있는 같은 민족계 사람들을 정탐하는 임무를 맡긴다. 통역가와 스파이는 어느 면에서는 같은 민족 출신의 삶과 문화에 대한 그들의 지식을 이용해서 먹고 산다. 한국계 미국 소설가들도 한국에 대한 경험이나 지식과 이민자 사회의 경험이 작가로서의 가장 중대한 자산이 된다. 수키 김은 십대까지 한국에서 자랐던 경험에 따른 한국에 대한 지식과 관심을 충분히 활용해 그것을 자신의 전문적 영토로 선취한다. 이민 2세대인 창래 리도 미국 도시 공간이라는 전체 구도 속에서 한국계가 중요한 한 부분으로 항시 등장하는 소설을 써왔다. 한국이 작가의 창작의 중요 자산이 되고 있을 뿐 아니라 한국의 출판 시장에서 두 사람의 책이 많이 판매되고 있다는 점과 한국 영문학계에서 그들에 대한 많은 비평을 생산해 내고 있다는 점에서도 두 사람은 한국으로부터 큰 혜택을 받고 있는 셈이다.

이런 면에서 최근 1세계에서 활약하고 있는 소수민족 작가나 소수민족 지식인들의 윤리성을 비판적으로 바라보는 발언들이 나오고 있다. 자신도 그러한 위치에 서 있는 레이 초우Rey Chow는 "디아스포라의 유혹에 대항하는 읽기와 쓰기가 필요"함을 강조한다(초우, 2005: 172). 마이너리티 담론이 서양의 문화 연구에서 뜨거운 주제가 되면서 해외에 거주하는 중국 지식인이 '마이너리티'의 입장에서 발언하고 글을 쓰는 경향이 두드러짐을 그녀는 예로 든다(초우, 2005: 159). 이들은 서양에 사는 특권을 향유하면서도 자신의 담론에서는 무시된 '타자'의 지위를 고수하는 경향이 있음을 초우는 비판한다. 마찬가지로 소수민족 작가들의 경우에는 실제의 고국의 모습이나 역동적인 고국의 변화에 대응하지 못하고 여전히 케케묵은 순수한 '대상'으로 고국을 재현하는 타성에 젖어 있음을 그녀는 비판한다. 가야트리 스피박은 소수민족 작가/지식인의 윤리적 위치에 대한 의문을 전지구화 시대에서의 포스트식민 지식인의 공모성이라는 맥락으로 확대한다. "포스트식민 정보원들은 메트로폴리스 공간에 있는 인종적 · 민족적 소수자들과 동일시한다. 그에 따라 억압의 머나먼 대상들과의 동일시라는 아우라가 이 정보원들에게 덜컥 달라붙는다"(스피박, 2006: 496). 스피박이 말하는 "포스트식민 정보원"은 소수민족 지식인만이 아니라 인종적 민족적 소수자들과 섣불리 자신을 동일시하여 그들의 사회적 이데올로기적 위치를 진정성 없이 차용하는 지식인들이 모두 포함된다.

세계가 틀림없이 진행될 바인 혼종 문화 속에서의 윤리성은 부단한 성찰을 요구한다. 이민자의 삶은 단순치 않아 고국을 떠남에 이미 편치 않은 심정이 내포되어 있고 미국에서의 적응과 동화의 삶 고비마다 정체성과 양심의 갈등이 섞이게 된다. 미국에서 사는 사람에게 계속 백인 주류사회에 저항하라고 요구하는 것이 시대착오적일 수 있고 동화했다고 비난하는 것은 주제넘을 수 있다. 그런데 양심과 합리성이 요구되는 작가의 경우에는 그 당위적 요구가 일반 사람에게 더 요구되는 게 일반적이다. 더욱이 윤리적 요구보다 한국계 미국 소설가에게 더 중요한 것은 고국을 본질적인 '대상'으로 바라보는 타성에 젖어 들어서는 안 된다는 예술상의 요구이다. 한국인 영문학자의 경우에도 미국의 주류 작가의 작품에 대한 비평에서보다 한국계 미국 소설가에 대해서는 전지구적 세계화에 대한 비판적 입장이나 비판적인 계급 의식에 대한 요청이 약화되는 경향을 보이곤 한다. 한국계 미국 문학이 상당히 성장한 이제는 자민족 중심주의적 비평 경향을 경계해야 할 때이기도 하다. 혼종 문화는 이러한 복합적 성찰을 요구한다.

참고 문헌

김용규, 「문화연구의 전환과 잡종문화론」, 『영미문화』 5.2: 155-88, 2005.

딜릭, 아리프, 『포스트모더니티의 역사들』. 서울: 창비, 2005.

사카이 나오키, 『번역과 주체』, 후지이 다케시 옮김, 서울: 이산, 2005.

스피박, 가야트리, 『포스트식민 이성비판』, 태혜숙 · 박미선 옮김, 서울: 갈무리, 2006.

아파두라이, 아르준, 『고삐 풀린 현대성』, 차원현 외 옮김, 서울: 현실문화연구, 2004.

이선주, 「미국 이주 한국인들의 디아스포라적 상상력: 이창래의 『네이티브 스피커』」, 『미국소 설』 15.1: 95-119, 2008.

이정덕, 「미국의 인종 · 민족정체성과 일상정치」, 『종족과 민족』, 김광억 외 지음, 서울: 아 카넷, 2005.

임경규, 「"가짜로 살아가기": 정체성으로서의 '아시아계 미국인'의 위기와 대안」, 『영어영문 학』 56.5: 773-796, 2010.

전혜은, 「근대적 주체 이후의 행위성: 주디스 버틀러의 행위성 이론」, 『영미문학 페미니즘』, 19.2: 153-189, 2011.

초우, 레이, 『디아스포라의 지식인』, 장수현 외 옮김, 서울: 이산, 2005.

Appadurai, Arjun, *Modernity at Large: Cultural Dimensions of Globalization*,

Minneapolis, Minneapolis: University of Minnesota Press, 1996.

Bhabha, Homi K., *The Location of Culture*, New York: Routledge, 1994.

Butler, Judith, *Bodies that matter: on the discursive limits of "sex,"* New York: Routledge, 1993.

Canclini, Néstor García, *Hybrid Cultures-strategies for entering and leaving modernity*, Trans. Christopher L. Chiappari & Silvia L. López, Minneapolis: University of Minnesota Press, 1995.

Choi, Susan, *The Foreign Student*, New York: Perennial, 1998.

______, *American Woman,* New York: Perennial, 2003.

______, *A Person of Interest*, London: Penguin Books, 2008.

Corley, Liam, "Just Another Ehtnic Pol: Literary Citizenship in Chang-Rae Lee's *Native Speaker*," *Studies in the Literery Imagination* 37.1: 61-81, 2004.

Dirlik, Arif, *Postmodernity's Histories: The Post as Legacy and Project,* Lanham: Rowman & Littlefield, 2002.

Fishkin, Shelley Fisher, "Desegregating American Literary Studies," *Aesthetics in a Multicultural Age*, Ed. Emory Elliott, Louis Freitas Caton, & Jeffrey Rhyne, New York: Oxford University Press, 2002.

Giddens, Anthony, *The Consequences of Modernity*, Cambridge: Polity Press, 1990.

Harvey, David, *The Condition of Postmodernity*, Oxford: Basil Blackwell, 1989.

Huang, Betsy, "Citizen Kwang: Chang-rae Lee's *Native Speaker* and the Politics of Consent," *Journal of Asian American Studies* 9.3: 243-269, 2006.

Jerng, Mark C, "Nowhere in Particular: Perceiving Race, Chang-rae Lee's

Aloft, and the Question of Asian American Fiction," *Modern Fiction Studies* 56: 183–204, 2010.

Kim, Daniel Y., "Do I, Too, Sing America? Vernacular Representations and Chang-rae Lee's *Native Speaker*," *JAAS* 6.3: 231–260, 2003.

Kim, Suki, *The Interpreter*, New York: Picador, 2003.

______, "New York Observed; Translating Poverty and Pain," *The New York Times*, March 2, 2003. 〈http://query.nytimes.com/gst/fullpage〉

______, "Facing Poverty with a Rich Girl's Habits," *The New York Times*, November 21, 2004. 〈http://www.nytimes.com/2004/11/21/nyregion/the〉

______, "Letter From Pyongyang; A Really Big Show–The New York Philharmonic's Fantasia in North Korea," *Harper's Magazine*, December 2008.

______, "Notes From Another Credit Card Crisis," *The New York Times.*, May 18, 2009. 〈http://www.nytimes.com/2009/05/18/opinion〉

______, "Forced From Home Yet Never Free of It," *The New York Times*, December 8, 2010. 〈http://www.nytimes.com〉

______, "Letter From Yanji; The System of Defecting," *Harper's Magazine*, July 2010.

______, "Ten to Watch in 2003. Suki Kim: The New Ecletra," *Book Magazine*, The Newcomers Issue January /February 2012. 〈http://www.sukikim.com/reviews.html〉

Lee, Chang-Rae, *Native Speaker*, New York: Riverhead Books, 1995.

______, *A Gesture Life*, New York: Riverhead Books, 1999.

______, "Mute in an English-Only World," *Dream Me Home Safely*, Ed.

Susan Richards Shreve & Marian Wright Edelman, New York: Houghton Mifflin Harcourt, 2003.

______, *Aloft*, New York: Riverhead Books, 2004.

Lee, Rachel C., "Reading Contests and Contesting Reading: Chang-Rae Lee's *Native Speaker* and Ethnic New York," *MELUS* 29.3: 341-352, 2004.

Li, David Leiwei, *Imaging the Nation: Asian American Literature and Cultural Consent*, California: Stanford University Press, 1998.

Lowe, Lisa, *Immigrant Acts*, Lurham & London: Duke University Press, 1996.

Nguyen, Viet Thanh, *Race & Resistance — Literature & politics in Asian America*, New York: Oxford University Press, 2002.

Parikh, Crystal, "Ethic America Undercover: The Intellectual and Minority Discourse," *Contemporary Literature* 43.2: 249-284, 2002.

Young, Robert J. C., *Colonial Desire : Hybridity in Theory, Culture, and Race*, New York: Routledge, 1995.

Žižek, Slavoj, *Tarrying with the Negative*, Durham: Duke University Press, 1993.

정체성 정치와 수행적 주체성 개념에 대한 비판적 고찰*

심보선

1. 정체성 정치의 가능성과 불가능성

한국에서 정체성 정치identity politics라는 말을 논문이나 학회 발표에서 사용하는 것은 여러모로 조심스럽다. 무엇보다 그 말은 이국적으로, 정확히 말하면 서구적으로 들린다. 이러한 인상은 사실 오해라고만은 볼 수 없다. 왜냐하면 서구에서 정체성 정치라는 용어는 1960~70년대 소위 신사회운동new social movement이라 불리는, 서구에 고유한 역사적 체험을 거쳐 등장했기 때문이다. 즉, 전통적인 노동운동의 계급 범주가 아닌 인종race, 성gender 범주에 기초한 새로운 집합 행동을 지칭하는 데 정체성 정치라는 용어가 쓰이기 시작한 것이다. 결국 이렇게 말할 수 있을 것이다. 정체성 정치라는 말이 효용을 지니기 위해서는 집합 행동

* 이 글은 *Trans-Humanities* 제11집(2012. 2)에 실린 논문을 번역한 것이다.

의 목적과 성격과 전략의 변화라는 역사적 사실이 존재해야 하고, 그리고 이를 적절한 개념과 용어로 분석하고 전망하려는 학문적 · 실천적 관심이 존재해야 한다. 그렇다면 문제는 한국의 역사와 학문적 · 실천적 관심에 비추어볼 때, 정체성 정치라는 개념이 얼마만큼 정당성과 적절성을 갖느냐일 것이다.

정체성 정치는 다른 한편 인정의 정치politics of recognition라는 용어와도 밀접하게 연관되어 있다(Taylor, 1992). 이때 인정의 정치는 권력이나 경제적 몫을 둘러싼 집단 간의 투쟁과 협상을 지칭하는 재분배의 정치politics of redistribution와 달리 특정 인종race 혹은 종족ethnicity 집단의 문화적 인정 요구를 둘러싼 투쟁과 협상을 지칭한다. 인정의 정치는 소득 불평등이 아니라 문화적 위계에 따른 사회적 위신의 불평등을 문제삼는다. 인정의 정치의 목적은 소득 재분배나 빈곤의 해결, 노동 분업의 재조직화가 아니라 억압된 정체성의 복원, 다양성의 인정, 문화적 가치의 재조정 등이라고 할 수 있다. 우리는 여기서 집단적 삶의 생존에서 소득이나 권력의 분배가 아니라 문화적 정당성의 인정이 매우 중요한 문제가 될 때, 정체성 정치 또는 인정의 정치가 작동한다고 가정할 수 있다.

정체성 정치 및 인정의 정치가 수행하는 투쟁과 협상은 국가의 성격과도 밀접하게 연관되어 있다. 마이클 오미Michael Omi와 하워드 위난트Howard Winant는 인종적 다양성으로 특징지어지는 근대 국가의 통치 기술을 인종 국가racial state라는 용어로 파악한다(Omi & Winant, 1994). 이때 인종 국가의 기능은 주어진 특정 역사적 시기에 인종적 질서racial order를 생산 및 재생산하는 데 있다. 특히 이는 자원 분배와 법적 규제를 통해 인종 집단의 인정 투쟁을 국가가 조정할 수 있는 경우에 더더욱 그러하다. 인종 국가는 시민 사회와 상호 작용하면서 기존의 인종 질서를 유지 또는 변화시키면서 인종적 카테고리를 통해 사회 질서를 (재)생산하는 것이다. 우리는 여기서 정체성 정치가 국가와 사회 사이의 동역학dynamics, 즉 사회로부터 생성하고 작동하는 정체성 범주에 대한 국가의 대응과 관리의 함수임을 알 수 있다.

정체성이라는 범주가 집합 행동, 문화적 구조, 국가의 통치 기술 및 전략과 상호 작용하며 사회적으로 구성된다는 입장을 우리는 사회적 구성주의social constructivism라고 부른다. 사회적 구성주의는 소위 원초주의primordialism로부터 거리를 두는데, 이때 원초주의는 정체성을 집단의 구성원들이 자신의 선택과 무관하게 생래적으로 느끼는 지속적 소속감으로 정의된다. 예를 들어 사회적 구성주의를 이론적 자원으로 삼는 사회운동론은 집합적 정체성collective identity을 객관적 조건에 의해 결정되거나 선험적으로 주어진 고정된 범주가 아니라 집합 행동에 효과적 정당성을 부여하는 해석적 프레임으로서 파악한다(Taylor & Whittier, 1992; Gamson & Modigliani, 1989). 물론 이때 이 프레임은 누구나 아무렇게나 생산할 수 있는 것이 아니다. 이 프레임의 범위와 한계는 바로 행위자의 '자원의존성resource dependency', 즉 행위자에게 허락되는 물적, 인적, 상징적 자원의 정도에 달려 있다(Edwards & McCarthy, 2004). 요약하면 정체성이란 주어진 조건 — 국가, 사회, 자원 — 과 그 조건들의 상호 작용에 의해 사회적으로 구성되고 재구성되는 범주이자 또한 그 조건들에 영향을 미칠 수 있는 상징적 능력으로 개념화된다.

위와 같은 정의에 따르면, 정체성 정치의 성공 여부는 일반적으로 '효과'라는 개념에 의거하여 판단할 수 있을 것이다. 즉, 정체성이 사람들에게 얼마나 정당하고 설득력 있는 범주로 인식되는가, 정체성이 참여와 동원으로 이어지는 집합 행동의 유인으로서 얼마나 잘 기능하는가, 정체성에 기초한 실천과 담론이 사회적 실천과 국가의 통치에 얼마나 영향을 미치는가 등을 평가해 정체성 정치의 성공 여부를 판별할 수 있다. 효과 이론이라 부를 수 있는 이와 같은 인과적 모델에 따르면 한국에서의 정체성 정치는 그 영향력이 매우 미미하다고 볼 수밖에 없다. 그리고 이것이 바로 한국에서 정체성 정치를 논할 때 모종의 낯설음이 불가피한 이유이다. 왜냐하면 이러한 효과 모델은 주어진 정치체와 사회체 내부에서 정체성 정치가 생산하는 가시적 운동과 효과에 주목하기 때문이다. 예컨대 한국에서 이주자 집단이 제기하는 인정에의 요구는 위와 같은 효과 모델에 따르면 사실상 별반 성공을 거두지 못했다고 보는 것이 옳다.

심보선(2007)은 한국의 다문화주의 정책을 국가 주도에 의한 '온정주의적paternalist' 정책이라고 정의한다. 온정주의적 정책 기조에 따라 국가는 이주민 단체들과 선택적으로 파트너십을 맺으면서 급진적인 이주 노동자 운동을 배제한다는 것이다. 송종호(2006) 또한 이주 노동자의 자치 공동체들이 지역 내 자조self-help 활동 정도를 수행할 뿐 조직적 연대를 이끌어 내지 못하고 있다고 주장한다. 이들에 따르면 국가의 배제 기제와 이주자 집단의 낮은 조직화 정도가 정체성 정치를 제약하는 조건으로 작동하고 있다고 볼 수 있다. 브루베이커(Brubaker, 2004) 식으로 이야기하면 집단group은 존재하지만 집단성groupness은 미약하게 작동하는 것이 한국의 이주민 집단의 현 상태라고 할 수 있다. 로저 브루베이커 Roger Brubaker에 따르면 집단은 이해 관계의 공유만으로는 집단성 groupness, 즉 '다른 집단과 구별되고 정서적 연대감을 지닌 소속감'을 가져올 수 없다. 집단성은 강력하게 상상되고 느껴지는 공통성commu-nality을 통해서만 형성되고 공유되며, 이 같은 공통성은 주어진 구조적 · 제도적 조건 하에서 작동하는 담론적 프레임, 조직적인 관행, 인지 체계, 제도적 틀, 정치적 실천 속에서 형성된다.

요컨대 한국에서 정체성 정치의 가능성이 제한적인 것은 한국의 사회 구조 내부에 정체성이라는 범주가 지니는 정당성과 효용이 제한적이기 때문이라고 말할 수 있다. 결국 정체성 정치를 사회적 조건의 함수이자 사회적 조건에 변화를 일으킬 수 있는 행위자의 능력으로 정의한다면 우리는 정치를 사회 구조의 한계 안에서만 상상하게 될 것이다. 피에르 부르디외Pierre Bourdieu는 이러한 구조주의적 시각을 극단화하여 국가를 단순히 권력 기관이 아니라 일종의 상징 군주로 파악한다. 즉, 국가는 정보와 자원에 대한 지배와 통제뿐만 아니라 사회 문제 및 의제들에 대한 정의와 해결책을 제시함으로써 권위를 행사할 수 있다는 것이다. 그는 이러한 권위를 국가의 상징 자본이라 칭하며 다음과 같이 주장한다.

> 국가는 실천을 프레이밍framing함으로써 분류의 형식, 지각과 이해와 기억의 공통적인 사회적 범주와 형태들을 정립하고 주입한다. 그럼으로써 국가는 아비투스habitus들의 조화를 가능케 하는 조건을 창출한다. 그리고 이때 아비투스는 (민족적national) 상식을 구성하는 요소들에 대해 동의를 이끌어 내는 주요한 토대를 이룬다(Bourdieu, 1999: 68).

국가야말로 정체성, 상식, 인식의 범주를 생산하고 유통하고 관리하는 숨은 군주이다. 우리가 공통적으로 실천에 적용하는 도식scheme은 국가에 의해 정립되고 주입된 것들이다. 이러한 구조의 힘이 반드시 정치의 가능성을 삭제하는 것은 아니다. 사회학자들은 구조를 행위자를 제약하는constraining 동시에 행위자에게 힘을 부여하는enabling 조건이라고 바라본다. 계급 투쟁과 계급 재생산은 동전의 양면이다. 사회체와 정치체 내부에서 발현하는 정치는 다시금 그 안으로 수렴한다. 이런 관점에서 보면 정체성 정치는 구조 안에서 생산되고 작동하는 정체성 범주를 통해서만 그 효과를 발휘할 수 있다. 행위자들은 그러한 정체성 범주에 스스로를 동일시하는 동시에 그 정체성을 무기로 삼아 지배 구조에 저항한다. 행위자는 구조라는 거대한 신체의 지체로서의 신체들이다. 지체로서의 신체들이 자신들이 예속된 전체로서의 신체에 저항하는 것, 이것이 정치의 본질이자 모순이다.

2. 수행적 주체성의 가능성과 불가능성

구조주의적 접근이 노정하는 정치의 본질적 모순을 해결하고 행위자에게 더 많은 권능과 자율성을 부여하기 위해, 그리하여 정치의 가능성을 증대시키기 위해 사회과학자들은 대안적 이론과 숨은 사례를 발굴하고자 고심한다. 그리고 이러한 고심은 정체성을 재정의하는 노력으로 이어진다. 마거릿 소머스Margaret R. Somers는 내러티브 정체성narrative identity이라는 개념을 제시하면서 정체성은 "내러티브들, 사람들, 그리고 제도들 사이에 존재하는, 경쟁적이고도 패턴화된 관계적 틀relational settings 속에서 형성된다"(Somers, 1994: 626)고 주장한다. 이러한 개념은 문화를 도구함toolkit으로 정의하는 앤 스위들러Ann Swidler의 논지와 맞닿아 있다. 다시 말해 정체성은 "상징, 스토리, 의례, 세계관의 도구함"(Swidler, 1986)으로부터 선택된 가용한 자원들을 통해 표현되고 주장되는 것이다. 소머스와 스위들러에 따르면 정체성은 주어진 범주라기보다는 행위자들에게 가용한 내러티브이다. 물론 이 내러티브는 원천적으로 국가나 사회의 지배 질서에 의해 형성되고 정당화된 이데올로기일 수 있다. 그러나 이 이데올로기가 행위자의 삶의 무대 위에 주어졌을 때, 그것은 더 이상 행위자의 무의식을 지배하지 않는다. 이때 이데올로기는 행위자의 손바닥 위에서 억압의 무게를 잃어버리고 행위자의 삶을 꾸미고 가꿀 수 있는 분장 도구들, 소품들, 대사들로 전화한다.

여기서 나는 수행적 주체성이라는 버틀러(Butler, 1999, 1993)의 개념에 주목하고자 한다. 주디스 버틀러Judith Butler에 따르면, 성 정체성은 정체성 정치에서 주장하듯이 주체를 실체적으로 반영하는 범주가 아니라 수행적 행동에 의해 구현되는 드라마이다. 즉, 겉으로는 일관되고 매끈하게 보이지만 사실 성 정체성이란 하나의 연기act이다. "다른 종류의 의례적인 사회적 드라마에서처럼 젠더의 실천이란 반복되는 연기performance를 요구한다. 이 반복은 사회적으로 확립된 일련의 의미를 재상연하는 동시에 재체험하는 것이다. 그리고 그것은 그 의미들을 세속적이고도 의례화된 방식으로 정당화한다"(Butler, 1999: 178). 버틀러에 따르면, 사회적 정체성은 언제나 행위자의 연극적 수행이 행하는 의례적 반복에 의존하기 때문에, 지배적인 사회적 규범은 모든 사회적 관계에서 언제든 전복될 수 있는 잠재성에 노출되어 있다. 버틀러는 정체성 정치의 범주적 정태성을 극복하는 수행적 주체성의 정치의 사례를 퀴어 운동queer movement에서 발견한다. 퀴어 운동은 기존의 정체성 범주들로 작성된 드라마를 거부하고 그 범주를 해체하여 재구성하는 새로운 정체성, 즉 퀴어 정체성을 주인공으로 하는 새로운 드라마를 연출하는 것이다.

수행적 주체성 이론은 거시적 사회구조의 미시적 기초를 행위자의 수행적 행위에 정초함으로써 사회 구조를 본질적으로 취약하며 변화 가능한 것으로 파악한다. 여기서 '수행적performative'이라는 말이 갖는 어떤 인위성에 주목할 필요가 있다. 뒤르켐(Durkheim, 1957)에 따르면, 집합적 연대감은 종교적 의례에 행위자들이 참여함으로써 강화되고 재생산된다. 그러나 그는 전근대의 원시 종교에서 그 사례를 찾으면서 사회구조의 재생산이 집합적 열광effervescence에 의존하고 있다고 주장한다. 에밀 뒤르켐Émile Durkeim과 버틀러의 의례ritual에 대한 논의에는 중요한 차이가 있다. 뒤르켐이 논하는 전근대의 집합적 열광에서 주체성은 집단의 신체 속으로 녹아드는 반면, 버틀러가 주목하는 근대의 수행적 연기performance에서, 개인의 주체성은 집단의 신체 안으로 녹아들지 않는다. 전근대와 반대로 근대에서는 전체의 신체가 오히려 지체의 신체들의 연기에 의존하고 있다고도 볼 수 있다. 그리고 바로 이 지점에서 전체의 신체는 결코 안정성을 획득할 수 없다. 왜냐하면 근대적 지체의 신체는 자신들이 드라마의 연기자라는 사실을 본질적으로 인식하고 있기 때문이다. 뒤르켐이 묘사한 전근대 사회의 문화적 멍청이cultural dope들과 달리 근대인은 자신의 정교하고도 세련된 연기를 명확히 의식하며 그것을 포기하지 않는다.

요컨대 연기라는 견지에서 행위자를 바라본다면, 근대인들이 주체가 되는 것은 이데올로기적 호명에 의한 무의식적 효과가 아니다. 그렇다고 해서 합리적인 계산과 선택에 의해 주체성이 정립되는 것도 아니다. 실제로 연기는 실질적인 이익을 가져오지 않을 수도 있다. 도스토예프스키의 『카라마조프의 형제』에는 연기가 하나의 풍조처럼 러시아에 퍼져 있었으며, 그 연기는 행위자에게 어떤 이익을 가져오지 않는 경우에도, 심지어 해를 가져오는 경우에도 유지되었다는 묘사가 나온다.

> 지난 '낭만적인' 세대에 속한 한 처자는 몇 년 동안 어느 한 신사를 향해 수수께끼 같은 사랑을 키워 오던 중, 비록 언제라도 가장 조용한 방식으로 그에게 시집을 갈 수 있었건만 스스로 극복할 수 없는 장애물을 잔뜩 생각해 내서는 폭풍우 치는 밤에 절벽과 흡사한, 높은 강둑에서 상당히 깊고 물살이 빠른 강으로 몸을 던져 그렇게 죽어버렸는데, 이는 그야말로 그녀 자신의 변덕 때문이었고, 오로지 셰익스피어의 오필리어를 닮고 싶었기 때문이었다. 만약 그녀가 오래전부터 점찍어 놓고 아껴 온 이 절벽이 그다지 아름답지 않았더라면, 만약 그 자리에 그저 산문적이고 편편한 강둑이 있었더라면, 자살

> 따위는 아예 없었을 것이다. 이것은 실제로 있었던 사건이며, 우리 러시아의 삶에서는 최근 두 세대에 걸쳐 이런 사건들, 혹은 이와 유사한 사건들이 적지 않게 일어났음을 생각해야 한다(도스토예프스키, 2007: 18-19).

도스토예프스키가 제시하는 '낭만적 자살'이라는 용어는 각별한 주목을 요한다. 뒤르켐에 따르면 근대의 자살은 두 가지 형태이다. 첫 번째는 사회적 통합력이 떨어져, 개인이 홀로 삶을 짊어지고 가야 하는 부담을 이겨내지 못할 때 나타나는 이기적 자살이다. 두 번째는 사회적 규범이 부재함에 따라 개인이 상실과 혼란에 빠졌을 때 나타나는 아노미적 자살이다. 이 두 경우, 모두 사회적 질서의 통합력과 규제력으로부터 개인이 떨어져 나왔을 때 자살이 야기된다. 그러나 낭만적 자살은 뒤르켐이 이야기하는 근대적 자살 유형에 다른 자살 유형을 추가하면서 사회적 통합과 규제로 사회적 질서를 바라보는 관점에 문제를 제기한다. 낭만적 자살에서 개인은 사회적 질서의 통합력과 규제력으로부터는 떨어져 나와 있지만 여전히 하나의 드라마, 이 경우에는 낭만적 비극을 따라 자신의 행위를 수행해 나간다. 그리고 이 드라마는 사회적으로 가용하고 접근 가능한 자원이다. 여기서 사회적 질서는 사회적 통합력과 규제력을 개인에게 행사하는 것만으로 회복될 수 없다. 사회적 질서는 다른 드라마들보다 더 매혹적인 드라마를 개인에게 제시해야 그 영향력을 발휘할 수 있다. 그렇다면 우리는 사회 안에 서로 다른 드라마가 존재하며, 사회 질서는 이 드라마들 사이의 경쟁 및 우열의 함수라고 생각해 볼 수 있다.

연기성performativity을 사회적 질서의 미시적 기초로 보는 입장은 이미 고프먼(Goffman, 1959)의 인상관리impression management나 가핑클(Garfinkel, 1967)의 민속방법론ethnomethdology 등의 개념에 의해 충분히 개진된 바 있다. 버틀러는 "과도하게 사회화"된 주체의 모순, 즉 사회라는 거대 신체의 지체들이 어떻게 자율성을 지닐 수 있는가라는 질문을 이론적으로 해소하는 데 그치지 않는다. 그녀는 연기성이라는 기존의 개념을 정치적으로 급진화시킨다. 연기성 개념에 따르면 사회 질서는 지체들의 연기라는 행위에 의존하고 있으며, 그로 인해 사회 질서는 본질적으로 안정적이지도 지속적이지도 않다. 바로 이 지점에서 수행적 주체는 사회 질서의 본질적 취약성을 간파하고 내파하는 새로운 정치적 주체로 거듭나게 된다. 그런데 근대적 행위자를 수행적 주체로 바라보고, 근대 사회의 질서가 수행적 주체의 연기에 의존하여 유지되고 변화한다고 보는 관점은 그 자체 하나의 비극적 세계관을 내포하고 있다. 이 비극적 세계관에 따르면 근대 사회의 전개는 공동체의 파괴와 개체화의 과정에 다름아니다. 그러므로 수행적 주체의 정치는 이러한 근대적 사회 과정 자체를 거슬러 새로운 사회 관계, 새로운 공동체를 복구하지 않는다. 그것은 지배적인 드라마에 대해 그것을 비판하고 해체하는 또 다른 드라마를 제시할 뿐이다.

요컨대 "모든 것은 한낱 드라마일 뿐이다!"라는 슬로건은 "공동체는 불가능하다!"라는 슬로건과 항상 나란히 붙어 있다. 바우만(Bauman, 2001)은 액체 근대liquid modernity 시대에 이르러 공동체라는 안정적이고 지속적인 사회 관계의 형성은 불가능하며 존재한다면 오로지 사회적 약자들을 위한 피난처, 또는 유사한 취향 사이의 간헐적인 네트워크로만 존재할 수 있다고 주장한다. 그런 의미에서 공동체는 또 하나의 사회적 드라마이거나 드라마가 불가능한 자들을 위한 대체 드라마일 뿐이다. 간스(Gans, 1979)는 '상징적 종족성symbolic ethnicity'이라는 개념을 제시하면서, 현대 미국에서 종족성이란 집단적 삶과 문화의 원천으로 작동하지 않으며, 개인들이 필요할 때 취할 수 있는 드라마를 제공할 뿐이라고 주장한다. 종족성은 자신들의 문화적 유산과 전통에 대한 자긍심을 부여하긴 하지만 그렇다고 집단적 삶을 통제하고 조직하지는 않는다. 요컨대 종족성은 축제나 음식 문화, 라이프스타일에만 적용될 뿐이다. 나아가 모든 종족 집단이 이런 상징적 여유를 가질 수는 없다. 이탈리아인과 달리 푸에르토리코인은 자신의 의사와 무관하게 사회적 편견에 의해 흑인이라는 인종적 범주에 귀속된다. 그리고 푸에르토리코인 자신도 사회적 편견에 맞서기 위해서는 푸에르토리코라는 종족 범주보다는 흑인 범주에 속하는 것이 더 유리할 수도 있다. 만약 공동체가 불가능한 상황에서, 모든 주체가 연기하는 자이고 모든 정체성이 드라마일 뿐이라면, 그리고 정치의 관건이 지배적 드라마에 맞서 대안적 드라마를 제시하는 것에 그친다면, 우리는 정체성 정치와 유사한 딜레마에 직면하게 된다. 드라마를 만들 수 있는 상징적 자원이 없는 자들은 어떻게 정치를 수행하는가? 창조적 능력과 자원, 예컨대 내러티브, 상징들, 세계관 등등이 있는 개인들은 '지배 드라마dominant drama'에 대해 '반反드라마counter drama'를 수행할 수 있다고 치자. 그렇다면 가용하고 접근 가능한 문화적 자원들을 결여하는 자들은 어떻게 정치를 수행하는가?

부르디외는 말한다. "지배적 언어는 피지배자들의 즉자적인 정치적 담론을 불신하고 파괴한다. 그들에게는 침묵 또는 차용한 언어borrowed language만 허락된다." 최악의 경우 피지배 집단은 자신들을 재현represent할 수 없으며 대변인에게 의존할 수밖에 없는데 이때 대변인 또한 지배적 언어를 사용하는 자인 경우가 대부분일 것이다(Bourdieu, 1984: 461-462). 결과적으로 피지배 집단은 자신들의 드라마를 표상할 수 있는 상징 자본을 결여하며, 역설적으로 지배적 담론에 신체를 의탁하고 목소리를 위임함으로써만 자신들의 정체성과 이해 관계를 표상할 수 있다. 여기서 벤야민(Benjamin, 1969)이 이야기한 '정치의 미학화'와 '미학의 정치화'의 구분을 상기해 볼 필요가 있다. 전체주의로 대변되는 정치의 미학화는 지배 드라마의 전형이라고 할 수 있다. 이 지배 드라마를 통해 인류는 권력의 전횡과 전쟁을 하나의 스펙터클로 접하게 된다. 이에 저항하는 반드라마가 바로 미학의 정치화인데, 이때 저항의 주체는 민중이 아니라 소위 "민중의 이익과 미래를 대변"하는 아방가르드 예술가들이다. 부르디외(Bourdieu, 1984)에 따르면, 아방가르드 예술가들은 지배 계급 내 피지배 분파로 여전히 엘리트의 지위를 견지한다. 따라서 이들은 민중과 직접 연대하기보다는 예술 장場에 고유한 게임 규칙을 순응하는 한에서만, 민중의 이해 관계와 자신들의 이해 관계를 일치시킨다. 우리는 여기서 반드라마를 수행할 수 있는 수행적 주체성이 불평등하게 분배되고 있음을 알 수 있다. 수행적 주체성이란 구조적으로 개개인에 부과된 능력과 자질, 부르디외 용어로는 '아비투스habitus'에 불과하며, 공동체의 부재를 재확인하고 재생산하는 기제에 다름아니다.

3. 탈정체화 정치의 가능성을 찾아서

이제 나는 상징적 자원을 결여하는 피지배 집단들이 구사하는 정치의 가능성을 모색하고자 한다. 정체성 범주에도, 세련된 드라마에도 의존하지 않는 정치, 그러나 소외된 자들이 스스로를 재현하고 공동체를 구현하는 정치가 가능할까? 이 질문에 답하기 위해 마르크스(Marx, 1963)의 저명한 구절을 인용해 보자.

> 인간은 자신의 역사를 만들어 가지만, 그들이 바라는 꼭 그대로 만드는 것은 아니다. 인간은 스스로 선택한 환경 속에서가 아니라 이미 존재하는, 주어진, 물려받은 환경 속에서 역사를 만들어 가는 것이다. 모든 죽은 세대의

> 전통은 악몽과도 같이 살아 있는 사람들의 머리를 짓누른다. 현세대는 자기 자신과 만물을 개조하고 이제까지 존재한 적이 없는 무엇인가를 창출해 내는 데에 몰두하는 것처럼 보이는 시기에도, 바로 그와 같은 혁명적 위기의 시기에도, 그들은 자기의 일을 도와달라고 노심 초사 과거의 망령들을 주술로 불러내며, 이 망령들로부터 이름과 전투 구호와 의상을 빌려 이 유서 깊은 분장과 차용한 언어로 세계사의 새로운 장면을 연출한다(Marx, 1963: 162).

마르크스는 위의 인용문에서 먼저 정체성 정치의 한계, 즉 주어진 범주를 재생산하는 정체성 정치의 모순을 지적하고 있다. 즉, 인간은 물려받은 환경 속에서만 역사를 만들기 때문에 그들이 바라는 꼭 그대로 만드는 것은 아니라는 한계 설정이 그러하다. 그러나 다음 구절에서 그는 수행적 주체의 정치의 가능성을 이야기한다. 즉, 인간은 '전투 구호', '의상', '분장' 등 과거로부터 '차용한 언어borrowed language'를 통해 세계사의 새로운 장면을 연출한다는 것이다. 그러나 이때 마르크스가 이야기하는 수행적 주체는 엘리트가 아니라 민중이다. 그러므로 우리는 그가 말한 '차용한 언어'를 '오염된 언어', 즉 이데올로기적 범주, 이미 존재하는 합의의 정식, 영웅적 행위를 만드는 드라마, 사회 질서에 뿌리내린 상징 자본으로 볼 필요가 없다. 여기서 차용한 언어란 단순한 문자들, 유용한 텍스트들, 누구나, 아무렇게나 재가공할 수 있는 극본으로 파악될 수 있다. 바로 이러할 때만이, 차용한 언어는 그것이 담지하고 있던 기존의 사회적 무게로부터 해방되어, 상징 자본을 결여하고 있는 자들에게 상징을, 말할 수 없는 자들에게 목소리를, 보이지 않는 자들에게 이미지를 제공하게 될 것이다. 이러할 때만이 차용한 언어는 새로운 공동체의 언어로 전환될 수 있을 것이다.

랑시에르(2008)에 따르면, 이러한 전환에 필요한 힘은 오로지 '말하고자 하는 의지'이며, 이 의지가 구사될 때만이, 권력과 정체성을 분할하는 불평등한 사회 질서의 틈에 '평등한 공동체'는 기입될 수 있다. 말하고자 하는 의지의 구사를 통해 상징 자본이 없는 자들, 목소리가 없는 자들, 몫이 없는 자들은, 전문가와 엘리트만이 소유하고 접근 가능했던 담론을 모든 이에게 사용 가능한 선언으로 계속해서 뒤바꾼다. 이 반복되는 선언 속에서 목소리와 몫이 없는 자들은, 전문가와 엘리트들이 이미 규정하고 기술한 드라마가 아니라 자신들이 규정하고 기술하는 새로운 드라마를 창작할 수 있게 된다. 무엇보다 이 새로운 드라마는 법적, 경제적, 정치적 질서가 부과한 기존의 정체성을 탈정체화한다.

이 새로운 드라마 속에서 민중은 어떤 이해 관계나 정체성의 담지자도 아니고, 법이 정한 권리와 의무 범위 내에서의 추상적 시민도 아니며, 시장이 할당한 자리와 능력에 따른 재산 소유자도 아니다. 왜냐하면 기존의 사회 질서가 규정한 정체성, 이해 관계, 권리와 의무, 자리와 능력에 따르자면 민중은 말할 수 없으며, 보이지 않기 때문이다. 오로지 주어진 범주와 능력을 벗어날 때에만이 그들의 말은 들리기 시작하고, 그들의 몫은 계산될 수 있기 때문이다. 이때 이들이 차용하는 '몫', '권리', '정체성'이란 언어들은 그런 의미에서 독특한 말이며, 독특한 셈법이다. 말할 수 없는 자의 말하기이자 몫 없는 자의 몫을 셈하기이다.

평등 공동체가 만들어지는 이 과정은 그런 의미에서 몫 없는 자들이 "말하고자 하는 의지, 몫을 구하고자 하는 의지"를 구사하여 함께 창작하고 수행하는 '탈정체화 드라마'라고 할 수 있다. 마르크스가 프랑스혁명 시기의 민중에게서 발견한 것처럼, 이렇게 "평등한 자들의 공동체는 다시 상연된 사건의 운동과 다시 연출된 극본의 운동 속에서 사회체의 표면 위에 자신들의 효과를 반복적으로 그릴 수 있는 수단을 때때로 찾아낸다"(랑시에르, 2008: 184).

나는 이제 몫 없는 자들이 수행하는 탈정체화의 정치와 그것이 형상화하는 평등 공동체의 몇 가지 구체적 사례를 살펴볼 것이다.

용산 투쟁

2009년 1월, 도시 정비사업으로 재개발이 진행 중이던 용산구 한강로 2가에 위치한 남일당 건물 옥상에서 강제 철거에 반대하며 점거 농성을 벌이던 세입자와 전국철거민연합회(이하 전철연) 회원과, 경찰 및 용역 직원 간에 충돌이 벌어졌다. 경찰과 용역의 합동 진압 과정에서 남일당 건물에 화재가 일어났으며 이로 인해 철거민 5명과 경찰특공대 1명이 사망했다. 법원과 검찰은 경찰과 용역에 대한 책임을 묻기는커녕 오히려 철거민들에게 유죄를 선고했다. 철거민 유가족과 천주교정의구현사제단, 그 밖에 예술가들, 일반인들, 대학생들, 활동가들은 함께 연대하여 진상 규명을 요구하며 2009년 1월부터 2010년 12월까지 용산 참사 현장에서 장기 농성을 벌였다.

용산 투쟁의 과정에서 가장 상징적인 슬로건은 "여기 사람이 있다"였다. 이 슬로건은 보수 언론이 주도하는 여론이 사태를 바라보는 경제주의적 · 법적 시선에 대한 저항을 함축하고 있었다. 즉, 경제적 이해 관계 사이의 갈등, 불법과 합법의 충돌로 사태를 규정하는 지배적 내러티브에 반해 "여기 사람이 있다"는 구호는 용산이라는 공간을 인권과 민주주의를 쟁점으로 하는 정치 투쟁이 벌어지는 장으로 정의했다. 용산 참사를 경제주의적 · 법적 관점에서 프레이밍하는 관점은 노무현 전 대통령의 자살을 비극적 드라마로 프레이밍하는 관점과 선명하게 대조되었다. 노무현 전 대통령의 자살은 한 영웅적 인간의 추구와 모험과 좌절과 죽음이라는 드라마로 표상되었다. 많은 이들, 특히 386세대의 구성원들이 그의 자살에 대해 일종의 심리적 동일시를 작동시킬 수 있었던 것은 바로 그의 죽음이 표상하는 영웅 드라마적 특징 때문이었다. 반면에 용산 철거민들의 죽음을 오로지 '한몫'을 챙기려는 이들의 불법적 투쟁의 결과로 보는 사람들은 그들의 죽음에서 어떤 가치나 의미나 상징도 찾으려 하지 않았다. 따라서 "여기 사람이 있다"는 '차용된 슬로건'은 경제적 주체, 법적 주체로서의 철거민이라는 부과된 범주를 탈정체화하여 그것을 보편적 인간의 보편적 권리 주장으로 전환시키는 평등 선언으로 기능했다. 그 슬로건에 의해 용산 투쟁은 평등 공동체의 틈을 사회 질서 내부에 기입할 수 있었던 것이다. 용산 농성에 참여한 모든 이의 투쟁 목적은 진상 규명, 명예 회복, 인권의 인정이었다. 심지어 철거민들이 요구한 보상금은 경제적으로 침해된 그들의 권리를 원상 복구하는 셈법을 따르지 않았다. 또한 불법적 가해 행위의 피해자에게 주어지는 배상금의 셈법을 따르지도 않았다. 보상금의 주장은 몫 없는 자들인 철거민의 죽음을 불사한 투쟁이 무죄이며, 정당하며, 오히려 죄는 국가와 자본에 있음을 입증하는 '정의'의 셈법을 따른 것이었다.

다문화 축제

2011년 4월 14일 마석가구공단에 위치한 녹촌 초등학교에서는 〈서남아시아 설날 축제〉라는 다문화 축제가 있었다. 무굴제국 아크발 황제가 정립한 벵갈력에 의하면 2011년은 4월 14일이 새해 첫날이었다. 방글라데시, 인도, 스리랑카, 네팔, 미얀마 공동체들이 모여 벵갈력의 새해를 맞이하는 축제를 열기로 한 것이다.

축제 장면은 대략 이러했다. 화려한 만국기 아래에서 이주 노동자들은 피크닉에서 흔히 볼 수 있는 게임을 진행했다. 한편에서는 서남아시아 전통 음식과 음료를 즉석에서 만들어 제공하고 있었다. 게임에 이어 공연이 시작되었다. 초청 가수 중에 한 명은 컵라면 용기를 생산하는 공장에서 일하는 몽골 노동자였다. 전국 규모의 이주민 가요제에서 상위권에 입상했고 최근 〈위대한 탄생〉이라는 TV의 오디션 프로그램에도 출연한 실력자였다. 그는 직접 노래를 지으랴, 행사 뛰랴, 공장일 하랴, 너무 바쁘지만 그래도 좋아하는 음악을 하니 기쁘다고 내게 웃으며 말했다. 다른 나라 무희와 가수들의 전통 춤과 노래 공연이 이어졌다. 처음에는 주뼛거리더니 관객들은 어깨를 들썩거리며 중앙으로 나와 춤을 추기 시작했다. 모두들 한데 뒤섞여 춤을 췄다. 어여쁜 여성 무희가 나오면 한국 남자, 방글라데시 남자, 네팔 남자 할 것 없이 모두들 환호성을 질러댔다. 친구가 친구를 끌고 나오고 부모가 아이를 끌고 나와 춤과 노래의 한판이 이뤄졌다.

드라마의 완성도라는 측면에서 보면 이 축제는 기승전결도 없고 지극히 아마추어적이었다. 이들은 마치 콜라주처럼 각국의 문화를 얼기설기 뒤죽박죽 섞어 놓았다. 각국의 상징들, 몸짓들, 의상들, 노래들이 무질서하게 하나의 무대 위에 소환되었다. 축제 전체를 통어統御하는 지배적 통어通語의 부재 속에서 오로지 대화의 순간들만이 비체계적으로 나열되었다. 이주민들은 타국의 문화적 레퍼토리에 자국의 문화적 레퍼토리로 대응했다. 이런 식으로 한국에서 자신의 정체성을 법적으로, 문화적으로 인정받을 만한 문화 자본과 서사 능력이 결여되어 있는 사람들이 기이한 혼종적hybrid 공동체를 창조했다. 진행자는 한국어로 사회를 보았다. 이때 한국어는 지배 이데올로기를 전달하는 효과적 담론이었는가? 그렇지 않았다. 한국어는 다만 상징의 조각들을 꿰매는 바느질의 역할만 수행했다. 마지막 공연은 한국 밴드의 퓨전 국악 연주였다.

공연이 끝나자 객석에서 “앙코르”, “원 모어”, “한 번 더”를 외치기 시작했다. 그러다 누군가 “아리랑!”이라고 말하자 모두들 “아리랑! 아리랑! 아리랑!”을 연호하기 시작했다. 가수가 아리랑을 부르기 시작하자 이주 노동자들은 각자 자기 나라의 춤사위와 함께 아리랑을 따라 불렀다. 그들에게 아리랑은 한국을 대표하는 노래라기보다는 그저 그들이 모두 아는 노래, 모두 좋아하는 노래, 그러니까 축제를 마무리하기에 딱 알맞은 곡이었다. 축제가 끝나자 책임자인 방글라데시 이주 노동자가 무대 위에 올라가 인사말을 하면서 마석가구공단의 이주민은 ‘계곡의 개구리들’ 같다고 말했다. 그 개구리들은 모두 한번씩은 바다에 갔다 온 개구리들이라고 말했다. 이주 노동자들은 개구리이다. 자격 없는 주체들이다. 그러나 이들은 축제의 무대 위로 바다라는 공통의 기억, 실체도 없는 텅 빈 기억을 소환하고, 이를 통해 한국 사회가 부과한 이주 노동자라는 정체성으로부터 탈정체화하며 하나의 기이한 우화적 공동체를 창조하고 있었다.

무식한 시인의 예

나는 최근에 문맹자였다가 일흔이 넘어 글쓰기를 배운 할머니들이 쓴 시들을 접했다. 소위 아마추어라 불리는 이들의 시들이다. 이 아마추어 시인 할머니들은 고등교육을 받지 못했고 충청북도 음성에서 평생 농사일로 생계를 이어왔고 현재 음성 노인복지관에서 시쓰기를 배우고 있다.[1] 나는 이들의 시를 “무식한 시인되기”의 시라고 부를 것이다. 나는 “무식한 시인”이라는 말을 아래의 시에서 빌려왔다.

1 나는 두 할머니들의 시쓰기와 삶에 대한 이야기를 정혜윤이 쓴 「그런 뒤에야 해피 뉴이어!」(http://hook.hani.co.kr/archives/19299)라는 제목의 에세이를 통해 알게 됐다. 정혜윤은 자신이 직접 취재해서 제작한 라디오 다큐멘터리 〈인생이 시다〉(2010년 12월 31일 CBS 방송)에 기초해서 이 에세이를 썼다.

시는 아무나 짓는 게 아니야
배운 사람이 시를 써 읊는 거지
가이 갸 뒷다리도 모르는 게
백지장 하나
연필 하나 들고
나서는 게 가소롭다

꽃밭에서도 벌과 나비가
모두 다 꿀을 따지 못하는 것과 같구나
벌들은 꿀을 한 보따리 따도
나비는 꿀도 따지 못하고
꽃에 입만 맞추고 허하게 날아갈 뿐

청용도 바다에서 하늘을 오르지
메마른 모래밭에선 오를 수 없듯
배우지 못한 게 죄구나

아무리 따라가려 해도
아무리 열심히 써도
나중엔
배운 사람만 못한
시, 시를 쓴단다

-한충자 「무식한 시인」(『벌 나비 날아들면 열매 맺는다』,
시갈골문학회, 2010) 전문

위의 시는 어떻게 몫 없는 자의 정치를 수행하는가? 첫 구절 "시는 아무나 짓는 게 아니야/배운 사람이 시를 써 읊는 거지"는 말할 수 있는 신체, 즉 상징 자본을 소유한 자와 말할 수 없는 신체, 상징 자본을 결여한 자 사이의 불평등이라는 사회 질서를 재확인한다. 그리고 "아무리 따라가려 해도/아무리 열심히 써도/나중엔/배운 사람만 못한/시, 시를 쓴단다"라는 마지막 연은 배우지 못한 사람들이 무지로부터 끝내 빠져나올 수 없음을 단언한다. 그렇다면 이 시는 늙은 문맹자의 슬픈 고백에 불과한가? 만약 그렇다면 비참한 현실을 확언하는 시의 처음과 마지막 사이에 있는 "가이 갸 뒷다리"[2] 같은 허구적 말, "꽃밭", "바다", "메마른 모래밭"과 같은 허구적 장소들, "벌", "나비", "청용"과 같은 허구적 동물들을 상상하는 역량, 그리고 이 모든 것으로 허구적 이야기를 짓는 역량은 도대체 누가 소유한 감성적 역량인가? 여기서 등장하는 인물이 바로 "무식한 시인"이다. 무식한 시인은 '쓰는 나(못 배운 자)'와 '이야기하는 나(시인)' 사이의 합의, 즉 "내가 말할 수 있는 것만 말하라, 내가 말할 수 없는 것은 말하지 말라"는 루트비히 비트겐슈타인Ludwig Wittgenstein적 계약, 실은 지배적 담론의 질서를 해체하고 "내가 말할 수 없는 것을 말하게 하는" 타자이다. 이 무식한 시인 타자는 한충자와 마찬가지로 문맹자였다가 시를 쓰게 된 이명재의 시에서도 등장한다.

내 인생 눈뜬장님인데
세상에 태어나 글을 모른다는 것이
얼마나 답답한 일인가
가슴속 구석구석은 하고픈 말들로 꽈악 차여

2 정혜윤에 따르면 한충자 시인은 자신이 유독 받침에 약하다면서 받침을 뒷다리라고 부른다고 했다.

부풀어 오르는 것 같다
살아가며 돌아보며
기쁜 일들 얼마나 많은데
슬픈 일들 또 얼마나 많았는데
그래서
무언가 이야기를 하고 싶어
할 말들이 철철 넘치는데
눈뜬장님인 나는
어진 것들의 몸부림을 글로 표현할 수가 없다
오늘도 살펴보며 새겨보며
어제의 흔적들을 글로 써보려 하나
그러기엔 아직도 아는 게 없다
내 연필 끝이 무디다는 것밖에는

–이명재 「연필 끝이 무디다」(『벌 나비 날아들면 열매 맺는다』, 시갈골문학회, 2010) 전문

이명재도 한충자와 마찬가지로 자신이 처한 비참인 "눈뜬장님"(문맹자)의 무능력을 고백한다. 그러나 이 시에서도 "무식한 시인"은 문맹자로 하여금 "꽈악 찬 말들과 철철 넘치는 말들", 랑시에르(2008) 식으로 표현하면 "말들의 초과", "수다스러운 말들"을 말하게 한다. "어진 것들의 몸부림을 글로 표현할 수가 없다"는 표현은 마치 네덜란드의 그래픽 아티스트 모리츠 에셔Maurits Cornelis Escher의 「그림 그리는 손」을 연상시킨다. 그러나 이 표현이 에셔의 그림과 다른 점은 두 연필 중 하나는 끝이 무디고 다른 하나는 끝이 날카롭다는 사실이다. 무식한 시인은 이

렇게 두 개의 연필, 문맹자의 무딘 연필과 시인의 날카로운 연필 사이를 쉼 없이 오가는 시쓰기, 그 자신 "어진 것들의 몸부림"인 독특한 말하기의 의지와 역량을 구사한다.

이렇듯 무식한 시인은 말할 수 없는 신체(못 배운 자, 문맹자)와 말할 수 있는 신체(시인)를 결합하여 사회 질서가 부과한 정체성을 탈정체화하는 새로운 주체를 창안하고, 그럼으로써 기존의 지배적 분할선을 재분할한다. 그러므로 무식한 시인은 문맹자를 막 벗어나 시를 쓰기 시작한 이들을 지칭하는 '실정적positive' 용어가 아니다. 그렇다고 모순 형용으로 이루어진 기호학적 '명사'도 아니다. 무식한 시인은 자신이 결박된 세계의 비참을 사유하고 그것에 대해 말함으로써 세계의 비참 바깥으로 탈주하는 공동체적 신체의 '동사'이다. 무식한 시인은 배웠건 못 배웠건, 글을 읽건 못 읽건, 누구나 말하려는 의지와 말할 수 있는 감성적 역량을 소유하고 발휘할 수 있다는 평등 전제와 그 전제로 연결된 평등 공동체의 형상을 시쓰기를 통해 반복적으로 선언하는 자이다.

4. 나오는 말

나는 이 글에서 정체성 정치와 수행적 주체성의 정치를 비판적으로 검토하고 하나의 가능한 대안으로 탈정체화 정치를 제안했다. 정체성 정치와 수행적 주체성의 정치가 가지는 근본적인 딜레마는 다음과 같다. 정치가 지배 질서에 뿌리내린 범주를 사용할 수밖에 없을 때, 그리고 정치가 개인들에게만 허용되는 상징 자본으로서의 드라마적 형태를 띨 수밖에 없을 때, 딜레마는 야기된다. 이때 정치의 가능성은 사회 질서가 제공하는 범주와 자원에 의해 주어지기에 궁극적으로 기존의 사회 질서를 거스르는 평등 공동체를 구현할 수 없다. 나는 정체성 정치와 수행적 주체성의 정치의 한계가 랑시에르가 제안한 탈정체화의 정치에 의해 극복될 수 있다고 주장했다. 탈정체화의 정치란 지배적 범주에 의해 분류되고, 그러한 분류에 상응하여 자본을 박탈당한 피지배 집단의 구성원들이 자신의 목소리를 드러내고 자신의 몫을 확보하려는 싸움이다. 그들은 말하려는 의지를 구사하여 기존의 담론과 관습을 새로운 발화법과 셈법으로 전유하고, 그리하여 궁극적으로 새로운 공동체를 발명하는 정치를 수행한다. 그런 의미에서 탈정체화의 정치는 사회 질서가 부과하는 정체성 범주에 의존하는 정체성 정치와 구별되며, 반反공동체적인 연기 능력과 드라마 연출 능력에 의존하는 수행적 주체성의 정치와도 구별된다.

이 글에서 제시된 사례들은 목소리를 가지지 못한 자, 몫 없는 자들이 '인권'(용산), '문화'(다문화 축제), '문학'(시)이라는 기존의 담론 체계를 문자, 레퍼토리, 텍스트, 선언으로 반복하고 재연출하면서 새로운 평등 공동체의 목소리와 몫을 창안하는 탈정체화 정치의 가능성을 증언한다. 랑시에르(2008)에 따르면, 이때 탈정체화란 단순히 정체성을 해체하고 부정하는 포스트모던적인 탈주의 논리를 따르지 않는다. 탈정체화는 기존의 정체성을 거부하는 동시에 범주화할 수 없고 자본화할 수 없는 정체성, 즉 타자의 입장을 수용함으로써 새로운 정치적 주체의 형상을 전취한다. "'노동자' 혹은 '프롤레타리아'라는 이 정치적 주체성을 작동하게 만들었던 것은 정치적 주체성과 사회집단 사이의 탈구disjunction였다. 이 탈구는 타자의 입장의 수용을 거친다. 타자의 입장을 수용함으로써 '노동자'나 '프롤레타리아' 같은 주체는 이런저런 다른 집단과 이익싸움을 벌이는 사회집단의 정체성에서 스스로를 분리해 내고 시민권(성)의 한 형상이 된다"(랑시에르, 2008: 229).

용산 투쟁의 경우, 인권을 발명하는 철거민, 다문화 축제의 경우, 소통

가능한 문화를 발명하는 이주민, 무식한 시인의 경우, 문학적 감성을 발명하는 문맹자들이 바로 우리가 수용해야 할 타자의 입장들이다. 이 타자의 입장을 수용할 때에만이, 우리는 소위 보편적이고 정당한 것으로 여겨지던 담론들, 법들, 상징들을 진정한 의미에서의 민주주의적 문자들로 전환시킬 수 있을 것이다. 이때에야 비로소 지배적 범주와 상징 자본의 형태로 사회 질서에 단단히 결박되어 있던 담론들, 법들, 상징들은 그 구속으로부터 해방되어 새로운 정치적 주체성을 위한 수행적 언어로 탈바꿈할 수 있을 것이다. 그렇다면 이제 우리는 "그렇소! 하지만 그게 다는 아니오!"라고 말할 수 있을 것이다. 바로 한국은 국가와 사회의 특성상 정체성 정치는 불가능하며, 소수자와 이주자와 사회적 약자의 투쟁은 지식인과 정치인의 도움 없이는 불가능하다는, 비관적이고 비겁한 주장들에 대해 말이다.

참고 문헌

도스토예프스키, 표도르, 『카라마조프 가의 형제들』, 김연경 옮김, 민음사, 2007.

랑시에르, 자크, 『무지한 스승』, 양창렬 옮김, 궁리, 2008.

송종호, 「한국의 외국인 노동자: 외국인 노동자 지원단체의 현황과 활동」, 『한국민족연구논집』 28: 29-55, 2006.

심보선, 「온정주의 이주 노동자 정책의 형성과 변화: 한국의 다문화 정책을 위한 시론적 분석」, 『담론 201 』 10. 2: 41-76, 2007.

Bauman, Zygmunt, *Community: Seeking Safety in an Insecure World,* Cambridge: Polity, 2001.

Benjamin, Walter, Trans. Harry Zohn, *Illuminations*, New York: Schocken,

1969.

Bourdieu, Pierre, Trans. R Nice, *Distinction: A Social Critique of the Judgement of Taste*, London: Routledge, 1984.

______, "Rethinking the State: Genesis and structure of the bureaucratic field," George Steinmetz (ed.), *State/culture: state-formation after the cultural turn*, Ithaca: Cornell University Press, 1999.

Brubaker, Roger, *Ethnicity without Groups*, Boston: Harvard University Press, 2004.

Butler, Judith, *Bodies that Matter: On the Discursive Limits of Sex,* London: Routledge, 1993.

______, *Gender Trouble: Feminism and the Subversion of Identity*, New York: Routledge, 1999.

Durkheim, Émile, Trans. Joseph Ward Swain, *Elementary Forms of Religious Life*, London: Allen & Unwin, 1957.

______, Trans. John A. Spaulding & George Simpson, *Suicide: A Study in Sociology*, New York: Macmillan, 1979.

Edwards, Bob & John D. McCarthy, "Strategy Matters: The Contingent Value of Social Capital in the Survival of Local Social Movement Organizations," *Social Forces* 83.2: 621–652, 2004.

Gamson, W. A. & A. Modigliani, "Media Discourse and Public Opinion: A Constructionist Approach," *American Journal of Sociology* 95.1: 1–37, 1989.

Gans, Herbert J., "Symbolic Ethnicity: The Future of Ethnic Groups and Cultures in America," *Ethnic and Racial Studies* 2: 1–20, 1979.

Garfinkel, Harold, *Studies in Ethnomethodology*, Englewood Cliffs. New

Jersey: Prentice-Hall, 1967.

Goffman, Erving, *The Presentation of Self in Everyday Life*, Garden City, New York: Doubleday, 1959.

Marx, Karl, *The Eighteenth Brumaire of Louis Bonaparte,* New York: International Publishers, 1963.

Omi, Michael & Howard Winant, *Racial Formation in the United States: From the 1960s to the1990s*, 2nd ed., New York & London: Routledge, 1994.

Somers, Margaret R., "The Narrative Constitution of Identity: A Relational and Network Approach," *Theory and Society* 23.5: 605-649, 1994.

Swidler, Ann, "Culture in Action: Symbols and Strategies," *American Sociological Review* 51.2: 273-286, 1986.

Taylor, Charles & Amy Gutmann(Aug 1992), *Multicutturalism and "The Politics of Recognition": An Essay with Commentary*, Princeton: Princeton University Press, 1992.

Taylor, Verta & Nancy E. Whittier, "Collective Identity in Social Movement Communities: Lesbian Feminist Mobilization," *Frontiers in Social Movement Theory*, Ed. Aldon Morris & Carol McClurg Mueller, New Haven: Yale University Press, 1992.

제2부

포스트식민 역사에서 본 혼종적 시공간

근대 초 개화 지식인들의 근대주의와 유학儒學 인식: 『독립신문』 논설을 중심으로*

김수자

1. 들어가는 말

조선의 개화 지식인이 개항 이후 해결하고자 한 당면 과제 중 하나는 '문명 개화'였다. 이것은 문명 개화가 서구 열강과 청의 내정 간섭 하에서 조선이 부국강병하고, 자주독립을 보존할 수 있는 방안의 하나로 간주되었기 때문이다. 특히 1894년 청일전쟁 이후 개화 지식인들은 청일전쟁을 서양 문명을 수용한 일본과 근대 문물의 수용을 거부한 청과의 충돌과 대립으로 이해했으며, 이 전쟁에서 일본의 승리는 서양 문명이 동양 문명보다 우수하다는 것을 입증한 것이 되었다. 이러한 인식은 조선의 급속한 문명 개화, 문명화, 서구화, 근대화 추진을 정당화했다.[1]

* 이 글은 『동양고전연구』 45집(2011년 12월호)에 실린 논문을 수정 · 보완한 것이다.

1 문명 개념은 1880년대 들어 유길준, 윤치호 등에 의해 조선에 소개되었다. 특히 윤치호는 청일전쟁을 혁신적인 서양 문명과 퇴화하는 동양 야만 사이의 충돌 이상의 전쟁이라고 규정하며 서양 문명의 적극적 수용을 주장했다. 송병기 옮김, 『윤치호 일기』, 탐구당, 1975, 1894년 9월 27일.

1896년 4월 7일 창간된 『독립신문』은 1899년 12월 4일 폐간될 때까지 구한말 조선 사회의 병폐에 대한 고발과 서구 · 일본 지향적 근대 개혁의 필요성에 대한 여론을 주도했다.[2] 『독립신문』 운영을 주도한 서재필, 윤치호 등은 구미 지역에서 유학을 했거나 생활 경험이 있는 개화 지식인들이다. 『독립신문』을 통해 그들은 자신의 정치 지향의 하나인 '문명 개화'를 주장했고, 그 과정에서 문명 담론이 일반인에게까지 확산되었다. 당시 개화 지식인들은 『독립신문』을 근대로 진입하는 조선의 미래를 '밝혀 줄' 등불로 인식했다.[3] 그러므로 『독립신문』 발간의 최우선 과제는 낡은 관습에 젖어 있던 구한말의 조선 백성들을 계몽하고, 국정 전반에 걸친 개혁을 통해 당시 조선 사회가 처해 있던 총체적인 위기 상황을 극복하는 데 있었다. 이를 위해 『독립신문』은 한편으로는 자주독립, 자강을 공론화시키고자 했고, 다른 한편으로는 근대주의적 입장에서 전통적인 지역 질서 체제, 신분제, 사상, 학문, 유학 등을 부정적으로 인식했으며, 그것은 다분히 '의도적'인 것이었다.

그것은 전근대 시기 조선의 학문, 사상 등 각 분야에서 '유학'이 차지한 위치가 절대적이었다는 인식에서 나온 것이라 할 수 있다. 즉, 기존 질서나 체제를 극복해야만 조선이 근대화할 수 있다는 논리에서 연유하는 것이었다. 그리고 이 과정에서 동양 문화의 중심이었던 중국에 기원한 유학적 가치 체계, 사상의 탈보편화, 탈역사화 작업은 어쩌면 당연한

2 『독립신문』에 대한 기존의 연구는 대체로 『독립신문』 창간의 주체, 『독립신문』 창간의 의의 등을 중심으로 진행되었다. 대표적인 연구들은 다음과 같다. 이광린, 「서재필의 『독립신문』 간행에 대하여」, 진단학보, 39, 1975; 신용하, 『독립협회 연구』, 일조각, 1976; 주진오, 「독립협회의 대외 인식의 구조와 전개」, 『학림』 8집, 1986; 려증동, 『부왜역적 기관지 『독립신문』 연구』, 경상대학교출판부, 1991; 채백, 『독립신문』 연구, 한나래, 2006; 이화여대 한국문화연구원 편, 『근대 계몽기 지식 개념의 수용과 그 변용』, 소명출판, 2004; 이화여대 한국문화연구원 편, 『근대계몽기 지식의 발견과 사유 지평의 확대』, 소명출판, 2006 등.

3 백동현, 「대한제국기 新舊學 논쟁의 전개와 그 의의」, 『한국사상사학』 제19집, 2002, 574쪽.

것이었는지 모른다.[4] 그리고 탈보편화의 방식 중 가장 효과적이면서도 신속한 방법으로 사용한 것이 중국적인 것, 중국의 사회적 풍습, 중국 관리들의 행태, 나아가 중국의 전통, 사상, 학문을 '야만적인 것'으로 치부하는 것이었다. 문명/야만의 이분법적 방식의 사용은 역사적으로 '정신적' 지주 역할을 하고 있었던, 문화의 '모범'이 되었던 중국적인 것을 '야만의 것'으로 규정함으로써 각 방면에서 중국에 종속되어 있던 부분을 빠른 시간에 극복하기를 기대했기 때문이다. 특히 개화 지식인들이 보기에 소중화小中華를 자청하고 있던 조선이 빨리 중국과의 관계를 청산하고, 서구화 · 근대화를 적극적으로 추진하기 위해서라도 유학 · 동양 학문을 비문명적인 것으로 규정하고 회의하게 하는 것이 필요했을 것이다.

구체적으로 개화 지식인들은 중국의 문화, 학문, 사상의 핵심인 유학에 대해 '허학虛學'으로 규정하고, 회의하고 배격하는 자세를 취했다. 이것은 과거로부터 벗어나 새로운 근대 국가를 건설해야만 한다는 방책에서 나온 것으로 개화 지식인들의 근대주의를 엿볼 수 있다. 당시 『독립신문』은 "문명은 막을 수 없는 세계의 대세이며 천하를 온통 삼키려고 하는 영웅"이라고 규정하면서, 이 대세를 역행하면 몸과 집안이 멸망할 지경에 이를 것이며, 이를 벗어나기 위해 문명 개화를 서둘러 추진해야 한다고 강조했다.[5]

그러나 문호를 개방하여 서구의 국가들과 교류하고 그들의 선진 근대 문물을 수용하여 개화를 이루자는 개화 지식인들의 문명 개화의 논리에는 당시 서구 열강의 식민 침탈을 합리화 · 정당화하는 근대주의적 '문명

4 전통 문명, 유학에 대한 개화 지식인들의 태도에 대한 대표적인 연구는 신구학 논쟁 부분에서 진행되었다. 이광린, 「구한말 신학과 구학의 논쟁」, 『동방학지』 23. 24 합집, 1980; 김도형, 『대한제국기의 정치사상연구』, 지식산업사, 1994; 앙드레 슈미드, 정여울 옮김, 『제국 그 사이의 한국 1895-1919』, 휴머니스트, 2007 등이 대표적이다.

5 논설, 『독립신문』, 1898. 11. 11.

담론'의 성격이 강하게 깔려 있었다.[6] 서구 열강의 침탈 속에서 그 침탈을 벗어나기 위해 침탈을 합리화하는 서구의 문명 담론을 당시 개화 지식인들이 적극적으로 조선의 독립 유지를 위해 활용한 것이다. 이것은 그들이 가지고 있었던 시대적 · 사상적 한계라 할 수 있다. 이에 이 글에서는 이러한 입장을 기본으로 하면서 『독립신문』을 통해 개화 지식인들이 실제로 어떤 방식으로 유학, 사서삼경 등을 폄훼하고 있는지, 그리고 어떻게 신학문을 교육시키려 했는지를 고찰해 보고자 한다.

2. 전통적인 지역 질서 체제의 재편과 『독립신문』의 창간

19세기 동아시아 국가들의 개항과 이후 조선에서의 청일전쟁, 러일전쟁, 중국에서의 의화단 사건 등 일련의 지역적 사건들은 동아시아 지역의 전통적인 힘의 배치를 바꿔 놓았다. 이들 사건은 조선인들이 이웃 국가인 일본과 중국을 인식하는 방법뿐 아니라, 자신의 국가 · 민족을 이해하는 방법에도 커다란 변화를 가져왔다. 왜냐하면 이 사건으로 동아시아 유교문화권 안의 중화 질서 체제에 속해 있던 모든 인식의 '틀'이 균열되었기 때문이다. 그리고 기존 조선인의 지역 질서 인식에 따라 중화로서 중국의 역할이 붕괴되기 시작했던 것이다. '중화'는 이제 더 이상 세계와 문화의 중심을 차지하는 개념이 아니었으며, 중국은 이제 세계적으로나 지역적으로나 '문명화되지 않은' 주변부에 지나지 않게 되었다.

6 1890년대 후반의 문명 개념이나 문명론에 대한 연구들은 상당히 축적되어 있다. 박찬승, 『한국 근대 정치사상사연구: 민족주의 우파의 실력양성운동론』, 역사비평사, 1992; 김도형, 「대한제국 초기 문명 개화론의 발전」, 『한국사연구』 121, 2003 등이 대표적이다.

청일전쟁에서 일본의 승리로 개화 지식인들은 조선이 청의 속국에서 벗어나 독립국이 되었다고 이해했다. 고종 또한 청일전쟁이 끝난 직후인 1894년 11월 21일 발표한 칙령 제3호에서 "내가 동짓날에는 모든 관리들을 거느리고 종묘에 가서 우리나라가 독립하고 모든 제도를 바로잡은 사유를 고하고 다음날에는 사직단에 가겠다"고 선포하여 전쟁에서의 청의 패배를 조선의 독립으로 인식하고 있었음을 보여준다.[7]

『독립신문』은 이와 같은 분위기에서 창간되었고, 당시 자주독립이 강조되었던 것도 당시의 시대적 상황과 무관하지 않다.

> 조선이 독립되기는 조선 사람들이 강하고 영악하고 학문이 있고 충심이 있어 된 것이 아니지마는 어찌하여 되었던지 지체가 높아져 세계에 제일 천한 청국에 속국으로 지금은 세계 각국과 동등이 되어 각국에서들 이왕에는 영사만 보내더니 지금은 전권공사와 판리공사와 대리공사들을 보내고……[8]

개화 지식인들은 청의 속국에서 벗어나 세계 열강들과 대등한 관계를 맺고 영사급의 관리, 공사들을 파견하게 된 상황을 독립으로 인식하고 있었다. 이것은 전통적인 조청 간의 속방 체제와는 달리 조선이 '스스로' 열강들과 대등한 지위의 외교 관계를 수립할 수 있는 만국공법 국제 질서에 편입되었음을 의미하는 것이었다. 종래 중국과 조선의 관계가 황제와 주변국의 왕이라는 위계 질서 속에 위치했던 질서가 청일전쟁으로 깨진 것이다. 나아가 1897년 대한제국을 선포하면서 조청 간의 관계는 양국 모두 황제국으로 대등한 상태가 되었다. 그리고 1899년 9월의 한청통상조약을 체결하면서 청을 중심으로 하는 전근대적 동아시아의 지역

7 『고종실록』, 1894년 11월 21일조.
8 논설, 『독립신문』, 1896. 9. 12.

질서는 막을 내리게 되었다.[9] 이와같이 청일전쟁 이후 개화 지식인들은 문명 개화와 서구화를 이룬 일본이 걸어간 길을 따라가야지만 궁극적으로 조선도 문명국이 되고, 독립을 보존할 수 있고, 부국강병해질 수 있다고 판단했다.[10]

1896년 4월 창간 당시부터 『독립신문』은 국민 계몽적 역할을 자처하고 있었다. 『독립신문』은 실질적으로 개화 지식인들과 서재필이 주도하고, 조선 정부의 지원과 자금에 의해 창간된 신문이다.[11] 『독립신문』 창간의 주도 인물들은 기회 있을 때마다 국민 계몽의 중요성을 주장했다. 박영효의 경우는 1888년에 일본 망명 중 고종에게 올린 「내정개혁에 관한 건백서」에서 "우리나라의 역사와 문장은 가르치지 않고 단지 청국의 역사와 문장만을 가르침으로써 인민들이 청을 근본으로 삼아 중히 여기며 반면 우리나라의 역사에 대해서는 알지 못하는 자들이 있기에 이르니 이는 본本을 버리고 말末을 취하는 격"이라며 본국 역사와 문장에 대한 교육을 강조했다.[12] 그리고 조선이 근대 국가로 나아가기 위해서는 미개화 상태를 벗어나 문명국으로 나가야 되며, 그 방법의 하나로 교육 계몽 사업을 강조하고 있다.[13] 이와 같은 국민 계몽의 필요성이 『독립신문』 논설에 그대로 반영되었다고 할 수 있다.

『독립신문』의 체제는 창간 초기부터 논설, 관보, 잡보, 광고를 기본으로 하여 이루어졌다. 이 밖에 외국 통신이나 각부 신문과 전보, 별보 등이 지면을 차지했다. 『독립신문』에 참여한 인물들을 좀 더 구체적으로

9 長谷川直子, 「朝鮮中立化論と日淸日戰爭」, 『東アジア近現代通史』, 岩波書店, 2010, 186쪽.

10 논설, 『매일신문』, 1898. 4. 29; 주진오, 「독립협회의 개화론과 민족주의」, 『현상과 인식』 20-1, 1996, 13쪽.

11 신용하, 「『독립신문』의 창간과 그 계몽적 역할」, 『한국사론』 2, 1975, 313쪽.

12 박영효, 「내정개혁에 관한 건백서」, 역사학회 편, 『한국사자료선집』 5, 일조각, 1980, 채백, 『독립신문 연구』, 한나래, 2006, 26-27쪽 재인용.

13 송병기 옮김, 『윤치호 일기』, 탐구당, 1975, 1896년 1월 28일.

살펴보면 박영효를 중심으로 한 개화 세력의 지원과 서재필, 주시경, 윤치호, 헐버트Homer B. Hulbert, 손승용, 이준일, 아펜젤러Henry G. Appenzeller, 엠벌리W. H. Emberly, 콥Cope 총 9명 정도가 실질적으로 『독립신문』을 운영했을 것으로 추정된다. 이 중 사장이나 주필의 역할을 담당했던 인물은 창간 당시 서재필, 1898년 5월 12일부터 윤치호, 1899년 1월경부터 아펜젤러, 1899년 6월부터 엠벌리였다. 그 밖의 편집 일을 맡았던 주시경과 손승용이 초창기부터 참여했고, 헐버트도 영문판 편집 일을 초기 몇 달간 맡았었다고 한다.[14]

이들은 대체로 논설을 통해 서구 문명을 수용하면서 유학, 사서삼경 등을 허학으로 간주했다. 동시에 동양의 문화 · 문명을 부정하는 기사를 적극적으로 게재하며, 문명 개화, 근대화에 대한 필요성을 주장하는 이들에게 힘을 실어줄 여론을 주도했다.[15] 특히 청일전쟁 이후 『독립신문』을 이끌었던 개화 지식인들은 중화라는 전통적인 지역 질서 체제를 해체시키면서 중화 문명의 역사적 위상을 배제하거나 약화시키는 한편 전통적인 질서와 문화를 부정하면서 조선 사회를 변화시키는 지배적 인식 틀로 '문명 개화', '문명 담론'을 활용했던 것이다.

3. 문명 개화와 '허학虛學'으로서의 유학 인식

청일전쟁을 계기로 조 · 청 · 일 삼국의 봉건적 관계는 새로운 전기를 맞이했다. 청일전쟁의 패배로 청은 세계적으로 위신이 실추되었을 뿐 아

14 채백, 『독립신문 연구』, 한나래, 2006, 105쪽.
15 길진숙, 「『독립신문』, 『매일신문』에 수용된 '문명/야만' 담론의 의미 층위」, 『근대 계몽기 지식의 발견과 사유 지평의 확대』, 소명출판, 2006, 60쪽.

니라 서양 열강의 침탈이 급속화된 반면, 전쟁의 승리로 일본은 동아시아의 새로운 강자로 부상하기에 이르렀다. 그리고 두 나라 사이의 조선은 서구 열강의 제국주의 국가들과 일본의 가속화된 침탈 속에서 식민국가로 전락할 위기에 봉착하게 되었다. 그러나 표면상으로는 청일전쟁과 삼국 간섭의 시기에 조선은 시모노세키下關 조약으로 인해 청과의 전통적인 종속 관계가 청산되었고, 독립이 유지된 시기였다.[16] 그리고 이 시기에 조선은 독립국의 지위를 유지, 강화하기 위한 방편으로 근대 개혁이 강조되었다. 그러나 근대 개혁의 핵심적 내용은 서구화, 일본식의 근대화였다.

당시 개화 지식인들의 서구화 지향의 근대 개혁에 영향을 끼친 대표적인 인물은 일본의 후쿠자와 유키치福澤諭吉, 1834~1901였다. 그는 개화, 문명과 유사한 개념으로 사용되는 '문명 개화'라는 용어를 최초로 사용한 인물이기도 하다. 그에게 문명, 문명 개화는 '서양 문명의 방향으로 나아가는 것'을 뜻하는 것으로 서구 지향성을 표방하는 것이었다. 그는 "문명은 인류가 마땅히 거쳐야 할 단계의 정점에 위치하는 것이고, 유럽 문명이 현재 도달할 수 있는 정상의 위치에 있는 것이므로 문명의 진보를 꾀하는 자는 유럽의 문명을 목표로 삼아야 한다"[17]고 주장했다. 일본의 문명화 전략을 기술한 『문명론 개략文明論槪略』에서 그는 문명화의 조건을 둘러싸고 청 · 일 양국을 대비시키는 동시에 중국과 일본의 문명적 차이를 검증하는 작업에서 중국을 동양 문명의 중심으로서가 아니라 동아시아 국가 중의 하나인 '지나支那'로 인식하고 있다. 그러면서 중국에 정치적 · 문화적으로 종속되어 있었던 '심적' 무게를 벗으려 했다. 그

16 논설, 『독립신문』, 1898. 4. 2.

17 후쿠자와 유키치는 『西洋事情』 外篇에서 civilization을 '세상의 문명 개화'라는 표제어로 번역했다. 박양신, 「근대 초기 일본의 문명 개념 수용과 그 세속화」, 『개념과 소통』 제2호, 2008. 46쪽.

리고 그 과정에서 자연스럽게 중국의 문화, 유교문화권 문화의 핵심인 유학에 대해서도 '허학虛學'으로 규정하고 철저하게 중국으로부터 벗어나고자 했다.[18] 이것은 일본을 중국으로부터, 동아시아의 변방에 불과했다는 과거로부터 벗어나게 하기 위함이었다. 그리고 적극적으로 서구 유럽과 미국의 문화 수용을 강조했다. 후쿠자와 유키치의 중국과 유학 인식은 그대로 조선의 개화 지식인들을 통해 『독립신문』의 논설, 기사 등에 반영되었다.

『독립신문』 또한 서구 문명을 논할 때 유럽과 미국을 완벽한 상태에 도달해 있는 일등국으로 위치시키고 있다. "문명국은 나라의 법률 장정과 정치가 밝고 공평하여 무식한 백성이 없고 사람마다 자유권이 있으며 나라가 지화至和 세계가 되어 요순堯舜 시절과 다름이 없는" 세계라며 미국을 묘사하고 있는 데서 그대로 드러난다.[19] 이와같이 서양이 곧 문명이라는 등식을 만들어 냄으로써 서양적이지 않은 것은 모두 문명화되지 않은 야만으로 밀려나는 구조를 만든 것이다.

개화, 문명의 개념은 후쿠자와 유키치의 영향을 받은 유길준과 박영효 등에 의해 자주 강조되었다. 유길준은 『서유견문』에서 개화 개념을 세분화하여 소개했고, 박영효는 「내정개혁에 관한 건백서」에서 문명과 야만을 대비시키면서 문명의 개념을 강조했다.[20] 그리고 『독립신문』 발간을 계기로 개화, 문명 개화 개념이 대중적으로 확산되기 시작했다.

> ᄀᆡ화란 말은 아모것도 모로ᄂᆞᆫ 쇼견이 열녀 리치를 가지고 일을 ᄉᆡᆼ각ᄒᆞ야 실샹ᄃᆡ로 만ᄉᆞ를 ᄒᆡᆼᄒᆞ자ᄂᆞᆫ 뜻시라 실샹을 가지고 일을 ᄒᆞ거드면 헛되고 실

18 松田宏一江郎, 『江戸の知識から明治の政治へ』, ぺりかん社, 2010, 201-202쪽.
19 논설 「나라 등수」, 『독립신문』, 1899. 2. 23.
20 노대환, 「1890년대 후반 '문명' 개념의 확산과 문명 인식」, 『한국사연구』 149, 2010, 242쪽.

샹 업ᄂᆞᆫ 외식은 아니 ᄒᆡᆼᄒᆞ고 ᄎᆞᆷ된 것만 가지고 공평ᄒᆞ고 정직ᄒᆞ게 ᄉᆡᆼ각도 ᄒᆞ고 ᄒᆡᆼ신도 그러케 ᄒᆞᄂᆞᆫ 거시라 만ᄉᆞ가 공평 정직ᄒᆞ게 ᄒᆡᆼᄒᆞᆫ 담에야 그늘진 일이 업슬 터이요 그늘진 일이 업슨즉 나 ᄒᆞᄂᆞᆫ 일을 남이 알아도 붓그럽잘 거시 업슬 터인즉 문을 열어 놋코 일을 ᄒᆞ야도 방ᄒᆡ론 일이 업ᄂᆞᆫ 법이요……[21]

『독립신문』의 논설 내용의 많은 부분을 차지했던 개화란 모든 이치를 가지고 일을 사고하고 행하는 것이며, 참된 것을 가지고 공평, 정직하여 행동도 그렇게 된다는 것이다. 그리고 문명 개화라는 용어를 서구 문물의 발전으로 설명하고 있으며, 서양 기술의 발전을 우월한 것으로 인식하고 있다.[22] 『독립신문』은 당시 유행하고 있던 사회진화론적 인식 틀을 가지고 세계를 바라보고 그 시선의 연장선에 조선을 위치시켰다. 그러므로 약소국은 서구 문명을 적극적으로 수용하여 강자가 되어야 하며, 후진적인 상태에서 벗어나 이를 극복한 후에 문명화와 부강의 길이 따른다고 보았다. 그리고 이것이 궁극적으로 문명 개화한 상태라고 규정하고 있다.[23] 부국강병의 전제 조건으로서의 문명 개화를 이루어야 한다는 논리는 언급한 바와 같이 청일전쟁에서 일본이 승리한 이후 '힘'을 얻게 되었다. 즉, 서구 문명의 우수성이 전쟁을 통해 드러났다고 본 것이다. 그러나 근대화가 서구화를 의미했듯 문명, 문명화가 의미하는 것도 옛것을 버리고, 서구의 학문과 문물을 수용, 배우자는 것을 뜻했다.

……오늘날부터 마음을 합하여 못된 옛적 풍속을 버리고 문명 진보하는 일에 힘을 쓰는 것이 병 근본을 고치는 것으로 우리는 생각하노라. ……[24]

21 논설, 『독립신문』, 1896. 6. 30.

22 논설, 『독립신문』, 1896. 4. 25.

23 김도형, 「대한제국 초기 문명개화론의 발전」, 『한국사연구』 121, 2003, 175쪽.

24 논설, 『독립신문』, 1897. 2. 13.

당시 『독립신문』은 조선이 후진적이고 쇠약해진 근원을 조선에 학문과 교육이 없어서 그런 것이라고 인식하고, 옛 풍속을 버리고 문명 진보하는 것에 힘쓰면 조선의 병폐를 고칠 수 있다고 했다. 이것은 전통 학문과 전통 교육에 대한 부정이다. 학문이 없다고 할 때의 학문은 실학, 즉 서구의 학문을 의미하는 것이며, 문명 개화를 서구의 학문과 문물의 수용으로 이해하고 있었던 것이다.[25] 그리고 서구의 학문을 높이 평가하고 그것을 정점에 놓기 위해 중국적인 것, 사서삼경, 유학 등을 부정하고 있다.

> 문명 ᄀᆡ화ᄒᆞᆫ 나라에셔들은 무론남녀ᄒᆞ고 학교에 가셔 적어도 십 년 동안에 각ᄉᆡᆨ 학문을 ᄇᆡ혼 후 비로쇼 셰상에 나가 벼슬을 ᄒᆞ던지 농ᄉᆞ를 ᄒᆞ던지 쟝ᄉᆞ를 ᄒᆞ던지 무숨 버리를 ᄒᆞ던지 ᄒᆞ거ᄂᆞᆫ 죠션 사ᄅᆞᆷ들은 겨우 ᄇᆡ호ᄂᆞᆫ 거시 한문만 조곰 ᄇᆡ화 가지고 그것만 밋고 춍리 대신 노릇도 ᄒᆞ랴고 ᄒᆞ고 …… ᄒᆞᆫ즉 그 한문 학문만 가지고ᄂᆞᆫ 이 셰샹에 아모 일도 ᄒᆞ기 어려온 거시 첫ᄌᆡᄂᆞᆫ 한문 ᄎᆡᆨ이란 거ᄉᆞᆫ 대개 청국에셔 ᄆᆞᆫ든 ᄎᆡᆨ인ᄃᆡ 여러 ᄇᆡᆨ 년 된 거시 만히 잇ᄉᆞᆫ즉 가량 그 ᄎᆡᆨ들이 그 ᄆᆞᆫ들 ᄯᆡᄂᆞᆫ 청국 ᄇᆡᆨ셩의게 유죠ᄒᆞ엿스려니와 오날ᄂᆞᆯ 죠션 인민의게만 그 학문이 유죠ᄒᆞᆯ 거시 업슬 ᄲᅮᆫ 아니라 청국 인민의게도 ᄒᆡ가 대단히 잇ᄂᆞᆫ 거ᄉᆞᆫ 오날ᄂᆞᆯ 청국을 보면 가히 알 일이라 청국에 ᄉᆞ셔삼경을 잘 아ᄂᆞᆫ 사ᄅᆞᆷ이 죠션보다 만히 잇고 토디와 인민이 죠션보다 커 그러ᄒᆞ되……구라파 각국에셔ᄂᆞᆫ 젹든지 크든지 인민들이 남녀 업시 젹어도 십여 년을 학교에셔 각ᄉᆡᆨ 새 학문을 ᄇᆡ혼 연고요 청국은 그져 오랜 ᄉᆞ셔삼경을 공부ᄒᆞᄂᆞᆫ ᄭᆞᄃᆞᆰ이라 그런 고로 싸홈ᄒᆞ면 청국이 늘 외국의게 지ᄂᆞᆫ 거ᄉᆞᆫ 문명 ᄀᆡ화ᄒᆞᆫ 나라 사ᄅᆞᆷ들은 군ᄉᆞ를 죠련ᄒᆞᆯ 줄 알고 리로온 병장긔와 화륜션과 쳘도와 젼신과 젼화와 편ᄒᆞᆫ 의복과 유익ᄒᆞᆫ 음식과 졍결ᄒᆞᆫ 거쳐를 ᄆᆞᆫ들 줄 알고 나

25 논설, 『독립신문』, 1896. 4. 18; 백동현, 「대한제국기 신구학 논쟁의 전개와 그 의의」, 『한국사상사학』 19집, 2002, 578쪽.

> 라 일에 죽ᄂᆞᆫ 거슬 영광으로 아ᄂᆞᆫ 연고로 사ᄅᆞᆷ의 몸이 강ᄒᆞ고 ᄆᆞ음이 굿세고 지혜가 놉하지거니와 청국은 이 즁에 ᄒᆞᆫ가지도 공부 안ᄒᆞᆫ즉 인민이 약ᄒᆞ며 쳔ᄒᆞ며 어리셕으며 더러오며 나라 위ᄒᆞᆯ ᄆᆞ음이 업스며 ᄂᆞᆷ의게 쳔ᄃᆡ를 바다도 쳔ᄃᆡᆫ 줄 모로고 업수히 넉임을 바다도 분ᄒᆞᆫ 줄을 모로ᄂᆞᆫ지라…….[26]

개화 지식인들은 유학은 너무 오래전 옛날에 만들어졌다는 점, 그래서 현 상황과 너무 동떨어져 있다는 방식의 글을 씀으로써 유학을 부정하고 있다. 그 실례로 사서삼경을 공부한 사람이 조선보다 청에 많은데도 청은 싸움만 하면 지는데 그 이유는 현실상 지금은 군사를 조련하고 병장기와 화륜선, 철도, 전신 등 실학을 배워 나라를 이롭게 해야 되는데 청은 그와 같은 사정에 관심이 없다는 것 등을 반복적으로 서술하여 강조하고 있다. 그리고 유학을 허학이라 비판하는 동시에 유학이 현실을 직시하지 못하게 된 연유에 대해 구체적으로 동서양의 학문을 비교하는 방법을 취했다.

> 아셰야 사ᄅᆞᆷ 모씨ᄂᆞᆫ 셰계 각국에 넓히 유람ᄒᆞ고 동셔양 학문을 도뎌히 셥녑ᄒᆞᆫ 사ᄅᆞᆷ이라 일즉히 말ᄒᆞ야 ᄀᆞᆯᄋᆞᄃᆡ 동양 학문은 놉흔 담 안에 잇ᄂᆞᆫ 사ᄅᆞᆷ이오 셔양 학문은 놉흔 산에 올나가ᄂᆞᆫ 사ᄅᆞᆷ이라 ᄒᆞ엿스니 가쟝 니샹ᄒᆞ고 유리ᄒᆞᆫ 평론이로다 그 뜻을 궁구ᄒᆞ여 보건ᄃᆡ 동양 학문은 청국 뎐디의 ᄀᆡ화됨이 각국 즁에 뎨일 몬져 ᄒᆞ얏스며 …… ᄒᆞᆼ샹 말ᄒᆞ되 녜적 셩현네ᄂᆞᆫ 나실째브터 지혜가 잇셔 셰샹 리치를 ᄇᆡ호지도 아니ᄒᆞ시고 공부도 아니 ᄒᆞ셧스되 아지 못 ᄒᆞ실 것이 업다 ᄒᆞ며 셩현네가 ᄀᆞᄅᆞ치신 훈계와 긔록 ᄒᆞ신 셔칙은 다만 입으로 닑고 외일지언뎡 감히 그 학문의 리치를 ᄒᆡ셕지 못ᄒᆞ며 다만

26 논설, 『독립신문』, 1896. 4. 25.

ᄒᆞᆫ다ᄂᆞᆫ 말이 우리가 엇지 이젼 셩현네의 아시지 못ᄒᆞᆫ 것을 알 수 잇스며 셩현네가 말솜 ᄒᆞ시지 아니ᄒᆞᆫ 일을 엇지 말홀 슈 잇스며 셩현네가 궁구치 아니 ᄒᆞ시던 리치를 우리가 엇지 궁구홀 수 잇스리오 ……동양 션비의 학문은 ᄎᆞᄎᆞ 잔약ᄒᆞ야 진보될 가망은 업ᄂᆞᆫ지라 엇지 그 학슐이 ᄀᆡ명 되기를 ᄇᆞ라리오…… 모씨의 니른바 놉흔 담 안에 잇ᄂᆞᆫ 사ᄅᆞᆷ이라 그 담 안에 잇ᄂᆞᆫ 물건과 경치ᄂᆞᆫ 눈으로ᄆᆞᆫ 볼ᄲᅮᆫ이오 궁리치 아니ᄒᆞ며 그 담 밧긔 잇ᄂᆞᆫ 허다ᄒᆞᆫ 경치와 산쳔 풍토의 긔긔묘묘ᄒᆞᆫ 리치ᄂᆞᆫ ᄒᆞ나 볼 수도 업고 드를 수도 업고 알 수도 업스리니 학문상에 엇지 진보되기를 긔약ᄒᆞ리오…… 태셔의 학문은 근본 희리니 나라에 셩현네들이 텬문 디리와 인륜의 도리를 강론ᄒᆞ야 그 고명ᄒᆞᆫ 말솜과 기슐이 인민의게 ᄯᅩᄒᆞᆫ 크게 간졀ᄒᆞ야 효력이 잇더니 그 후에 여러 나라 현인들이 쳐음으로 ᄀᆡ쳑ᄒᆞᆫ 뎐답들을 ᄒᆡ마다 거름ᄒᆞ고 다ᄉᆞ릴소록 곡식이 더 잘되ᄂᆞᆫ 것ᄀᆞᆺ치 그 학문을 졈졈 더 궁구ᄒᆞ야 ᄎᆞᄎᆞ 압흐로 나아간지라…… 셔양 학문은 모씨의 니른바 놉흔 산에 올나가ᄂᆞᆫ 사ᄅᆞᆷ과 ᄀᆞᆺ흔지라 사ᄅᆞᆷ이 놉흔ᄃᆡ 올나가기가 평디로 나려가ᄂᆞᆫ 것보다 힘은 대단히 들지마ᄂᆞᆫ 놉히 올나갈ᄉᆞ록 산쳔초목과 허다 풍물이 눈에 더 보히리니 그와 ᄀᆞᆺ치 션ᄇᆡ가 학문을 강구ᄒᆞ야 졈졈 올라감으로 그 ᄌᆡ죠와 학식이 더욱 통명ᄒᆞᆫ 법이라…….[27]

위 논설의 내용은 동양의 학문은 "선비들이 학문의 이치를 더욱 연마하여 점점 발전시켜야 하는데 성현의 가르침만 알고, 성현이 알지 못하는 것은 감히 알 수 없다는 생각에 더 이상 강구하지 않아 그 학문의 깊이가 얇아져 진보, 개명하지 못했고, 그래서 학문이 높은 담 안에 있는 것처럼 되었다"고 비유했다. 그리고 담 안의 학문은 담 밖의 경관이나

27 논설 「동셔양 학문 비교」, 『독립신문』, 1899. 9. 9.

이치 등을 볼 수 없고, 알 수도 없으므로 학문상에 진보를 기약할 수 없다는 것이다.

그런데 이에 반해 서양의 학문은 성현들의 천문, 지리와 인륜의 도리를 강론하여 고명한 말과 기술이 인민에게 간절하여 효력이 있고, 이후에 여러 나라 현인들이 그 학문을 점점 더 궁구하여 차차 앞으로 나아가는 학문이 되었고, 비유하건대 높은 산에 올라가는 사람과 같은 학문으로 묘사했다. 이것은 높은 곳에 올라가 평지를 내려다보면 산천초목과 여러 풍물이 눈에 들어와 점점 그 학문이 더욱 통달해지고 학식이 탄탄해지고 진보하게 된다는 점을 말하기 위함이었다. 이와 같은 비유를 통해 동양의 학문은 약화, 쇠퇴할 수밖에 없고, 서양의 학문은 진보하고 효용성이 있는 것으로 규정해 동양의 학문을 제자리걸음하는 것, 효용성이 없는 부정적인 것으로 평하고 있다.

이와 같은 동양 학문의 답보성, 폐쇄성에 대한 비유는 일본 개화 지식인들의 주장과도 맥을 같이하는 것이었다. 후쿠자와 유키치는 세계 국가들에서 "아세아주는 아무튼 개혁이 미숙한 나라로 천 년이나 이천 년이나 옛사람이 말한 것을 열심히 지키면서 조금도 임기응변을 모르고 함부로 자만하는 경향이 강하다. 이 세상을 모르고, 타국의 풍습에서 보고 배워 개혁하는 것을 모르는 자만의 병에서 기인하는 화라며 절대 흉내 내서는 안 된다"며 동양 학문을 개혁이 없는 진부하면서도 융통성이 없는 것으로 평가하고 있었던 것과 맥이 닿아 있는 것이다.[28]

28 당시 일본 학자들은 동양 학문의 평가 절하뿐 아니라 폐해를 전개하기도 했다. 대표적인 학자로 니시무라 시게키西村茂樹를 들 수 있다. 그는 "……지금까지 아세아주의 학술은 유일하게 나라를 다스리는 것만을 주로 해서, 널리 세계에 미치게 할 생각을 못했다. 고로 그 논리가 편협해서 고루하게 흘러, 군신의 신분이 엄격하고, 귀천의 차등이 심하고……고로 사람의 재능과 지혜는 날이 갈수록 줄어들고 견문은 날이 갈수록 좁아져 혹은 물정에 어두워지고 혹은 과격해져서 평생 볼 곳, 현관 밖에 나가지 못하고 이것이 아시아주 학술의 폐이다"라고 악평을 했다. 松田宏一江郎, 『江戸の 知識から明治の政治へ』, ぺりかん社, 2010, 199-201쪽.

동양 학문, 한문, 사서삼경, 유학 등에 대한 비판의 논조는 『독립신문』 곳곳에서 발견할 수 있다. 대략 그 논조는 언급한 바와 같이 세상의 변화에 대응하지 않는, 답보 상태에 머물러 있다는 점 등이다. 즉, 변화가 없는 구학문으로, 썩은 학문, 허학이며 신학문, 진보하는 학문의 효용성과 발전상과 대비시켜 허학으로서의 유학을 강조하는 것이다.

> 예로브터 인ᄌᆡ가 다 학문에셔 나ᄂᆞᆫᄃᆡ 학문은 한량이 업스되 다만 시셰ᄂᆞᆫ 고금의 다른즉 학문이 ᄯᅩᄒᆞᆫ 시셰를 ᄯᅡ라 변통ᄒᆞᆷ이 맛당ᄒᆞ거ᄂᆞᆯ 동양 션ᄇᆡ들은 고금의 현슈ᄒᆞᆫ 것을 의론치 안코 ᄒᆞᆼ샹 말ᄒᆞ되 녯적 셩현의 못ᄒᆞ신 일을 후ᄉᆡᆼ이 엇지 능히 경영ᄒᆞ며 경젼에 업ᄂᆞᆫ 말ᄉᆞᆷ을 우리가 엇지 능히 저슐ᄒᆞ리오 새 법을 내지 말고 녜 법을 곳치치 안ᄂᆞᆫ 것이 가ᄒᆞ다 ᄒᆞᄂᆞ니 동양에 잇ᄂᆞᆫ 나라들의 형셰가 졈졈 빈약ᄒᆞᆷ이 엇지 이 ᄭᆞᄃᆞᆰ이 아니리오 ……쳥국으로 말ᄒᆞᆯ진ᄃᆡ 새 학문을 귀히 넉이지 아니ᄒᆞ고 ……나라에 문학과 풍쇽이 고금이 ᄀᆞᆺ지 아니ᄒᆞ야 ᄎᆞᄎᆞ 폐단이 ᄉᆡᆼ길 디경이면 시셰와 형편을 ᄯᅡ러 새 리치를 궁구ᄒᆞ고 새 문견을 발달ᄒᆞ야 새 학문에 진보가 되어야 그 나라이 문명ᄒᆞ고 부강ᄒᆞᆫ 법이라 셔양셔도 만약 동양사ᄅᆞᆷ과 ᄀᆞᆺ치 다만 교만ᄒᆞ고 나ᄐᆡᄒᆞᆫ 버릇으로 각기 ᄌᆞ긔 나라이젼 풍쇼과 법률만 됴화ᄒᆞ고 뒤로 물너가기만 일을 삼엇더면 뎐긔션과 화륜션의 여러 가지 긔계를 누가 능히 궁구ᄒᆞ며 텰로와 광산의 모든 리익이 어ᄃᆡ로 좃차 나리오 그런즉 오쥬 세계에 유명ᄒᆞᆫ 나라들이 뎌 ᄀᆞᆺ치 문명ᄒᆞ고 뎌 ᄀᆞᆺ치 부강ᄒᆞᆫ 것이 다 녯적 썩은 학문을 ᄇᆞ리고 향ᄂᆡ나ᄂᆞᆫ 새 학문을 힘쓰ᄂᆞᆫ 효험이라 대한에 고명ᄒᆞ신 쳡군ᄌᆞᄂᆞᆫ 인슌ᄒᆞ야 셰월만 허비ᄒᆞ지 말고 어셔 쇽히 이 셰계에 됴흔 새 학문으로 국즁에 잇ᄂᆞᆫ 완고ᄒᆞᆫ 구습을 통혁ᄒᆞ야 일신우일신ᄒᆞ게 ᄒᆞ면 대한 젼국이 유리 셰계가 되리이다.[29]

29 논설, 『독립신문』, 1899. 9. 20.

궁극적으로 개화 지식인들이 생각하기에 서양의 학문은 부국강병에 기여하는 학문을 의미하는 것이었다.[30] 그리고 청의 학문은 용맹이 없는 학문으로 치부하고, 유학을 망한 학문으로 규정해 더 이상 대한제국의 지식인들이 이 학문을 배워서는 아무런 이득이 없음을 강조하고 있는 것이다. 그들은 대한제국이 지금과 같은 처지에 놓여 고생하는 원인은 운수가 나빠서이며 이는 배움을 통해 충분히 벗어날 수 있다고 희망을 품고 있다.[31] 그러나 그 전제는 그 학문이 유학이 아니어야 한다는 것이었다. 왜냐하면 유학이 허학이므로 어떻게 보면 조선의 처지는 허학을 믿고 진보하지 않았기 때문이다.

이와같이 반복적으로 청국의 한학을 야만의 학문으로 규정하고, 중국을 최하층 야만국으로 묘사하는 논법은 조선 문명의 앞날을 위해 '허학'을 버리고 '실학'을 습득해야 한다는 것을 강조하기 위함이었다. 나아가 청국 사람을 본받으려는 조선 사람은 관민 간에 다 원수요, 나라를 망하게 하려는 사람이 되는 것이었다.[32] 이와같이 동양 학문을 실생활, 실제 정치에서 역할을 할 수 없는 것으로, 나아가 학문의 영역에서 완전히 배제시키며 완고배들의 학문으로 규정하고 있다.

학문을 하는 방법에 대해서도 전통적인 것에 회의적인 태도를 보였다. 블라디보스토크에 거주하는 유진률이 기고한 글을 들어 그것을 보여주고 있다. 그는 아시아주에서 인류가 처음 나타났음에도 불구하고 구미와 문명의 차이가 크게 벌어진 이유는 학문의 차이 때문이라고 지적한다. 즉, 서양 사람은 무슨 일이든지 모르는 것이 있으면 끊임없이 그 이치를 궁구하여 문명 진보된 반면, 아시아는 한학에 사로잡혀 편안함과 쉬운

30 논설, 『매일신문』, 1898. 11. 5.
31 논설, 『독립신문』, 1898. 3. 8.
32 논설, 『독립신문』, 1896. 10. 4.

것만 추구한 결과 뒤처지게 되었다는 것이다. 그리고 한학의 문제점은 한문을 공부해도 세계에서 뛰어난 일을 한 적이 없고, 시경, 서경, 논어, 맹자 사서삼경을 공부해도 정치 학문과 부국강병이 없는 세월 청춘을 허비하는 것이었다고 혹평했다.

> 유진률 씨가 의견셔를 지여 본샤에 보ᄂᆡᆺ기에 좌에 긔ᄌᆡᄒᆞ노라…… 아셰아 사ᄅᆞᆷ은 한셔 두 글ᄌᆞ에 깁히 병이 들어 아ᄂᆞᆫ 것이 편안ᄒᆞᆫ 것과 인슌ᄒᆞᄂᆞᆫ 것 쌘이라 한문에 깁히 병이 들엇다 ᄒᆞᆷ은 한문을 못 쓸 들이라 ᄒᆞᄂᆞᆫ 것이 아니라 자고로 한문을 공부ᄒᆞᆫ 사ᄅᆞᆷ이 무ᄉᆞᆷ 리치를 슝샹ᄒᆞ야 세계에 쒸여ᄂᆞᆫ 일ᄒᆞᆫ 것이 ᄒᆞ나도 업고 한문 쇽에셔 지금 ᄒᆞᄂᆞᆫ 일이 쥭도록 공부ᄒᆞ야도 시뎐 셔뎐 론어 ᄆᆡᆼ자 권이나 닑고 시부나 지으면 유식다 ᄒᆞ나 그 ᄒᆞᄂᆞᆫ 일을 샹고ᄒᆞ여 보면 싀로 한문 쇽에셔 정치 학문과 부국 슐법은 ᄒᆞ나도 업고 …… 이졔ᄂᆞᆫ 아셰아 동방 삼국 즁에 일본은 구미 량쥬에 문명을 힘써셔 국부 민강ᄒᆞ야 위엄이 동셔양에 썰치고 청국은 남을 압뎨ᄒᆞ다가 도로혀 압뎨를 밧게 되고 대한이 갑오 이후에 우연히 죠흔 긔회를 엇어 ᄌᆞ쥬 독립 황뎨국이 되샤 국즁에 신문들도 만히 ᄉᆡᆼ겨 젼국 인민의게 듯도 보도 못ᄒᆞ든 지식을 열어 주며 션ᄇᆡ들은 한셔를 ᄀᆡ간ᄒᆞ야 문명 진보ᄒᆞᆯ 리치를 공부ᄒᆞ야 후ᄉᆡᆼ을 교육ᄒᆞ나 기실은 공효가 업스니 공효 업슴은 ᄇᆡᆨ셩의 글음이 아니요 관인들이 쟝뎡을 직히지 아니ᄒᆞ고 일을 아니ᄒᆞᄂᆞᆫ 싸ᄃᆞᆰ이라…….[33]

『독립신문』 기고자 유진률은 문명국으로 거듭나기 위해서는 옛날의 썩은 학문을 버리고 향기나는 새 학문에 힘써야 하며 새 학문으로 완고한 구습을 완전 혁파하여 개화할 것을 강조하고 있다.[34] 반면 청국이 완

33 논설, 『독립신문』, 1898. 9. 19.
34 논설, 『독립신문』, 1899. 9. 20.

고한 한문만을 고집하다 남의 압제를 받는 것처럼 대한도 한문을 떨쳐버리고 자주독립국으로 문명 진보의 이치를 공부, 교육해야만 위기를 극복할 수 있다는 논리를 펴고 있다. 이와같이 한학의 가장 큰 결함은 변화에 약하다는 것, 정체되어 있어 옛것만을 숭상하고 미래를 통찰하지 못하는 학문 본연의 책무를 행하지 못했다는 점을 비판하고 있는 것이다.

청이 청일전쟁에서 일본에 패하자 세계사의 흐름에서 청은 모든 것에서 패배자가 되었다. 패배자는 자연스럽게 야만인으로 '낙인'찍혔다. 그러므로 야만인의 학문, 사상은 해로운 것, 빨리 폐기하고 새로운 것을 받아들여야 하는 것으로 인식되었던 것이다. 즉, 청국은 상고 시대에 개명했던 풍속만 숭상하여, 시세에 이로운 학문을 배우지 않고, 오직 사서삼경만 공부하며 외국 형편과 개화 학식을 가진 사람을 배척하여 결국 종사와 임금까지 보전하지 못하게 되었다며 중국 쇠퇴의 원인으로 유학을 꼽고 있는 것이다.[35] 그리고 일본은 서양을 배우고 문명 개화하여 세계에서 몇 번째 안 가는 나라가 되었다며 조선이 본받고 따라야 할 것은 일본이어야 한다는 것, 신학문이어야 한다는 점을 연결시키고 있다.

4. '문명 개화' 방법으로서의 신교육과 유학의 폄훼

『독립신문』에 반복적으로 서술되는 것 중 하나가 일본이 동양의 일등국이 된 것은 자기의 단처短處를 부끄러워하여 고쳤기 때문이며, 청국이 세계에서 약한 나라가 된 것은 교만하여 자기의 허물을 고치지 못했기 때문이라는 것이다. 그러므로 대한이 잘되려면 부끄러워하는 마음이 있

35 논설, 「매일신문」, 1898. 4. 16; 김도형, 「대한제국 초기 문명개화론의 발전」, 『한국사연구』 121, 2003, 177쪽.

어야 하고, 그를 기본으로 내 단처를 버리고 남의 장처長處를 취해야 한다는 논리였다.[36] 단점을 부끄러워하고 장점을 살릴 수 있는 것 또한 문명 개화였으며, 이를 이룰 수 있는 것은 교육을 통해서라고 『독립신문』은 강조하고 있다.

> 우리ᄂᆞᆫ 말ᄒᆞ기를 죠션이 암만 ᄒᆞ여도 나라히 되겟다고 ᄒᆞ노라 우리가 이러케 ᄉᆡᆼ각ᄒᆞᄂᆞᆫ ᄭᆞᄃᆞᆰ은 실상이 업시 공연이 ᄒᆞᄂᆞᆫ 말이 아니라 죠션 인민을 자셔히 공부ᄒᆞ여 보거드면 죠션 인민이 일본 인민에셔 죠곰치도 못 ᄒᆞ지 안ᄒᆞᆫ 인죵이라 일본셔도 삼십년 젼에ᄂᆞᆫ 죠션과 ᄀᆞᆺ치 셰 잇ᄂᆞᆫ ᄉᆞᄅᆞᆷ이 무셰ᄒᆞᆫ ᄉᆞᄅᆞᆷ을 압졔ᄒᆞ고 문명 ᄀᆡ화라 ᄒᆞ면 다 슬혀ᄒᆞ고 외국 풍쇽이라 ᄒᆞ면 다 써리고 외국 학문이라 ᄒᆞ면 쳔히 넉여 나라히 외국에 좁혀 지내고 외국이 일본을 야만으로 ᄃᆡ졉ᄒᆞ더니 삼십년 안에 국즁에 학교를 셰워 인민을 교휵ᄒᆞ야 학문들을 ᄇᆡ호게 ᄒᆞ고 법률을 공평ᄒᆞ게 시ᄒᆡᆼᄒᆞ야…… 오ᄂᆞᆯ날 일본이 동양에 뎨일 부강ᄒᆞᆫ 나라히 되얏ᄂᆞᆫ지라 그 ᄉᆞᄅᆞᆷ들도 구미 각국에 가셔 이거슬 ᄇᆡ화다가 그러케 되얏ᄂᆞᆫ지라 엇지 죠션 ᄉᆞᄅᆞᆷ은 일본 ᄉᆞᄅᆞᆷ의게 죠곰치라도 양두를 ᄒᆞ리요. 죠션도 오ᄂᆞᆯ날브터 시작ᄒᆞ야 인민의 교휵을 힘쓰고…… 이거슬 ᄭᆡ닷고 유신ᄒᆞᆫ 졍치를 ᄉᆞᄅᆞᆷ마다 본밧아 ᄒᆡᆼᄒᆞ거 드면 삼십년 후에 죠션이 오ᄂᆞᆯ날 일본보다 낫게 되지 말난 ᄃᆡ가 업ᄂᆞᆫ지라……[37]

그리고 나라 곳곳에 학교를 세우고 백성들을 교육하여 학문을 익히고, 법률을 공평하게 하면 지금의 위기 상황에서 충분히 벗어날 수 있을 것이라는 희망을 품고 있었다. 그리고 문명 개화를 위해 법률, 정치, 군율, 경찰 개혁, 외양적으로도 의복, 도로 교량, 주택 등도 개화해야 한다고

36 논설 「붓그러운 일」, 『독립신문』, 1899. 1. 28.
37 논설, 『독립신문』, 1896. 12. 3.

주장했다. 배워야 할 학문의 내용은 서양 학문을 의미하는, 전체적으로 서구식 교육을 의미하는 것이었다.[38]

근대화와 문명 개화를 위해 교육에 강조점을 둔 것은 개화 지식인만은 아니었다. 당시 고종이나 정부의 교육정책은 1894년 갑오개혁 이후로 신교육 중심으로 변하고 있었다. 1895년 2월 고종은 "교육이 실로 국가를 보존하는 근본이다"라며, 학교를 세우고 인재를 양성하는 것이 국가 중흥에 필수적인 것이고, 신교육이 인재 양성의 요점이라는 내용의 '교육에 관한 조칙'을 발표했다.[39] 같은 해 학부學部에서도 소학교를 개설하면서 내린 훈시에서 "교육은 개화의 근본이며, 나라를 사랑하는 마음과 부강해지는 묘리가 모두 학문으로부터 생기는 만큼 오직 나라의 문명은 학교가 성한가, 쇠한가에 관계된 것"이라고 하여 교육을 통한 문명 달성을 주장했다. 이와같이 개화 지식인뿐 아니라 고종과 교육 담당 부서에서도 신교육의 필요성을 인식하고 있었던 것이다

개화 지식인들은 허학으로서의 유학을 넘어 실용적인 서구 학문을 적극 수용하는 교육 제도 및 내용을 강조하면서 많은 기대를 했다. 그것은 조선인의 '문명화'의 성공에 대한 기대였다. 즉, 교육과 관련하여 성품이 중요한데 조선인은 청나라 사람과 일본 사람 중간의 성품, 즉 조선인들의 성품을 중국인의 완고함과 일본인의 성급한 성격의 중간에 있다며 교육만 잘 되면 동양에서 제일의 문명화된 민족이 될 것이라고 강조했던 데에서 잘 나타난다.[40]

당시 서구식 학문과 학교는 가장 핵심적인 문명의 표본이자 척도였다. 그래서 각급 학교 설립, 의무화된 소학교 제도, 10년 정도의 교육 기간,

38 논설, 『독립신문』, 1898. 8. 13.

39 『고종실록』, 고종 32년 2월 2일 조; 김경미, 『한국 근대교육의 형성』, 혜안, 2009, 134쪽.

40 논설, 『독립신문』, 1896. 5. 30.

소학교, 중학교, 대학교, 전문학교에 들어가는 교육과정, 남녀 평등교육, 개화 서책의 반포, 외국 책의 번역, 도서관 설치, 외국 유학생 파견 등 서구식 혹은 일본식 교육 제도를 소개하거나 실행을 촉구했다.[41] 그러나 독자적인 문명의 기준 내용을 정하지 못하고, 문명국의 상태를 문명으로 인식, 문명국의 모든 것을 섭렵해야만 할 대상으로 설정한 당시 개화 지식인의 시대적 한계를 엿볼 수 있는 것이기도 하다.[42]

> 셔양 각국의 부강ᄒᆞᆷ은 무ᄉᆞᆷ ᄭᆞᄃᆞᆰ이며 대한국의 빈약ᄒᆞᆷ은 무ᄉᆞᆷ 연고인고 ᄒᆞ니 셔양 각국은 실학을 슝샹ᄒᆞ야 문명ᄒᆞᆫ 긔계를 신발명ᄒᆞᆫ 뒤으로 나라 형셰들이 크게 쩔쳐 셰계 샹에 몬져 진보ᄒᆞᆫ 나라이 되고 대한국은 다ᄆᆞᆫ 허학문 슝샹ᄒᆞ니 이ᄂᆞᆫ 셔양 각국에 대ᄒᆞ야 못 ᄒᆞ다고 ᄒᆞᆯᄆᆞᆫ ᄒᆞᆫ지라 그러ᄒᆞ나 대한국도 얼마 아니 되야 나라이 부요ᄒᆞ고 군ᄉᆞ이 강셩ᄒᆞ여 셰계 만국에 독보(獨步)ᄒᆞᆯ 방칙이 잇나니 대뎌 부국 강병ᄒᆞᆷ은 사ᄅᆞᆷ마다 다 조타고ᄂᆞᆫ 이르고 그 부국 강병ᄒᆞᄂᆞᆫ 것이 사ᄅᆞᆷ마다 …… 쥰슈ᄒᆞᆫ ᄌᆞ뎨들을 문명ᄒᆞᆫ 각국에 만히 보ᄂᆡ여 그 나라의 각양 학문 즁에 뎨일 조흔 걸노 ᄇᆡ화다가 본국에 학교를 여러 곳에 셰우고 ᄎᆞᄎᆞ 국민들을 갈ᄋᆞ치거드면 대한도 ᄯᅩᄒᆞᆫ ᄌᆞ연히 문명 부강ᄒᆞᆫ 경계에 이를지니 그러고 보거드면 텬하 각국을 대ᄒᆞ야 무엇이 두려옴이 잇스리요 …… 나라이 부강에 나아가고져 ᄒᆞ랴면 정부에셔 불가불 허학을 업셰고 실학을 슝샹ᄒᆞ야 인민의 공업을 흥왕케 ᄀᆞᆯᄋᆞ치ᄂᆞᆫ 것이 뎨일 방칙이 될 줄노 우리ᄂᆞᆫ 밋노라.[43]

부국강병의 기초를 '교육으로 삼아야 한다'는 개화 지식인의 강조점은

41 길진숙, 「『독립신문』, 『매일신문』에 수용된 문명/야만 담론의 의미 층위」, 『근대 계몽기 지식 개념의 수용과 그 변용』, 2004, 84쪽.

42 노대환, 「1890년대 후반 '문명' 개념의 확산과 문명 인식」, 『한국사연구』 149, 2010, 255쪽.

43 논설, 『독립신문』, 1898. 6. 14.

『독립신문』의 곳곳에서 나타난다. 그리고 그때 교육의 내용은 동양 전통의 학문, 허학이 아니라 서양의 진보한 실학이며, 교육 방식은 고기 잡는 법에 비유하며 먼저 그물을 만드는 법을 가르쳐야 한다고 강조했다.[44] 그리고 실학 교육의 궁극적 지향은 나라의 부강이었다. 나아가 교육의 목적은 교육 후 각기 직분에 충실하고 독립의 기초와 자주의 권리를 확립하고 보전하여 세계 열강과 동등해지는 것이자, 조선도 서구와 같은 문명 국가가 되는 것이었다. 구체적인 교육 내용은 전통 유학의 근간인 사서삼경과 시부표책이 아니라 시세에 맞는 법률, 공업, 기계, 공장에 편리함을 가져올 수 있는 실용적인 것들이었다.

> 학교로 말ᄒᆞᆯ지라도 로형 말ᄉᆞᆷ은 ᄉᆞ셔 삼경과 시부표칙으로 쥬상ᄒᆞ여 말ᄉᆞᆷᄒᆞ신 즉 그것은 녯적 학교어니와 지금 학교ᄂᆞᆫ ᄉᆞ셔 삼경과 시부표칙이 긴ᄒᆞᆯ 것이 업ᄂᆞᆫ 것이 시셰를 ᄯᆞ라 적당ᄒᆞᆷ을 쓰ᄂᆞᆫ 것은 셩인의 말ᄉᆞᆷ에도 잇거니와 지금 형편이 폐젼과 대샹부동ᄒᆞ야 이젼에 못 듯던 나라와 못 보던 사ᄅᆞᆷ들이 셰계에 버려 잇ᄂᆞᆫᄃᆡ 그 나라에 ᄉᆞ셔 삼경과 시부표칙은 당쵸에 일ᄌᆞ무식이로되 졍치 법률의 긴졀ᄒᆞᆷ과 긔계 공쟝에 편리ᄒᆞᆷ을 우리 나라 사ᄅᆞᆷ으로ᄂᆞᆫ 일호도 ᄯᆞ라갈 슈 업ᄂᆞᆫ ᄭᆞᄃᆞᆰ은 다만 구습에 져진 학문으로 시쇽을 비방ᄒᆞ고 ᄌᆞ포ᄌᆞ기ᄒᆞᆷ이니 엇지 개탄치 아니ᄒᆞ리오…… 남녀를 물론ᄒᆞ고 칠팔셰 이상으로ᄂᆞᆫ 몰슈히 학교에 보ᄂᆡ여 각ᄉᆡᆨ 학문을 졍밀히 ᄀᆞᄅᆞ쳐 슈십년 후에 각기 ᄇᆡ온 학문ᄃᆡ로 외국 졔도를 본밧아 롱ᄉᆞᄒᆞᆯ 사ᄅᆞᆷ은 롱ᄉᆞᄒᆞ고 쟝ᄉᆞᄒᆞᆯ 사ᄅᆞᆷ은 쟝ᄉᆞᄒᆞ고 공쟝ᄒᆞᆯ 사ᄅᆞᆷ은 공쟝ᄒᆞ고 벼슬ᄒᆞᆯ 사ᄅᆞᆷ은 벼슬ᄒᆞ야 각기 직분을 힘쓴 연후에야 국부 민강ᄒᆞ야 독립의 긔쵸와 ᄌᆞ쥬의 권리를 사ᄅᆞᆷ마다 견실히 보젼ᄒᆞ야 텬하 강국과 동등이 되려니와 긔왕 ᄀᆞᄅᆞ치던 ᄉᆞ셔 삼경

44 논설 「교육 업ᄂᆞᆫ ᄋᆡ히」, 『독립신문』, 1899. 3. 11.

시부표 ᄎᆡᆨ문 가지고ᄂᆞᆫ 합당ᄒᆞᆫ 학문이라고 ᄒᆞᆯ슈 업고.[45]

실학으로서 서양의 학문과 실용성 있는 실업 교육을 강조하고 있다. 구체적인 학문의 내용은 아래의 기사 내용에 잘 나타나 있다.

> …… 만일 우리로 ᄒᆞ여금 그림 글ᄌᆞ를 공부ᄒᆞᄂᆞᆫ 대신의 졍치 쇽에 의회원 공부나 ᄂᆡ무 공부나 외무 공부나 ᄌᆡ뎡 공부나 법률 공부나 수륙군 공부나 항해 공부나 위ᄉᆡᆼ상 경제학 공부나 쟝ᄉᆡᆨ 공부나 쟝ᄉᆞ 공부나 농ᄉᆞ 공부나 또 기외의 각ᄉᆡᆨ ᄉᆞ업상 공부들을 ᄒᆞ면 엇지 십여 년 동안에 이 여러 가지 공부 속에셔 아모 사ᄅᆞᆷ이라도 쓸 ᄆᆞᆫᄒᆞᆫ 즉업의 ᄒᆞᆫᄀᆞ지ᄂᆞᆫ 잘 졸업ᄒᆞᆯ 터이니 그 후에 각기 ᄌᆞ긔의 즉분을 착실히 직혀 사ᄅᆞᆷ마다 부ᄌᆞ가 되고 학문이 널너지면 그졔야 바야흐로 우리 나라가 문명 부강ᄒᆞ야질 터이라.[46]

한편 유학과 한문에 대해 부정적 시각을 드러낸 반면 강한 자의식을 표출하기도 했다. 위의 글에서 알 수 있듯이 한문을 그림 글자 공부로 폄훼하면서 실업교육, 직업교육을 강조하고 있다. 한문, 청국 학문을 배격하면서 국문, 한글이 실용적이고 편리하다며 그 사용을 적극 권장하고 있다. 그리고 그 이유로 독립심 배양과 연결시키고 있다.

> ……대단히 우습고 개탄ᄒᆞᆯ 일이더라 지금 죠션에 죠곤치라도 공부ᄒᆞᆫ 사ᄅᆞᆷ들은 한문을 공부ᄒᆞ엿고 국문으로ᄂᆞᆫ 공부ᄒᆞᆫ 사ᄅᆞᆷ이 젹은 고로 국문이 실샹 엇더케 편리ᄒᆞ고 엇더케 학문 잇게 ᄆᆞᆫ든 글인 줄을 죠션 사ᄅᆞᆷ들이 모로ᄂᆞᆫ지라 ……지금 죠션에 뎨일 급션무ᄂᆞᆫ 교휵인ᄃᆡ 교휵을 식히랴면 남의 나

45 논설 「ᄌᆡ미 잇ᄂᆞᆫ 문답」, 『독립신문』, 1899. 4. 15.
46 논설 「ᄇᆡᆨ지 학당 학원 쥬상호 씨 국문론」(젼호 연쇽), 『독립신문』, 1897. 4. 24.

> 라 글과 말을 비혼 후에 학문을 ᄀᆞᄅᆞ치랴 ᄒᆞ거드면 교휵홀 사ᄅᆞᆷ이 몃이 못 될지라 그런 고로 각ᄉᆡᆨ 학문 ᄎᆡᆨ을 국문으로 번력ᄒᆞ여 ᄀᆞᄅᆞ쳐야 남녀와 빈부가 다 조곰식이라도 학문을 비호지 한문 비화 ᄀᆞ지고 한문으로 다른 학문을 비호려 ᄒᆞ거드면 국즁에 이십여년 그 노릇ᄉᆞᆯ 홀 사ᄅᆞᆷ이 몃이 못 될지라 국문으로 ᄎᆡᆨ을 번력ᄒᆞᄌᆞ거드면 두 ᄀᆞ지 일을 뎨일 몬져 ᄒᆞ여야 홀 터이라 첫ᄌᆡ는 국문으로 옥편을 ᄆᆞᆫ드러 글ᄌᆞ 쓰는 법을 졍히 놋코 그ᄃᆡ로 ᄀᆞᄅᆞ쳐 …… 죠션에셔 사ᄅᆞᆷ들이 한문 글ᄌᆞ를 ᄀᆞ지고 통졍을 ᄒᆞ기를 쟝구히 홀 것 ᄀᆞᆺᄒᆞ면 독립ᄒᆞ는 ᄉᆡᆼ각은 업셔질 듯 ᄒᆞ더라.[47]

이와같이 『독립신문』의 주도 세력이었던 개화 지식인들은 허학을 버리고 서구 학문인 실학을 습득하여 실질적으로 조선이 부국강병해질 수 있는 방안을 모색하고 있었다. 당시 학부의 정책 또한 신교육을 권면하면서 시의에 합당한 교육을 강조했다. 그러면서 서구의 학문을 국가를 강하게 하고, 인민을 부유하게 만드는 학문으로 이해했으며, 반면에 허문虛文 교육은 나라와 인민이 위태로워 할 뿐이라며 유학을 비판하고 실학에 힘쓸 것을 강조했다.[48] 그 방법으로 교육이 중시되었고, 그 과정에서 한문이 아닌 한글, 국문이 강조되었다. 그 국문을 통해 조선의 독립을 유지시키고 조선 민족의 애국심, 독립심을 고취시키고자 하는 의도들이 논설의 곳곳에서 묻어난다. 국문 사용은 국사의 강조와 마찬가지로 자주독립국으로의 위상을 높이는 것으로, 그리고 청으로부터 독립하는 것으로 인식했기 때문이다. 이와같이 『독립신문』은 청을 야만으로, 청의 학문을 허학으로 현재의 문제를 해결하는 데 한계가 있는 것으로 규정하고, 이것에 종속되어 있던 조선인들의 정신 세계를 변화시켜 새로운 세

47 논설, 『독립신문』, 1897. 8. 5.
48 김경미, 『한국 근대교육의 형성』, 혜안, 2009, 180쪽.

계로, 문명의 세계로 나가게 하기 위해 야만/문명, 허학/실학, 속국/자주 독립국 등과 같은 이분법적 논리의 문명 담론을 적극 활용했다.

5. 나오는 말

봉건적 지역 질서 체제에 대한 인식의 변화와 전통 학문인 유학에 대한 회의와 나아가 유학이 허학으로 규정되는 과정에서 중요한 역할을 한 것 중 하나는 근대 문명 담론이었다. 19세기 문명 담론이 힘을 얻을 수 있었던 것은 당시 조선, 청, 일본을 둘러싼 국제 정세의 변화와 밀접한 관련이 있다. 특히 청일전쟁의 결과는 조선의 지식인들로 하여금 기존의 체제에 대해 회의를 품게 했으며, 이러한 질서 체제의 변화는 문화, 학문, 사상에도 영향을 미쳤다고 할 수 있다. 기존의 청에 의존하고 있었던 물질적 · 정신적인 측면에서 벗어나기 위해 개화 지식인들은 더욱 문명 담론을 적극 활용했다. 그리고 『독립신문』이라는 매체를 통해 문명과 야만의 이분법적 사고를 조선인들에게 확산시켰다고 할 수 있다.

『독립신문』의 주도 세력인 근대 개화 지식인들이 궁극적으로 지향했던 목표는 조선의 부국강병, 자주독립이었다. 이를 위해 『독립신문』에서는 문명 개화, 개화, 문명이라는 개념을 자주 사용했다. 『독립신문』에서 자주 사용된 문명 담론은 크게 전통적인 것과 서구적인 것을 대비시키는 성격이 강하게 드러난다. 그리고 그 문명 담론에 의거해 동양의 학문은 부정되고 왜곡되었다고 할 수 있다. 그러므로 조선의 전통적인 것, 중국의 것, 동양의 모든 것들이 '문명의 이름'으로 야만의 것으로, 후진적인 것으로 치부되면서 유학은 허학으로, 그리고 서양 학문, 서구의 것은 실학으로 규정되었다. 나아가 개화 지식인들이 지향했던 문명 개화는 서구화, 근대화를 의미하는 근대주의에 함몰된 경향이 강했다. 개화를 통해서만 조선이 세계, 국제 무대에서 대접받을 수 있고 과거의 억압도, 종속관계로부터도 벗어날 수 있다고 인식한 것이다. 그리고 세계 문명국들과 어깨를 겨루기 위해서는 그들의 과학, 기술뿐 아니라 문화도 받아들여야 한다는 논리가 힘을 얻었고, 정책도 적극적으로 그와 같은 방식으로 추진되었다.

그러나 개화 지식인들이 부정하는 허학으로서의 유학은 조선의 과거와 전통을 부정하는 것과 마찬가지였다. 그리고 이것은 '지금'은 개화 지식인으로 근대를 지향하지만 뿌리는 과거 전통에 있었던 본인들의 학문적 토대를 부정하는 것과 마찬가지였다. 이와같이 개화 지식인들이 자신의 학문적 토대가 되는 유학을 허학으로 규정하며 이에서 벗어나고자 노력한 것은 과거를 뒤돌아보지 말고, 앞으로 나아가 근대화, 서구화, 문명화해야만 조선이 위기에서 벗어날 수 있다고 여겼기 때문이라고 할 수 있다. 이것이 그들의 시대적 이해였고 이것이 그들의 한계였다고 할 수 있다. 즉, 그들이 주장한 근대화, 서구화, 문명화는 서구의 사회진화론의 논리와 맥이 닿아 있는 것이었기 때문이다.

참고 문헌

길진숙, 「『독립신문』, 『매일신문』에 수용된 '문명/야만' 담론의 의미 층위」, 『근대계몽기 지식의 발견과 사유 지평의 확대』, 소명출판, 2006.

김경미, 『한국 근대교육의 형성』, 혜안, 2009.

김도형, 『대한제국기의 정치사상연구』, 지식산업사, 1994.

______, 「대한제국 초기 문명개화론의 발전」, 『한국사연구』 121, 2003.

노대환, 「1890년대 후반 '문명'개념의 확산과 문명 인식」, 『한국사연구』 149, 2010.
려증동, 『부왜역적 기관지 『독립신문』 연구』, 경상대학교출판부, 1991.
박양신, 「근대 초기 일본의 문명 개념 수용과 그 세속화」, 『개념과 소통』 제2호, 2008.
박찬승, 『한국 근대 정치사상사연구: 민족주의 우파의 실력양성운동론』, 역사비평사, 1992.
백동현, 「대한제국기 언론에 나타난 동양주의 논리와 그 극복」, 『한국사상사학』 제17집, 2001.
______, 「대한제국기 신구학 논쟁의 전개와 그 의의」, 『한국사상사학』 제19집, 2002.
松田宏一江郎, 『江戸の知識から明治の政治へ』, ぺりかん社, 2010.
슈미드, 앙드레, 『제국 그 사이의 한국 1895-1919』, 정여울 옮김, 휴머니스트, 2007.
신용하, 「『독립신문』의 창간과 그 계몽적 역할」, 『한국사론 』 2, 1975.
이광린, 「서재필의 『독립신문』 간행에 대하여」, 『진단학보』, 39, 1975.
______, 「구한말 신학과 구학의 논쟁」, 『동방학지』 23. 24합집, 1980.
이화여대 한국문화연구원 편, 『근대 계몽기 지식 개념의 수용과 그 변용』, 소명출판, 2004.
______, 『근대 계몽기 지식의 발견과 사유 지평의 확대』, 소명출판, 2006.
長谷川直子, 「朝鮮中立化論と日淸日戰爭」, 『東アジア近現代通史』, 岩波書店, 2010.
주진오, 「독립협회의 대외 인식의 구조와 전개」, 『학림』 제8집, 1986.
채백, 『독립신문 연구』, 한나래, 2006.

아시아 태평양 전쟁과 재미 일본인 사회의 동향*

김영숙

1. 들어가는 말

사카구치 미츠히로坂口満宏는 1945년 이전의 일본인의 해외 이주를 세력권 · 식민지 지역과 비세력권으로 구분했다. 전자는 식민지 이주를 말하며, 비세력권은 일본의 영사재판권이나 일본군의 주둔이 인정되지 않는 지역을 의미했는데 주로 북아메리카와 남아메리카를 대상으로 했다. 일본을 떠나 외국으로 이주한 일본인들은 대체로 일본에서 재산과 토지를 갖지 못한 경우가 많았는데, 비세력권 이주는 지배자로서 이주의 특혜를 누리면서 일확천금을 꿈꿀 수 있었던 세력권 · 식민지 지역과는 달리 개인 자격으로 이주하여 밑바닥에서 새롭게 시작하지 않으면 안 되었다. 또한 외교 분쟁이나 정치적 갈등이 일어나는 경우 비세력권에 이

* 이 글은 『史叢』 74호에 실린 논문을 수정 · 보완한 것이다.

주한 일본인들은 안전을 보장받기 어려웠을 것이다. 현대 사회에서도 국가와 국가 사이에 국제 분쟁이 발생할 때 이를 가장 민감하게 느끼는 것은 해당 국가의 교민 사회이다. 정부가 위험 지역의 교민을 보호하거나 귀국시키는 등의 조치를 취할 수는 있지만, 이민을 통해 외국의 국적을 취득하고 2세, 3세를 그 지역에서 키우고 교육시키는 교민들은 국제 분쟁에 의해 정치적 불안과 정체성의 혼란을 경험하게 될 것이다.

이 글에서는 1941년 12월, 일본의 진주만 기습을 전후한 시기의 재미 아시아 이민 사회의 동향과 상호 관계를 재미 일본인 사회를 중심으로 살펴보고자 한다. 1868~1941년에 북아메리카로 건너간 일본인은 약 39만 4천 명[1]이었다. 당시 재미 일본인에 대해 일본에서는 일계日系 아메리카인, 줄여서 일계인日系人이라고 불렀으며, 일본식 발음 닛케이를 영어로 Nikkei라고 표기했다. 그러나 이 글에서는 재미 한국인이나 재미 필리핀인 등 재미 아시아 이민 사회를 전체적으로 고찰하기 위해 일본인의 경우도 재미 일본인, 재미 일본인 사회로 부르기로 한다.

이 글에서는 일본이 진주만을 기습하기 전후의 재미 일본인 사회의 동향을 1941년 10월부터 1942년 2월까지 약 5개월간에 한정하여 살펴보고자 한다. 1941년 10월을 전후한 시기는 미일 외교 교섭이 결렬되고 도조 히데키東条英樹 내각의 출범으로 미국과의 전쟁 준비가 본격화되는 시기이다. 또한 일본의 진주만 기습 후 3개월이 경과한 시기는 아직 재미 일본인을 수용소에 격리하기 전의 시기로서 일본인에 대한 격리 수용, 신징병법, 재미 일본인 처우 등 많은 법령이 만들어지는 시기였다. 이 시기에 관한 연구는 일본인 수용과 전후 보상 문제에 치중된 재미 일본인 연구의 공백을 메운다는 점에서 중요하며 또한 재미 일본인 사회뿐

1 米山裕 · 河原典史 編, 『日系人の経験と国際移動在外日本人 · 移民の近現代史』, 人文書院, 2007, 242쪽.

아니라 아시아 이민 사회 전체의 동향과 상호 관계를 전체적으로 고찰하는 연구로서도 중요하다.

미일 개전 전후의 재미 일본인 사회를 연구하기 위해서는 당시 미국에서 발행되었던 일본어 신문을 수집, 분석했는데 이 연구를 위해서는 일본 국회도서관에서 2차에 걸쳐 자료를 수집했다. 1차적으로 『일미日米』를 수집했고, 2차에서 『나부신보羅府新報』를 수집했다. 당시 재미 일본인 다수가 거주했던 캘리포니아 지역을 대상으로 하기 위해서는 재미 일본인뿐 아니라 아시아 이민이 다수 거주했던 샌프란시스코와 로스앤젤레스(이후 LA로 표기)에 기반을 두고 있던 이 두 신문이 가장 유력했으며, 신문의 성격 면에서도 친일적 내셔널리즘이 강한 『일미』와 상업지의 성격이 강한 『나부신보』는 대조적이었기 때문에 상호 비교, 분석하기에 적합하다.

재미 일본인에 관한 연구는 크게 '이주'라는 관점에서 연구되거나[2] 이민사 연구로서 이루어졌다. 미국 이민사의 내용으로는 1924년의 배일 이민법에 관한 연구[3]와 일본어 신문을 중심으로 한 미디어 연구[4]가 중심을 이룬다. 이 결과 일본인의 미국 정착 사례나 배일 이민법을 둘러싼 정치 과정, 일본어 신문의 역할에 대해서는 다양한 연구 성과가 축적되었

2 일본인의 해외 이주를 전체상으로 고찰한 연구로는, 米山裕 · 河原典史 編, 『日系人の経験と国際移動在外日本人 · 移民の近現代史』, 人文書院, 2007; 高橋泰隆, 『昭和戦前期の農村と満州移住』, 吉川: 弘文館, 1997; 貴堂嘉之, 「アメリカ移民史研究の現在」, 『歴史評論』 625(2002. 5) 등이 있다.

3 1924년 배일 이민법 연구로는 今岡勝利, 「1924年移民法成立の政策過程ー「政策の窓モデル」と「ゴミ箱モデル」の対比ー」, 『防衛大学校紀要. 社会科学分册』 94(2007.3); 大賀哲, 「日本外交史における境界の政治学ー排日移民法とナショナル · アイデンティティー」, 『国際政治』 140(2005. 3); 外川知靖, 「合衆国一九二四年移民法以前の日本人「移民」ー家族 · 職業を中心にー」, 『日本歴史』 707(2007. 4) 등이 있다.

4 미국의 일본어 신문에 관한 연구로는 田村紀雄, 『アメリカの日本語新聞』, 新潮社, 1991; 田村紀雄 · 有山輝雄, 「在米日系新聞の発達史研究ー1924年移民法と日系新聞」, 『東京経済大学人文自然科学論集』 75(1987. 3); 田村紀雄, 『アメリカの日本語新聞』, 新潮社, 1991; 日比嘉高, 「日系アメリカ移民一世の新聞と文学」, 『日本文學』 53(2004. 11) 등이 있다.

다. 그러나 이민 사회의 생활상이나 특정한 시기의 변화 등에 관해서는 아직 충분한 연구가 이루어지지 못했다. 오히려 이민의 생활상은 재미 교포들의 출판에 의지하는 경향이 있다.

재미 한인사 연구는 1955년 캘리포니아에서 초기 재미 한인 이민사를 정리한 김원룡의 『재미한인 50년사』[5]가 출발점이라고 할 수 있는데, 한국에서의 연구는 주로 독립운동사의 시각에서 재미 한인의 역할과 활동에 초점을 맞추고 있다. 따라서 한국사 연구에서도 역시 일본인 이민 사회와 비교, 분석하는 연구는 아직 이루어지지 못했다.

이 글에서는 아시아 태평양 전쟁기 아시아 이민 사회의 동향을 다음과 같은 관점에서 새롭게 접근하고자 한다. 첫째, 미일 외교 관계 변화에 따른 재미 일본인 사회의 동향을 미국의 일본어 신문을 통해 분석한다. 분석은 당시 일본인 이민이 가장 많았던 캘리포니아 지역에 한정하며, 신문 논조의 변화를 통해 재미 일본인 사회의 정치적 선택을 살펴보고자 한다. 둘째, 일본의 진주만 기습 이후 재미 일본인 사회의 위상 변화와 재미 일본인들의 생존을 위한 노력을 살펴보고자 한다. 셋째, 미일 개전을 전후한 시기 미국의 아시아 이민 사회의 상호 관계를 살펴보고 이해 관계의 상충과 공통성을 고찰하고자 한다.

2. 재미 일본인 사회의 형성과 일본어 신문

일본인이 공식적으로 미국에 이주한 것은 아직 에도막부江戸幕府가 사라지기 이전인 1865년에 153명을 하와이에 이민시킨 데에서 비롯되

5 김원룡, 『재미한인 50년사』, 혜안, 2004.

었다. 이후 1886년부터 관약官約 하와이 이민이 시작되었는데, 일본 정부 직영으로서 계약 이민의 원조가 되었다.[6] 엄밀히 말하자면 이 시기의 하와이는 아직 미국의 영토가 아니었으나 이 초기 이민이 하와이와 미국 본토 재미 일본인 사회의 바탕이 되었다. 1882년 미국 정부가 「중국 이민 배척법」에 따라 중국인의 입국을 제한하자 철도 공사나 농장 노동에 종사하던 중국인을 대신하게 된 것이 바로 일본인이었다. 이때 이주한 일본인의 60%는 캘리포니아에 거주했다. 미국 거주 일본인은 1930년 11만 명으로서 그 중 10만 명은 서해안에 거주했는데, 직업에 종사하는 4만 명 중에서 반은 농업, 9천 명이 상업, 가사 관계 노동자가 3천 명이었다.[7]

〈표 1〉 캘리포니아 주 일본계 이민 인구 변화[8]

연도	일본 출생자	미국 출생자	합계
1900	10,008(98.59%)	143(1.41%)	10,151(100%)
1910	38,184(92.33%)	3,172(7.67%)	41,356(100%)
1920	51,138(71.07%)	20,814(28.93%)	71,952(100%)
1930	48,477(49.74%)	48,979(50.26%)	97,456(100%)
1940	33,569(35.82%)	60,148(64.18%)	93,717(100%)

위의 통계를 통해 재미 일본인 사회의 세대 교체 과정을 살펴볼 수 있다. 1930년경에 미국 국적을 가진 2세, 3세의 비율이 일본 국적을 가진 1세를 앞지르게 되고, 미일 개전 직전인 1940년에는 이미 2세, 3세가 1세의 두 배 가까이 증가했음을 알 수 있다.

6 高橋泰隆, 앞의 책, 16쪽.

7 高橋泰隆, 같은 책, 17쪽.

8 中垣昌美, 「戦前における在米日本人コミュニティ形成の社会福祉(その一)」, 『龍谷大學論集』 427, 1985. 11, 43쪽.

한편, 1941년 미국 본토의 일본계 인구는 120,746명인데 비해 하와이 거주자는 159,534명[9]이었다.

재미 일본인 인구가 하와이에 집중적으로 거주하게 된 것은 앞에서 살펴본 바와 같이 일본인 이민 자체가 하와이 사탕수수 농장 노동자로 대량 이주한 데에서 비롯되었기 때문이다. 그런데 〈표 1〉과 같이 일본인이 미국 본토 중에서도 특히 캘리포니아에 집중적으로 거주하게 된 데에는 일본과 미국을 잇는 항로의 영향도 컸다. 요코하마横浜-샌프란시스코 라인은 미국의 태평양기선회사가 연락선을 운행하고 있었으며, 1896년 일본우선日本郵船이 요코하마-고베神戸-시애틀을 연결하는 항로를 열었다. 따라서 일본인들은 샌프란시스코나 시애틀을 통해 미국에 입국하면서 그 지역에 집중적으로 정착했고, 1906년에 샌프란시스코에 대지진이 발생하자 LA 등 다른 지역으로 이주했다.

미국 정부가 일본인 이민을 억제하기 시작한 것은 1891년의 여권 발급 억제, 1907년의 미일협정美日協定으로 시도되었으며, 이로써 일본인의 미국 이민은 대폭 제한되었다. 한편, 일본인들이 이주하여 토지를 소유하게 되자 일본인 인구가 많은 캘리포니아 지역에서는 일본인을 배제하는 입법운동이 일어났다. 1913년에 제정된 외국인 토지법에서 시민권이 없는 일본인의 토지 취득을 금지했으며, 1920년에는 일본인의 토지 취득을 완전히 금지했다. 특히 재미 일본인 사회에 가장 타격을 준 법률로는 1924년 7월 1일에 시행된 「존슨 리드법Johnson-Reed Act」을 들 수 있다. 이 법은 이른바 1924년 이민법, 흔히 '일본인 배척 이민법'이라 불리는데 엄밀히 말하면, 일본인 이민만을 배제하려는 것은 아니었다. 이 법은 각국 이민의 상한을 1890년 인구 센서스 당시 미국에 거주하고 있

9 島田法子, 「第二次世界大戦と米州日系人」, 『専修人文論集』 39, 1987. 2, 27쪽.

던 각국 출신자의 2% 이하로 하는 것으로서, 1890년 이후 대거 시작된 동유럽과 남유럽, 아시아 출신자를 제한하려는 목적을 가지고 있었다. 특히 아시아 출신자에 대해서는 전면적으로 이민을 금지하는 조항이 만들어져 당시 아시아 이민의 대다수를 차지하고 있던 일본인이 배제되었다. 제13조 C항에서 '귀화 불능 외국인'의 이민을 전면적으로 금지하는 것을 규정했다. 귀화 불능 외국인으로서 당시 이민을 행하고 있던 것은 대부분이 일본인이었으므로 이 조항은 일본인을 대상으로 한 것이라 할 수 있다. 이로써 재미 일본인 사회에는 일본에서 미국으로의 새로운 이민자의 입국이 불가능해졌으며, 일본계 인구의 증가는 오로지 2세와 3세의 출산을 통해서만 가능하게 되었다.

그런데 '이민 규제'의 흐름이 '일본 배척'의 흐름으로 변화된 과정에는 일본인 이민에 대한 경제적 위협의 이미지가 인종적 · 문화적 위협과 결합되어 마침내 이민 문제의 이미지가 '일본 배척'이라는 문제 설정을 가능하게 했다[10]는 점에 주목해야 할 것이다.

아시아인의 미국 이민은 처음에는 단기간의 돈벌이나 유학이 목적이었으나 점차 미국에서 가정을 꾸리며 정착하는 형태로 변화해 갔다. 미국에 건너간 일본인들은 미국에서 자리를 잡기까지 서로 돕고 정보를 공유하기 위한 조직을 필요로 했는데, 1877년 10월 샌프란시스코에서 조직된 복음회福音会는 최초의 재미 일본인 단체라 할 수 있을 것이다. 복음회는 새롭게 미국에 건너오는 일본인에 대해 면학, 취로就労를 돕고 재미 일본인 그룹의 모임 장소를 제공하는 데 지나지 않았으나[11] 당시 샌프란시스코 땅을 밟은 일본인들에게 거주지와 정보를 제공하는 거점

10 今岡勝利, 앞의 논문, 392쪽.

11 中垣昌美, 「戦前における在米日本人コミュニティ形成の社会福祉(その3)」, 『龍谷大學論集』 433, 1989. 2, 15쪽.

이 되었다. 좀 더 공식적인 일본인 단체로는 1892년 설립된 '대일본인회'를 들 수 있는데, 1889년 일본영사관의 조정 아래 이루어진 '일본인 간담회'에서 출발하여 후에 '재미일본인회Japanese Association of America'로 발전되었다.[12] 일본인회는 중앙일본인회와 각 지역 일본인회로 이루어졌다. 그 밖에 일본에서의 출신 지역에 따라 현인회県人会가 조직되었는데 같은 현 출신이라고 해서 처음부터 유대가 있었던 것은 아니었다. 출신지가 가까운 사람끼리 병자 문병이나 사망자의 장례 비용 지출, 귀국 보조와 매장 비용 지출을 행하는 가운데 막연한 '우리 의식'을 갖기 시작하여 단순한 여권 발급 단위에 지나지 않았던 부현府県이 이민의 새로운 결집 상징으로 인식되었다. 직업 소개나 숙소 제공, 친목이나 원조, 신원 보증이라는 실리적 측면에서 현인회는 이민 사회에 불가결한 존재가 되어갔다.[13]

위의 단체들이 일본에서 태어나 미국으로 이주한 재미 일본인 1세들이 미국에 정착하면서 조직한 단체인데 비해, JACLJapanese American Citizens League은 미국에서 태어난 2세와 3세가 주관하는 단체였다. 전미일계시민협회全米日系市民協会, 또는 전미일계시민동맹全米日系市民同盟으로 번역되며, 약칭으로는 시민협회 또는 시협市協이라고 불리었다. 재미 일본인 2세의 비중이 커지는 1930년에 창립되어 1941년 당시에는 아직 소규모 단체였으나 2세들이 중심이 되는 각종 사회 행사를 주관했다.

1941년 5월 당시의 회장 마이크 마사오카에 의해 작성되어 공표된 JACL의 공식 신조를 보면, 이 단체의 성격을 좀 더 정확히 이해할 수 있다.

12 中垣昌美, 같은 논문, 16쪽.

13 柳田利夫, 『アメリカの日系人ー都市・社会・生活ー』, 同文館出版株式会社, 1995, 75쪽.

> 저는 일본인의 피를 이어받은 미국인이라는 것을 자랑스럽게 생각합니다. 그러한 배경을 가졌기 때문에 이 나라의 뛰어난 장점을 한층 더 높게 평가할 수 있기 때문입니다. 저는…… 이 나라의 제도, 사상, 전통을 믿으며 이 나라의 유산을 찬양하며, 역사에 긍지를 가지며 장래를 확신합니다. ……저는 미국을 믿으며, 미국이 저를 믿는다는 것을 확신하기에 미국을 존중한다고 맹세합니다. 미국의 헌법을 옹호하고 법을 준수하며, 국기에 경의를 표하며 무엇이든 적극적으로 쾌활하게 무조건 행할 것을 여기에 맹세합니다. 좀 더 위대한 미국의 좀 더 좋은 시민이 될 수 있기를 소망합니다.[14]

미국에서 태어나고 자라 완벽한 미국 시민이 되고자 하는 재미 2세들의 바람이 잘 드러나 있다.

이 밖에도 각 지역 일본인회에 부인회 등을 두었으며, 이들 단체가 해당 지역의 재미 일본인 관련 행사를 주최했다.

한편, 재미 1세 이민자들의 경우 영어를 자유롭게 구사하지 못하기 때문에 얻을 수 있는 정보가 제한되는데, 이 경우 모국어 신문이 교포 사회의 여론을 주도하고 정보를 제공하면서 고국과 재미 교포 사회를 연결하는 역할을 하게 된다. 이러한 필요에 따라 재미 일본인 사회에서도 많은 일본어 신문이 창간되었다.

1941년 미일 개전 당시 미국 전역에서 발행되었던 일본어 신문 가운데 가장 본격적이고 오랜 전통을 가진 신문은 『일미日米』였다. 『일미』는 1896년 창간되었다고 전해지는 『재팬 헤럴드ぢゃぱんへらるど』에 기원을 두고 있으며, 이를 25달러에 사들인 아비코 큐타로安孫子久太郎가 1899년부터 『일미』라는 제호로 발간했다.[15] 『일미』의 독자는 대부분 샌프란시

14 飯野正子, 『もう一つの日米関係史』, 有斐閣, 2000, 108–109쪽.

15 水野剛也, 『日系アメリカ人強制収容とジャーナリズム―リベラル派雑誌と日本語新聞の第二次世

스코 주변의 재미 일본인 1세였으나 멀리 떨어진 지역에서도 구독했다. 1941년 당시 일본어 6면, 영어 2면을 발행[16]했으며 한자에는 음을 달았다. 즉, 독자의 대부분은 영어에 능통하지 못한 1세이지만 일본어 능력이 떨어지는 2세도 배려한 편집 체제였다. 당시의 발행 부수는 1만 부 전후였다. 『일미』의 정치적 입장은 천황제를 기초로 하는 일본 파시즘 전체주의 체제를 전면적으로 지지하고 있었기 때문에 1941년 당시 『일미』는 '미국에서 발행되는 일본어 신문'이라기보다 "미국에서 발행되는 일본 국적의 신문"[17]이라는 평가를 받았다.

한편, 제호에서 알 수 있듯이 LA에서 발행되었던 『나부신보羅府新報』[18]는 1903년 야마구치 마사하루山口正治 등 실업가에 의해 주 2회 등사판으로 발행[19]되었으며, 편집은 편집부에 맡겨 '편집권의 독립'을 유지했다. 『나부신보』가 처음부터 사업으로서의 신문을 지향한 것은 LA의 사업 지향적인 문화의 영향이 컸다. 1906년 샌프란시스코 대지진 직전의 LA와 남캘리포니아 주변의 일본인은 6,000명 전후였으나 대지진으로 샌프란시스코에서 일본인 인구가 LA로 대거 유입되면서 1907년 총 인구는 9,674명에 달했다고 한다.[20] LA의 일본인 인구 증가에 따라 『나부신보』의 독자는 창간 시 250부, 이듬해 400부, 1935년에 9,000부로 증가했다. 특정 이데올로기나 종교, 주의에 얽매이지 않고 처음부터 상업 신문의 성격이 강했으며 보도주의에 철저했다.[21]

界大戦ー』, 春風社, 2005, 285쪽.

16 水野剛也, 같은 책, 287쪽.

17 水野剛也, 앞의 책, 292쪽.

18 羅府는 로스앤젤레스의 일본식 한자 표기이다.

19 田村紀雄, 앞의 책, 160쪽.

20 田村紀雄, 같은 책, 160쪽.

21 田村紀雄, 같은 책, 161쪽.

3. 미일 외교 관계의 악화와 재미 일본인 사회의 움직임

1940년 9월에 독일, 이탈리아와 삼국동맹을 체결한 일본은 1941년 4월에 소련과 중립조약을 체결함으로써 삼국동맹의 토대 위에 4국협상안을 구상하고 있었다. 그러나 불과 두 달 뒤인 6월 22일 독일이 소련을 침략함으로써 일본의 외교 구상은 위기에 직면했다. 일본은 소련과의 전쟁에 대비하여 만주에 대병력을 집결시키는 한편, 7월 28일 남부 프랑스령 인도차이나에 군대를 진격시켰다. 일본의 남진 정책에 가장 먼저 반응한 것은 미국으로서 7일 26일, 재미 일본 자산 동결을 공표하고 8월 1일에 일본에 대한 석유 수출을 전면적으로 금지하는 조치를 취했다.

한편, 1941년 7월 17일에 조각을 단행한 고노에 후미마로近衛文麿 제3차 내각은 루스벨트 대통령에게 수뇌회담을 제의해 주미 대사 노무라 기치사부로野村吉三郎를 통해 이를 실행하기 위한 외교 교섭을 진행했으며, 11월 5일 구루스 사부로来栖三郎 대사를 추가로 미국에 파견했다. 10월 18일 도조 히데키東条英機 내각이 출범하자 미일 관계는 더욱 악화되었으며, 1941년 11월 26일 미국 국무장관 코델 헐Cordell Hull이 일본군의 중국에서의 철수, 왕조명汪兆銘 괴뢰 정권 불승인, 삼국동맹의 백지화 등을 요구하는 이른바 헐 노트를 제시하자, 외교 교섭은 종지부를 찍게 되었다.

요시다 유타카吉田裕는 이 시기 미일 교섭에 임하는 일본 정부의 기본 정책을 전쟁 갈림길 외교라고 정의하고, 외교상의 위기에 대해 전쟁도 불사한다는 강한 의지를 일부러 강조함으로써 상대 측의 양보나 타협을 끌어내는 외교 정책이라고 설명했다.[22] 이러한 정책 변화로서, 검열 당국

22 吉田裕, 『アジア・太平洋戦争』, 岩波書店, 2007, 49쪽.

이 '대외 관계 기사 단속 요강'을 개정했는데 이로써 "전쟁에 호소하는 것을 시사하는 기사가 검열 대상에서 벗어나 오히려 게재 가능 사항으로서 유도적으로 취급되도록 변화했다"[23]는 것이다. 이 시기의 『일미日米』 역시 "일본이 무릎 꿇도록 강요하는 노골적인 도전 태도/미국의 성의가 의심스럽다"[24], "일본은 어디까지나 평화를 기원/교섭의 성패는 미국이 하기 나름"[25] 등의 기사를 통해 개전 직전까지 미일 외교 교섭 난항의 책임을 미국에 돌렸다.

미일 외교 교섭이 난관에 부딪히고 전운이 감돌자 이를 주시하는 재미 일본인 사회에도 긴장감이 흘렀다. 이 가운데 재미 일본인 단체는 여러 가지 움직임을 보였다. 우선 재미일본인회는 중앙회장 나카무라 겐고로仲村權五郎가 루스벨트 대통령 부처를 방문하고 재미 일본인의 입장에 대해 설명했다. 루스벨트 대통령 부인은 선약 때문에 짧은 시간 자리를 함께하면서도 "법률상으로는 1세 일본인은 외국인이지만 실제로는 미국인입니다. 미국은 인종 여하에 상관없이, 시민권의 유무에 관계없이 미국에 충실한 사람들이 있어야 할 곳입니다"[26]라고 발언했다. 즉, 일본인회의 면담 목적은 대통령 부부에게 시민권이 없는 재미 일본인 1세에 대한 이해를 구하고 미국인으로서 대우받기를 호소하는 데 있었고 대통령 부인의 발언으로 어느 정도 양해를 얻은 것으로 보인다.

한편, JACL은 유력한 미국인들을 초청해 친선 만찬회를 각지에서 개최했다. 당시 신문에서는 이러한 만찬회를 '충성만찬회'라는 이름으로 보도했다. 캘리포니아 중부 도시 프레즈노Fresno에서 1941년 10월 10일 개최된 만찬회의 경우, 미국인 참석자는 80여 명, 일본인 참석자는

23 吉田裕, 같은 책, 50쪽.
24 「日米」, 1941년 12월 2일 보도.
25 「日米」, 1941년 12월 7일 보도.
26 「羅府新報」, 1941년 11월 1일 보도.

120명이었으며, 만찬은 국기에 대한 맹세, 국가 제창, 미국인 목사의 기도로 시작되었다. 식후에는 일본과 미국 인사의 연설이 이어졌는데, 특히 미국인 향군 대표는 일본인 병사의 용감성을 치사하고 일본인이 얼마나 충성스러운 시민인가를 보증[27]했다. 이러한 형태의 만찬회는 재미 일본인에 대한 미국인의 인식을 시정하고 미일 친선을 꾀하는 행사로서 기획되었으며, 이후에도 각지에서 개최되었다.

일본의 진주만 공격 이전까지는 재미 일본인도 다른 미국인과 마찬가지로 징병되었다. 진주만 공격 무렵에는 약 3,500명의 재미 일본인이 미군에 입대[28]했다. 미국에서 태어나 자란 재미 일본인은 법적으로 미국 시민권을 보유한 미국인이었으며 병역 의무는 시민으로서의 권리이기도 했다. 『나부신보』는 재미 일본인 사회의 결혼, 부고 등 각종 행사 소식을 다루면서 이들 2세 청년들의 입영 소식도 중요하게 취급했다. 그러나 개인적인 입대로서가 아니라 재미 일본인 사회의 주요 행사로서 장행회壯行会라는 이름으로 2세 청년들의 입영 축하 행사를 열었다. 이를테면, 롱비치Long Beach 지역의 경우를 보면 일본인회, 부인회, JACL 등 3단체가 합동으로 일본인회관에서 장행회를 개최했는데 신문 보도를 통해 1세와 2세의 출석을 권유하고 회비는 1인분에 25센트[29]라고 안내했다. 즉, 2세 청년들의 입영은 미국 시민으로서의 의무를 다하는 재미 일본인 사회의 위상을 선전하고 재미 일본인 사회의 친목을 다지는 행사로서 개최되었다. 미국과 일본의 외교 관계가 악화되고 전쟁 가능성이 보도되는 가운데도 이 장행회 관련 기사는 지속적으로 실렸다.

또한 LA시가 주최하는 휴전일 축하 퍼레이드에 참가하는 일본계 병사

27 『羅府新報』, 1941년 10월 13일 보도.
28 飯野正子, 앞의 책, 111쪽.
29 『羅府新報』, 1941년 10월 8일 보도.

의 환영회 기사도 크게 다루어졌다. JACL이 주최하고 부인회가 음식을 마련했으며, 2세 여성들이 참가해 댄스 파티를 여는 등 성대하게 진행되었다. 재미 일본인 2세 청년들의 입을 빌려 군대 생활의 유쾌함을 이야기하고, "상관들이 인종적 차별 없이 귀여워해 준다"[30]는 소식을 전하는 것은 재미 일본인 1세 부모들을 안심시키고 미일 친선을 바라는 의도라고 할 수 있다.

미국과 일본의 관계가 점차 악화되고 미국 정계의 대일 강경 발언이 증가하자 JACL은 미국인 초대 간담회, 순회 강연, 친선 만찬 등의 행사를 개최하면서 재미 일본인 사회와 미국인 사이의 친선을 도모했다. 특히 이 시기 『나부신보』 보도에서 주목되는 것은, 미국 유력 인사의 발언을 인용하여 재미 일본인의 성실성을 평가하면서 만일의 경우에도 재미 일본인은 안전하다는 것을 강조하는 기사가 늘었다는 점이다. 역설적으로 이것은 재미 일본인 사회가 전쟁 발발 가능성을 의식하고 있다는 반증이기도 하지만, 일본과 재미 일본인을 분리시킴으로써 미국 사회의 여론을 환기하고 재미 일본인을 안심시키려는 움직임이라고 할 수 있다.

당시 미국과 일본 사이에는 대형 연락선이 운행되고 있었다. 그러나 외교 관계가 악화되자 연락선 정기 운항에 대해서는 동결령이 내려졌고 연락선은 두절되었다. 미국에서 돈을 벌어 일본에서 노후를 보내고자 했던 이민 1세 중에는 이러한 미일 관계의 악화와 연락선 두절을 통해 귀국이 불가능하다고 판단해 자살[31]하는 사례도 있었다. 또한 일시 귀국 중인 재미 일본인 1세나 유학 또는 견학으로 고국을 방문 중인 2세가 일본에서 미국으로 돌아오지 못하고 있었으며 우편물 수송도 중지 상태였다. 그런데 일본 대사관과 미 국무성의 교섭으로 정기 연락선 부활에 필

30 『羅府新報』, 1941년 11월 10일 보도.

31 『羅府新報』, 1941년 9월 24일 보도.

요한 동결령의 일부를 완화한다는 결정이 내려졌다. 일본 측에서는 귀국하지 않으면 안 되는 사정이 있는 일본인을 수송하기 위해 연락선을 운항하되 남미 항로의 소형 연락선으로는 부족하므로 대형 여객선 세 척을 파견한다고 발표했다. 10월 15일 요코하마横浜를 출발하여 호놀룰루, 샌프란시스코, LA에 입항한다는 계획이었는데 『나부신보』가 이 연락선 관련 기사를 거의 날마다 게재한 것은 그만큼 재미 일본인 사회가 이 연락선의 기항을 기다리고 있었던 것을 반영한다. 그러나 이 계획은 지속적으로 수정, 축소되어 연락선은 두 척, 샌프란시스코에만 기항하고 LA에는 입항하지 않게 되었다. 이 연락선 운행에 대해 당시의 나카우치仲内 영사는 거래가 없어서 생활에 어려움을 겪는 상사원, 철도성, 관광국, 무역 관계 등 관청 관계자를 언제까지나 대기시킬 수 없기 때문에 귀국시키려는 것이라고 설명하고 오랫동안 미국에 영주하여 생활 기반을 쌓은 사람은 일본에 돌아가려는 생각을 하지 말고 각자 사업에 매진하라고 당부했다.[32] 즉, 미일 관계가 악화되는 가운데서도 관청, 상사 주재원을 우선적으로 귀국시키되, 재미 일본인 사회의 동요를 막고자 했다.

이처럼 도조 내각이 들어선 이후 재미 일본인 사회는 전쟁 발발의 위험성을 느끼면서도 미국인으로서 2세들의 활동을 선전하는 한편, 재미 일본인 1세들의 불안을 해소하고자 노력했다.

4. 아시아 태평양 전쟁과 재미 아시아 이민 사회의 관계 변화

일본이 미국 진주만을 기습함으로써 미국과 일본은 자연히 적국이 되

32 『羅府新報』, 1941년 10월 11일 보도.

었으며 재미 일본인 또한 미국 안의 적국인이 되었다. 이는 단지 일본인 신분인 재미 1세만의 문제가 아니라 시민권자인 2세, 3세도 포함하는 일본인 가정의 문제로 다가왔다. 어느 날 갑자기 닥쳐온 생활의 변화에 대해, 1924년 이민법이 공포되기 직전에 '사진 결혼'을 통해 미국에 입국했던 일본인 여성은 '하루 종일 라디오 앞에 묵묵히 앉아서 보냈던 1941년 12월 7일'로 회상했다. 그날 저녁 단파 라디오를 찾기 위해 경찰이 가택 수색을 한 것, 전날까지 친하게 지냈던 백인들이 일을 그만두라고 한 것이며, 집 앞에서 미국인들이 'Jap 돌아가라'고 저주를 퍼붓던 기억을 떠올렸다. 그리고 이후 시행된 밤 9시 이후의 외출 금지령과 택시 승차 거부와 더불어 일본인 상점에 돌이 날아들거나 상점의 물건이 파괴된[33] 기억들로서 당시를 회상했다.

그러나 그 재미 일본인 1세 여성이 일본과 미국이 적이라는 것을 인식하게 된 것은 미국인의 탄압 때문이 아니었다. 당시 그 여성은 샌프란시스코로 전근해 온 미군 중위의 집 가정부로 일하고 있었는데 전쟁 후에도 그 가족은 적국인인 일본인을 인종 차별 없이 대해 주었다. 그러나 다음에 일을 갔을 때 부인의 출산 직후 출정한 중위가 일주일 후 일본 어뢰에 당했다는 소식을 듣게 되었다. "내 가슴은 두꺼운 철봉으로 쑤신 것같이 아팠습니다. 말이 안 나오는 채 둘이서 끌어안고 울 뿐이었습니다"[34] 라는 회상을 통해 그 여성은 자신은 일본인이고 일본이 미국과 전쟁을 하고 있다는 것을 뼈저리게 실감했다고 설명했다. 재미 일본인에 대한 공격이나 차별 때문이 아니라 전쟁이 초래하는 결과가 서로를 예전으로 돌아갈 수 없게 한다는 것을 깨닫게 했다.

그런데 전황戰況은 단지 미국과 일본의 전쟁으로 그치지 않고 아시아

33 飯野正子, 앞의 책, 88-89쪽.
34 飯野正子, 앞의 책, 91쪽.

전체로 확대되었다. 말레이시아반도를 남하한 일본군은 1942년 2월에 싱가포르를 점령했다. 그런데 기습 공격으로 시작한 말레이시아반도 공격과는 달리 필리핀에 대해서는 해군의 항공부대가 항공 격멸전을 행한 후 육상부대를 상륙시키는 정공법을 택했다.[35] 1942년 1월의 일본의 마닐라 점령 소식은 연일 언론에 보도되었으며, 미국-필리핀군은 마닐라 방위를 단념하고 바탄반도로 철수했다.

일본의 필리핀 공격에 대해 재미 필리핀 사회는 일본에 대한 분노를 재미 일본인에 대한 공격으로 나타냈다. 예를 들면, 필리핀 레스토랑 앞에서 일본인이 흉부를 찔려 쓰러진 채 발견된 사건[36]의 범인은 필리핀인으로 밝혀졌으며, 필리핀인의 저격으로 일본인 부부가 살해되는[37] 등 필리핀인에 의한 일본인 폭행, 살해 사건은 줄을 이었다. 이에 대해 회원 약 3만 명을 가진 태평양 연안 미국 필리핀협회 부회장 멜레시오 델로타는 성명을 통해, "우리나라는 일본과 전쟁 상태에 있으나 우리는 어디까지나 미국의 법률을 준수할 것이며, 과거에 일어난 일을 유감스럽게 생각하지만 재미 일본인에 대해서는 전혀 원한이 없다"[38]고 선언했다. 그러나 이런 공식 입장과는 달리 재미 아시아인 사회의 갈등은 깊어져 갔다.

재미 필리핀인들 다수가 일본인이 경영하는 농장의 노동자로 일했기 때문에 재미 일본인과 재미 필리핀인의 대립은 농장 인력 문제로도 확대되었다. 북캘리포니아 필리핀인대회에 상정되었다가 의견 불일치로 끝난 일본인 농장 취직 거부운동은 그 후에도 계속 전미 필리핀인회의 의제로 등장했다.[39]

35 吉田裕, 앞의 책, 54–55쪽.
36 『羅府新報』, 1941년 12월 23일 보도.
37 『羅府新報』, 1942년 1월 2일 보도.
38 『羅府新報』, 1941년 12월 27일 보도.
39 『日米』, 1942년 1월 8일 보도.

한편, 샌프란시스코항 일대의 필리핀인들은 동포를 규합해 원정군을 조직하고자 했다. 1월 6일 밤 샌프란시스코만 일대와 산노제San Jose 방면에서 달려온 필리핀인 200명은 언제든지 종군 원정군에 참가하겠다는 결의를 표명하고 서명을 완료했다.[40]

재미 일본인에 대한 공격은 필리핀인에 그치시 않았다. 1월 11일 프레즈노Fresno에서 밤에 귀가하던 일본인 부부는 자신의 상점에서 철봉과 총으로 습격을 당했다. 범인으로 체포된 중국인은 오랫동안 피해자와 야채나 과일을 거래하던 사이였는데, 경찰 조사에서 중일전쟁 이후 일본인에 대해 원망을 품고 별 희망 없는 자신의 저승길 동무로 일본인을 택했다고 자백했다.[41]

한편, 외견상 일본인과 비슷해 보이는 한국인들이 일본의 진주만 기습 후 위험에 노출되었다. LA에서 주류 소매상을 경영하고 있는 한국인은 1월 7일 두 명의 흑인에게 총으로 저격당해 오른쪽 어깨에 부상을 입었다. 그는 병원에서 치료를 받고 "일본인으로 오인을 받아 습격을 당한 것 같다"[42]고 말했다.

미일 개전 당시 미국 본토 및 하와이의 한국인은 1만 여명에 달했는데 전쟁이 발발하면서 자신들이 '일본인'으로 처우받는 데 대한 수치심과 모멸감을 느꼈다. 미주 한인의 최고 기관인 재미한족연합위원회는 12월 7일부터 한인들의 신분 문제를 논의하여 모든 한인에게 사진이 붙어 있는 증명권, 옷깃에 달고 다니는 증명패, 자동차에 붙이는 증명지, 집과 가게에 붙이는 증명표를 발급했다.[43] 그런데 재미한족연합위원회에서 발

40 『日米』, 1942년 1월 8일 보도.
41 『日米』, 1942년 1월 14일 보도.
42 『羅府新報』, 1942년 1월 8일 보도.
43 국사편찬위원회, 『북미주 한인의 역사(상)』, 국사편찬위원회, 2007, 78쪽.

급한 증명을 잃어버리거나 몰래 일본인에게 파는 사람도 있었다.[44] 전쟁 발발 이후 일본인들은 지정된 군사구역에서 오후 8시부터 다음날 오전 6시까지 통행이 금지되었는데 피부색이 같은 한국인들도 이 시각에 거리를 다니는 것은 위험했다. 또한 재미 일본인들을 'Jap'이라 불렀던 미국인들은 한국인도 'Jap'이라 생각[45]했기 때문에 한국인들에 대해서도 호텔 숙박을 거부하고 일상생활에 제약을 가했다.

개전 직후인 12월 7일 LA에 거주하는 한인들은 국민회의 본부에 모여 다음과 같은 결의안을 통과시켰다.

1. 한인들은 전쟁 동안에 단합되고 통합된 행동을 한다.
2. 한인들은 그들이 거주하는 지역의 방어를 위해 일해야 하고 건강한 모든 사람은 국가 방위 의무에 지원해야 한다. 경제적으로 여유가 있는 사람들은 전쟁 채권을 구입하고 기술자들은 적당한 의무에 지원해야 한다.
3. 한인들은 안전을 위한 목적으로 한인을 표시하는 견장을 한다.[46]

한편, 재미 한국인의 법적 지위 문제가 미국 정부에서 공론화되었다. 하와이 출신 의원 킹은 정부 당국에 대해 미국 거주 조선인을 일본 국민의 국적에서 분리시켜 따로 연합국 측에 속하게 하자고 건의했다. 킹은 "현재 재미 조선인은 일본 국민으로서 일본인과 같은 취급을 받고 있다. 그러나 이들 조선인은 일본이 조선을 병합하기 전부터 미국에 건너왔기 때문에 일본인 대우를 받는 것을 받아들이지 못하는 상태이다. 따라서

44 국사편찬위원회, 같은 책, 79쪽.
45 국사편찬위원회, 같은 책, 79-80쪽.
46 Wayne Patterson Hyung Chan, KIm, 오인철 옮김, 『미국의 한인 개척자들』, 조선대학교출판부, 1999, 379쪽.

조선인을 미국의 벗으로 대우하여 추축국을 타도하는 자산으로 하라"[47] 고 주장했다.

아시아 태평양 전쟁은 같은 아시아인으로서 연대하거나 교류해 왔던 재미 아시아인 사회에 균열을 가져왔다. 일본인 자신에게는 적국인으로서의 생활의 불편과 가해자로서의 정신적 충격을 겪게 했으며, 일본과 전쟁 중인 중국인, 필리핀인은 재미 일본인에게 폭력과 살인을 가했다. 한편, 식민지 지배를 겪던 한국인은 일본인과 한국인을 분리함으로써 '일본인이 아닌' 한국인임을 강조하고자 했다.

5. 미일 개전과 재미 일본인 사회의 충격

1941년 12월 8일 오전 2시 15분(일본 시간), 일본군은 영국령 말레이시아 반도의 코타바루Kota Bahru에 상륙을 개시하고, 이어서 3시 19분에 일본 해군의 기동부대에서 진격한 제1차 공격대가 진주만 공습을 시작했다.

캘리포니아 지역 시각으로는 12월 7일 일요일이었다. 미일 개전 직전의 신문 보도는 『나부신보羅府新報』가 12월 7일자까지 발행한데 비해 『일미日米』는 12월 8일자도 발행했다. 일본의 진주만 기습이 일어난 당일인 12월 7일자 『일미』의 1면 머릿기사는 "일본은 어디까지나 평화를 기원, 대미 각 교섭 진행 중, 교섭의 성패는 미국이 어떻게 나오는가 한 가지뿐"이라는 제목이었다. 기사의 내용은 헐 국무장관이 노무라, 구루스 두 일본 대사에게 건넨 외교 문서가 "동아시아의 이상과 현실에 맞지

47 『日米』, 1942년 1월 18일 보도.

않는 가공적 원칙에 입각하여 제국으로서는 도저히 받아들이기 어려운 것이기 때문에 교섭이 난관에 봉착한 것으로 추측된다"[48]는 부분을 큰 글씨로 강조했다. 그러나 이 기사가 활자화되어 독자들의 손에 들어갈 즈음에는 일본이 진주만을 기습했다는 비보도 날아들었다.

다음날인 12월 8일자 『일미日米』의 지면은 당혹스러움과 혼란스러움을 고스란히 드러냈다. 세로쓰기 기사를 가로지르는 이날의 머릿기사는 바로 '파국은 마침내 왔다'[49]는 제목이었다. 그리고 그 내용은 "일본 돌연 군사 행동에 나서 일미 양국 무기를 겨루다/일본 해군 하와이를 전격적으로 기습, 진주만 상공에서 대공중전을 연출하다"였다. 또한 기사 내용은 일본발 기사를 싣던 평소와 달리 미국 통신사인 UP 통신을 인용한 속보였다. 그러나 같은 1면 기사에서는 일본군의 피해도 크다는 사실을 보도하는 한편, 영국의 외교와 군사 정책을 비난하는 등 여전히 친일적 성격을 견지했다.

그러나 개전과 더불어 일본어 신문은 당분간 휴간과 정간 상태에 놓이게 되었으며, 사옥이 폐쇄되고 간부사원은 구속되었다. 『일미』의 편집장이었던 아사노 시치노스케淺野七之助는 12월 7일 집에서 신문사에 나갔던 기자의 전화 연락을 받고 일본이 진주만을 기습했다는 것을 알았다. 그는 당장 신문사로 달려가려고 했으나 FBI에 체포될 경우를 대비해 신변 정리를 한 후 오후에 신문사에 나갔다. 이미 신문사의 문은 닫히고 두세 명의 FBI가 엄중히 감시하고 있었다. 우익적 단체 관계자, 일본인회 등 단체 지도자, 일본어 신문사의 임원, 교회 관계자, 일본어학교 교사들까지 FBI에 검거되었다.[50] 재미 일본인 사회 지도자에 대한 광범위한 체

48 『日米』, 1941년 12월 7일 보도.
49 『日米』, 1941년 12월 8일 보도.
50 田村紀雄, 앞의 책, 202쪽.

포와 구속이 시작된 것이었다.

일본어밖에 모르는 재미 일본인 1세들은 일본어 신문이 발행 정지되자 정보가 차단되어 생활의 불편을 겪었을 뿐 아니라 각종 유언비어가 난무하는 가운데 극도의 불안을 느꼈다. 일본어 신문이 발행 재개되는 시기는 신문에 따라 달랐으나 평소 상업 신문을 지향하여 친일적인 정치 기사가 적었던 『나부신보羅府新報』는 비교적 빨리 12월 10일에 발행을 재개했다. 그러나 모든 기사는 한 자도 빠짐없이 영어로 번역되었으며, 일본어 기사 앞에는 "True translation field with the postmaster at Los Angeles's on (발행 날짜) as required by the Act of October 6, 1917, c. 106, sec 19, 40 Stat. 425."라는 설명문을 일일이 달았다. 즉, 번역되어 검열을 통과한 기사만이 일본어로 게재될 수 있었던 것이다. 또한 "전시비상법규에 따라 일본어 기사가 영문으로 모두 번역되어 일일이 당국에서 지정한 반추축동맹위원회의 검열을 거친 후 다시 우정당국의 검열을 거치는 등 평시 신문 편집에 비해 4배 이상의 복잡한 과정"[51]을 거쳐 발행되었기 때문에 지면 축소가 불가피해졌다. 그러다 1월 12일부터 번역문 제출 없이 일본어판만으로 검열을 받게 되자 다시 8면으로 발행되었다.

『나부신보』의 내용 변화는 광고에서도 두드러지게 나타났다. 개전 후에도 광고는 평상시와 다름없이 게재되었으나 근고謹告라는 이름 아래 평상시대로 영업하고 있음을 알리는 광고가 13일자부터 등장하기 시작했다. 근고의 내용은 "정부의 허가를 얻어 개점하고 있습니다" 또는 "미국 정부의 관대한 조치에 의해 종전대로 영업하고 있습니다"는 내용이 주를 이뤘으나, 구체적으로 "미국 정부 및 대통령 각하의 관대한 조치에

51 『羅府新報』, 1941년 12월 13일 보도.

따라 안심하고 영업할 수 있는 것을 감사드립니다"와 같이 미국 정부에 감사를 표하는 내용도 있었다. 특히 "당 점포는 2세가 경영하는 곳으로서 평상시대로 개점하고 있으므로 변함없이 방문해 주실 것을 부탁드립니다"라는 광고의 경우, 경영자가 적국 일본의 국적을 가진 재미 1세 교포가 아니라 미국 국적의 2세라는 것을 강조하고 있다는 점에서 주목된다. 또한 이러한 광고를 통해 재미 일본인 회사 또는 상점들이 불안한 시국 가운데에서도 정상적으로 영업하고 있었음을 알 수 있다.

개전 직후 발행을 재개한 『나부신보羅府新報』는 일본어 신문으로서 전시 재미 일본인 사회에 지침서가 되고자 노력했다. 12월 10일자 '재미동포 여러분에 대한 경고'라는 기사에서 "재미 동포는 어디까지나 좋은 미국 거주자로서 이 나라의 법규를 준수하고 조금도 경거망동하는 일이 없도록 일본계 시민의 부모로서 신중하게 행동하여 미국 정부의 방책에 순응하고 미국 관헌의 지시에 따라 이웃 미국인과 어디까지나 친교를 깊게 하고 조금이라도 오해를 사지 않도록 주의하는 것이 가장 중요하다"고 당부했다. 또한 "재미동포는 '미국에 와서 살면서 미국 헌법 아래 생활하는 은혜를 입은 영주자'인 자신의 입장을 십이분 인식하여 전 인류를 위한 민주 옹호를 위해 전력을 기울이고 있는 미국에 보은 감사의 성심을 다하고 100% 협력하여 루스벨트 대통령 아래 거국일치 체제에 즉응하지 않으면 안 된다"[52]라고 썼다. 이어서 11일자의 '여러분에게 주의'에서는 "12월 8일 미국의 선전포고와 동시에 일본은 분명하게 미국의 적국이 되어 자연히 재미 동포 1세도 '적국인' 취급을 받게 되었습니다"라고 선언하고, "여러분은 한 사람도 남김없이 미국 정부 및 지방 관헌의 명령을 존중하여 그 지시에 따라 아무쪼록 신중하게 행동하는 것이

52 『羅府新報』, 1941년 12월 10일 보도.

중요합니다. 만일 한 사람이라도 사려 없는 언동을 하는 사람이 있다면 모든 재미 일본인을 사지에 빠뜨리고 전 일본인 사회에 대해 민폐를 끼치게 됩니다"[53]라고 경고했다. 개전 직후의 긴박감과 재미 일본인으로서의 위기 의식이 드러난다.

또한 전시하의 재미 일본인들에게 정보를 제공하고 구체적인 생활지침을 전달하고자 했다. '긴급 경고!!!'를 통해서는 "공습 경보가 울리고 라디오에서 등화관제(블랙 아웃)를 방송하면 즉각 집안의 등화를 끌 것, 위반자는 6개월의 체형과 벌금에 처해진다. 일본인 여러분은 특히 세심한 주의를 기울여야 한다. 공습 경보가 해제될 때까지 절대로 등화를 켜서는 안 된다"고 주의를 환기시켰다. 등화관제 위반 일본인 구속자가 증가하는 가운데 영어를 잘 모르는 재미 일본인들이 미국 정부의 지침에 따라 등화관제를 잘 수행할 수 있도록 구체적으로 지시한 것이다.

12월 12일의 '여러분에게 주의'에서는 다음과 같이 구체적인 내용을 언급했다.

> 전시 적국인 단속에 관한 대통령령에 따라 일본인은 단파 라디오 청취기, 송신기 세트, 총기, 흉기, 사진기 등을 어떠한 때에도 소지하는 것이 금지되었습니다. 일본 방송을 청취하는 것은 절대로 금물입니다. 단파 라디오 청취기를 가지고 있는 분은 지금 곧 라디오를 해체하거나 단파 청취기의 단파용만 빼는 등 관헌의 조사를 받기 전에 합중국 정부 당국의 명령을 준수하여 혐의를 받지 않도록 주의하는 것이 중요합니다. 자동차 운전에 주의하고 야간 외출은 어쩔 수 없는 경우를 제외하고 삼가며 근거 없는 소문을 듣거나, 길에서 서너 명이 모여 얘기를 나누는 일은 삼가십시오.[54]

53 『羅府新報』, 1941년 12월 11일 보도.
54 『羅府新報』, 1941년 12월 12일 보도.

한편, 『일미日米』는 연말부터 발행이 재개되었다.[55] 발행 재개까지 시일이 경과한 탓인지 모든 기사가 영어로 번역되어 검열을 통과했다는 영문 안내나 광고란의 '근고'가 전혀 눈에 띄지 않는다는 점에서 『나부신보』 지면과는 확연히 달랐다. 뉴스는 미국 통신사의 영문 기사를 일본어로 번역하여 샌프란시스코 우체국장의 검열을 받아 인쇄되기 때문에 속보가 아니라 하루 늦게 활자화되었다.[56] 게다가 『나부신보』와 달리 재발행 직후는 5, 6일에 한 호가 발행되었다. 그러나 무엇보다 달라진 것은 보도의 내용이었다. 개전 이전의 기사가 일본 정부의 입장을 대변하던 데서 180도 전환하여 이를테면 "필리핀섬, 미국이 선전하지만 일본군 노도와 같이 진격"[57], "20만의 일본군을 맞아 용감히 선전 중인 미군"[58] 등 '선전'의 주체가 일본군에서 미군으로 변화해 있었다.

진주만 기습 이후 24시간 안에 재미 일본인 1세의 예금이 동결되고 FBI에 의해 '수상한 적성 외국인'이 검거되기 시작했다. 이때 검거된 1,500명의 재미 일본인 대부분이 일본인 사회의 지도자인 1세들이었다.[59]

한편, 순수한 경제적 산업단체 및 문학, 미술, 음악 등을 제외한 적국 외국인의 조직이나 단체는 검찰총장의 허가를 얻어야 한다는 발표에 따라 일본인회를 비롯한 각종 재미 일본인 1세 단체는 자발적 해산을 권고받았다. 이에 따라 각 부현인회와 부인회가 해산을 결정하고 해산 방법을 논의했다. 가장 먼저 움직인 것은 기후현인회岐阜県人会로서 회계 담당자가 책임을 지고 남은 기금 일부를 구호 앰뷸런스 헌납에 기부하고

55 『日米』의 발행 재개일은 정확하지 않다. 田村紀雄는 앞의 책(206쪽)에서 『日米』가 1941년 12월 24일 크리스마스 이브에 발행이 재개되었다고 적고 있으나 『羅府新報』 12월 27일자 보도는 "『日米』 등의 일본어 신문들이 재무성의 명으로 폐쇄 중이며 언제 재간행될 수 있을지 예측할 수 없다"고 설명했다. 현재 일본 국회도서관에 소장된 『日米』는 1941년 12월 8일자 이후 12월 31일까지 누락되어 있다.

56 田村紀雄, 앞의 책, 207쪽.

57 『日米』, 1942년 1월 1일 보도.

58 『日米』, 1942년 1월 9일 보도.

59 飯野正子, 앞의 책, 78쪽.

나머지를 국방 저축 스탬프로 바꿔 회원 전체에 나눠주는 방식을 택했다. 남캘리포니아 기후현岐阜県 해외협회, 에히메부인회愛媛婦人会 등도 남은 기금을 앰뷸런스 구입비와 적십자사 등에 기부했다. "신세를 진 미국을 위해 말로만 아니라 행동으로 만분의 1이라도 보은"[60]하기 위해 앰뷸런스 헌납운동을 주도한 나부신보사羅府新報社에는 해산하는 재미 일본인 1세 단체로부터 기금이 쇄도했다.

개전 이후 재미 일본인 1세 지도자가 거의 체포되고 1세가 주도하는 단체들이 잇달아 해산하게 되자 재미 일본인 사회의 세대 교체는 급속히 진행되었다. 개전 이전에 LA의 재미 일본인 2세 약 2만 4천 명 중 JACL의 회원은 600명에 지나지 않았으나 전시 중에 전 미국의 회원은 3만 명으로 확대되었다.[61] JACL는 루스벨트 대통령에게 보낸 전보를 통해, "재미 일본인 1세는 선량한 거류민인 이상 격리 캠프에 수용하는 등의 일은 결코 있어서는 안 된다. 일본계 시민의 부모로서 어디까지나 선량하고 냉정하게 생업에 종사하게 해야 한다"[62]고 호소했다.

한편, 각지에서 미국에 대한 재미 일본인 2세들의 충성 맹세도 잇따랐다. LA시 대학에 재학 중인 일본인 2세 대학생들은 개전 직후 미국에 대한 충성을 맹세하고, "우리는 다른 미국인과 무엇 하나 다르지 않다. 일본은 우리에 대해 전쟁을 선언했다. 우리는 전력을 다해 일본과 싸울 것이다"[63]라고 선언했다. 또한 12월 11일 UCLA 재학 중의 재미 일본인 2세 학생 약 200명은 전 학생에 대해 "오직 미국에만 충성을 다할 것"을 선언했다.[64]

60 『羅府新報』, 1942년 1월 19일 보도.
61 飯野正子, 앞의 책, 109쪽.
62 『羅府新報』, 1941년 12월 10일 보도.
63 『羅府新報』, 1941년 12월 11일 보도.
64 『羅府新報』, 1941년 12월 12일 보도.

지역 단위로도 충성 선언이 잇따랐다. 엘세군도El Segundo 거주 일본인은 1세와 2세의 서명이 든 결의를 통해, "우리는 미국을 전폭적으로 지지함과 동시에 파괴적 행위를 미연에 방지하며 만일 이러한 행위를 발견했을 때는 즉시 보고할 것을 맹세한다. 따라서 미국 시민과 마찬가지로 물심양면으로 희생적 봉사를 할 것을 충심으로 맹세한다"[65]라고 선언했다.

그러나 일본과 재미 일본인을 분리시키려는 이러한 노력에도 불구하고 '적성 외국인'의 등록에 이어 육군과 해군의 요구에 따라 국방상 중요한 지역에서 일본과 이탈리아, 독일인을 이전시키는 안이 확정되었다. 곧 이어 일본인이 집중적으로 거주하는 샌프란시스코와 LA에서 이를 실시한다는 내용이 발표되었다. 그리고 2월 19일에는 서해안 일대를 군사구역으로 설정하여 3월 23일에는 일본인의 강제 퇴거 명령이 내려졌다.[66]

또한 미국 시민으로 태어나 미국 군인으로 징병되었던 2세 청년들은 전쟁이 시작되자, 1-A(병역을 할 수 있는 지위)에서 4-C(병역을 안 마쳐도 되는 외국인의 지위), 또는 4-F(병역에 부적합한 사람들의 지위)로 바뀌었다는 통보를 받았다.[67] 그뿐만 아니라 일본인에 대한 서해안 추방 명령에는 재미 일본인 1세뿐 아니라 미국 시민권을 가진 2세와 3세까지 포함되었다.

재미 일본인들이 캘리포니아에서 추방되자 더 이상 일본어 신문은 발행될 수 없었다. 『나부신보羅府新報』는 4월 3일, 『일미日米』는 5월까지 발행되었다. 그러나 『일미』는 마지막까지 계속 발행할 의지를 갖고 있었던 것으로 보인다. 5월에도 "본사는 군의 명령에 따라 장래에 이전하게

65 『羅府新報』, 1941년 12월 17일 보도.
66 田村紀雄, 앞의 책, 208쪽.
67 飯野正子, 앞의 책, 111쪽.

될지도 모릅니다. 어떠한 사정이 있더라도 『일미』는 발행을 계속하여 정부의 지령을 여러분에게 전달함과 더불어 전시하 보도의 사명을 다하도록 봉사"할 것을 약속하며 지속적으로 구독 신청을 받았다. 또한 5월자 신문 광고에서는 "이전 명령이 있을 때까지 영업을 계속합니다"라는 내용과 더불어 "철수기 눈앞에 닥쳐왔기 때문에 당국의 경고에 따라 폐점합니다"는 폐점 인사가 게재되었다.

이렇게 마지막까지 캘리포니아 지역 재미 일본인과 함께했던 일본어 신문들은 전후 다시 발행되었다. 윤전기 등을 사내에 보존한 채로 철수했던 『나부신보』는 일본의 패전 직후 1946년 1월 1일부터 다시 재간 제1호를 발행했으며, 『일미』는 1946년 5월 18일 샌프란시스코에서 『일미시보日米時事』로 창업했다.[68]

미일 개전을 통해 일본은 미국의 적국이 되었으며 일본 국적을 가진 재미 일본인 1세는 적국인이 되었다. 미국 정부의 일본인 재산 동결 발표와 재미 일본인 1세 지도자 체포 등의 조치로 재미 일본인 사회는 불안과 동요를 겪었다. 이러한 상황에서 『나부신보』와 『일미』 등 일본어 신문들은 등화관제와 야간 외출 금지 등 미국 정부의 일본인 통제 정책을 재미 일본인들에게 전달하고 협조를 당부하는 역할을 수행했다. 한편, 재미 1세 단체의 자발적 해산을 통해 JACL은 재미 일본인 사회를 대표하는 단체로 부상했다. 전쟁이라는 외적 요인에 의해 재미 일본인 사회의 세대 교체가 이루어졌다고 할 수 있다. 완전한 미국 시민으로서의 성격을 강조하며 병역의 의무를 수행했던 2세, 3세들은 병역에서 배제되었으며 재미 일본인 1세와 함께 미국 서해안 지역에서 추방되었다. 미국 시민권자인 2세, 3세의 수용은 전후에 새로운 논점으로 떠올랐다.

68 田村紀雄, 같은 책, 224–225쪽.

6. 나오는 말

재미 일본인 사회는 공식적으로 1865년 에도江戶 시대에 하와이 이민으로 출발했으며 중국인 이민이 배척되자 미국 서부 사회에서 중국인 노동력을 대체하는 역할을 하며 성장했다. 1924년 이민법으로 아시아 이민은 더 이상 미국 입국이 불가능해지자 재미 일본인 사회는 2세와 3세의 출생과 성장을 통해 인구를 증가시켜 갔다. 재미 일본인들은 각종 일본인 단체를 조직해 상호 부조와 정보 공유를 꾀했으며 영어에 능통하지 못한 재미 일본인 1세를 위해 일본어 신문들을 발간했다. 이 신문들은 일본어 능력이 떨어지는 2세들을 위해 영문면을 발간했으며, 재미 일본인 사회의 정보 유통에 공헌했다.

이 글에서는 이러한 일본어 신문 가운데 캘리포니아 지역의 유력 일간지 『나부신보羅府新報』와 『일미日米』를 수집함으로써 재미 일본인 사회와 아시아 이민 사회의 동향을 분석했다. 『일미』는 내셔널리즘적 성격이 강한 신문으로서 미일 개전 이전에는 일본 정부의 관점에서 미국과의 외교 관계를 보도했다. 그러나 개전 후의 검열 과정을 통해 논조가 180도 변화했으며, 재미 일본인의 캘리포니아 추방과 격리 수용이 이루어지는 시기까지 재미 일본인 사회의 정보 전달자로서 기능을 수행했다. 한편, 창간 때부터 상업지로서의 성격을 분명히 했던 『나부신보』는 풍부한 교포 사회의 동향을 실어 재미 일본인 사회에 도움을 주고자 했다. 이들 신문은 개전 직후 미국 정부의 방침을 전달하고 교민들에게 생활지침을 제공했다.

재미 일본인 사회는 미일 개전의 불안 속에서 미국 시민권자인 2세 청년들의 활동을 홍보하면서 미국 시민의 부모로서 1세들의 입장을 강화하고자 했다. 각종 재미 일본인 단체는 미국인들과의 친선을 강조하면서 교민 사회의 불안을 해소시키려는 노력을 했다. 개전 직후 재미 일본인 사회는 일본과의 관계를 단절하고 미국 시민으로서 충성을 맹세했으며, 1세 역시 선량한 이주자로서 미국 법률을 준수하는 모습을 보이고자 했다.

한편, 노동과 상업 거래를 통해 교류했던 재미 중국인과 필리핀인들은 조국이 일본과 전쟁을 하고 있는 상황 속에서 재미 일본인들을 공격하기 시작했다. 여기서 유의할 것은 미국과 일본이 적국이 되면서 이런 아시아 이민 사회 안의 적대 의식이 표면으로 드러나게 되었다는 점이다. 한국인들의 경우에는 식민지 지배를 당하기 이전에 미국에 건너간 사람과 1910년 이후 이주자로 나뉠 수 있으나 일본의 진주만 공격을 계기로 일본인과 구분되는 한국인으로서의 의식을 강화하고 이를 미국 사회에 알리는 한편 재미 한국인의 법적 지위 변화로도 연결시키려 한 점이 주목된다.

아시아 태평양 전쟁은 재미 일본인 사회의 세대 교체와 위기를 가져왔으나 미국 안의 소수자로서 노동과 생활에서 서로 긴밀한 관계를 맺어왔던 아시아 이민 사회 전체의 내부 분열과 관계 정립을 초래했다.

참고 문헌

국사편찬위원회, 『북미주 한인의 역사(상)』, 국사편찬위원회, 2007.

김원룡, 『재미한인 50년사』, 혜안, 2004.

Wayne Patterson & Kim Hyung Chan, 오인철 옮김, 『미국의 한인 개척자들』, 조선대학교출판부, 1999.

『日米』

『羅府新報』

飯野正子,『もう一つの日米関係史』, 有斐閣, 2000.

今岡勝利,「1924年移民法成立の政策過程ー「政策の窓モデル」と「ゴミ箱モデル」の対比ー」,『防衛大学校紀要. 社会科学分冊』94, 2007.3.

大賀哲,「日本外交史における境界の政治学ー排日移民法とナショナル・アイデンティティー」,『国際政治』140, 2005.3.

貴堂嘉之,「アメリカ移民史研究の現在」,『歴史評論』625, 2002.5.

島田法子,「第二次世界大戦と米州日系人」,『専修人文論集』39, 1987.2.

高橋泰隆,『昭和戦前期の農村と満州移住』, 吉川弘文館, 1997.

田村紀雄,『アメリカの日本語新聞』, 新潮社, 1991.

田村紀雄・有山輝雄,「在米日系新聞の発達史研究 ―1924年移民法と日系新聞」,『東京経済大学人文自然科学論集』75, 1987.3.

日比嘉高,「日系アメリカ移民一世の新聞と文学」,『日本文學』53, 2004.11.

外川知靖,「合衆国一九二四年移民法以前の日本人「移民」ー家族・職業を中心にー」,『日本歴史』707, 2007.4.

中垣昌美,「戦前における在米日本人コミュニティ形成の社会福祉(その一)」,『龍谷大學論集』427, 1985. 11.

水野剛也,『日系アメリカ人強制収容とジャーナリズムーリベラル派雑誌と日本語新聞の第二次世界大戦ー』, 春風社, 2005.

柳田利夫,『アメリカの日系人ー都市・社会・生活ー』, 同文館出版株式会社, 1995.

吉田裕,『アジア・太平洋戦争』, 岩波書店, 2007.

米山裕・河原典史 編,『日系人の経験と国際移動在外日本人・移民の近現代史』, 人文書院, 2007.

제노사이드 기억의 재현 방식과 재일 한인의 정체성: 재일 한인 작가 이양지의 작품을 중심으로*

윤정화

1. 들어가는 말: 제노사이드 기억

제노사이드genocide란 "통상적이고 일반적으로 국제법학자들이 제노사이드의 번역어로 사용하는 '집단 살해'이지만, 일각에서는 더 협소하게 '인종 학살' 혹은 '종족 학살'로 이해한다." 이는 제노사이드의 라틴어 어원인 인종을 의미하는 그리스어 'geno'와 학살을 의미하는 'cide'의 합성어에 주목한 정의이다. 그러나 최근에는 제노사이드를 "집단 성원들에 대한 집단 학살과 같은 물리적인 파괴만을 지시하는 것이 아니라 삶의 방식과 사회적 연결망, 제도, 공동체의 가치에 대한 절멸을 목적으로 한다"(강성현, 2008: 96)고 규정한다. 이 글에서도 이러한 연구자들의 정의[1]

* 이 글은 『현대소설연구』 46호(2011년 4월)에 실린 논문을 수정 · 보완한 것이다.

1 제노사이드에 대한 용어 정의와 범위에 대한 학자들의 정리를 참조하려면 강성현의 글을 참조하는

에 의한 제노사이드에 대한 이해를 기반으로 논의를 시작한다. 한반도에서 중요하게 논의되는 제노사이드 기억에 대한 서사 연구는 주로 제주 4·3사건과 5·18 광주 민주화 항쟁에 집중되어 있다고 할 수 있다.

재일 한인에 대한 제노사이드란 '간토關東대학살'[2]을 말한다. '간토대학살'은 재일 한인에 대한 학살이었으며, 일본이 대지진이라는 국가의 위기를 타자인 재일 한국인에게 책임을 전가하여 학살함으로써 일본 국민의 공포를 타개하려는 데에 목적이 있는 전형적인 제노사이드이다. 이 명칭에는 '간토대지진 조선인 대학살'(재일 한인 역사학자 강덕상의 명칭)에서의 조선인이라는 대상이 삭제되어 있다. 이렇게 삭제된 지칭어와 이 학살에 대한 담론이 충분히 다루어지지 않았다는 사실 자체가 학살 대상인 재일 한인의 타자적 위치를 대변해 주는 것이라 할 수 있다.

어느 제노사이드에 대한 저서에서도 '간토대지진 조선인 대학살'에 대한 논의는 소량에 불과하다. 재일 한인은 간토대학살이라는 제노사이드의 생존자이면서도 이러한 기억의 담론에서 배제되어 있다. 사실 제노사이드 사건의 기억에서 가장 설득력이 있는 서술 주체는 생존자이다. 제노사이드 연구자 최호근에 따르면 "제노사이드나 민간인 학살과 같은 극단적인 역사적 사건에 대한 연구에서는 주관적인 경험이나 기억이 오히려 객관적인 자료보다 더 설득력 있는 해석을 제시할 수 있다"(최호림, 2005; 최호근, 2005: 270)고 했다.

생존자의 집단적 기억 속에서 정체성이 형성되는 것에 대한 논의는 다

것이 좋을 듯하다. 강성현은 기존 제노사이드의 어원에서부터 각 학자들이 어떻게 제노사이드를 규정하고 있는지를 통시적으로 정리하고 있기 때문이다. 이러한 정의는 실제 이 신조어를 만든 라파엘 렘킨Raphaael Lemkin, 허버트 허쉬Herbert Hirsch 모두 규정하고 있는 것이기도 하다.

2 간토대지진 조선인 학살 사건에 대해서는
강덕상, 『조선인의 죽음: 관동대지진과 조선인 대학살의 진상』, 홍진희 옮김, 동쪽나라, 1995.
______, 『학살의 기억, 관동대지진』, 김동수 · 박수철 옮김, 역사비평사, 2005.
야마다 쇼지山田昭次, 『(관동대지진) 조선인 학살에 대한 일본 국가와 민중의 책임』, 이진희 옮김, 논형, 2008을 참조할 수 있다.

른 논문에서도 다루어진 것[3]이 있다. 그러나 이는 주로 생존자와의 인터뷰를 통한 조사와 정리 작업으로 이루어지는 것이다. 실제 제노사이드 기억을 문학적으로 어떻게 형상화하고 있는지에 대한 연구는 극히 드물다. 특히 재일 한인들의 기억 속에서 형상화된 집단 학살과 생존의 기억과의 연관성에 대한 연구는 거의 전무하다.

제노사이드의 역시에서 살아남은 자, 그 생존의 가치 자체로 주목받아 마땅함에도 불구하고 재일 한인은 특히 제노사이드의 연구 대상에서 제외되어 있다. 학살의 생존자인 재일 한인조차도 학살의 기억을 재현할 엄두를 못 내서인지 작품에서 제노사이드에 대해 형상화된 부분을 찾기란 쉽지 않다. 담론화되지 않는 기억은 이미 이 기억이 삭제 진행 중이라는 것을 의미한다.

이런 점에서 이양지가 작품에서 학살의 기억을 서술하고 있는 것은 재일 한인의 정체성을 규명하는 데에 또 하나의 단서로 기능할 수 있다고 할 수 있다. 이양지의 작품에서는 지금까지 연구 대상에서 별로 많이 다루어지지 않고 있는 '간토대지진 조선인 대학살'의 기억을 구체적으로 형상화하고 있기 때문이다. 이양지의 작품에서 나타나는 집단 학살 기억의 형상화와 그 치열함의 정도는 작품의 극적 집중도와 전개 과정에서 다른 작가와의 차별성을 획득하고 있다.

그러므로 제노사이드 기억과 재일 한인의 문학 작품에서의 서술 양상을 연구하는 것은 "거대 구조에 맞서는 피지배 집단의 역사적 경험"(조윤미, 2007: 62)의 구체적인 모습을 재현하는 장이 될 것이고, 담론을

3 재클린 아미요후세인, 「생존의 서사들: 중국 남서부 무슬림은 1873년의 학살을 어떻게 기억하는가」, 『흔적』, 여국현 옮김, 제2호, 문화과학사, 2001, 295쪽.
이 논문은 특수한 인종 청소의 경험이 후손들에게 어떻게 기억되는지에 초점을 맞추고 있는지를 살펴보고, 특히 여성에게 가하는 야만성과 성폭력이 개인적 수치의 근원이 아니라 집단적 기억과 정체성을 형성하는 데에 영향을 미치는 과정을 추적하고자 했다.

통해 공유 기억을 생산하고 타자로서의 재일 한인의 정체성을 규명하는 논의가 될 것이다.

이러한 논의는 재일 한인이라는 소수자가 희생되고 전멸되는 무기력한 존재라 아니라, 자신을 둘러싼 환경과 정체성의 구성을 해석할 수 있고, 그 역사를 기억하고, 저항의 글쓰기 전략을 고안하는 실천적 주체로 재규정될 수 있다는 가능성을 열어줄 것이다.

2. 기억의 재현

지진의 기억, 고통의 순간

학살의 기억 서사 연구가 단지 현상학적인 설명과 제시에서 그치지 않으려면 이양지가 특히 학살에 대한 공포의 기억을 어떻게 작품에서 형상화하고 있으며, 이러한 기억의 추동이 그의 작품의 서사 구조에서 어떤 영향력으로 서사를 전개하는 동인이 되고 있는지를 살펴보는 것이 우선적으로 이루어져야 할 것이다. 주류 사회에서는 소수자들의 제노사이드 또는 학살의 역사를 조작하거나 은폐하려 하기 때문이다.

재일 한인의 기억 서사는 오카 마리岡眞理가 말한 바 있는 '플래쉬 백의 서사'이다. 기억에 매개된 폭력적인 사건이 지금 현재형으로 일어나고 있는 바로 그 장소에 자기 자신이 그 당시 마음과 신체로 느꼈던 모든 감정, 감각과 함께 내팽개친 채로 그 폭력에 노출되는 경험(오카 마리, 2005: 51)으로 작품에 형상화되는 것이다. "기억과 망각은 어떤 의미로는 삶이나 죽음 같은 관계를 유지하고 있는 것이다"(오제, 2003: 17-25). 기억을 변형하고, 조작하거나 망각한 것을 기억해 내는 것, 그 순간의 지각에 자신의 정체성을 설명할 수 있는 지점이 있다. 기억을 망각하지 않는 것은 지금 타자로서의 자신을 잊지 않는 방법이다.

재일 한인으로서 자신을 응시하게 추동하는 것은 고통의 기억이고 재일 한인 작가 이양지[4]의 경우에 이 지점이란 바로 학살에 대해 기억해 내는 순간이다. 그러나 대부분의 시간 동안 기억은 아늑히 먼 것으로 잡히지 않는 '표정'일 뿐이었다. 기억을 하지 않는 노력도 망각이라는 기제를 통해 자신의 보호하려는 생존의 본능이다. 일본 사회에서 한인은 소수자로서 초조와 증오의 표정으로 살게 된다는 것을 이양지는 놓치지 않고 재현한다. 이양지는 재일 한인이라는 자신의 정체성을 역사 속에 배치하고자 하는 노력으로 사건의 기록을 서사를 통해 개인의 시간에 삽입한다.

기억, 특히 학살의 기억은 물과 접촉한 상태에서 몸이 가장 예민한 순간에 작동된다. 물 속에서 재일 한인인 '언니'는 제주의 해녀가 되어 조선인 여자의 기억을 체감한다.

1) 기억은 분명 옛날의 자기 목소리, 초조, 증오 등의 표정을 떠올린다. 그러나 그것은 마치 남이 일과 같이 멀다. 꿈속을 더듬는 것 같은 느낌조차 들었다. (「갈색의 오후」, 『나비타령』, 230쪽) (밑줄 필자, 본문 내 부호는 원문 그대로임.)

2) 그날 밤, 그녀는 목욕을 하고 있었습니다. ……그녀가 욕조에 두 손을 얹은 채 타일 바닥에 축 늘어져 있는 것이었습니다. 현기증을 일으킨 것으로만 생각하고 안아 일으키자, 그녀는 붉게 충혈된 눈으로 멍하니 나를 바라다보다가 갑자기 정신이 돌아온 듯(중략)〈아까 지진이 일어났었

4 여기에 예문으로 제시한 작품은 이양지, 『나비타령』, 신동한 옮김, 삼신각, 1988; 『유희』, 김유동 옮김, 삼신각, 1988; 『돌의 소리』, 신동한 옮김, 범우사, 2005를 텍스트로 했다.

죠?〉〈그러고 보니까, 조금 흔들린 것 같기도 한데〉〈또다시 간토關東대지진 같은 큰 지진이 일어난다면, 한국인들은 학살당하게 될지 모르겠죠?〉(「해녀」, 『나비타령』, 252쪽)

3) 이 나라고 하는 일개의 신체에 역사를 부여하고, 지금 바로 이 시각에 전존재를 아로새겨 준다. (「각」, 『나비타령』, 330쪽.)[5]

'간토대지진 조선인 대학살'에 대해 가장 구체적인 언급이 나타난 것은 「해녀」에서 '언니'가 일본에서 흔히 일어나는 지진을 재일 한인이 학살된 사건의 지진으로 인식하는 부분이다. 물 속에서 감지된 '지진'이라는 기록의 사건은 그녀의 몸을 통해 역사가 아닌 현재의 사건이 되는 것이다. 이 기억의 순간 감각은 모두 고통으로 기록된다. 역사적 몸으로 거듭나는 재탄생의 고통이 수반되는 순간이기 때문이다.

이양지는 피해자와 생존자로서의 제노사이드 기억을 소설 속 인물의 감각을 통해 재현되는 기록적 제노사이드로 구성한다. 제노사이드의 기억을 개인적 감각[6]으로 재현하는 이유는 그녀가 간토대지진의 생존자의 후예이며 재일 한인이라는 이유로 제노사이드 담론의 외부에 위치하고 있기 때문이다. 재일 한인 작가들의 작품 속에서 이 사건의 재현이 많지 않다는 것은 집단 학살의 기억이 여전히 은폐되고 공유되지 못하고 있다

5 「나비타령」(1982년 『군상』 11월호), 「해녀」(『군상』 1983년 4월호), 「오빠」(『군상』 1983년 12월호), 『각』(1984년 『군상』 8월호, 1985년 講談社)를 통해 본격적으로 한국 체험을 그리기 시작한 것이다. 「그림자 저쪽」(1985년 『군상』 5월호), 「갈색의 오후」(1985년 『군상』 11월호), 「Y의 초상」(1986년 『군상』 5월호), 「청색의 바람」(1986년 『군상』 12월호), 「유희」(1988년 『군상』 11월호), 『유희』(단행본, 1989년 발표, 제100회 아쿠다가와상 수상), 『돌의 소리』(1992년 미완성, 유고작).

6 "관찰자들은, 동시대적이든 역사적이든 간에, 실제 그 사건들을 다르게 인지하는데, 왜냐하면 그들은 서로 다르게 경험했을 수도 있기 때문이다. 사건을 경험하는 방식은 사람이 느끼는 감정과 감각에 영향을 받으며(Rapaport, 1971: 113–114) 자신이 소속되어 있거나 자신의 일부로 느끼거나 혹은 그 순간 자기와 동일시하는 사회집단에 영향을 받는다. 라파포트는 이러한 요인을 "선택력"이라고 불렀다." 허버트 허쉬, 『제노사이드와 기억의 정치: 삶을 위한 죽음의 연구』, 강성현 옮김, 책세상, 2008, 36–37쪽.

는 것을 증명하는 것이다. 따라서 이양지가 학살의 기억을 작품에서 감각적으로 서사화하는 것은 망각으로 인해 삭제되는 기억을 기록하는 행위이다. 이양지 소설의 인물은 이러한 사건의 기억을 몸으로 확인하는 순간 개인의 육체에서 재일 한인이라는 역사적인 육체로 역사의 기록 속에 배치된다.

제노사이드 기억은 기억이 작동되는 순간 고통을 준다. 이양지는 재일 한인이 과거 사건 속에서 경험한 고통을 소설의 서사 속에서 인물의 겪는 고통으로 재현함으로써 그 당시의 폭력적 상황을 전달하려 한다.

1) 어떤 기억이 가슴속을 찌르기 시작했다. (「Y의 초상」, 『유희』, 139쪽)

2) 기억이 몸 안을 구르기 시작한다. 어제 아침부터 위스키를 마시기 시작한 것이다. 방 네 구석에 재떨이를 놓고 화장실 안에서 외에는 끊임없이 걷지 않으면 안 된다고 내게 말했다. 병 하나가 비고 두 개째의 뚜껑을 열었다……그리고 나는 의식을 잃었다. 왼쪽 손등이 아프다. 보니까 정맥이 마주치는 부분이 타 있었다. 담배를 눌러 끈 것이다, 라고 생각하자 갑자기 기억이 선명해졌다. (『나비타령』, 34쪽)

3) 쇼오꼬는 얼굴을 묻고 베개 양끝을 누르며 귀를 막는다. 그래도 아이들의 소리는 사라지지 않는다. 조각난 종이 쪼가리처럼 놀이터의 광경이 흘러간다. 소름이 끼치고 온몸이 덜덜 떨린다. –죽음의 소리다. 죽음의 소리가 떼지어 울리고 있다.……

이겨낼 수는 없었다. 소리는 선회를 지속하며 쇼오꼬의 몸을 침식하기 시작한다. 혈관을 타고 폐부와 오장을 움켜쥐어 허공에 매어단다. (「그림자 저쪽」, 『나비타령』, 204쪽)

이양지 소설에서 인물의 기억은 개인적인 신체 감각에 각인된 학살의 기억과 공포로 인해 작동된다. 이는 곧 다수에 의한 기억의 삭제에 저항하는 담론이 된다. 기억이 작동된다는 것은 공포와 두려움이 온몸을 '침식'하는 것이며 그 기억은 몸에 고통을 가해 역사를 새긴다. 그러므로 제노사이드를 기억한다는 것은 고통에 정면으로 대응한다는 점에서 이미 저항적이다. 고통을 감수하고 기억을 선명하게 서사화하고자 한 것이 이를 증명한다.

차별적 징표의 기억, 발음

제노사이드의 가해자 집단은 피해자 집단, 즉 집단 학살의 목적적 집단을 규정해야 하는데 사실 일본인과 한국인은 그 차이를 규정하여 학살할 기준을 만드는 과정에서 외모에서 큰 차이를 기준화할 수 없었다. '간토대지진 조선인 대학살' 때 조선인과 일본인을 구별하기 위한 차별의 징표는 '발음'이었다.

사실 인종과 민족을 구별하는 그 기준에 대한 객관적인 지표란 어차피 존재하지 않는 것이다. 공포를 조장하고 학살을 할 피해자 집단을 규정하는 데 의도와 주관적 기준은 이미 설정되어 있는 기준이며, 그 기준이라는 것은 표적을 만들기 위한 도구일 뿐인 것이다. 그러나 발성 기관의 차이, 그것은 지문과 마찬가지로 차별의 징표로 작동하므로 이양지의 작품에서는 그 발음의 차이로 인한 거부감이 전체에 나타난다. 이 또한 바로 학살의 기억에서 비롯된 공포이다. '간토대지진 조선인 대학살' 사건에서 조선인이라는 민족적 징표는 발음이었기 때문이다. 조선인이 할 수 없는 발음을 시켜보고 확인한 다음 '죽창'으로 찔렀다는 이야기는 현재적 시점에서도 '발화'되는 순간 '차별의 공포'로 인물을 긴장시킨다. 이러한 차별의 공포는 이양지 소설의 인물을 모국에서조차 외부인으로 배치되는 경험으로 몰아넣게 된다. 발음에 대한 지적을 당하는 순간 모국은 안온한 공간이 아닌 공포의 기억을 발동하는 학살의 공간이 되는 것이다. 이와같이 그녀가 모국에서 겪게 되고 거부하게 되는 발음의 공포는 이것이 '간토대지진 조선인 대학살'때 차별의 징표로 작동했기 때문이다.

1) 기억은 얼굴보다도 목소리 쪽이 먼저 떠오른다. (「푸른 바람」, 『유희』, 209쪽.)

2) 〈이찌엥 고짓셍一圓五十錢이라고 말해 보라면서, 마구 죽창으로 찔러댈까요? 하지만 이번에는 그런 일은 안 일어나겠죠?……(중략) 아니에요. 이번엔 절대로 학살 같은 건 안 당할 거예요.……나는 쫓기면서 이리저리 달아나는 거예요. 그 뒤를 광란한 일본인들이 죽창과 일본도를 가지고 쫓아와요. 나는 도망가다가 결국 잡혀 등을 콱 찔리고, 가슴도 찔려 피투성이가 된 채 몸부림치며 나뒹구는 거예요.〉 (「해녀」, 『나비타령』, 252쪽)

3) 〈아가씨, 외국에 오래 있었지요, 말씨가 이상해요.〉

〈……〉

〈일본 사람인가?〉

〈……〉

〈미안합니다. 일본 아가씨였군요. 아무리 보아도 얼굴이 그래요. 그런데 일본 아가씨가 어째서 난지도 같은데 볼일이 있는 거지요.〉

〈……〉 (「갈색의 오후」, 『나비타령』, 247쪽)

4) 나는 내가 중얼거리는 소리를 들었다. 그 목소리의 뒤면에서 내가 나를 조소하고 있었다. (「각」, 『나비타령』, 259쪽)

5) 유희의 목소리를 기억해 내어, 그 발음을 흉내 내듯이 나는 중얼거렸다. 〈위〉 소리를 강조하며 유독히 정확하게 발음하려 하던 유희의, 오히려 어색하게 들리던 그 목소리가 되살아났다. (「유희」, 『유희』, 9쪽)

억압적으로 작용하게 되는 발음에의 강박은 「유희」의 '유희'를 지배한다. '유희'에게 모국의 공간은 매운 '최루탄'으로 눈물을 흘리게 하는 장소이다. 또한 「각」에서 주인공 '순이' 또한 일본인 애인에게 쓰는 편지에서 "한국어는 소음"(「각」, 『나비타령』, 143쪽)이라고 말하고 있다. 이러한 경험은 작중 인물을 통해 서사화되고 있을 뿐만 아니라 작가 이양지가 자신의 에세이 「나에게 있어서의 모국과 일본」에서 "모어母語, 즉 어렸을 때부터 어머니한테 듣고 배운 언어는 폭력적이라고 할 수 있다"라고 술회했던 부분이다. 일본에서도 한국에서도 차별의 징표로 기능하는 발음은 그에게 폭력을 가할 뿐인 차별의 징표가 되고 '유희'라는 인물을 괴롭히는 모든 것은 '목소리'로 간주되고 있음을 다음의 예문에서 확인할 수 있다.

> 행위가 싫은 게 아니에요.……하지만 그 사람의 목소리가 싫어지는 거예요. 몸짓이라는 목소리, 시선이라는 목소리, 표정이라는 목소리, 몸이라는 목소리,……참을 수 없게 되고 마치 최루탄 냄새를 맡은 것처럼 괴로워져요. (「유희」, 『유희』, 69쪽)

침묵의 기억, 삭제된 소수자의 목소리

이양지의 소설에서 인물은 기억을 구성하는 '목소리'를 듣는 순간 극에 달한 공포를 경험한다. 그러나 정작 자신의 '목소리'는 발화하자마자 타자로 지정되어 배제되는 징표로 작동된다. 그 공포의 순간을 피하고자 인물은 자신의 목소리를 삭제하고 침묵을 선택한다. 이는 이양지의 대부분의 작품에서 재일 한인이 직접 자신의 기억을 말하는 1인칭 서술 방식을 선택하는 대신 상대적 다수자인 일본인, 남성, 한국인이 재일 한인인

'그'나, '그녀'에 대해 말하도록 하는 3인칭 서술 방식을 선택한 것과도 관계가 있다. '간토대지진 조선인 대학살'을 경험한 기억의 주체로서 구성되는 재일 한인은 발화하는 순간 존재를 드러내게 되고 차별당하게 되므로 이들은 침묵을 자신의 발화 방식으로 선택한 것이다.

제노사이드 기억은 형체가 있는 얼굴이 아니라 형체 없는 목소리로 구현된다. 역사는 다수자에 의해 관리되고 말해진다. 소수자인 재일 한인의 기억은 직접 자신의 입을 통해 말하는 것이 아니며 윤색되고 포장되고 관리되어 전해진다. 그런 의미에서 '말할 수 없는 소수자'인 재일 한인 작가 이양지는 자신의 정체성의 중요한 부분을 차지하는 이 학살의 기억을 '제노사이드에 대한 기억과 두려움'으로 형상화할 때 '침묵'이라는 장치를 택했다. 그런데 이 '목소리'마저 자신의 목소리로 작동되지도 전해지지도 않는다. 이양지의 기억 서사에서 집단 학살의 기억에 고통당하는 당사자의 목소리는 직접 전달되지 못한다. 이양지 작품 전체에서 기억의 주체인 재일 한인의 목소리는 삭제된 침묵의 상태로 재현될 뿐이다.

다음의 표에서 볼 수 있듯이 이양지의 소설에서 재일 한인의 기억은 목소리를 지닌 다수자들이 전달하고 있다.

이양지는 서술자의 치환을 통해 작가가 이야기하고자 하는 대상인 차별과 학살의 기억을 원경遠景에 배치한다. 이를 통해 재일 한인은 화자로서 등장할 수 없는 인물로서 반어적으로 부각된다. 다수자의 시선으로 응시되는 '사건의 외부에 위치하고 있는 타자인 소수', 이러한 거리 조정으로 재일 한인은 타자로서의 입장이 더욱 역설적으로 전경화된다.

제노사이드 기억은 1인칭 화자인 '나'(일본인 여동생 게이꼬)가 재일 한인 언니에 대한 죽음을 서술함으로써 구체적으로 재현되고 있다. 작품 「해녀」에서 언니의 죽음을 통보받은 후 언니의 그간의 사정을 알게 되는 일

작품	누가 말하는가	누구에 대해 말하는가
「나비타령」(『군상』 11월호, 1982년)	아이꼬(귀화한 재일 한인)	가족(재일 한인)
「해녀」(『군상』 4월호, 1983년)	게이꼬(의붓동생)	의붓언니(재일 한인)
「오빠」(『군상』 12월호, 1983년).	다미꼬(귀화한 재일 한인)	히데오 오빠/언니
「각」(『군상』 8월호, 1984년; 講談社, 1985년)	나, 순이	나, 순이 재일 한인)
「그림자 저쪽」(『군상』 5월호, 1985년)	전지적 화자	쇼오꼬
「갈색의 오후」(『군상』 11월호, 1985년)	전지적 화자	경자(재일 한인)
「Y의 초상」(『군상』 5월호, 1986년)	도모히로(남성 화자)	Y
「청색의 바람」(『군상』 12월호, 1986년)	전지적 화자	다카꼬(폭력가정의 어린이)
「유희」(『군상』 11월호, 1988년)	한국인 언니 '나'	유희(재일 한인)

본인 의붓동생은 언니가 학살의 공포에 시달리고 있었다는 것을 언니의 남자 친구의 목소리를 통해 알게 된다. 이러한 서사적 장치로 재일 한인의 학살의 기억은 주관적인 기억의 조작이라는 혐의에서 벗어나 객관적이고 역사적인 서사가 되는 것이다. 기록되는 역사적 기억이 됨으로써 경험은 공유화가 가능해진다. 또한 다수자인 '나'로 인해 서술되는 제노사이드 기억의 당사자는 목소리가 박탈당해 침묵할 수밖에 없는 타자임이 더욱 극명하게 드러나게 된다. 이는 '조센징'의 말은 근거 없는 소문이며 조작된 기억일 뿐이라는 다수자의 역사 기록에 대항하기 위해 고안한 전략적 장치라고 할 수 있겠다.

제노사이드 생존자들의 발언은 발화되는 그 순간 "국가 폭력 그 자체가 아니라 정치적 폭력에 대한 루머나 그 폭력에 대한 난민들의 다양한 내러티브 등 주관적 경험으로서의 폭력으로 수렴"(Kirsch, 2002: 53-79) 되었던 과거가 있다. 폭력은 가치 중립적인 단어가 아니다. 제노사이드의 생존자들은 여러 가지 다양한 방법의 폭력으로 인해 침묵하게 되었다. 예를 들어 언어 폭력을 사용하여 삶의 의지를 좌절시키거나 미래를 말살시키는 데 '분리주의자, 폭도, 좌경, 바보, 후진, 식인종, 술주정뱅이 등'으로 호칭함으로써 원주민들의 자존을 훼손시키는 것이다(조윤미, 2007: 70). 이와 같은 방법으로 제노사이드의 대상자나 생존자들을 비하해 호칭하거나 규정하는 언어 폭력의 부작용은 매우 크다.

> 혹시 인길이는 이름을 불리는 것을, 아니 자신의 이름 자체를 혐오하고 있는지도 모른다. 한국 이름이든, 일본 이름이든, 이름의 소리, 이름의 소리에 담긴 기억, 출생을 포함한 과거와 현재의 자신에게 생각이 미치지 않을 수 없는 울림……인길은 생명을 받고, 이름이 주어진 것 자체에 혐오를 느끼고 있는지도 모른다. 이름……인가. (이양지, 『돌의 소리』, 2005, 200쪽)

타자의 존재성은 그것이 인종이든 계급, 민족의 차이든 피해자 집단과 그 성원됨이라는 것이 결국 가해자에 의해 정의된다. 즉, 가해자는 학살을 정당화하기 위해 피해자 집단을 타자로 인식하고 규정한다. '조센징'이라는 타자로 규정된 간토대학살은 '조센징'의 차별적 호명과 함께 민족적 차별로 민족의 위계를 하위에 위치하는 갖가지 열등한 정체성을 유포한다. 부정적 타자로 규정함과 동시에 이들의 징표를 본능적으로 거부하도록 감각적으로 호칭한다. 냄새, 불결, 저능한 지적 수준 등으로 규정되는 '조센징'은 처음엔 차이의 민족적 호명에서 차별적 호명으로 열등한 이미지를 함의한 채 유포된다.

학살에는 학살의 이데올로기가 존재하여 그것을 행하는 자에게 학살의 동기를 제공하고, 학살을 수행하는 사람에게는 양심을 마비시키거나 위안을 줌으로써 학살에 가담하도록 돕는다고 최호근은 말하고 있다(최호근, 2005: 389). 또한 "사건 외부의 시점에서 과거 폭력적인 사건을 재현하려는 리얼리즘적 욕망에 기초한 여러 문화 상품"(오카 마리, 2005: 5)은 망각의 폭력과 조장과 은폐의 서사로 소수자의 과거의 기억을 가린다. 지금까지 유포된 집단 학살에 대한 기만적인 서사로부터 벗어나는 방법은 희생에서 생존한 서술자들이 자신의 기억으로 각인된 사건을 서사화하는 그 지점에 있다. 그런데 희생자와 생존자들은 여전히 다수의 사회에서 사건 외부의 타자로서 목소리를 봉쇄당하고 있다. 이렇게 외부에 위치한 제노사이드 기억의 주체를 재현할 수 있는 방법은 목소리를 낼 수 있는 자들에게 기억으로 고통당하고 있는 재일 한인을 표상하도록 해야 하는 것이라고 할 수 있다.

제노사이드 기억의 현재적 증언, 자해와 자살

「해녀」에서 죽은 언니는 학살에 대한 구체적인 장면을 남자 친구 모리모또에게 이야기하던 도중 스스로 자신을 자해한다. 그러면서 이전에도 부엌칼로 가슴 언저리와 손목에 상처를 냈다는 이야기며, 그리고 쇠망치로 다리를 때려 봤다는 등의 이야기를 하며 고통을 선체험한 이야기를 한다. 죽은 언니는 폭풍우 소리에 '고문의 환각을 되풀이하여 실신'을 한다. 여기에서 죽은 언니의 현재적 시간은 언제나 과거의 학살 기억에 지배당하고 있었음을 알 수 있다(윤정화, 2010: 158).

1) 옆구리에 나이프가 박혀 있다. 옆구리를 만져 보았다. 칼은 없었다. 아무런 상처 자국도 없었다. 니혼징에게 피살당한다. 여기서 피살되어 나는 피투성이가 된 채 객사하는 것이다. (중략) 나는 니혼징들에게 깔려 질식당한다. 어두운 영화관도 공포였다. 좌석에서 불쑥 나온 후두부에다 날붙이에 찔려 머리가 잘린다고 느껴져 제대로 영화도 보지 못한 채 밖으로

뛰어나온다. (「나비타령」, 『유희』, 312쪽)

2) 그애가 한국인이라는 소리를 그때 처음으로 듣게 되었는데, 그애의 말에 의하면 한국인 환자가 찾아오면 아주 교묘한 방법으로 살해해 버리자고 일본인 의사들끼리 미리 짜놓은 약속이 있다는 거예요. 내과가 되었건, 외과가 되었건 말이에요. 특히 산부인과는 자궁이나 난소를 떼어버림으로써 한국인이 늘어나지 않도록 하고 있을 것이라고요. ……(중략) …… "난 언제 죽어도 좋아요. 죽는 것은 할 수 없는 일이니까. 하지만 그런 식으로 살해되는 것은 싫어요. 도저히 용납할 수 없어요." (「해녀」, 『유희』, 267쪽)

이양지의 작품에서 재일 한인들은 언제나 자신이 살해당할지도 모른다는 환상에 시달리다가 결국 모국으로 향하게 되는데 이는 이상향이기 때문에 가는 것이 아니라 폭력에 대한 공포로 인해 이동하는 것이다. 그렇다면 이러한 이동을 하는 배경에는 강제적이면서도 폭력적인 억압의 원인이 개입하고 있었다는 것이고, 이로써 이들의 이동은 강제적 디아스포라의 성격을 띠게 된다. "이렇게 살해의 공포에서 또는 배제되고 멸시당하는 곳에서 다른 곳으로 이동한다는 것은 선택적 이동이 아니라 추방이 되는 것이다. 추방당한 자가 영주할 곳은 부재한다. 이들이 상상하게 되는 죽음은 살해당하거나 길에서 객사하는 것이다"(윤정화, 2010: 158-159).

이양지의 작중 인물인 재일 한인은 집단 학살의 기억으로 고통받으며 그 기억을 공론화하기 위해 살아가지만 그 고통의 정도를 증언하는 방법으로 자살을 선택하기도 한다. 스스로의 공포로 인해 자신을 죽음으로 몰아넣어 스스로 희생자가 되는 제의 의식을 통해 생존자에게 남아 있는 학살의 공포를 재현하는 이러한 선택적 자살은 프리모 레비Primo M. Levi의 선례를 떠오르게 한다. 집단 학살에서 생존하여 서사를 기록하는 의무를 수행한 후 자살을 선택한 레비의 일생과 「해녀」에서의 '언니'의 죽음은 많은 공통점이 있다. '언니'의 존재가 죽음이라는 극단적 선택을 통해서만이 의붓동생 '게이꼬'에 의해 재구성되고 서사화될 수 있었다는 점이 그것이다.

언니가 자살하지 않고 죽지 않았다면 언니의 폭력과 고통의 기억은 은폐되고 조작된 채로 소문으로 떠돌아 유포되기를 반복했을 것이다. 언니에게 가해진 신체적 폭력의 기억은 말해지지 않은 침묵의 폭력으로 더 심화된다. "신체적 폭력의 역사는 담론적 폭력을 통해 반복된다"(김백영 · 김민환, 2008: 8). 죽음에 강요된 침묵이 그것을 증명한다. 가려진 기억과 말해지지 않은 기억은 침묵의 강요와 기억의 삭제의 다른 표현이기 때문이다.

> 코를 찌르는 스스로의 인간의 악취.
>
> 몸뚱이가 우지직 소리를 내면서 균열하는 것을 느꼈다. 균열은 목구멍을 뚫고, 머리를 갈랐다. (중략)
>
> 〈인간의 악취. 인간의……〉
>
> 그녀는 옷을 벗기 시작했다. 그리고 알몸이 된 채 욕실의 문을 열었다. 졸졸 소리를 내면서 수돗물이 욕조에서 넘쳐 흐르고 있었다.
>
> 〈들어가라, 물 속으로 들어가라.〉
>
> 머리 속 깊은 곳에서 나지막한 신음소리가 되살아났다. 그 소리에 쫓기듯 그녀는 욕조 속에 몸을 가라앉히고, 머리를 가라앉혔다. (「해녀」, 『유희』, 275쪽)

「해녀」에서 '언니'는 '인간'에 대한 근원적인 회의를 가지고 자멸한다. 집단 학살을 행하는 인간이란 것이 자신과 같은 인간이라는 인식에 도달한 그녀는 스스로가 인간이라는 것에 환멸을 느끼고 '악취'를 맡는다. 이러한 인간 전체의 집단적 환멸로 그녀는 인간인 그녀를 심판하는 증언으로 자살을 선택하게 된 것이다.

3. 기억의 글쓰기, 반복의 저항성

「유희」에 이르기까지 역사에 기입되지 못하고 흔적에 머물고 있던 타자의 기억은 미완성에 머문 유고작 『돌의 소리』에서 적극적으로 기록되어야 할 것으로 묘사된다. 『돌의 소리』는 주인공인 재일 한인 '주일'의 회상으로 시작되는 일인칭 소설로 인간의 본질에 접근하려는 내면 탐구의 주제를 담고 있다. 주인공 '나(주일)'는 친구 '가나'를 부모와 조국에서 버려진 존재 바리공주와 등가적으로 배치하며 재일 한인의 유기된 정체성을 부각하는 한편 자신 또한 재일 한인으로서 누구에게도 말하지 않는 내밀한 작업(이양지, 2005: 67)인 시를 쓰는 일을 통해 자신의 기억을 구원하려는 노력을 한다.

친구인 '가나'는 「나비타령」에서의 '아이꼬'와 「각」에서의 '순이'와 등가적인 인물이다. 이들 모두는 춤을 통해 자신을 찾으려는 재일 한인 작가 이양지의 재현이며 자신을 외부에 전시하는 것이라고도 할 수 있는데, 이는 이제까지의 이양지 소설에 나타난 인물 유형과 같다. 그런데 화자인 '나'(주일)는 '올바름을 지향하여'(이양지, 2005: 44) 태어나기 위해 서울에 온 후 거의 2년 동안 매일 아침 기억을 기록하는 의식을 다음의 예문에서 볼 수 있듯이 마치 주술인 양 반복적으로 수행한다.

> 이윽고 천천히 기억 속에서 솟아나오듯 낱말이 떠오른다. 그것은 어김없이라고 할 만큼 떠올라온다. (중략) 낱말들은 명확하게, 확실하게 떠올라온다.

꿈을 생각해 내고, 어제의 일을 돌이켜 생각해 나가는 동안에 어휘는 나타난다. 어제로부터 오늘 아침 잠에서 깨어나기까지 하루의 기억은 과거로 연이어져 있다. 먼 과거로부터 이어지는 연속된 시간의 뜻밖의 틈새에서 어휘는 모습을 나타낸다. 스며 나온다. 마치 숨을 쉬듯 들이마셨다가는 내뱉는 기억의 넘실거림이 낱말을 의식의 표면으로 밀어낸다. 습관이 된 의식과도 비슷한 것이다. (이양지, 『돌의 소리』, 11-13쪽)

주인공의 습관적 글쓰기는 무엇보다도 기억을 기록하는 행위를 통해 자신이 정화되고 단련되고 다시 구성된다는 느낌에서 연유한 것이다. '주일'은 인간에 대한 환멸로 자신을 살해하는 선택적 자살이라는 저항의 방법을 선택했던 이양지 작품에서의 인물 유형에서 벗어난 인물이다. 『돌의 소리』에서는 자신의 기억을 노트에 기입하여 스스로를 '어둠'의 타자에서 '아침'의 세계에 위치하고자 하는 욕망이 나타나 있다.

1) 깨어났을 때 체험하는 2, 30분 동안의 일을 나는 〈뿌리의 광망光芒〉이라 불렀다. 그리고 이 노트를 〈아침의 나무〉라 이름했다. (『돌의 소리』, 21쪽)

2) 역시 이들의 언어도 오늘 아침처럼 과거에서부터 이어지는 기억의 연결 속에서 스며 나오고 솟아나오는 듯이 나타나는 것이었다. (『돌의 소리』, 23쪽)

3) 아침에는 바하이다. 바하말고는 들을 수가 없다.

이것도 아침 의식을 시작함에 따라 의식적으로 아침을 지내기 시작하게 된 뒤부터의 습관이라 할 수 있었다. 반복하는 소리, 그리고 반복하는 테마……, 바하의 여러 곡으로부터 전해지는 반복이라는 이미지는 단순히 수법, 또는 단순히 바하 음악의 특징이라는 식으로만은 볼 수 없는 무엇이 있었다. 바하를 들음으로써 나는 용기가 났다.

의식은 반복한다. 그리고 반복함으로써 의식은 의식으로서의 의미를 지니며, 의미를 새롭게 만들어 가기도 한다.

더욱 중요한 것은, 반복은 반복을 원한다. (『돌의 소리』, 41-42쪽)

반복적으로 자신의 기억을 기록함으로써 그는 그 자신이 "틀림없이 새로운 단계로 비약할 수 있을 것"이라는 사실을 깨달았기 때문이다. 이양지는 작중 인물을 통해 의식의 반복, 의도적인 반복적인 의식 행위, 기억의 반추를 통해 자신이 새롭게 재정의되고 정체성을 발견할 수 있다는 기대를 하게 된 것이다(Maier, 1993: 144). 기억하기의 반복적 행위는 매일 아침의 의식이 되고 거듭나기 위한 제의적 행위가 된다. 이양지는 기록하고 기억하지 않으면 역사는커녕 있었던 일의 흔적조차 사라질 것이라는 것을 서사 작업을 하는 동안 알게 되었던 것이다. '기억하기 → 기억을 기록하기 → 그리고 그것을 반복하기'라는 제의를 통해 자신을 새롭게 재구성하는 작업을 진행하던 중 이양지는 37세의 나이로 숨을 거둔다.

4. 나오는 말: 제노사이드 기억과 재일 한인의 기억하기

제노사이드와 기억의 관계에 대한 연구자 허버트 허쉬Herbert Hirsch는 "하나의 주제 혹은 하나의 역사적 사건이나 시기가 어떻게 연구되는가 하는 것은 그것이 기억되는 방식에 영향을 끼친다"(허쉬, 2008: 31)고 했다. 우리가 과거에 대해 말하는 것은 현재 시점에서 과거를 어떻게 보는지를 결정할 뿐만 아니라 미래의 행위에도 영향을 미치기 때문이다.

다수자의 기억은 역사로 기록된다. 그러나 과거 타자로서의 기억은 서사화되지 못하고 흔적으로 남게 된다. 당연히 소수자는 이런 제한된 기억으로만 자신의 정체성을 형성할 수 있었다. 그러나 또 한편으로는 이러한 불완전하고 흐릿한 기억이 타자의 정체성을 말해 줄 또 하나의 징표가 되었다고도 할 수 있다. 타자를 구별하는 것은 한편으로는 그들을 타자로서의 집단적 호칭으로 묶어 차별적인 위치에 배치하게 되는 것이기 때문이다.

물론 정체성은 차이를 인식함으로써 형성되고 자각되는 것이다. 이 제노사이드의 기억 속에서 타자는 고통당하고 침묵하고 죽음으로써 서사적으로 생존한다. 이렇게 고통스럽게 생존하고 있는 타자를 타자로 직시하게 하는 기억이 제노사이드 기억이다. 재일 한인은 이러한 절멸의 기억을 국가적 민족적 차이의 기표로서 자신의 정체성을 재구성하도록 하는 생존의 기억으로 전환하여 전언해야 한다. 홀로코스트 연구자인 라울 힐베르크Raul Hilberg는 "피해자의 행위들 역시 가해자의 행위들에 영향을 끼친다"(강성현, 2008: 130)고 했다. 재일 한인의 제노사이드 기억을 집단적으로 공유하거나, 담론을 활성화하는 행위는 분명히 가해자들의 역사 은폐 조작 행위에 적절한 영향을 미칠 수 있을 것이다.

집단 학살에 대한 기억을 구성하는 이러한 서사적 경험 속에서 재일 한인은 개인에서 집단으로 재구성된다. 그러므로 앞으로의 재일 한인의 정체성 연구에서 집단적 학살이라는 제노사이드의 기억은 간과되어서는 안 될 것이다. 이 글에서는 이양지 소설에서 발견되는 공포의 기록과 불편한 침묵을 제노사이드 기억과의 관련성 속에서 고찰해야 함을 강조하고자 했다. 재일 한인의 정체성을 더 깊이 파악하고 정리하기 위해서는 이러한 기억의 형성과 그 재현의 방식 또한 간과해서는 안 되기 때문이다. 이러한 측면에서 서사적으로 재현하고 있는 집단적 학살 경험에 대한 연구는 이양지의 소설에서뿐만 아니라 다른 재일 한인 작가의 소설에서도 이루어져야 한다. 이때에서야 비로소 간토대지진 조선인 대학살이라는 제노사이드의 기억이 재일 한인의 문학적 특수성을 이루는 서사적 요소로 확장될 것이기 때문이다.

참고 문헌

기본 자료

이양지, 「나비타령」, 「해녀」, 「오빠」, 「각」, 「청색의 바람」, 『나비타령』, 신동한 옮김, 삼신각, 1988.

______, 「그림자 저쪽」, 「갈색의 오후」, 「Y의 초상」, 「유희」, 『유희』, 김유동 옮김, 삼신각, 1988.

______, 「나에게 있어서의 모국과 일본」, 『돌의 소리』, 삼신각, 1992.

______, 『돌의 소리』, 신동한 옮김, 범우사, 2005.

논문 및 단행본

강덕상, 『조선인의 죽음: 관동대지진과 조선인 대학살의 진상』, 홍진희 옮김, 동쪽나라, 1995.

______, 『학살의 기억, 관동대지진』, 김동수 · 박수철 옮김, 역사비평사, 2005.

강성현, 「제노사이드와 한국현대사: 제노사이드의 정의와 적용을 중심으로」, 『역사연구』 18호, 2008. 12.

김경학, 「캐나다 시크 디아스포라의 기억의 정치」, 『민주주의와 인권』 제9권 3호, 2009.

김백영 · 김민환, 「학살과 내전, 공간적 재현과 담론적 재현의 간극: 거창사건 추모공원의 공간분석」, 『사회와 역사』 제78집, 한국사회사학회, 2008.

김상기, 『제노사이드 속 폭력의 법칙』, 선인, 2008.

스코트, 조안(1992), 「경험」, 수잔 브라이슨, 『이야기해, 그리고 다시 살아나』, 여성주의 번역 모임 – '고픈' 모임 옮김, 인향, 2003.
아미요후세인, 재클린, 「생존의 서사들: 중국 남서부 무슬림은 1873년의 학살을 어떻게 기억하는가」, 『흔적』 제2호, 여국현 옮김, 문화과학사, 2001.
야마다 쇼지山田昭次, 『(관동대지진) 조선인 학살에 대한 일본 국가와 민중의 책임』, 이진희 옮김, 논형, 2008.
오제, 막, 『망각의 형태』, 김수경 옮김, 동문선 현대신서 49, 2003.
오카 마리岡眞理, 『기억 서사』, 김병구 옮김, 소명출판, 2005.
올릭, 제프리 K. 엮음, 『국가와 기억: 국민국가적 관점에서 본 집단 기억의 연속·갈등·변화』, 최호근·민유기·윤영휘 옮김, 오름, 2006.
윤정화, 「재일 한인작가의 디아스포라 글쓰기 연구」, 이화여자대학교 박사학위 논문, 2010.
조윤미, 「서파푸아 분쟁과 국가 폭력에 대한 제노사이드 담론의 구조와 함정」, 『민주주의와 인권』 제7권 1호, 2007. 4.
최호근, 『제노사이드: 학살과 은폐의 역사』, 책세상, 2005.
최호림, 『제노사이드(서평)』, 『민주주의와 인권』 제5권 2호, 2005. 10.
허쉬, 허버트, 『제노사이드와 기억의 정치: 삶을 위한 죽음의 연구』, 강성현 옮김, 책세상, 2008.
Kirsch, Stuart, "Rumour and Other Narratives of Political Violence in West Papua," in *Critique of Antropology*, Vol. 22 (1), 2002.
Maier, Charles S., "A Surfeit of Memory? Reflections on History, Melancholy and Denial," *History and Memory* 5, 1993.

'중다한 잡족' 이스라엘의 사회적 상상력과 21세기적 함의*

백소영

1. 유리 방랑하는 '중다한 잡족'의 정체성

큰 민족도 아니요 역사에서 강한 국가로 군림했던 집단도 아니건만, '이스라엘'이라는 이름은 서양사를 통해 꾸준히 주목받아 왔다. 세계 각국의 알짜배기 부호들은 대부분 유대인이요 근대사 이래 혁혁한 학문적 · 이론적 공헌을 이룬 학자들 가운데 유대인 출신이 많다는 이유에서, 인류 역사의 아픈 기억인 홀로코스트, 그리고 20세기 민족국가의 출범 이래 지속되어 온 팔레스타인과의 분쟁 원인을 제공하고 있는 주범이라는 이유에서, 또한 전지구적 세력을 자랑하는 거대한 세계 종교들의 발생지라는 점에서, 이스라엘은 여전히 세계적 관심의 중심에 있다. 사실 '하나님의 선택된 백성'이라는 선민 의식으로 무장한 이 배타적이고 옹

* 이 글은 『탈경계인문학』 9집 (2011. 6)에 실린 논문을 수정 · 보완한 것이다.

고집스러운 이름은 이제 더 이상 핍박받는 집단의 상징이 아니라, 지배자의 상징으로 자리매김했다. 오죽하면 최근 한 학자는 서양 문화에서 유대인은 이미 상징적인 의미에서 '백인성白人性'의 지위를 차지하고 있다고 평가했을까.[1]

이렇게 이제는 더 이상 '소수민족' 혹은 '사회적 약자'의 위치가 아닌 이스라엘임에도 불구하고, 필자는 21세기 전지구적으로 늘어나는 이주 노동자들의 현실과 이로 인해 발생하는 사회적 구성의 변화를 보면서 이스라엘을 다시 떠올려 보기로 했다. 고국으로부터 떠나온 까닭에 고국의 법적 · 정서적 보호로부터도 멀고, 또한 이방인이기에 거주지의 법적 보호나 사회적 인정으로부터 비켜나 있는 21세기 국제 이주 노동자들의 현실에서 문득 이스라엘의 처음이 겹쳐 보였기 때문이다. 당시의 제한된 지식과 지리적 배경으로서는 '전 세계'에 해당했을 메소포타미아, 시리아, 팔레스타인 그리고 이집트 전 지역을 두루 떠돌아 방랑하면서 주변 도시국가들의 틈새를 살아갔던 사람들, 그러다 기회가 허락되면 도시국가 체제 속에서 계약 노예로, 계약 노동자로, 계약 용병으로 하루의 생명을 이어갔다던 사람들, 그래서 오죽했으면 성서에조차 '중다衆多한 잡족'(출애굽기 12: 38)이요 "유리 방랑하는 아람인들"(신명기 26: 5)이었다고 기록된 사람들이 바로 이스라엘의 시작이었기 때문이다.

이들의 초기 경험으로부터 오늘날 강대국의 변두리 혹은 틈새를 살아가는 국제적 이주 노동자들의 연대와 공동체성을 풀어갈 수 있는 사회적 상상력을 얻어 볼 가능성은 없을까? 생존형 이주 노동자들, 사회의 '루저들'이 연대하여 나름 자립적인 공동체를 이루고 살아갔던 이스라엘의

1 탈경계인문학연구단의 해외 석학 초청 프로그램에 참여했던 미시간대 역사학과 케빈 게인스Kevin Gaines 교수가 2010년 6월 16일자 구두 강연 "The Race is On: Muslims and Arabs in the American Imagination"에서 언급한 말이다.

초기사를 통해, 고향을 떠난 상황의 보편성을 공유하며 살아가는 21세기적 '글로벌 잡족'과 '방랑하는 이주자들'을 묶는 힘의 근거를 모색할 방도는 없을까? 수천 년 동안의 민족사적 고난에도 불구하고 혼종적 집단의 연대를 가능케 했던 힘은 어디에 있었을까? 물론 그 힘의 고착화와 현재의 배타적 사용에 동의하는 것은 아니다. 이에 대해서는 결론 부분에서 별도의 평가를 하려 한다. 그러나 수천 년 전에 '중다한 잡족'을 하나로 연대시킨 그들의 사회적 · 종교적 상상력은 여전히 필자의 관심 대상이다.

물론 이스라엘 초기사를 복원해 내는 작업은 참으로 어려운 일이다. 이스라엘 역사를 연구하는 고고학자, 성서신학자, 역사학자들 사이에 이스라엘의 선조들에 대한 일치되고 확연한 주장을 찾기란 어렵다. 19세기 역사 비평적 성서학이 태동한 이래 지금까지 이념형처럼 자리를 잡은 가설은 크게 셋이다. 그 첫째는 「여호수아서」에 묘사된 대로 이집트를 탈출한 일단의 노예 집단이 야훼의 인도 하에 전쟁을 치러 약속의 땅 가나안을 정복했다는 '가나안 정복설'이다.[2] 둘째로 제시된 가설은 "평화적 정착설"이다. 알브레히트 알트Albrecht Alt가 처음 제기한 가설이라 알트 학파라고도 부른다. 이스라엘인들이 오랜 기간에 걸쳐 "평화적으로 가나안의 중앙 산간 지역에 침입해 들어갔다"는 주장이다.[3] 세 번째 가설은

2 이 가설의 대가는 윌리엄 올브라이트William Foxwell Albright인데, 이후 활발해진 고고학적 탐사가 "이스라엘인들이 행한 것이라고 자신 있게 말할 수 있는 기원전 1200년경의 파괴의 흔적이 어디에도 없다"(데버, 2008: 57)든지 "정복설을 지지할 만한 성서상의 에피소드인 여리고나 아이 같은 지역은 여호수아가 가나안을 정복했다고 주장하는 시대에는 사람이 살지 않았던 것"(샘크스, 2008: 17)을 밝혀내면서 이 가설은 점차 지지를 잃어갔다.

3 후기 청동기 시대(기원전 1550~1200)에는 가나안 중앙 산간 지역에 사람이 살지 않았기 때문에 평화적 정착이 가능했다. 철기 1기(기원전 1200~1000)에 200개 이상의 새로운 거주지가 급격하게 생겨났음을 보여주는 고고학적 발견물들은 평화적 침입설을 지지한다(섕크스, 2008: 17). 물론 이스라엘이 점차 성장해 가면서 좀 더 비옥한 가나안에 침투하게 되고 필연적으로 가나안 사람들과 충돌을 일으켰을 터이나, "이는 후의 일이고, 초기의 가나안 정착은 평화롭게 이루어졌다는 것"이다(섕크스, 2008: 18).

'농민봉기설' 혹은 "사회 변혁 모델"이다. 조지 멘덴홀George Mendenhall이 제안하고 노먼 갓월드Norman Gottwald[4]가 발전시킨 가설인데, 가나안 사회에서 발전해 나간 사람들이 이스라엘을 형성한 주된 집단이라 주장한다.[5]

그러나 최근에는 세 가설의 대립적 택일보다는 통합을 향한 시도들이 진행되고 있다. 이 세 가설이 '중다한 잡족' 이스라엘의 오랜 정착 과정 중 일부만을 설명하고 있다고 본다면 사실 병립 불가능한 가설들도 아니다. 더구나 이 글에서 시도하는 것이 성서에서 고백되는 바 '유리 방랑하던 아람인'이요 '중다한 잡족'이었던 그들이 뿌리 들린 삶을 극복하고 하나의 공동체(가 아니었다면 적어도 연대 의식)를 이룰 수 있었던 힘을 살펴보는 것일진대, 하나의 가설만 붙잡고 논쟁적이 될 이유는 없다고 본다.

성서를 기록한 사람들이 어떠한 고백 속에서 자신들의 기원을 기록하고 기억하며 연대하고 있는가를 읽어내는 것이 중요하다는 '후자유주의적 접근 방식a postliberal approach'[6]의 성서학자 월터 부르그만Walter

4 최근에 멘덴홀은 갓월드에게 상당히 비판적이다. 갓월드는 '농민봉기설'이나 '평등 사회' 같은 단어 대신에 "농경 사회혁명"과 "공동 생산 양식"이라는 용어로 바꿨는데(데버, 2008: 103) 자신과 같은 초기 이스라엘 사회사와 관련하여 쿠트Robert B. Coote, 휘틀럼Keith Whitelam, 플래네이건James W. Flanagan, 렘케Neils P. Lemche, 스티빙William H. Stiebing을 참조하라고 조언한다(「데버 교수의 비판에 대한 응답」, 104).

5 "초기 이스라엘인들이 가나안에서 기원한 토착민들이었음을 강조"하는 것은 그간 발견된 고고학적 증거들과 맞아 떨어진다(데버, 2008: 54). 이 범주 안에 묶을 수 있는 주장으로 독일 학자 프리츠Volkmar Fritz의 '공생 모델symbiosis model'이 있는데, "원이스라엘인들proto-Israelites" 또는 "초기 이스라엘인들"이라고 부를 수 있는 사람들이 오랜 기간 가나안인들과 함께 살아왔다는 주장이다. 가나안적 기원을 가지는 사람들이 후기 청동기의 가나안 도시 사회에서 벗어나기 시작했다는 것에 대해서는 고고학적 증거들이 크게 지지를 하고 있다. 고고학자들에 따르면 중앙 산간 지역에 기원전 12~11세기부터 자연 출생으로는 설명할 수 없는 엄청난 인구 증가가 있었다 한다. 지금까지 이스라엘인들의 산간 지대로의 이주를 보여주는 거주지들이 300여 군데 발견되었다. 이스라엘 핑켈슈타인Israel Finkelstein은 최근 에브라임 지파 지역 115개 거주지에 대한 고고학적 조사를 근거로 팔레스타인 서부에서 동편으로 이주가 시작되었다고 보고했다(82).

6 성서 본문을 글자 그대로의 역사적 실재로 여기는 근본주의적 시도가 아니면서non-fundamentalist 동시에 합리성에 주목하는 자유주의적 관심 역시 넘어서는 접근을 말한다. 성서 본문 자체가 담고 있는 신학적 전망들과 주장들을 설명하려는 입장으로 설명할 수 있다(부르그만, 2003: 154-155).

Brueggemann의 말에 동의하면서, 필자는 성서의 목소리와 학자들의 이론을 함께 숙고하는 가운데 사회윤리학자로서의 관심을 유지하려 한다. 물론 21세기적 자리에서, 그리고 세계화 시대 국제 이주 노동자의 현실을 고민하면서 과거를 읽어내는 것의 위험성을 모르는 바는 아니다. 어쩌면 현재의 열망이나 필요성이 과거를 읽어내는 데 커다란 편견과 왜곡된 시선을 부여할지도 모르겠다. 그러나 삼중겹의 현실, 즉 이스라엘 선조들의 역사 경험, 후대에 이를 신학적으로 정리한 성서 기자들의 삶의 자리, 그리고 지금 이를 다시 읽으려 하는 필자의 21세기적 위치가 서로 만나고 대화하게 한다는 점에서 시대 간, 공간 간의 '탈경계적' 실험이라고 감히 주장해 본다.

연구 동료인 김연수가 잘 정리했듯이 '탈경계 인문학'이 주요하게 주목하는 현상은 "인간 · 자본 · 노동 등의 이동과 움직임이 증대하면서 나타나는 다양한 탈경계적 현상과 유동적 현실" 그리고 "새로이 형성되는 경계 밖의 소수자, 주변인의 (포함된) 배제 상황"(김연수, 2010: 55)이다. '민족' 주체나 '인종' 주체를 형성하는 공동의 경험이 희박해지는 현금의 지구적 변동 속에 사회적 계층이나 공간적 경험의 유사성을 기반으로 새롭게 주체 의식을 형성할 수 있는 하나의 집단이 있다면 이는 이주 노동자들이 아닐까 한다.

김용규의 지적마따나 "주체는 변화하는 사회 구성체 속에서 변화하는 주체 위치에 따라 끊임없는 접합과 탈접합의 과정을 통해 새롭게 구성되는 것"(김용규, 2005: 166)이라 할 때, 21세기 새로운 사회 구성체로 등장한 국제 이주 노동자의 현실에 관심을 두면서, 먼 옛날 '중다한 잡족' 이스라엘을 형성한 연대의 힘을 숙고해 보는 것은 시의적으로도, 탈경계 인문학적 관심에서도 의미 있는 일이라 하겠다.

2. '아피루' 혹은 '에베르'? 이스라엘 조상에 대한 흔적 찾기

이스라엘 민족을 의미하는 이름 중 '히브리'(이브리 Ivrí)라는 표현이 있다. 사실 이스라엘인들은 자신들을 '베네 이스라엘(Benê Yisra'el, 이스라엘인들)'이라 부르지 히브리인이라 부르지 않는다. 히브리인이라는 이름은 구약성서 중에서 초기 설화에만 등장한다. 이방인들과의 관계 속에서 이스라엘 자신을 구별하는 경우나 이방인들이 이스라엘인들을 낮추어 부를 때 주로 사용되었는데(창세기 39: 14, 40: 15, 출애굽기 2: 6, 3: 18, 5: 3, 사무엘상 4: 6, 9) 그나마 왕국 시대와 그 이후의 텍스트에는 사용되지 않았다(브라이트, 2000: 126).

이 '히브리인'과 관련하여 그 기원을 찾는 한 시도는 '하비루Habiru, Hapiru' 혹은 '아피루Apiru'라는 사회적 계층 집단과의 연관성이다. 최근 학자들은 히브리와 아피루 사이에 어원학적 연관성은 희박하나 적어도 초기 이스라엘을 구성한 사람들 중에서 아피루와 연관된 삶을 살던 사람들이 상당수 포함되어 있었을 거라는 점에 대해서는 주로 인정을 하고 있다. 이스라엘의 초기 전승과 비슷한 시기인 기원전 20세기에서 13세기에 이르는 고대 근동의 다른 문헌들(기원전 19세기 갑바도기아 문서, 18세기 마리, 알라리코 문서, 기원전 15세기 누지 문서, 14세기 보가즈리이 문서, 라스 샴라 문서, 그리고 15~12세기에 걸친 이집트 제국 시대의 문서들)에서 Apiru(Hapiru 혹은 Habiru)로 알려진 무리들에 대한 기록이 상당히 발견되었다(브라이트, 2000: 126-127). 그 문서들에는 '농민, 노예, 백성, 국민, 시민이 아피루와 연합하거나 아피루가 되며' '아피루에게 도망간다'는 표현들이 등장하며(체이니, 2007: 94), 팔레스타인 도시국가의 소군주들이 상당히 이들을 두려워했음이 기록에 남아 있다.[7]

성서학자와 고고학자들이 동의하는 것은 '아피루'가 "일단의 종족이 아니라 사회의 한 계층을 가리켰던 것 같고" "기존 사회 체제 속에서 기반 없이 소외되어 살던 시민권 없는 계층"을 의미하는 이름이라는 것이다. "유목민처럼 때로는 평화롭게 때로는 약탈을 하면서 살다가 기회가 되면 성읍에 정착하기도" 하고 "용병으로 지원하거나 단위 부대를 이루기도, 궁핍한 경우 식객으로, 혹은 노예로, 이집트 왕실의 여러 사업에 징용되기도 하고, 가끔 요셉처럼 높은 지위에 오르기도 했던" 무리의 이름이 '아피루'이다. 히브리 선조들을 이 아피루와 동일시할 수는 없겠지만 "그들이 이러한 계층에 속하는 것으로 생각하는 것이 옳다"(브라이트, 2000: 127)고 보는 성서학자들이 많다. 특히 마빈 체이니Marvin Chaney는 아둘람굴(The Cave of Adullam)에 도망간 다윗의 예를 기록한 성서 본문이 아피루 집단의 특성과 상당히 일치한다고 주장한다. 사무엘상 22장에 묘사된 바 다윗에게로 피한 약한 자, 도망자들이 연대하여 이룬 집단이 당시 고대 문서들이 증거하고 있는 아피루와 사회적 유사성이 있다는 것이다.[8] 부자들에게 강제적 탈취를 하기도 하고 유다의 적을 약탈하는 등 다윗 집단의 활동은 용병 활동으로서 전형적으로 아피루의 행동이라는 것이다(체이니, 2007: 95).

한편, 진 보테로Jean Bottero나 오스왈드 로레츠Oswald Loretz 등 아피루와 히브리 사이의 연관성을 부인하는 학자들도 있다. 로레츠는 민족을

7 "너희들이 지도자를 죽이면, 너희도 우리처럼 평화를 누릴 것이다. 그러자 그들은 그의 말에 따라 행동했는데, 마치 아피루 같았습니다." "그리하여 그들은 암미아 성읍처럼 아피루와 연합했다." "이제 아피루는 폐하의 성읍을 취했습니다." "아피루가된 노예들과 종들이 그를 죽였습니다." "폐하께서는 아피루의 손에서 그의 땅을 건지소서." "폐하의 모든 땅이 아피루에게 넘겨졌음을 아뢰소서." "아피루와 연합하고 협정을 맺고" "아피루가 되고" "아피루가 그 성읍을 점령할 것입니다." "그의 지원군이 강합니까? 아피루의 도움 때문에 강할 뿐입니다"(체이니, 2007: 79–89).

8 사무엘상 22:1–2, "다윗은 그곳을 떠나 아둘람굴로 피해 갔다. 그의 형들과 그의 온 집안이 이 소식을 듣고 다윗을 찾아 그리로 내려갔다. 또한 억눌려 지내는 사람, 빚을 지고 허덕이는 사람, 그 밖의 불평을 품은 사람들이 다윗 주변에 몰려들었다. 다윗이 그들의 우두머리가 되었는데 그 수는 약 400 명가량이나 되었다."

지칭하는 '히브리'라는 말이 바빌론 포로 생활 이후 다시 고향으로 돌아온 신학자 집단에 의해 창조된 후대의 용어라고 말한다(크라우스, 2003: 309-310). 카일 맥카터P. Kyle McCarter는 성서 전승에서 발견되는 '히브리'는 항상 민족을 지칭하는 용어였다고 분석하면서, 이스라엘인들은 자신을 가리켜 민족적으로 가나안인이 아님을 강조하고자 이 단어를 사용했을 것이라고 추측한다. 즉, 자신들은 가나안인과 달리 메소포타미아 유프라테스강 '건너편'에서 왔다는 메시지가 강하게 담겨 있다는 것이다. 'trans'라는 말은 히브리어에서 '에베르'로 표현할 수 있는데, 그 때문에 '히브리'가 '에베르'(건너서, 가로질러)에서 왔다고 풀고 있다. 즉, 이스라엘인들은 이곳 출신이 아닌, '저쪽 건너편'에서 왔다는 의미라는 주장이다(맥카터, 2008: 201).

성경의 족보에서 '에베르'(창세기 10: 24)라는 시조의 후손들로 묘사된 사람들의 거주 지역이 예멘에서 중앙 시리아, 그리고 유프라테스까지 포함되는 넓은 지역의 기원을 지닌다면, 이 이름을 히브리의 기원으로 보더라도 이스라엘을 단일 혈연 집단을 중심으로 한 민족 공동체로 보기에는 어려움이 따른다. 결국 '히브리'의 어원이 '아피루'에 있든 '에베르'에 있든 고대 근동 지역에 광범위하게 퍼져 있었고 떠돌던 일단의 무리에서 이스라엘 기원의 공통성을 찾을 수 있는 것으로 보인다. 아피루도 에베르도 자신들의 고향을 떠나 익숙하고 보호받는 공간으로부터 분리되어 나온 이주민이요(거나) 사회적 약자를 일컫는 이름이었다.

결국 초기 이스라엘 공동체에 대해 동의할 수 있는 하나는 이들이 '아피루'이든 '에베르'이든 근거지를 잃고 떠나온 사람들로서 계층적 억압과 불이익을 체험했던 잡다한 사람들의 총합이라는 것이 아닐까? 더구나 '히브리'라는 표현이 왕국 시대 이후의 문헌에서는 사라진 반면 구두 전승으로 대중 사이에 두루 전달되었던 좀 더 오래된 이야기들 속에서는 살아남은 표현이라면 신빙성이 더욱 짙어진다. 왕국의 지도자들은 자신의 기원을 웅장하고 멋들어지게 묘사하고 싶은 법이니 후대로 갈수록 '중다한 잡족'이나 '유리 방랑하는 아람인'을 떠올릴 단어의 흔적들을 없애고 싶을 일이다. 결국 가설과 해설이라는 것이 "아주 가시적인 혹은 숨겨져 있는 어떤 기득권에 대한 옹호자들"(부르그만, 2003: 116)임을 인정한다면 그것이 '아피루'냐 '에베르'냐의 양자택일적 논쟁을 넘어 이스라엘 초기 전승에서 자신들의 정체성의 표현으로 사용된 '히브리'라는 단어가 가리키는 바의 의미를 정리할 수 있다고 본다. 초기 이스라엘 공동체 구성원들의 상당수가 아피루요(이거나) 에베르였기에 '히브리'는 여전히 이들 공동체의 이름으로 대표성을 가진다고 말이다.

3. '중다한 잡족' 이스라엘의 공동체적 연대

기원전 13세기 메르넵타 왕의 승전 비문에는 처음으로 '이스라엘'이라는 이름이 등장한다.

> 리비아는 폐허가 되었고 하티는 평정되었다. 가나안은 온갖 재난으로 약탈당했다. 아스칼론은 정복되었고 게제르는 점령당했으며 야노암은 더 이상 존재하지 않는다. 이스라엘은 황폐해졌고, 그의 자손은 더 이상 없다. 시리아는 이집트 때문에 과부가 되었다(크라우스, 2003: 349).

롤프 크라우스Rolf Krauss는 여기서 이스라엘이 영토를 지닌 국가명이 아니라 "가나안에 살고 있는 주민들"(크라우스, 2003: 340)의 이름이라는 데 주목한다. 당시 가나안의 도시국가들의 이름과 나란히 기록된 '이스라엘'이라는 이름에는 장소가 아닌, 사람들임을 가리키는 한정사가 붙어 있다. 즉, 메르넵타 비문은 이스라엘이 기원전 13세기 전반부에 이미 가나안 지역에 살고 있었으며, 그 황폐함을 언급할 정도로 이전까지의 가시적인 규모와 존재감을 말해 주고 있다(크라우스, 2003: 367).

이들은 언제부터 가나안 지역에서 거주하기 시작했으며 어떻게 주변 국가들이 언급할 만큼의 세력을 키우게 되었을까? 성서는 이스라엘의 기원을 한 가족사로 그려내고 있다. 메소포타미아의 도시국가 중 하나였던 우르Ur 지역을 떠나 하란Haran을 거쳐 팔레스타인으로 이주한 아브라함이 이들의 조상으로서, 이후 이삭, 야곱, 요셉으로 이어지는 가족 계보를 통해 이스라엘이 형성되었다는 것이다. 야곱의 열한 번째 아들이었던 요셉이 이집트로 팔려갔다가 성공해 이집트의 총리가 된 이후 온 가족이 이집트로 이주했고 불과 네 세대 만에 장정 수가 60만인 대집단을 이끌고 이집트를 탈출해 약속의 땅인 팔레스타인으로 이주했다는 이야기이다. 물론 이 이야기를 글자 그대로 받아들이는 성서학자는 근본주의자를 제외하고는 없다. 존 브라이트John Bright는 불과 70명이었던 야곱의 아들과 그 가족이 네 세대 만에 장정 60만의 큰 무리를 이룬다는 것은 불가능하며, 그 정도의 숫자였다면 추격해 오는 이집트 군대가 두려워 떨지 않았을 것이라고 추론한다. 더구나 당시 이스라엘 집단의 규모가 성서에서 말하듯 2명의 유대 산파가 감당할 규모였다면(출애굽기 1: 15-22) 많아도 2~3천 명을 넘지 못했을 것이라 말한다. 후대 이스라엘을 이룬 모든 선조가 출애굽에 참여한 것은 아닐 것이라는 것이 일반적인 주장인데, 실제로 「민수기」에 나오는 많은 목록은 후대의 상황을 반영한다고 본다(브라이트, 2000: 172-173). 즉, 한 사람에게서 유래한 가족 집단이 한 번에 움직이며 동일한 경험을 했다는 성서 이야기는 성서 기자의 구성적 수사라는 이야기이다.

성서학자들의 오랜 논쟁과 학문적 성과를 참조할 때, 초기 이스라엘을 구성한 사람들을 크게 두 다른 집단으로 설명할 수 있다. 우선 이집트 노예 생활의 경험 속에서 출애굽을 경험한 뒤 가나안에서 이미 살고 있던 이스라엘 집단에 합류한 사람들이다. 이집트를 탈출한 이들 역시 '중다한 잡족'이었다. 「출애굽기」 12: 38, 「민수기」 11: 4에 보면 "여러 족속과 섞여 사는 무리"라고 묘사되어 있다. 이들 중에는 상당수의 도망친 노예, 아피루나 이집트인들이 포함되었을 것(레위기 24: 10)이다. 여기에 모세의 장인과 아내 십보라의 민족인 미디안 족이 합세했다(사무엘상 15: 6). 갈렙, 옷니엘은 그나스 족으로 보고된다(브라이트, 2000: 174). 요컨대 출애굽을 감행하고 광야 여정을 통해 팔레스타인 산간 지역으로 들어온 무리는 이미 구성상 '중다한 잡족'인 셈이다. 사실 셈족 노예들은 이집트 역사에서 기원전 2000년경 이후부터 계속 발견된다. "전쟁이나 기근이 아시아를 덮치면 가나안 도시민들이 그 가족들을 이집트로 팔아서 곡물과 맞바꾸기도" 했으며, "기근 시 가족들이 이집트로 이동하는 것은 당시로서는 흔한 일"(할퍼른, 2008: 131)이었다.

제임스 호프마이어James Hoffmeier에 따르면 아피루들은 이집트 피톰과 람세스의 건설 현장에만 보내졌던 것이 아니라 전쟁 포로들이 담당했던 농사일까지 강요받았다. 신제국 당시 테베의 개인 묘지를 만드는 것이 일상생활이었던 외국인 노예들, 광야에서 새장에 갇힌 포로 상태로 포도 수확이나 포도 압착하기 또 석공 일인 벽돌 만드는 일을 하던 아피루들의 기록이 있다(크라우스, 2003: 311). 물론 광범위하게 존재하던 아피루의 존재가 곧 이스라엘 초기 공동체를 형성한 출애굽 집단을 의미한다고 말할 수 있는 증거는 없으나, 분명 고대의 다른 곳과 마찬가지로 노예 노동은 경제적 현실이었고 성서와 메르넵타 비문은 그들 중 얼마의 사람들이 기원전 13세기경 이집트를 탈출했음을 기록하고 있다. 사회적

하층 계급으로 떠돌면서 강제 노동에 동원되고 포도원, 밭, 건설 현장에서 일한 아피루들 중에 초기 이스라엘의 구성원이 되었던 출애굽 무리가 있었다고 명시한 고고학적 증거가 없다는 것이 곧 이들의 실재를 부정하는 근거일 수는 없다. 크라우스의 말마따나 "고고학적으로 증명되지 못했다"는 것이 곧 "역사적 실재성을 부정하는 것"일 수 없기 때문이다(크라우스, 2003: 312).

사실 성경 전승들은 세부적인 이집트 19왕조의 상황을 반영하고 있는 묘사로 구성되어 있는데, 예를 들어 람세스 2세 당시에 갑자기 강제 노역이 많아진 것이나, 가나안에서는 벽돌 제조에 사용하지 않는 지푸라기를 사용한다든가 하는 점들이다. 게다가 이집트에서 가나안으로 가는 길에 이스라엘이 만난 사람들의 이름인 미디안, 아말렉, 에돔, 모압, 암몬 등은 당시에 존재했던 민족들이다(할퍼른, 2008: 142, 144). 이에 대해 상당히 엘리트였을 후대의 성서 기자가 기원전 13세기 람세스 당시의 역사를 훤히 꿰고 있기에 교묘히 구성한 허구라고 주장하는 것은, 반대로 초기 이스라엘을 이룬 모든 구성원이 한 가족에서 파생했으며, 몽땅 이집트 노예 생활을 경험하다가 모두 한꺼번에 탈출해서 극적 정복전쟁을 거쳐 팔레스타인을 점령했다고 주장하는 것만큼이나 정치적 의도가 보이는 언급이라고 생각된다.

이스라엘로 편입되는 두 번째 주요 집단은 가나안의 도시국가 체제 내에서 억압받던 고용 노예들이나 거주 농민들로 추정된다. 당시 가나안의 정치 체제는 도시국가city-state의 형태였는데 소수의 지배 계급이 이집트와 자신의 왕국을 위한 징세, 도시 군주들 간의 싸움으로 인한 징집 등을 거주자들에게 부과했다. 이러한 상황에서 과도한 징세나 노역을 피해 '밖으로 나가려는 내부적 움직임' 속에서 이스라엘의 일부가 형성되었다는 것이다. 이 주장은 오히려 이스라엘이 공동체 형성 이후에도 끊임없이 투쟁하고 있는 가나안적인 생활 방식의 문제를 잘 설명해 준다. "기존 사회에서 소외되었거나 사회 안에 통합되지 못해 변두리에서 생존하고 있었던" 그래서 아주 쉽게 해적이나 산적이 되었던 노예들, 혹사당하는 농노들, 그리고 급료가 형편없었던 용병들이 바로 이 내부로부터 '나온' 사람들이라는 것이다. 이들의 저항은 때론 힘을 얻었었고 세겜을 중심으로 어느 정도 영토를 확보했던 시절도 있었다.[9] 고고학적으로 발견된 아피루에 대한 언급들은 팔레스타인 도시 군주들이 두려움에 떨며 이집트 바로에게 도움을 청하거나 아피루 용병의 힘을 빌리는 상대방을 서로 비난하는 문서들이라는 해석이다(브라이트, 2000: 179). 이러한 추론은 최근 고고학적 증거들이 보여주는 것과도 상당히 일치한다. 고고학자들은 가나안의 도시국가 틈새를 떠돌며 일시적으로 정착하고 밀려나가고 하며 방랑하던 셈족 계열의 무리, 이스라엘의 선조라 불릴 만한 이들이 이미 이 지역에 정착하고 있었던 흔적들을 발견했다.

그럼 일찌감치 가나안 땅에서 살고 있었다는 이 두 번째 집단은 언제부터 이곳에 정착하게 되었을까? 족장들에 대한 모든 관계와 결합이 나중에 생겼기 때문에 여전히 역사적 재현은 어려운 과제이다(포오러, 1982: 32). 그러나 기원전 19세기에서 13세기에 이르는 고대 근동의 문서들은 비교적 평화로운 방법으로 상부 메소포타미아와 시리아 북부, 그리고 팔레스타인 지역을 방랑하며 지내왔던 족장들의 흔적을 말해 준다.[10] 아직까지 아브라함의 고향으로 기록된 우르, 즉 남부 메소포타미아

9 세겜은 가나안 아모리족의 도시였다(창세기 34장). 기원전 14세기 아피루의 추장 랍아유Lab'ayu가 세겜을 장악하고 자기 아들들 및 동맹자들과 함께 지중해 해안으로부터 길르앗에 이르기까지 그리고 에스들렐론 평야로부터 남으로 예루살렘 영토에 이르는 광활한 지역을 다스렸음을 기록한 문서가 있다(브라이트, 2000: 176). 세겜은 성서에서 이스라엘 지파동맹의 중심지로 묘사되는데, 브라이트의 가설에 따르면 "세겜에 정착한 아피루 족속들이 그들과 동맹을 맺었을지도 모르는 가나안 사람들(아모리족)과 함께 이스라엘에 협력하고 그 체제 안에 흡수되었을 것"이라 한다(브라이트, 2000: 176).

10 마리 문서를 보면 기원전 19~18세기에 번창했던 도시 하란 근처에는 아브라함의 조상들의 이름과 일치하는 지역 명칭이 있다. 세룩(스룩)-사루기, 데라흐(데라)-딜 투라히 등 족장 설화의 이름들은 기

와의 직접적인 연관을 보여주는 고고학적 기록은 없지만, 적어도 "중기 청동기 시대와 그 이전 상부 메소포타미아와 북부 시리아에는 이스라엘의 선조들과 유사한 주민들이 살고" 있었고(브라이트, 2000: 107), 이들이 팔레스타인 땅에 좀 더 평화적인 방법으로 이주했다는 것은 역사적 신빙성을 가진다고 본다. 성서에 묘사된 아브라함이나 야곱, 이삭의 생활상은 비옥한 초승달 지대(상부 메소포타미아, 시리아, 팔레스타인) 도처의 공동 관습과 동일하다.[11] "내 조상은 유리하는 아람 사람"(신명기 26: 5)이라는 표현은 이스라엘의 신앙 고백에 들어와 있는 뿌리 깊은 전승이다. 이스라엘의 선조들은 원래 상부 메소포타미아로부터 왔으며, 이 지역은 반半유목민과 친밀한 혈연 관계를 느끼고 있었다는 성경 전승의 사실성을 보여주는 대목이다. '아모리'란 '서부인'을 뜻하는 아카드어인데 이는 족장 시대와 그 이전부터 상부 메소포타미아와 시리아의 다양한 서북 셈족들을 가리키는 명칭이었고, 그 중에는 이스라엘의 선조들이 포함되어 있었을 것이다(브라이트, 2000: 118, 122-123). 그러니까 상당히 간략화할 경우, 이스라엘은 고대 근동 바빌로니아 상부부터 팔레스타인에 이르는 지역을 천여 년 넘게 방랑하며 주변부를 살아가던 사람들 중에 가나안 지역의 체제에서 종살이나 부당한 사회적 처우를 피해 중부 산간 지대로 '나간' 사람들과, 이집트 제국의 강제 노역에서 탈출하여 팔

원전 2000년 경 메소포타미아와 팔레스타인 두 지역에서 통용되었던, 특히 아모리족 주민들의 이름과 완전히 일치한다(포오러, 1982: 33). 또한 야곱은 상부 메소포타미아 샤가르 바자르Chagar-bazar에서 나온 기원전 18세기 문서에 나오는 이름(Ya'qub-el)이며, 힉소스족 추장 이름으로도(Ya'qup-al), 그리고 기원전 15세기 투트모세 3세의 목록에 언급된 팔레스타인 지명으로도 나온다. 아브라함의 원 이름이었던 '아브람Abram'은 바빌로니아 제1왕조의 문서에 나오며, 저주 문서에도, 마리 문서에도 동일한 철자를 포함한 이름들이 있다. 야곱의 아들들 중 베냐민은 마리 문서에서 큰 부족동맹의 이름으로 나오고, 스블론은 저주 문서에, 갓, 이스마엘, 레위도 마리 문서에서 발견되었고, 아셀이나 잇사갈 등의 이름들 역시 기원전 18세기 이집트 문헌에서 발견되었다(브라이트, 2000: 106).

11 예를 들어 누지 문서에는 자식 없는 부부의 경우 종을 양자로 들여 유산 상속을 한다든가, 무자인 아내의 경우 자신을 대신할 첩을 얻어줄 의무가 있다든가, 그 밖에 라반과 야곱의 계약 조건 등이 누지 문서에 나온 관습과 문화를 반영한다(브라이트, 2000: 108).

레스타인으로 '들어온' 이들이 만나 이룬 혼종 집단인 셈이다.

물론 성서학자들 중에서는 왕국 시대 이전의 이스라엘에 대해 한 공동체로서의 역사성을 상당히 회의하는 학자들도 있다. 소긴J. A. Soggin, 밀러J. M. Miller, 헤이즈J. V. H. Hayes, 시터즈J. Van Seters, 톰슨T. L. Thompson 등이 이에 속한다(카이서, 2003: 16). 지파들의 연합에 대해서도 후대의 각색이 너무나 많이 개입되어 개별 에피소드를 통해 실제 있었을 법한 역사적 사건들을 재현해 보는 일 자체가 무의미하다고 주장하기도 한다. 그럼에도 기원전 13~11세기에 걸친 이들의 흔적에 대한 고고학적 발견들은 「사사기」에서 묘사된 이 '중다한 잡족' 간의 공동체적 삶을 완전히 부정하지는 못하게 한다. 「사사기」의 설화들은 대략 세겜과 벧엘 사이에 있는 중부 구릉 지대를 기반한 에브라임 지파tribe를 중심으로 이들과 연대했던 다른 지파들의 이야기를 담고 있다. 이들의 연대 방식에서 공동체의 지도자 역할을 했던 소사사小士師들(shôphet, judges)은 대부분이 에브라임 지파 출신이다. 이러한 성서적 묘사와 고고학적 발견을 대조해 볼 때 "중부 구릉 지대의 북쪽 지역에는 에브라임의 지배를 받는 다소 느슨하게 결합된 일군의 지파들"이 있었을 것으로 추정되며 "지파들의 이러한 느슨한 연합이 아마도 메르넵타 비문에서 말하고 있는 왕정 시대 이전의 이스라엘이었을 것"(밀러 · 헤이스, 2004: 105)이다.[12]

문제는 기원의 복잡성에도 불구하고 이스라엘이 일종의 연대감을 가

12 에브라임 지파와 긴밀하게 연대한 것으로 기록된 세 지파들, 즉 베냐민, 므낫세, 길르앗이 있고 그밖에 갈릴리와 이스르엘 계곡에 자리 잡은 아셀, 스블론, 잇사갈, 납달리 등이 이스라엘의 부족으로 묘사된다. 잇사갈이라는 명칭이 skr에서 파생된 '품꾼'을 뜻한다면(창세기 49: 14–15의 지파 예언과 비교), "잇사갈 씨족들은 비옥한 이스르엘 계곡에서 비이스라엘 계열의 종족들 가운데 살았을 뿐만 아니라 거기에서 노동자들로 생활했음"을 알 수 있다. 단, 르우벤과 갓 지파의 영토는 확정하기가 어려운데, "그들이 자기 가축떼들을 이끌고 광범위하게 흩어져 살았기 때문이다"(밀러 · 헤이스, 2004: 107, 108).

지고 공동체를 형성했다는 사실이다. 물론 정치적 호기가 작용했었다. 기원전 1200년부터 이집트의 새 왕국이 몰락하게 되었고 수백 년 간 팔레스타인을 휩쓸던 이집트 세력이 사라지고 가나안과 시리아 땅에 권력 공백기가 생겼었다. 또한 이 시기 즈음에 팔레스타인의 요새화된 청동기 성읍들 상당수가 이미 파괴당한 상태였다(밀러 · 헤이스, 2004: 89). 이 정치적 과도기에 이스라엘이 단합하고 세력을 모아 특수한 정치적 공동체를 건설하게 된 것으로 보인다(군네벡, 1985: 13). 그러나 이들의 민족사적 신앙 고백이요 기록인 성서에 따르면 '중다한 잡족' 간 연대의 좀 더 근본적인 힘은, 정치적 호기보다는 '낯선 땅에서 이방인이었던 공동의 경험'과 '약자들의 하나님 야훼에 대한 공동의 신앙 고백'에 있었다.

4. 중다한 잡족의 '연대 방식', 대안적 신앙 고백과 사회적 약자들을 위한 법률

결국 요약하면, 팔레스타인 내부에서의 여타 사회적 소외 계층의 '밖으로의 움직임'이 출애굽을 경험하며 야훼 신앙을 가지고 들어온 사람들과 만나면서 발생한 일종의 연대가 기원전 13세기 전반부 이스라엘을 탄생시켰다고 정리할 수 있다. "이들이 어디에서 왔건 이들은 정교하게 고안된 족보를 통해 자신들과 주변의 타인들 사이에 민족적 경계를 지음으로써 비로소 하나의 민족이 되었던" 사람들이다(맥카터, 2008: 177). 그리고 이 '경계지음'의 중심에 야훼(여호와) 신앙이 있었다. 야훼 신앙이 과연 어디에서 기원했는지, 그리고 이들이 공동체적 삶을 살기 시작하는 기원전 13세기경에 과연 이 야훼 신앙이 이스라엘인들 사이에서 배타적으로, 광범위하게 확립되어 있었는지에 대한 문제는 상당히 복잡한 이야기이다. 지면상 상세한 서술은 생략하겠으나 요점은 야훼 신앙의 주요한 기원지로 고백되는 '시내산 전승'이, 왕정 이후 왕궁과 성전을 중심으로 한 '시온산 전승'으로 대체하려는 지도층의 지난한 노력에도 불구하고 성서 안에 살아남았다는 사실이다. 성서의 고대 전승들이 사람들의 입에서 입으로 전해진 구두 전승임을 상기할 때, 이를 경험한 사람들과 그 후손에 의해 전해져 온 진정성, 그리고 이 전승이 이스라엘 사람들 사이에서 광범위하게 미친 영향력을 확인하게 되는 부분이다.

「여호수아」 24장에는 세겜에 모인 이스라엘 모든 부족tribes이 야훼 신앙을 중심으로 하나의 공동체로서 서로 연대적 삶을 살아가기로 계약을 체결하는 장면이 나온다.

> 그러므로 이제는 여호와를 경외하며 온전함과 신실함으로 그를 섬기라. 너희의 조상들이 강 저쪽과 애굽에서 섬기던 신들을 치워 버리고 여호와만 섬기라. 만일 여호와를 섬기는 것이 너희에게 좋지 않게 보이거든 너희 조상들이 강 저쪽에서 섬기던 신들이든지 또는 너희가 거주하는 땅에 있는 아모리 족속의 신들이든지 너희가 섬길 자를 오늘 택하라. 오직 나와 내 집은 여호와를 섬기겠노라 하니, 백성이 대답하여 이르되 우리가 결단코 여호와를 버리고 다른 신들을 섬기기를 하지 아니하오리니, 이는 우리 하나님 여호와께서 친히 우리와 우리 조상들을 인도하여 애굽 땅 종 되었던 집에서 올라오게 하시고 우리 목전에서 그 큰 이적들을 행하시고 우리가 행한 모든 길과 우리가 지나온 모든 백성들 중에서 우리를 보호하셨음이며, 여호와께서 또 모든 백성들과 이 땅에 거주하던 아모리 족속을 우리 앞에서 쫓아내셨음이라. 그러므로 우리도 여호와를 섬기리니 그는 우리 하나님이심이니이다 하니라(24: 14절~18절).

많은 성서학자가 세겜에서의 이 계약이 출애굽 무리가 팔레스타인에 들어온 초기 형태가 아니라 열두 부족으로 상징된 이스라엘의 '중다한 잡족들'이 하나로 연대하게 되는 최종적 형태를 묘사하고 있다고 말한다. 이 최종적 형태가 언제 갖추어졌는가에 대해서는 후대로 미룰 수 있는 대로 미루거나 이들의 공동체적 삶 자체를 회의할 수 있는 대로 회의하려는 동향도 있다. 그러나 문서 비평 등을 통해 밝혀진 오경의 고대 전승은 이 다양한 무리들이 그 시작부터 하나의 공동체로서 서로에게 연대감을 기대했으며, 그 기대의 한 중심에 야훼(여호와) 신앙이 있음을 전하고 있다.[13]

야훼는 어떤 신으로 고백되기에 이스라엘의 공동체적 연대감에 힘을 주는 구심점이 되었을까? 초기 이스라엘의 하나님 예배에 대해 공통적으로 담고 있는 정보는 일관되게 야훼를 '전사'로 묘사한다는 점이다. "그는 그의 백성들을 위해, 그리고 그의 적들을 무찌르기 위해 나아간다"(맥카터, 2008: 175). 이스라엘 조상들의 사회적 경험이 '아피루'나 '에베르'로 대변되는바 뿌리 들린 이주자들의 고단한 삶, 도시국가 체제의 변방에서 혹은 그 체제 내의 억압적 집단으로서 생계를 유지하던 생활이었다면, 이들을 위해 이들의 편이 되어 억압의 원천인 도시국가적 문명(가나안 문명으로 대변되는)을 부수기 위해 싸우는 '전쟁신' 야훼는 분명 매력적인 신이다. 물론 이 호전적인 신에 대한 신앙 고백이 유대교와 이후 기독교로 이어지면서 맥락을 잃고 그들의 사회적 위치가 어떠하든 오직 자신들의 이익을 위한 전투를 '성전聖戰, holy war'이라 정당화한

13 오경의 법률 자료들 중 상당량이 이스라엘의 초창기까지 거슬러 올라간다는 것은 오늘날 널리 받아들여지고 있다. 초기 히브리 운문들, 즉 미리암의 노래(출 15:1-18), 드보라의 노래(사사기 5장), 발람의 신탁(민 23장; 24장), 모세의 축복(신 33장), 모세의 노래(신 32장), 야곱의 축복(창 49장), 하박국 시편의 일부(합 3장), 시편 29편, 68편 등은 기원전 12~10세기 사이의 이스라엘 신앙에 대한 직접적인 증거를 제시해 주는 자료들이라 한다(브라이트, 2000: 190).

역사의 근거가 된 사실은 미화될 수 없다. 그러나 여기서 필자가 주목하는 것은 이스라엘 초기 공동체 당시 고대 근동의 보편적 신관, 즉 지도자들의 존재론적인 신적 권위를 정당화하던 신관과 상당히 대조적인 이스라엘의 신앙 고백이다. 이스라엘의 신 야훼는 억압자, 약자, 사회적 실패자들의 하나님이 되신다고 고백된다. 야훼는 사회적 루저들의 신으로, 이들의 복리를 위해 싸우는 신으로 고백되고 신앙된다. 결국 한 공동체의 탄생, 즉 '우리'라는 의식과 삶의 방식의 채택이 '타자와의 경계짓기'에서 비롯된다면 이스라엘이라는 공동체를 탄생시킨 중심에는 야훼 신앙을 기반으로 자신들이 '가나안인들과 같지 않다'는, '가나안인들의 생활 방식이나 신앙 방식과 다른 삶을 선택했다'는 선언이 자리 잡고 있다고 볼 수 있다. 이들은 '가나안과는 다른' 대안적alternative 공동체를 영위하려 했으며, 그 때문에 이들이 야훼로부터 받았다고 고백하는 법률 역시 지배자들의 이익을 대변하는 근동의 다른 법률과 비교할 때 그 강조점이 달랐다.

이들의 신앙과 생활 방식의 기준이 되는 오경 법전이 현재 상태로 완성된 것은 바벨론 포로기 이후(기원전 5세기)라 해도 그 원자료들은 이미 이스라엘 공동체의 출발부터 공유하던 신앙 체계였다고 학자들은 말한다. 이들의 법전에서 가장 뚜렷한 메시지는 사회적 약자를 향한 야훼의 관심이다. 「신명기」 법전은 "노예 자신이 원한다면 자국인과 함께 계속 머물 수 있지만, 원칙적으로 6년 후에는 자유의 몸이 되어야 한다는 법령으로 시작한다. 여자 노예의 노역과 해방에 관한 조건이 뒤를 잇고 있으며, 과부와 고아를 괴롭히지 말아야 하고, 가난한 자에게 빌려준 돈에 이자를 붙여서는 안 되며, 악한 목적으로 악인과 공모하는 것은 저주를 받으며, 뇌물을 받는 것과 가난한 자의 권리를 짓밟는 행위도 똑같이 가증스러운 짓이라는 야훼의 경고가 뒤따른다. 경작지는 가난한 사람들에게 이삭 주울 기회를 주기 위해 매 7년마다 휴작해야 하고, 고아와 과부들의 생계를 위해 추수밭에 이삭들을 남겨두고, 포도밭과 올리브밭에는 얼마 정도의 열매를 남겨 두도록 하며, 히브리인이든 외국인이든 모든 종에게는 친절을 베풀어야 하고, 또 그들은 지체 없이 자기 품삯을 지불받도록 되어 있다. 히브리 노예들은 7년이 지나면 해방되어야 하며 또 그들은 양과 곡식과 포도주를 후하게 받아야 한다. 도망한 노예들까지도 그들의 주인에게 돌려줄 필요가 없으며 그들에게 은신처를 구해 준 사람들로부터 정당하게 도움을 받아야 한다. 윤리적 · 신적 명령으로서의 정의는 신명기 가르침의 기본 요소이다. 재판관과 관리들에게는 공평한 행동이 요구되며, 법정에서의 뇌물은 명백하게 금지되어 있다. 저울과 자는 공인된 표준에 일치되어야 하며, 이 점에서 부정직한 행동을 하는 자는 누구든지 야훼 앞에 가증스러운 존재가 된다. 신명기 저자는 온 백성이 야훼의 축복을 받고자 할 때 그들은 오직 정의만을 따라야 한다는 메시지를 뚜렷하게 전한다"(화이틀리, 1980: 125-127).

또 다른 율법서인 「레위기」에도 공의와 윤리가 강조되고 있다. 판결은 공정하게 내려져야 하고 빈자와 부자 사이에 어떤 차별도 두어서는 안 된다. 추수 계절 동안에는 가난한 자와 여행자를 기억해야 한다. 그래서 이들을 위해 곡식밭의 변두리와 이삭들 및 포도밭에 떨어진 포도들은 남겨 두어야 한다. 또 누구든지 자기 집안의 궁핍한 형제를 도와주어야 하고 결코 노동의 조건을 붙여 돕지는 말아야 한다. 재산의 매매는 정직하게 거래되어야 하며, 가난한 사람의 재산은 그보다 부유한 친족들이 보상해 주도록 되어 있다(화이틀리, 1980: 127). 도둑질과 거짓말과 부당한 거래와 야훼의 이름으로 거짓 맹세하는 것 등도 모두 한결같이 비난받고 있다. 벙어리와 소경을 존중해야 하고, 연로자와 허약자도 존경해야 한다. 사람이 자기 이웃을 자기 자신처럼 사랑해야 한다. 「신명기」 저자는 야훼의 관심을 분명하게 밝힌다: “내가 네게 명령하는 이 모든 말을 너는 듣고 지키라. 네 하나님 여호와의 목전에 선과 의를 행하면 너와 네 후손에게 영구히 복이 있으리라”(신명기, 12: 28).

사회적 약자들을 향한 특별한 관심과 배려가 중심이 되는 이 신율神律들이 초기 이스라엘인들의 공동의 경험과 열망에서 비롯되었다는 것을 인정할 때, 이스라엘이 당시 고대 근동의 왕정을 중심으로 한 도시국가 체제를 증오했던 이유나 자신들의 공동체를 이와 같지 않게 운영하면서 대안적 삶을 200여 년 동안 지속했던 이유를 이해할 수 있게 된다. 「사사기」가 묘사하는 바 이스라엘의 지파 체제는 매우 느슨했으며 국가 기구가 갖추어지지 않았었다. 중앙정부도 없고, 도성이나 행정 기구, 관료제도, 상비군도 없는 사회였다. 위기가 왔을 경우, 여호와의 영the Spirit of Yahweh에 의해 능력을 입은 대사사大士師가 ‘임시로’ 등장해 지파들을 소집해서 적을 쫓아내는 방식으로 공동체적 안전을 도모했다고 성서는 전한다. 이들에게 ‘왕정’이라는 개념은 철저하게 거부되었다. 메소포타미아나 시리아, 가나안, 그리고 이집트의 왕정 사회 주변과 틈새를 살아오면서 이들이 숱하게 보아온 것은 형상화된 신들의 이름으로 자신들의 지배권을 정당화하고 신격화하는 소수 지배 계층의 횡포였다. 이를 기억할 때, 이스라엘의 신앙 고백의 핵심에 왕정을 향한 강력한 거부가 있다는 것은 충분히 설득력을 가진다.

이스라엘의 신 야훼의 신상을 만들지 않았다는 점도 주목할 부분이다. 이스라엘인들에게 야훼를 눈에 보이게 나타내는 것은 엄격히 금지되었다. 지금까지의 고고학적 발굴에서 여호와의 성상이 단 하나도 발굴되지 않았다는 점에서도 이것이 오래고 강한 전통임을 말해 준다. 당시 고대 근동의 어떤 신들과도 달리 야훼는 자연력과도 동일시되지 않고, 하늘이나 지상의 어떤 지점에도 국한되지 않았다(브라이트, 2000: 206-207).

필자는 이스라엘의 이러한 신 이해가 '신과 인간 사이의 극단적인 존재론적 불연속성radical ontological discontinuity of being between the Yahweh and humans'을 나타낸다고 보는데, 이런 초월적 신 이해의 완성은 후기라 해도 이스라엘의 시작부터 야훼의 초월성에 대한 인식이 존재했다고 본다. 파라오가 태양신의 아들로 둔갑하고, 메소포타미아나 가나안 도시국가의 왕이 작은 신들로 고백되는 '신과 인간 사이의 존재론적 연속성'을 담은 고대 근동의 신화들이 사회적으로 적용된 결과는, 신들의 종으로 여겨지는 다수의 백성에게 군림하기 위한 지배 이데올로기가 되어 왔기 때문이다. 이러한 이데올로기에 의해 가장 극심한, 그리고 가장 직접적인 억압을 받았던 '중다한 잡족'이 사회정치적 호기를 맞아 하나의 대안적 공동체를 이루었는데, 그들 연대의 핵심이 되는 신앙 고백에서 '인간이 왕이 되는 가능성' 더 나아가 '인간이 신이 되는 가능성'을 차단하고자 함은 핵심적인 관심이었을 것이다. 그 때문에 이들은 '야훼의 영'이 지정한 불특정 개인, 그것도 그 영이 그에게 임재하는 동안만 '임시적으로' 공동체에서의 지도력을 인정해 주는 독특한 방식으로 공동체적 삶을 영위했던 것이다. 이후 블레셋의 침공과 여러 정세의 변화가 이러한 삶의 방식을 어렵게 만들고, 결국 사울, 다윗, 솔로몬으로 이어지는 왕정의 출현을 낳았을 때에도 성서 기자들의 신앙 고백 속에 담긴 왕들에 대한 평가는 언제나 이들이 야훼의 법도에 얼마나 근접했는가가 기준이 되었다. 여기서 사회적 약자 집단인 이들의 열망이 야훼 종교를 탄생시켰는지, 아니면 반대로 야훼의 개입으로 인한 극적 구원 역사와 신앙이 이 '중다한 잡족'을 하나의 공동체로 묶었는지 그 선후를 논하는 것은 사회윤리학자의 역량을 넘어서는 문제라고 생각된다. 사회윤리학자로서 필자가 관심을 갖는 바는 이들이 한 공동체로서 '새로운 경계짓기'를 가능케 한 종교사회적 담론의 힘이다. 즉, 사회적 약자로서 공통의 경험과 그 경험이 낳은 종교 담론으로서의 야훼 신앙, 그리고 그 담론이 가져온 대안적 공동체의 성격과 실천 말이다.

5. '이스라엘'은 21세기 전지구적 이주 노동자들의 연대를 위한 원형이 될 수 있는가?

키스 휘틀럼Keith Whitelam 같은 학자는 이스라엘의 고유성을 회의하는 중이다. 특히 팔레스타인에 그들만의 역사를 재건하려는 과도한 열망이 정작 그 땅에서 오랜 기간 역사를 가져왔던 팔레스타인인들의 실재를 박탈했다고 비난한다. 기존의 성서학과 성서고고학이 성서 내용을 입증하려는 방식으로 전개된 까닭에, 결국 성서를 편집하던 포로기 이후의 편집자들이나 현재 학자들이 이스라엘 역사를 '발명'하려고 시도했다는 지적이다. 기존의 서구 중심적 접근이 팔레스타인 땅을 '텅 빈 공간'으로, 그곳 원주민들을 주변화하고 배제시키는 방식으로 전개되었다는 것이다.

> 이스라엘의 독특한 역사적 현존에 의해 …… 성서 연구는 일종의 강탈 행위에 연루된다. 그러한 행위는 시온주의자들이 그 땅을 차지하고 팔레스타인 거주자들을 몰아냄으로써 오늘날의 정치적 동반자를 얻은 셈이다. 역사 없는 민족, 또는 성서 연구의 담론에 의해서 역사를 박탈당한 민족이기 때문에 팔레스타인 사람들은 중요하지 않게 되고, 아무 상관도 없게 되며, 결국은 존재하지 않게 된다. 객관적인 학문 연구로 제시되는 해석 행위는 서양의 연구교육기관에서 중요할 뿐 아니라 현재에 대한 지배적인 이해, 즉 이스라엘이라는 근대 국가가 '비어 있는' '불모의' 땅을 일구어 꽃을 피웠다는 오늘날의 지배적인 이해와 복잡하게 엮여 있다(휘틀럼, 2003: 77).

적어도 현재의 이스라엘과 이들이 팔레스타인에게 대하는 태도를 보는 한 휘틀럼의 날카로운 비판은 설득력을 가진다. 그러나 '경계지음'을 통해 한 민족 집단을 이루는 과정이 '고착화'를 지나오면서 지니게 되는 배타성을 말한다면 이는 그 어느 제국도 피해 가지 못할 공통의 죄악이다.

필자가 여기서 주목하기 원하는 것은 이스라엘의 현재적 정당화가 아니라, 중심 권력 밖에 있던, 중앙의 틈새를 살아가던 주변의 사람들이 모여 하나의 공동체를 이룰 가능성에 대한 관심이다. 이 관심에서는 초기 이스라엘의 실재성만큼이나 포로기 이후 성서 편집자들의 사회적 상상력도 중요한 몫을 한다. 그것이 공동체를 형성, 유지, 발전시키는 데 기여했던 종교 · 사회적 담론으로서 역사 안에서 실제적 힘을 발휘했기 때문이다. 포로기 이후의 이스라엘은 오랜 식민 지배 이후 겨우 옛 삶의 터전으로 돌아올 기회를 허락받은, 여전히 약자인 집단이었다. 자신들의 종교 · 사회적 담론을 만들어 내던 당시의 이스라엘인들은 여전히 제국의 틈새에 끼어 사는 주변인이었다. 20세기 근대 민족국가 형성에 얽힌 그들의 제국주의적 시도에 대해서는 그 모든 제국주의적 시도가 받아야 하는 비난을 이스라엘도 마땅히 받아야 한다고 생각한다. 그 어느 민족도 일상화와 제도화의 끝머리에서는 타락과 독선을 피하기 위해 자기 해체를 선택해야 할 일이다. 그러나 지금의 이스라엘이 그 선택을 하지 않고 있음에 대한 비난과, 그들의 처음 조상과 그 전승의 후계자들이 '외부로부터 내부를 만들어 낸 역사'에 대한 성찰은 분리하여 평가해야 한다는 생각이다. 성서는 이스라엘의 처음이 '불모의 땅 팔레스타인'에서 시작되었다고 증거하지 않는다. 오히려 도시국가 체제와 고대 제국주의의 틈새에서 시작되었다고 기록한다. 적어도 "구조적 권력 관계를 전복하려면 이를 괴롭혀야" 하는 것이 효과적인 전략이라면(Young, 2001:

416), 고대 근동 도시국가 체제와 고대 제국주의 체제의 틈새에서 이 구조를 괴롭히며 대조적인 삶의 방식과 종교 담론을 창출하게 된 '중다한 잡족'의 연대는 주목받아 마땅하다는 생각이다. 더욱이 이 연대가 인종이나 혈연, 중앙집권적 권력에 기반한 것이 아니라 '고향을 떠나 유리 방랑하고' '남의 땅에서 종살이하던' 경험을 함께 겪은 이들의 '보편'적 상황에서 비롯된 것이기에 더더욱 그러하다.

그 어느 이데올로기나 사상도 '보편성'의 이름을 배타적으로 주장할 수 없지만, 시대가 허락하는 '임시적 보편성'의 이름은 있다고 본다. 당대의 사회 체제가 양산하는 주요한 구조적 문제의 이름으로서 말이다. 21세기 전지구적 이주 사회에서 '임시적 보편성'의 이름이 주어진다면 그것은 '국제 이주 노동자'들의 뿌리 들린, 양쪽으로 이중 배제된 경험이 아닐까? 그런 의미에서 혈연, 인종의 경계를 넘어 사회적 공동 경험을 나눈 '중다한 잡족'이 자신들의 연대를 가능케 한 믿음 체계와 법률을 담론화하고 삶 속에 제도화했다는 사실 자체가 주는 전략적 교훈은 여전히 가치롭다고 본다. 혼종성 혹은 잡종성 자체는 "전유의 대상이지 그 자체가 전복적이고 저항적인 가치로 평가될 수 없다"고 한 김용규의 말에 동의한다(김용규, 2005: 178). 이주 노동자들의 증가로 점차 혼종적 사회 구성체가 형성되는 여러 지역 집단 중 대한민국도 예외가 아닌 현실이다. 이들의 혼종성 자체는 전복적이지도 저항적이지도 않다. 이 땅에서 '중다한 잡족'이 연대할 사회적 가치, 윤리적 담론의 창출과 제도화가 절실히 요구되는 시점이다. 이들의 담론은 거주지의 정체성과 체제에 동화되거나 흡수되는 방식이 아니라 자신들의 혼종적 상황에서 만들어 낸 새로운 집단 정체성이어야 한다. 수천 년 전 '중다한 잡족' 이스라엘의 집단정체성이 그러했던 것처럼.

참고 문헌

갓월드, 노먼, 「초기 이스라엘과 가나안의 사회-경제 체제」, D. N. 프리드맨 · D. F. 그라프 엮음, 『전환기의 팔레스틴 고대 이스라엘의 출현』, 이순태 옮김, 한국신학연구소, 1995.

______, 「데버 교수의 비판에 대한 응답」, 허셸 생크스, 바룩 할퍼른, 윌리엄 데버, 카일 맥카터 강연, 『고대 이스라엘의 기원』, 강승일 옮김, 한국신학연구소, 2008.

군네벡, 안토니우스, 『이스라엘 역사』, 문희석 옮김, 한국신학연구소, 1985.

김연수, 「접두어 'trans'의 의미와 '탈경계 인문학Trans-Humanities' 연구에 관한 소고」, 『탈경계인문학』, 7권 3호, 제3집: 29-61, 2010.

김용규, 「문화 연구의 전환과 잡종 문화론」, 『영미문학』, 제5권 2호: 155-188, 2005. 12.

데버, 윌리엄, 「이스라엘인과 가나안인을 어떻게 구별할 수 있을까?」, 허셸 생크스, 바룩 할퍼른, 윌리엄 데버, 카일 맥카터 강연, 『고대 이스라엘의 기원』, 강승일 옮김, 한국신학연구소, 2008.

맥카터, 카일, 「이스라엘 종교의 기원」, 허셸 생크스, 바룩 할퍼른, 윌리엄 데버, 카일 맥카터 강연, 『고대 이스라엘의 기원』, 강승일 옮김, 한국신학연구소, 2008.

멘덴홀, G. E., 「고대 이스라엘의 전환기 역사」, D. N. 프리드맨 · D. F. 그라프 엮음, 『전환기의 팔레스틴 고대 이스라엘의 출현』, 이순태 옮김, 한국신학연구소, 1995.

밀러, 맥스웰 · 존 헤이스, 『고대 이스라엘 역사』, 박문재 옮김, 크리스챤 다이제스트, 2004.

부르그만, 월터, 『구약신학』, 류호준 · 류호영 옮김, CLC, 2003.

브라이트, 존, 『이스라엘의 역사』, 엄성옥 옮김, 은성, 2000.

생크스, 허셀, 「과연 무엇이 문제인가? 현재까지 알려진 사실들」, 바룩 할퍼른, 윌리엄 데버, 카일 맥카터 강연, 『고대 이스라엘의 기원』, 강승일 옮김, 한국신학연구소, 2008.

체이니, 마빈, 『농경사회 시각으로 바라본 성서 이스라엘 구약성서의 종교와 사회의 역사 · 문학 해석』, 우택주 외 옮김, 한들출판사, 2007.

카이저, 월터, 『이스라엘의 역사』, 류근상 옮김, 크리스챤출판사, 2003.

크라우스, 롤프, 『모세는 파라오였다』, 김영 · 신미경 옮김, 이룸출판사, 2003.

포오러, 게오르그, 『이스라엘 역사』, 방석종 옮김, 서울: 성광문화사, 1982.

할퍼른, 바룩, 「출애굽, 사실인가 신화인가?」, 허셀 생크스, 바룩 할퍼른, 윌리엄 데버, 카일 맥카터 강연, 『고대 이스라엘의 기원』, 강승일 옮김, 한국신학연구소, 2008.

화이틀리, C. F., 『고대 이스라엘 종교의 독창성』, 안성림 옮김, 왜관읍: 분도출판사, 1980.

휘틀럼, 키스, 『고대 이스라엘의 발명. 침묵당한 팔레스타인 역사』, 김문호 옮김, 이산, 2003.

Young, Robert, *Post Colonialism: An Historical Introduction,* London: Blackwell, 2001.

제3부

글로컬 텍스트와 탈경계 정체성

탈경계 주체들과 문화 혼종 전략:
디아스포라 소설을 중심으로*

오윤호

다가올 비교 문학이 끊임없이 아래로부터 개입함으로써 이들(서구와 제3세계, 작가와 독자)에게 몇 번이고 쉽게 넘어설 수 있는 경계선을 공유하는 연대감을 제공해야 한다. 이것이 세계화의 아이러니이다.

-가야트리 차크라보르티 스피박의
『경계선 넘기: 새로운 문학연구의 모색』 중에서

1. 들어가는 말: 탈경계 시대, 새로운 비교 문학의 가능성

신자유주의의 확산과 초국적 정보 네트워크의 발달로, 전지구적이면서도 지역적인 특수성을 내포한 글로컬 문화 환경이 만들어지고, 그에 따라 전 세계적으로 디아스포라의 삶도 다양한 방식으로 확산되고 있다.

* 이 글은 『비교문학』 제55집(2011. 10)에 실린 논문을 수정 · 보완한 것이다.

20세기 초 식민지를 경험한 한국 사회 역시 경제 성장과 세계화가 가속되는 과정에서 중 · 단기 이주 노동자들과 결혼 이주 외국인이 증가하면서 다인종 · 다문화 사회가 되어 가고 있으며, 그 상황은 더욱 확대되리라고 생각한다. 이러한 현실을 반영하듯 2000년대 한국 문학은 다인종 · 다국적 타자들의 삶을 지속적으로 형상화하게 된다.[1] 이에 전통적으로 문화적 · 언어적 관습에 뿌리내리고 있던 한국 문학은 탈경계 문화를 경험한 타자를 어떻게 재현할 것인가? 다인종 · 다문화의 탈경계 시대의 문학은 어떠한 의미가 있는가와 같은 우리 시대 문학의 존재 가치와 전략적 의미를 묻는 근본적인 질문들과 마주하게 되었다.

에드워드 사이드Edward Said는 우리 시대를 설명하며 "디아스포라 공동체가 정착된 공동체를 대체하고, 새로운 신화 예술과 환상이 정신을 활기 있게 만들기도 하고 둔감하게 하기도 하며, 새로운 차원의 소비가 전 세계의 경계를 가로질러 시장에 활기를 띠게 한다"(사이드, 2008: 70)고 말하며, 전적으로 유럽 중심적이고, 남성적이며, 장르 또는 원형으로 설명되는 (인)문학에 대해 비판적 태도를 취한다. "침묵과 기억의 세계와 떠돌이들, 근근이 살아가는 사람들의 세계, 배제와 보이지 않는 장소들, 증언-언론 보도로 이어지지는 않더라도, 점점 더 과도하게 착취하는 환경, 지속 가능한 소규모 경제나 작은 국가, 세계화의 착취와 평준화"(사이드, 2008: 119)에 대해 관심을 가지면서 (인)문학은 '우리는 모두 외부인'이라는 점, 세속성[2]의 현재성과 소수자의 삶을 탐구해야 한다

1 윤여탁은 한국 사회가 다문화 사회로 진입했다고 판단하며, "외국인 결혼 이민자, 외국인 결혼 이민자의 자녀, 외국인 노동자, 외국인 노동자의 자녀, 북한 이탈 주민, 북한 이탈 청소년, 재외동포 중도 입국자 등" 다양한 다문화 사회의 구성원에 대한 문학적 재현(소설 14편, 시집 4권, 청소년 문학 16편, 영화 11편)이 이루어졌음을 「세계화 시대의 한국 문학가: 세계문학과 지역문학의 좌표」(『국어국문학』 155집, 2010, 33쪽)에서 제시하고 있다.

2 에드워드 사이드는 세속성을 권력, 지위, 이해 관계로 이해하면서 정확히 문화적 차원에서 모든 텍스트와 모든 재현은 세계 안에 있으며 세계의 숱한 이질적 현실들에 지배된다고 보았다.

고 말한다.

사이드가 탈경계 시대의 다문화적 환경과 세속적 타자의 디아스포라 삶에 주목하는 (인)문학의 새로운 영역과 역할을 강조하려고 했다면, 가야트리 스피박Gayatri Spivak은 구체적 실천으로서의 '비교 문학'을 제안한다. 스피박은 『경계선 넘기』(2008)에서 미국의 비교 문학이 유럽의 전체주의 정권을 피해 미국으로 망명해 온 유럽의 지성인들(에리히 아우어바흐Erich Auerbach, 레오 스피처Leo Spitzer, 르네 웰렉Rene Wellek 등)에 의해 촉발되었다고 말하며, 탈식민적이며 세계화가 가속화되는 현실 속에서 '새로운 비교 문학'의 필요성을 강조한다. 스피박은 경계선 넘기, 집합성 형성, 전지구성이라는 세 가지 키워드를 사용하여 새로운 비교 문학은 이론 구성과 지식 생산에서 남반구(제3세계)의 문학과 언어 및 목소리에 관심을 가져야 한다고 주장한다. 스피박의 비교 문학 논의는 서구 유럽의 정전 중심의 문학 연구를 비판적으로 보면서, 제3세계 소수자의 차이와 특수성, 하위 주체성subalternity을 강조한 것이라고 볼 수 있다.

사이드와 스피박의 논의는 미국 중심의 인문학 교육, 서유럽 중심의 비교 문학 연구자의 인식 전환을 촉구한다는 점에서 일정한 한계가 있다. 그러나 전 세계적으로 확산되는 다문화적 환경과 디아스포라를 중심으로 한 탈경계적 문화 현상에 주목하고, 서구 유럽 정전 중심의 문학을 해체할 방법론적 전략을 제시하고, 제3세계와 서구 유럽을 포괄하는 문학적 상상력을 고민하며 그 존재 의미를 강조한다는 점에서는 그 의의가 크다.

이러한 시각과 관련해 최근에 탈경계 시대 초국가적 존재의 삶과 문학적 재현을 논의하기 위해 트랜스내셔널 문학이 주목받고 있다. 이때 '트랜스내셔널'이라는 수식어는 특정한 지역의 범주화(국가 밖이라거나, 국가 위라거나 아니면 국가 간 경계라거나)라기보다는 '지역의 재개념화'를 의미한다. 즉, 명백히 분리되어 있다고 여겨지는 공간들이 얽혀 있는 양상,

다양한 문화들이 혼종되어 복잡하고도 불가분으로 얽힌 관계성을 명료하게 드러내기 위한 것이다. 트랜스내셔널 문학은 "자신이 태어나지 않은 나라에서 살고 있는 사람들의 사회적 공간과 지리적 공간의 의미, 그들의 다중정체성, 그리고 그들의 방황과 고뇌를 성찰하는 문학"(김성곤, 2009: 28-29)으로 "문화적 접촉과 상호 작용을 비판적으로 그러나 동시에 긍정적으로 연구하는 새로운 문예 사조"(김성곤, 2009: 32)라고 할 수 있다. 그러나 한편으로는 트랜스내셔널 문학을 이민 문학, 여행 문학 등 어떤 특정한 종류나 장르의 문학을 지칭하는 문학 연구의 범주로 이해하는 것은 경계하면서, 문학에 대한 범주론이나 방법론이라기보다는 "문학을 사유하고 논의하는 방식(특히 문학을 국민 문학으로 추구하는 서구 내셔널리즘의 패러다임)을 재고하는 인식론"(박선주, 2010a: 169)이라고 말하기도 한다. 박선주(박선주, 2010b: 27-29)는 트랜스내셔널 문학이 국민 문학이 내면화하는 정체성, 언어, 지역(국가)에 대한 본격적인 문제 제기라고 지적하며, 혼종 문화적 정체성, 신화화된 단일 언어(문학)의 해체, 지역의 재개념화를 중요한 트랜스내셔널 문학의 전략들로 설정한다.

이상의 논의에서 확인할 수 있듯, 탈경계 문화 환경 속에서 이주하는 디아스포라와 그들을 재현하는 문학에 대한 이해는 초국가적 문화 현상의 재현 가능성과 문학 연구의 패러다임 변화를 요구하고 있다. 특히 우리나라 문학을 포함한 제3세계 문학은 서유럽 중심의 정전 문학이 표방하는 보편성과 시학의 범주를 벗어나, 전지구적으로 펼쳐지는 탈경계 문화 환경 속에서 소수자 문학으로서의 가치와 진정성을 재검토해야 할 상황에 놓여 있다.

이에 이 글은 2000년대 탈경계 주체의 문화 혼종적 삶을 재현하고 있는 유럽 소설인 장 마리 구스타브 르 클레지오Jean Marie Gustave Le

Clezio의 『황금물고기』(2010), 윈프리드 게오르크 제발트Winfried Georg Sebald의 『아우스터리츠*Austerlitz*』(2009)와 한국 소설인 황석영의 『바리데기』(2007), 최인훈의 『화두話頭』(1994)를 비교 문학적 시각에서 분석하려고 한다. 탈경계 문화 현상과 그 현상을 가로지르는 디아스포라를 이들 텍스트에서 발견함으로써, 경계인으로서의 위험성을 내포하고 있는 제3세계 난민이면서 초국가 시대의 타자인 디아스포라를 트랜스내셔널 문학 연구의 중요한 대상으로 설정하려고 한다.

디아스포라[3]는 이민자를 포함하여 타자나 소수자, 하위 주체를 아우르며 전지구적인 시공간을 가로지르는 즉 'trans-'하는 유동적 존재들이다. 여기에서 '트랜스trans'라는 접두어는 국경과 문화의 경계를 넘으며 문화 혼종과 정체성 혼란을 생산하게 하는 텔레포이에시스telepoiesis(시공간을 가로지르는 상상력)를 담고 있다. 다매체적이고 다문화적인 교차 속에서 혼종 문화를 경험한 디아스포라는 지배적 민족국가 체계를 타의든 자의든 탈영토화하는 탈경계적 주체들이다. 문화 혼종 환경 속에서 디아스포라는 그러한 환경에서 수동적으로 반응하며, 무비판적인 혼종적 정체성을 내면화하는 것이 아니라, 좀 더 적극적으로 문화 혼종을 경험하면서 수행적[4]이고 유동적인 주체성을 구축한다. 이 글에서 다루게 될 소설 속에서 이러한 주체들을 살펴봄으로써, 서구 유럽과 제3세계를

3 이 글에서는 디아스포라를 포괄적인 의미에서 사용하려고 한다. 디아스포라는 다양한 삶의 조건 속에서 국경과 문화의 경계를 넘어 다국적 · 다문화적 환경 속에서 자신의 삶을 재구축하는 타자적 존재들을 의미한다. 즉, 이데올로기적 · 경제적 디아스포라이기도 하고, 능동적 이민자 · 이주자이기도 하다.

4 주디스 버틀러Judith Butler는 젠더 정체성과 수행성을 연구하면서 젠더란 선재하는 정체성으로 존재하지 않으며 무대 위에서 배우가 행하는 퍼포먼스와 같이 자신의 행동을 수행하면서 가변적으로 구성된다고 보았다. 젠더 특성이란 재현적인 것이 아니라 수행적이라는 것이다. 젠더 특성, 행위, 그리고 몸이 그 문화적 의미를 보여주고 생상하는 다양한 방식이 수행적이라면 행위나 속성을 가늠할 수 있는 선재하는 정체성이란 존재하지 않게 된다. 따라서 주체란 가변적으로 구성되는 것이 된다. 버틀러의 수행성 개념은 정체성의 성격과 그 정체성이 어떻게 산출되는가의 문제, 사회적인 규범의 기능, 개인과 사회 변화 사이의 관계 등에 질문을 제기한다. 이러한 버틀러의 젠더론을 디아스포라 연구에 적용했을 때, 디아스포라의 정체성이 내포한 수행성을 적극적으로 해석해 낼 수 있다(버틀러, 2008: 7, 25–26쪽 참조).

가로지르는 탈국가적 주체와 그들의 능동적 정체성에 대한 문학적 상상력을 연구하려고 한다.

또한 이들 소설 속에서 탈경계 주체가 경험하는 탈경계 문화 현상과 다양한 문화 혼종은 하나의 서술 전략이 되기도 한다. 네스토르 가르시아 칸클리니Néstor García Canclini는 『혼종 문화』에서 20세기의 다양한 사회문화적인 현상 속에 나타나는 '혼종화'를 "분리된 형식으로 존재해 온 불연속적인 구조나 실천들이 새로운 구조, 대상, 실천들을 만들어 내기 위해 서로 결합하는 사회문화적 과정"(칸클리니, 2011: 14)으로 규정하고, "문화들 사이의 불평등, 서로 다른 계급과 그룹의 다양한 문화를 동시에 전유할 가능성, 권력과 권위의 불균등성과 관련하여 혼종화 과정을 다룰 수 있다"고 보았다. 즉, 혼종화 과정은 사회문화적 실제 현상이기도 하지만, 유동성과 상호 작용을 통해 새로운 근대적 상호 문화성을 만들어 내는 '전략'이 된다는 점을 도출해 낼 수 있다. 문학 작품 속에서 재현되어 있는 혼종 문화 상황은 다양한 언어를 배우고 말할 수 있는 사람이거나(『황금물고기』의 라일라, 『바리데기』의 바리), 다인종 · 다문화가 뒤섞인 환경과 공간(런던의 공동주택, 지하철역, 정거장, 도서관 등)이나, 서구 유럽의 이데올로기들이 혼융되어 있는 지식 체계(『아우스터리츠』의 아우스터리츠, 『화두』의 '나')로 재현되기도 한다. 이러한 문화 혼종은 글로컬 문화의 세계화 속에서 실제 삶이 겪는 다문화적인 경험일 뿐만 아니라, 디아스포라의 수행성을 논하고, 혼종 문화를 촉발한 국가 및 문화, 자본주의의 시스템을 비판적으로 통찰하기 위한 서술 전략[5]으로 사용되고 있

5 트랜스내셔널 문학은 '단일하고' '고유한' 모국어가 존재한다는 당위를 부정하며 언어의 이동성, 혼종성, 다의성에 주목하여, '비스듬히 읽기oblique reading', 혹은 '자세히 읽기'의 재개념화를 통해 언어/의미의 이동과 파생, 순환, 전용/차용, 심지어는 오역의 과정을 추적하기도 한다(박선주, 2010a, 2010b 참조). 이 글에서는 제국의 이데올로기적 문화를 전유하고 다양한 제3세계 삶과 역사, 문화가 혼종되는 양상 속에서 다문화적이며 유동적 정체성을 구체화하는 재현 양상에 초점을 맞추려고 한다.

음을 확인할 필요가 있다.

이에 이 글은 소설 속에 나오는 디아스포라가 내포하는 능동적 타자 정체성과 혼종 문화를 전유하는 서술 전략을 살펴볼 것이다. 르 클레지오의 『황금물고기』와 황석영의 『바리데기』를 읽으면서 제3세계 난민인 라일라와 바리가 유럽의 혼종 문화를 체현하며 다문화적 갈등을 '봉합'하는 과정을 살펴볼 것이며, 제발트의 『아우스터리츠』와 최인훈의 『화두』를 읽으면서 '근대적' 지식인이 근대 유럽의 서로 이질적인 문화와 이데올로기를 통찰하며 근대 체제와 이데올로기에 '틈'을 내는 과정을 살펴볼 것이다. 그리고 이들이 내면화하고 있는 문화 혼종성과 탈국가적 정체성에 대한 문제 의식을 비교 문학적 시각에서 살펴보려고 한다.

2. 제3세계 여성 난민과 구원의 디아스포라: 『황금물고기』와 『바리데기』

제3세계 여성 디아스포라가 겪는 경제적 궁핍과 정체성 위기는 서구 자본주의의 타자성을 강화하고 정체성의 식민화 현상을 부각시키고 있는데, 이러한 양상은 디아스포라 상황에서 좀 더 심화되어 나타난다. 2008년 노벨문학상 수상자인 르 클레지오가 쓴 『황금물고기』는 예닐곱 살에 인신매매단에 납치되어 자신이 누구인지, 어디서 나고 자랐는지도 모른 채 고난과 역경을 겪으며 서유럽과 미국을 떠도는 흑인 소녀 라일라의 성장을 다룬 소설이다. 그리고 전통 무가인 '바리데기'의 모티프를 변용한 황석영의 『바리데기』는 열두 살 북한 소녀 바리가 북한을 탈출해 중국을 거쳐 영국까지 밀항한 후, 런던에서 만난 이슬람 청년 알리와 결혼하는 과정을 다룬 소설로 전지구적 자본화 과정에서 일어나는 억압과 분열, 인종 갈등과 테러 등 세계사적 문제를 경험하는 '탈북 디아스포라 소설'[6]이다. 두 작품 속에서 제3세계 난민이면서 어린 소녀인 라일라와 바리는 자본주의적 생태의 고통과 다문화적 갈등을 한 여성의 신체와 삶 속에 새기면서 디아스포라하게 된다.

먼저 스스로를 '표류'하고 있다고 생각하는 라일라는 북부 아프리카의 여인숙(창녀촌)을 시작으로, 밀입국한 프랑스에서 니스로, 니스에서 다시 프랑스로, 미국 대륙을 가로지르고 다시 니스로 돌아와 자신이 태어났을지도 모르는 북부 아프리카의 어느 마을까지 이어지는 긴 디아스포라 과정을 경험한다. 오랜 시간 동안 다양한 나라와 문화, 언어를 가로지르는 디아스포라 경험은 라일라의 제3세계 난민으로서의 삶, 서유럽의 혼종 문화적 삶을 극단적으로 보여준다. 라일라는 예닐곱 살 때 유괴당해 자신의 진짜 이름과 낳아준 부모님도 모른 채 무적자의 삶, 가난한 하층민의 삶을 랄라 아스마의 여인숙에서 시작한다. 우여곡절 끝에 프랑스 파리에 도착한 라일라는 제3세계 여러 나라에서 모여든 세계화의 하층민들과 함께 생활하게 된다. 니스에 도착했을 때도 구제소의 하층민과 함께 생활했으며, 미국을 표류할 때도 도시 빈민의 고통스러운 현실을 온몸으로 경험하게 된다.

하지만 라일라는 안주하는 삶을 살기보다는 적극적인 '존재 찾기'의 노력으로 이러한 디아스포라를 전유한다. 그녀의 디아스포라는 외형적으로는 가난한 제3세계 여성 난민의 표류기이지만, 내면적으로는 한 아

6 냉전 시대의 종말을 상징하는 구소련이 붕괴하고, 잦은 수해와 경제 위기, 공산주의 체제의 한계 속에서 식량난과 정치적 억압을 경험하던 북한 주민들은 1990년대 중반 이후 대거 탈북을 시도하게 된다. 이들은 '국경'을 넘어 중국, 몽골, 러시아, 그리고 태국이나 필리핀 같은 동아시아 전반에 걸쳐 수십만 명이 살고, 그 중 일부는 우리나라에 들어와 살게 된다("누적 기준으로 국내 입국 탈북자는 1999년 1천 명을 넘어선 후 2007년에는 1만 명을 돌파했으며, 이후 3년 만에 2만 명대를 뚫었다." 연합뉴스, 「국내 입국 탈북자 2만 명 돌파」, 2010년 11월 15일자). 경제적 빈민이며, 정치적 난민인 탈북자는 남북한의 정치적 · 경제적 이해 관계 속에 있는 '한' 민족의 영역을 넘어서, 동아시아 전반에 걸친 '난민'의 문제가 되고 있다.

이가 자라면서 자신의 원초적 삶의 정체성을 구체화하는 성장기이다. 유년 시절 하층민들이 거주하던 타브리게트 천막촌에서 유럽 지식을 익히며 "바다를 가로질러 저편으로, 에스파냐, 프랑스, 독일, 벨기에까지. 미국까지도" 가고 싶은 욕망을 품기도 하고, "저 산을 넘어 힐랄의 나라로 가 내 엄마와 내 부족을 찾고 싶다"는 욕망을 동시에 갖고 있기도 하다. 성인이 되어 니스로 떠나거나, 다시 파리를 거쳐 보스턴으로 이주하는 과정에서도 라일라는 현재 자신에게 강요되는 하층민의 비극적 삶을 적극적으로 거부하며 자신의 삶을 반성적으로 '응시'하고 근원적 생명력을 가진 존재로 구체화하고자 한다.

즉, 라일라의 디아스포라 과정은 서구 유럽 문화의 지식을 익히며 근대 시민의 자질을 갖추어가는 과정이며, 제3세계 난민의 근대 도시 적응기이기도 하다. 아프리카 부족인 힐랄 사람인 라일라는 인신매매 조직에 팔려 랄라 아스마의 여인숙에 있게 되었을 때, 프랑스어와 에스파냐어를 배우게 된다. 그것을 계기로 타브리게트 천막촌에서는 도서관에 다니면서 에밀 졸라Emile Zola의 『나나』와 『제르미날』, 귀스타브 플로베르Gustave Flaubert의 『보바리 부인』, 빅토르 위고Victor-Marie Hugo의 『레 미제라블』, 기 드 모파상Guy de Moupassant의 『여자의 일생』, 알베르 카뮈Albert Camus의 『이방인』과 『페스트』 등을 읽었으며, 이반 투르게네프Ivan Sergeevich Turgenev의 『첫사랑』을 가장 좋아하게 된다. 이러한 독서 능력은 라일라로 하여금 프랑스에서 문학부 대학입학 자격시험을 보도록 만든다. 니스에서는 구제소의 쓰레기더미에서 책을 찾아 읽기도 했다. 디아스포라하는 과정에서 라일라가 서유럽 지식인들(철학자, 의사, 예술비평가, 음악가 등)을 만날 수 있었던 것도 라일라의 다중 언어 능력과 프리드리히 니체Friedrich W. Nietzsche와 프란츠 파농Frantz O. Fanon과 줄리아 크리스테바Julia Kristeva를 비판적으로 이해하는 지적 능력에 기인한다. 흑인 난민 소녀가 갖고 있는 다중 언어 능력과 그녀를 둘러싼 지식인들의 추악한 몰골(강간, 마약, 우울증적 정신병 등)은 이성과 합리를 중시하는 서구 유럽의 문화적 전통을 전유하는 것이다.

라일라의 디아스포라가 서구 시민 사회의 정체성을 비판하며, 근원적 생명력을 욕망하는 제3세계 난민의 원초적 삶의 정체성을 보여주고 있다면, 『바리데기』에서 바리의 디아스포라 상황은 바리의 탈북 가족이 해체되어 가는 과정이면서 다른 한편으로는 제3세계 시민들과의 연대를 통해 '새로운 가족을 재구성'하는 과정으로 펼쳐진다.

『바리데기』는 식량과 에너지 부족으로 인민들이 국경을 넘어 탈출하고 이주하는 1990년대 중반 북한을 배경으로 시작된다. 바리의 외삼촌이 남한으로 탈출하게 되자 바리의 아버지는 보위부의 취조를 받게 되고 가족들의 일부는 함경북도 부령副寧으로, 다른 일부는 북한과 근접해 있는 중국으로 이주하게 된다. 그러나 절망적인 기근과 자연 재해, 부패한 정치 체제 속에서 바리는 가족들을 하나둘씩 잃게 된다. 간신히 혼자 살아남은 바리는 중국의 안마방에서 샹 언니와 연대하며 중국 사회의 하층민이지만 행복한 미래의 삶을 꿈꾼다. 그러나 사업 동반자의 금전적 사기와 인간적 배신은 그녀들이 뱀단에 의해 팔려 영국으로 강제 이주하게 만든다. "국제 이주 중개업자들에 의해 강제되는 그녀들의 이주는 그녀들의 인격과 몸을 구매 가능한 상품으로 변질시킨다"(양진오, 2007: 82). 영국에서 바리는 다시 베트남인 루의 식당으로 팔리게 된다. 이러한 일련의 과정은 신자유주의 경제 체제 하에서 제3세계 이주 여성이 겪게 되는 성적, 인종적, 계급적 억압을 적나라하게 보여준다.

영국 런던 차이나타운에 살게 된 바리는 자신이 사는 연립주택 관리인인 압둘 할아버지의 손자인 알리의 청혼을 받게 된다. 탈북 처녀 '바리'와 무슬림인 '알리'의 결합은 작가의 지향점이 민족을 넘어서 제3세계적인 연대를 통한 세계 평화의 구축에 있음을 의미한다(손종업, 2007: 2). '여권'과 '노동허가권'을 꿈꾸는 바리에게 알리와의 결혼이란 가족을 구성하고 아이를 낳는 여성으로서의 진정성을 획득할 수 있는 희망 그 자체였다. 그러나 9·11 테러가 발생하고 알리는 테러리스트로 오인되어 미군에 의해 수감된다. 남편과 생이별을 하게 된 바리는 뜻하지 않게 알리와의 사이에서 난 딸을 잃게 된다. 소설의 마지막에서 알리가 돌아오고, 바리는 일상의 안정을 되찾지만 제국의 도시 런던 한복판에서 테러가 발생하자 그들의 삶은 다시 불안한 여정을 예고한다.

여성 디아스포라의 유동적 정체성을 재현하는 『황금물고기』와 『바리데기』는 다문화적 혼종 상황을 대도시의 생활 공간(『황금물고기』의 지하철역)과 주거 공간(『바리데기』의 차이나타운)에 대한 공간적 상상력으로 구체적으로 표현한다. 혼종 문화는 많은 이주자의 삶에서 확인할 수 있듯이 대도시를 중심으로 잘 나타난다. "예를 들어 런던, 베를린, 뉴욕, 파리 등 다언어적·다문화적인 메갈로폴리스는 혼종화가보다 큰 갈등과 문화적 창조성을 형성하는 중심점으로 논의된다"(칸클리니, 2011: 27).

『황금물고기』에서는 지하철역이 중요한 혼종문화 공간으로 표현된다. 제국의 도시 한가운데 지하철역은 세계 인종의 집합지이며 다양한 역사와 제3세계의 문화와 영혼을 경험할 수 있는 다문화적 공간이다.

> 플라스디탈리, 오스테를리츠, 바스티유, 오텔 드 빌 지하철 역의 통로에서는 매일 저녁 탐탐 북이 울렸다. 통로를 메우는 그 둥둥 소리는 때로는 우르릉거리는 뇌우처럼 위협적으로, 때로는 심장 고동처럼 부드럽게 규칙적으로 들려왔다.
>
> 나는 지하철의 음악가들을 모두 알게 되었다. 나는 이 역 저 역으로 옮겨 다니면서 벽에 기대어 앉아 귀를 기울이곤 했다. 오스테를리츠 역에는 월로

프에서 온 그룹이, 생 폴 역에는 말리 출신의 사람들이, 톨비아크 역에는 서인도제도와 아프리카에서 온 사람들이 자리 잡고 있었다. 그들도 나를 알고 있었다. 내가 다가가면 그들은 손짓을 보내기도 하고 연주를 멈추고서 나와 악수를 하기도 했다. 그들은 나를 서인도제도 출신이나 아프리카인으로 보았다(르 클레지오, 2010: 139).

라일라는 파리 지하철에서 제3세계 난민의 음악을 다양하게 접하게 된다. 라일라는 톨비아크, 오스테를리츠, 레오뮈르 세바스토폴 역을 돌아다니며 북소리, 마술적인 소리를 들으며 '바다와 사막'을 건너는 상상을 하게 된다. 그 가운데 음악은 모든 차이와 차별을 넘어서 근원적인 인간의 영혼에 다가가는 중요한 문화적 행위가 된다. 대도시의 지하철역은 제3세계 난민에게는 자본주의적 억압과 피난의 해방 공간을 상징한다. 라일라는 그 지하철역에서 만난 음악가 시몬에게서 '음악에 맞추어 노래 부르는 법'을 배우게 되고, 온몸을 전율케 하는 자신만의 언어인 음악을 체험하게 된다. 앞서 서구의 지적 전통이 라일라에게 검은 얼굴에 하얀 가면을 씌우는 기능을 했다면, 음악은 라일라의 내면 속에 잠겨 있던 검은 영혼을 깨우고 근원적 정체성에 다가가게 만드는 역할을 한다. 그 음악은 미국 베벌리힐스까지 표류하던 라일라를 구원하기에 이른다.

마침내 나의 음악을, 레오뮈르 세바스토폴, 톨비아크, 오스테를리츠 역에서 듣던 북소리의 막막한 울림을 되찾았다. 아프리카 해안으로의 귀향을 노래하던 시몬의 목소리, 시카고 로빈슨 가에서 울려퍼지던 경찰차의 경적소리, 알시도르를 내리치던 곤봉의 타음도 되살아났다. 이제 나는 나 혼자만을 위해 연주하는 것이 아님을 분명히 깨달았다. 나의 연주는 나와 함께 있던 모든 사람, 지하 거주자들, 자블로 거리의 차고에서 살던 사람들, 나와 함께 배를 탔고 발 드 아랑 도로를 자동차로 달렸던 이주자들, 더 멀리로는 강어귀에서 배를 기다리며 조만간 무엇인가가 자기들의 삶을 바꿔주리라고 믿는 것처럼 하염없이 수평선을 바라보던 수이카와 타브리게트 천막촌의 주민들, 그 모든 이들을 위한 것이었다. 그 모두를 위하여. 갑자기 나는 열병이 앗아간 내 아이를 생각했다(르 클레지오, 2010: 264-265).

베벌리힐스에서 라일라는 검은 피아노를 연주하며 자신의 삶을 관통하고 흐르는 몸의 디아스포라 기억을 떠올린다. 유년 속에 각인된 수이카와 타브리게트뿐 아니라, 디아스포라하며 경험했던 수많은 또 다른 이주자들과 파리 지하철에서 경험한 제3세계 음악의 진정성을 한순간에 압축하여 환기하게 된다. "이때 라일라는 서구 문화의 질서에 순응하는 음악이 아니라 그녀가 속해 있던 땅, 자연의 근원을 일깨워 주는 노래를 듣고 부르고 연주하고 있다. 그녀는 영혼을 부르고 위로하는 구원자의 모습을 가진다"(박선아, 2005: 20). 그 모든 것은 소리의 울림이기도 하며, 육체 위에 새겨진 고통의 감각이고, 몸의 내부에서 울려오는 영혼의 슬픔들이기도 하다. 무적자로서 국경을 넘나들며 체험해야 했던 분절된 자의식과 익숙하지만 늘 낯선 이방인들에 대한 고통과 절망은 치유되고 생명을 가슴에 품은 순수한 영혼으로 변화하게 된다.

이 예술적 경험으로 인해 라일라는 재즈 음반회사와 계약을 체결하고, 니스에서 열리는 재즈 페스티벌에 초대를 받는다. 그러나 페스티벌에 참가하지 않고 자신의 옛 고향을 찾아간 라일라는 수많은 언어와 인종, 문화의 뒤섞임 속에서 '오직 침묵을, 태양과 침묵을' 원했다. 그 침묵 속에서 라일라는 자신의 아이와 교감하며 하나의 북소리, 생명을 감각하게 된다. 그러면서 라일라는 언어에서 음악으로, 음악에서 자기 몸에 내재한 영혼과 교감하며 서유럽의 지식 체계를 넘어서 북아프리카의 원형적인 삶을 구현하게 된다. 마지막 장면에 표현된 생을 관통하는 음악과 북아프리카 고향마을의 강과 사막에 대한 욕망은 작가의 오리엔탈리즘적 감수성이 발현된 결과 때문이라는 의혹을 받을 수도 있다. 또한 라일라는 유럽의 언어를 익히고, 프랑스 대학에 들어갈 수 있을 만큼의 지식 체계를 내면화한 존재로, 검은 가면을 쓴 유럽인에 가깝다고 말할 수 있다. 하지만 르 클레지오가 서구 유럽의 지식인을 비판하고 문화 양식을 전유하는, 제3세계 난민의 혼종 문화적 정체성을 정확히 들여다보기 위해 노력했다는 점을 간과할 수는 없다.[7]

『바리데기』의 바리 역시 라일라와 마찬가지로 제3세계 난민이 경험하는 제국의 도시에서 문화 혼종적 공간을 경험하게 된다. 탈북 여성의 디아스포라 삶이 내포한 비극성은 디아스포라의 궤적을 따라, 제3세계에서 이주국의 중심부까지 가로지르며 공명하고 있다. 바리는 영국으로 이주한 후 차이나타운에 살게 되는데, 전 세계로부터 이주해 온 사람들과 함께 하나의 공동주택에서 살게 된다.

> 이곳이 이제부터 나의 세계가 되었으니 집안 사람들을 소개해야겠다. (……) 지하층의 우리 이웃에는 나이지리아에서 온 흑인 부부가 살았다. (……) 일층 오른쪽에는 중국인 요리사와 필리핀인 청소부가 우리처럼 파트너가 되어 방을 나누어 쓰고 있었으며, 일층 왼쪽에는 스리랑카인 가족이 살았는데 부근에서 작은 인도식당을 하고 있었다. 이층 왼쪽에 파키스탄에서 온 압둘 할아버지가 살았는데 내가 입주하자마자 루나 언니가 할아버지

7 최수철은 『황금물고기』 해설에서 "그는 정치적으로 민감한 사안이기도 한 낙후된 제3세계의 삶의 조건에 대해 이야기하면서, 작가의 이념적 개입을 가능한 한 제어한 상태에서 근원적인 서정성의 세계로 들어갔다. (……) 제3세계 하층민들의 삶을 다루는 과정에서 이념성은 아니더라도 현장성이 생생하고 직접적으로 전달되어, 작가의 따뜻하면서도 정확한 시선을 감지할 수 있었다"라고 평가한다(「표류, 혹은 근원에의 항해」, 르 클레지오, 2010: 281–282).

에게 데려가서 인사를 시켰기 때문에 유일하게 이름을 외우게 되었다(황석영, 2007: 153).

이곳은 제국의 도시인 런던 안에 있는 차이나타운에 위치한 전 세계인이 공존하는 연립주택이다. 흑인, 황인종, 백인 등 모든 인종이 모여 있으며, 아메리카 대륙을 제외한 유라시아 대륙의 여러 나라에서 온 사람들로 구성되어 있다. 제3세계 난민이며 불법 체류자라는 공통된 정체성이 이들의 문화적 공존을 긍정적으로 발전시키지는 않는다. 빈곤과 실업, 열악한 주거 환경, 사회 생활 전반에 걸친 차별과 불균등이 트랜스이주자들이 살고 있는 '제3의 공간'의 특징이다. 바리는 이들과의 관계에서 배타적 감정과 문화적 갈등을 경험하지 않는다. 그보다는 알리와의 결혼을 통해 제3세계 하층민으로 구성된 '새로운 가족'을 형성하게 된다.

그러나 바리가 제3세계의 난민이며, 제국 도시의 빈민층이라는 정체성 때문에 '가족'은 다시 해체 위기에 빠진다. 앞서 언급했듯, 9·11테러가 발생하고 파키스탄계 아랍인인 알리가 미군에게 붙잡히게 되고 딸인 홀리야 순이가 뜻하지 않게 죽게 되면서 바리는 또 한 번의 디아스포라를 감행하게 된다.

몽환적 디아스포라 상황에서 『바리데기』는 제3세계 난민을 구원하는 서사를 구축한다. 바리는 죽은 딸인 홀리야 순이를 묻고 "길고 연속된 꿈을 꾸고 나서 다시 토막토막 끊어진 꿈을 꾸었는데 그것들을 연결하며 줄거리"를 만든다. 그 '줄거리'의 내용은 무속 신화 『바리데기』처럼 생명수를 얻기 위한 지옥 여행이다. 소설의 모티프가 된 한국식 넋풀이는 다문화적 인종 갈등과 자본주의 사회의 차별을 극복하는 서사적 전략으로 활용된다.

품안에 손을 넣어 넋살이 꽃을 꺼낸다. 그러고는 허공을 향하여 힘껏 던진다. 꽃송이가 위로 오르더니 바람을 타고 천천히 맴돈다. 꽃이 펑하고 가볍게 터지면서 수만 개의 꽃잎이 흩어져 눈송이처럼 흩날리다가 밝고 흰빛으로 변한다. 나는 저절로 입에서 나오는 대로 노래한다.

넋이야 넋이로다 / 서천의 하늘 땅끝
무간 팔만사천 지옥 / 해꾸지하고 해꾸지당한
서로서로 묶인 넋들 / 오넋 이넋 삼넋 들어
살아나고 살아나라 / 아홉 겹 하늘 위로
하얀 새 날아가듯 / 풀려나고 풀려나라
훨훨 훠이훠이 / 훨훨 훠이훠이(황석영, 2007 : 277)

위의 노래는 서천의 끝, 팔만사천 지옥에서 죽은 영혼들을 구원하면서 부르는 노래이다. 바리는 지옥에 있는 영혼들에게 노래를 불러줌으로써 그 넋을 위로하고, 배를 타고 다시 이승으로 돌아오면서, 구천을 떠도는 귀신과 영혼들에게 '해답'을 제공한다. 바리는 그 꿈속에서 자신의 삶을 관통하는 많은 기억과 사람들을 만나게 된다. 특히 자신을 고통 속에 빠뜨렸던 사람들을 만나고서 용서와 화해의 의미를 되새긴다. "고향에서 가족을 산산이 흩어놓았던 관리들도 타고 있고, 미이 언니 팔아먹은 놈들, 따롄의 돈놀이꾼들, 밀항선의 인신매매 사내들, 런던 차이나타운의 포주 아줌마" 등이 타고 있는 배를 바라보며 바리는 자신의 마음속에 스며들어와 있는 죽은 딸의 목소리를 듣고, 그들의 구원을 위해 '미움'을 거두어들인다. 바리의 지옥 여행은 생명수를 얻기 위한 것이었지만, 생명수는 바리 자신이었다. 압둘 할아버지는 타인과 사람에 대한 희망을 버리지 말고, 스스로를 구원하기 위해 남을 위해 눈물을 흘려야 한다고 말한다. 한국적 무가巫歌의 가르침과 압둘 할아버지가 전하는 아랍 세계의 지혜가 일맥상통하면서, 고통스러운 현재를 살아가는 '지혜'가 제시된다.[8]

바리는 치유와 용서의 디아스포라를 통해, 민족국가적 정체성을 버리고 세계 시민의 성숙한 의식(용서와 화해)을 소유하게 되면서, 자신의 신체 위에 새겨진 자본주의적 상처를 극복하고, 자신의 유동적 정체성을 효과적으로 드러내고 있다.[9] 이러한 일련의 과정은 '세계사적 격랑의 한가운데 선 약소국 시민의 생존 방식'을 보여주는 것이며, 혼종 문화적 갈등과 제3세계 여성 난민의 세계 구원 서사를 구체화하는 것이기도 하다.

3. 경계적 지식인과 제국 이데올로기의 전유: 『아우스터리츠』와 『화두』

앞서 『황금물고기』와 『바리데기』가 제3세계 여성 난민의 디아스포라 상황을 다루면서 원초적인 '구원'의 서사를 형상화하고 있다면, 『아우스터리츠』와 『화두』는 제국의 주변부 지식인이 겪는 디아스포라 상황을 다루면서 지적이며 이데올로기적인 정체성의 위기를 구체화하고 있다.

1990년대 독일 문단의 주목할 만한 거장으로 평가받는 제발트가 쓴 『아우스터리츠』(2001)는 유년의 기억과 고향을 잃어버린 유대계 지식인

8 "『바리데기』는 오늘의 새로운 현상인 '이동'을 주제로 삼고 있습니다. 다시 되풀이되는 전쟁과 갈등의 새 세기에 문화와 종교와 민족과 빈부 차이의 이데올로기를 넘어선 어떤 다원적 조화의 가능성을 엿보고 싶었습니다"(황석영, 2007: 295).

9 세계화 시대, 다양한 문화와 종족들과의 접촉을 경험하는 이민자들은 고정된 정체성의 벽을 넘어서 그 경계선 자체를 가변화시키거나 교착 내지 중첩시킴으로써 정체성에 붙박혀 영토화된 사고와 행동을 탈영토화한다. 어떤 면에서 이는 새로운 정체성, 하지만 지속적으로 가변화되기에 고정시키지 않는 유목적nomadic 정체성을 형성한다(임채완, 2008: 417).

이 건축학적인 상상력을 통해 유년의 기억과 생의 역사를 재구성하는 홀로코스트 소설이다. 이와 함께 미국과 소련의 패권주의가 몰락하던 시기에 쓰여진 『화두』는 미국 여행과 러시아 여행을 회상하며 20세기를 지배했던 "해방과 계몽의 거대 서사"의 몰락 과정과 그 이데올로기의 허위의식을 해체적으로 바라다보는 주인공 '나'의 경험을 담고 있다.[10] 두 소설에는 제2차 세계대전 시기에 제국 이데올로기의 타자로 디아스포라한 후 근대 교육을 받은 남성 인물들이 등장한다. 두 인물은 서구 유럽에 대한 지적이고 이데올로기적인 디아스포라를 통해 자의식의 위기와 근대 지식 체계의 심연에 깊숙이 들어가려고 한다. 그러나 이데올로기에 의한 정체성 균열과 인식의 한계를 경험하며 타자적 정체성을 내면화한 경계적 주변인으로 남게 된다.

『아우스터리츠』는 두 가지 디아스포라 상황이 이중으로 교차하면서 전개된다. 그의 첫 번째 디아스포라는 체코 프라하에 살던 유대인 아이가 학살을 피해 영국 런던으로 피난을 떠났던 상황에서 시작된다. 제2차 세계대전 당시 독일과 독일 점령국 치하에 살았던 유대인들이 '어린이 수송kindertransport'을 통해 독일, 체코, 폴란드, 헝가리에 살고 있던 10,000여 명의 유대계 어린이들을 유럽 각지로 입양 보내게 되는데, 『아우스터리츠』의 주인공인 아우스터리츠가 그들 중 한 사람이다. 어린 나이에 프라하의 행복했던 가정에서 영국의 한 삭막한 목사 가족에게 입양된 아우스터리츠는 그 과정에서 자신의 과거와 부모를 모두 망각하게 된다. 이 유년 시절 디아스포라는 아우스터리츠의 무의식 속에 은폐된 채 드러나지 않다가, 아우스터리츠가 성인이 된 이후 행해지

10 책이 출간되었던 1990년대 초는 미국을 중심으로 한 자본주의 체계가 유럽과 동아시아 경제의 성장으로 그 실효성을 잃게 되었으며, 소련이나 동유럽의 경우는 사회주의 체계 자체가 붕괴되는 과정에 있었다.

는 디아스포라 상황에서 의식의 표면으로 떠오르고 하나의 기억으로 재구성된다. 제2의 디아스포라는 출생의 비밀을 우연히 알게 된 그가 자신의 고향인 체코로 떠나고, 다시 자신의 아버지의 흔적을 찾아 프랑스를 떠돌면서 행해진다. 하나의 디아스포라가 망각과 침묵 속에서 이루어진다면, 또 하나의 디아스포라는 기억과 지적인 목소리를 통해 진행된다.

> 그 대합실은 마치 내 과거의 모든 시간과 이전부터 억눌리고 사라져 버린 불안과 소망을 포함하고, 내 발 아래 돌로 된 바닥의 검고 흰 다이아몬드 무늬가 내 생애 마지막 게임을 위한 운동장인 듯한, 시간의 전 차원으로 펼쳐져 있는 듯한 느낌을 받았어요, 라고 아우스터리츠는 말했다. 아마도 그래서 나는 이 홀의 반쯤 침침한 빛 속에서 1930년대 스타일의 옷차림새를 한 중년 부부를 보았는데,
>
> 〈중략〉
>
> 나는 단지 벤치에 앉아 있는 소년을 보았고, 뻣뻣하게 마비된 채 내버려진 상태가 과거의 많은 세월이 흐르는 동안 내 속에 가져온 파괴를, 그리고 한 번도 진짜로 살지 않았거나 그렇지 않으면 이제 처음으로 태어난 것 같은 생각 속에서 어떤 의미에서는 죽기 전날 같은 엄청난 피로감이 몰려오는 것을 알게 되었지요(제발트, 2009: 152-153).

위의 장면은 아우스터리츠가 독일을 가로질러 홀란드를 거쳐 영국에 도착하여 양부모에게 입양되는 순간을 그리고 있다. 리버풀 스트리트 Liverpool Street 정거장의 낡은 대합실에서 성인이 된 아우스터리츠는 자신의 과거와 조우하게 된다. 현재 의식 속에 중첩되어 감각되는 유년의 기억은 환영처럼 아우스터리츠의 의식을 깨우고, 망각되어 있던 비밀스

러운 유년의 기억(유년의 디아스포라)을 떠올리게 만든다.[11] 여기에서 유년의 기억을 망실한 아우스터리츠가 '의식의 흐름'을 통해 자신의 유년 경험을 서술하고 있다는 것은 아이러니하다. '의식의 흐름' 속에서 시간은 유년에서 성인으로 흐르지 않고, 아우스터리츠의 의식 속에서 중첩된 감각으로 공존하게 된다. 아우스터리츠는 경험의 기억보다는 지식과 감각의 재구성을 통해 자신의 과거로 '새롭게' 디아스포라하는 것이다. 이러한 기억하기[12]는 아우스터리츠 한 개인의 망각된 영역을 복원하는 일이기도 하지만, 서유럽의 홀로코스트 역사를 재발견하고 폭로하는 역할을 하기도 한다. 이러한 이중적 의미는 아우스터리츠의 정체성 분열과 제2차 세계대전을 겪은 유대인 소년의 삶이 내포한 유동적인 근대적 삶을 극명하게 반영하고 있다.

『화두』의 '나' 역시 디아스포라 경험을 통해 자신의 정체성과 자신을 억압했던 근대 이데올로기에 대해 지형학적인 사유를 시도한다. 첫 번째 디아스포라 경험은 한국전쟁을 피해 북한에 위치한 H시에서 W시로 이주하고, 다시 W시에서 남한으로 이주하는 것이다. 이 경험은 자의적인 선택이라기보다는 남북한의 20세기 이데올로기 대립(자본주의와 공산주의)의 비극(한국전쟁)이 만들어 낸 결과이다.[13] 이러한 이데올로기적인 디아스포라 상황에서 '나'는 북에서의 삶을 잃고 남한에 정착해 소설가가 되는데, 이때 '나'는 디아스포라 경험을 모두 망각한 아우스터리츠와는

11 "세상을 떠도는 그의 주인공들의 여행 목적은 망각의 늪으로부터 스스로를 구원하는 것이다. 기억하는 것만이 그들을 시간의 위력과 존재의 소멸로부터 해방시킬 수 있기 때문이다"(신혜양, 2007: 389).

12 "그의 기억은 오히려 구전과 구술에 근거한 구어적 기억, 공간 이미지와 공간의 궤적을 통한 수사학적 기억, 탑사와 탐사, 문헌을 통한 고고학적 기억에 근거하고 있다. 이 같은 다양한 기억은 한 개인의 체험일 뿐 아니라 궁극적으로는 집단과 민족, 인류의 문화적 · 역사적 전수와 관련된다"(안미현, 2009: 108).

13 송승철은 "이 책은 북에서 남으로, 그리고 남에서 다시 낯선 나라로 이민의 길에 오를 수 있었던 사람들, 유민들의 '자기 정체성'"이 기술된 것이라고 말한다(송승철, 1994: 420).

달리 그것을 하나의 트라우마로 내면화하게 된다. 『화두』에서는 W시로 이주한 후 경험한 '자아비판회'와 '독서감상회'가 반복적으로 언급되면서, '나'가 끊임없이 타인의 시선 속에서 정체성을 구체화해야 한다는 자기 검열적 강박을 문제 삼고 있다.

두 번째 디아스포라는 이데올로기를 상징하는 미국을 여행하는 것이다. 앞서의 디아스포라 상황이 정치적 폭력에 의해 강제된 것이라면, 두 번째 디아스포라는 자발적으로 이루어진다. 1970년대 초 미국에 처음 갔을 때 '나'는 미국이나 소련이 로마제국처럼 쉽게 망하진 않을 것이라고 '오독'한다. 그리고 미국을 로마제국과 동일시함으로써, 제국의 견고한 문화와 정치적 역량에 경도된 반응을 보인다. 이민 국가, 다민족 국가인 미국에서 이방인의 신분으로 거주하며, 전도된 안전과 자유로운 정체성을 확인한다. 이러한 문화적 자율성은 '나'로 하여금 당시 국내에서는 금서였던 『자본론』을 읽고, 북한 정기 간행물을 찾아서 읽을 수 있게 해준다. 제3세계 작가의 소설을 읽으며, '읽은 대로 상상하는 대로' 소설을 써왔던 자신을 되돌아보게 된다. 제국의 본국을 알게 되고, 자기 자신이 식민지 노예, 노예 철학자라는 것을 인정하게 된다.

1987년 이후 미국과 소련의 패권주의는 몰락하고 '나'는 미국과 구소련을 다시 여행하며 제3의 디아스포라를 경험한다. '나'는 여행자의 신분으로 제국을 경험하고 있으며, 그 과정에서 제국의 문화와 이데올로기를 해체하고 재구성하기에 이른다. 그 과정에서 식민지 지식인의 눈으로 바라본 제국의 몰락은 식민지 지식인을 딜레마에 빠뜨린다. 영원히 사라질 것 같지 않던 제국의 몰락은 동일시할 수 없는 주체의 가면을 쓰고서 그들을 흉내 내야 하는 일을 그만두어야 하는 일이기도 하다. 그들의 언어와 사유로 만들어진 '나'의 정체성을 유지할 수도 버릴 수도 없는 것이다. 이러한 좌절감으로부터 '나'는 현재의 제국이 아닌 1930년대의 식민지의 지식인 작가와 작품들, 특히 조명희와 그의 소설 『낙동강』으로 눈을 돌려 그것들을 읽게 된다. 『화두』 1권의 내용이 제국인 미국과 구소련을 바라보며 식민지 지식인 노예의 삶을 깨닫는 과정이었다면 『화두』 2권은 몰락한 소련을 여행하며 수없이 분절되는 '나'를 상상하며, 1920~30년대 식민지 작가들과 자신을 동일시해 나가는 과정을 다루고 있다. 이렇듯 『화두』에서의 책읽기는 '책'에만 머무르지 않고, 세계와 사람을 읽는 데도 주요한 도구가 된다.

앞서 살펴보았듯 『아우스터리츠』와 『화두』에 나타난 디아스포라 상황은 정치적이며 이데올로기적이다. 이들은 근대 지식 체계를 내면화하고 이데올로기적 정체성의 위기를 경험하는 경계적 지식인이 디아스포라의 주체들이다. 아우스터리츠는 런던의 미술사학과 교수로 건축사와 문명사의 전문가이면서 직업상 과거를 좇아가며 기록하고 연구하는 지식인이다. '나' 역시 소설가이며, 사회적 조건으로서의 이데올로기를 사유할 만큼의 지적 능력을 가진 지식인이다. 안토니오 그람시Antonio Gramsci는 지식인을 "수많은 사회적 투쟁 현장의 산물이며 기능"으로 보았는데, 이때 '보편적 지식인'은 보편적일 뿐만 아니라 비판적 지식인이 되어야 한다고 주장한다(홀럽, 2000: 248).[14] 레이 초우Rey Chow는 "디아스포라의 지식인이 목표로 삼아야 하는 것은 자신의 민족성을 궁극적인 기의記意로 채택하려는 유혹에 저항하며, 중국과 홍콩, 그리고 세계 각지의 민주주의와 인권운동을 계속 지지하는 것"(초우, 2005: 46)이라고 말하며, 연대에 대한 적극적인 개입이 필요하다고 역설한다. 그람시와 초우

14 그람시는 지식인의 개념을 전통적인 차원에서 확장해서 '지적 프롤레타리아'와 같은 말을 하며 계급적 차별을 없앤 네 가지 모델의 지식인상을 제시한다. 이때 비판적 지식인은 자신들의 실천을 부분적 실천으로 이해할 수 있는 능력이 있으며, 나아가 그러한 실천이 '부분적이기 때문에' 그것이 사회적·정치적·경제적 관계 체계 내에서의 다른 실천들과 관련되어 있음을 이해할 수 있는 자이다(홀럽, 2000: 39-40).

의 견해는 디아스포라 경험을 소유한 지식인의 정체성과 수행적 저항성을 검증할 수 있는 이론적 토대를 제공한다. 그러면서 자연스럽게 근대 체제에 대한 비판적 시선이 이러한 지식인들에게 필요함을 확인할 수 있다. 이에 『아우스터리츠』와 『화두』에서는 혼종 문화 현상이 역사적 조건과 이데올로기적 상황 속에 놓인 문화적 산물을 통해 펼쳐지고, 각각의 지식인은 그 텍스트를 독해하고 해석하는 가운데 근대 가치와 이데올로기의 허위성을 폭로하고 있다는 점에서 경계적 지식인의 특징을 잘 드러내고 있다.

『아우스터리츠』에서 혼종 문화적 상황은 유구한 서구의 근대 건축물에 각인되어 있다. 문화 혼종성이 제3세계 국가의 문화 지형을 설명하는 단어처럼 언급되지만, 그 어느 지역보다도 유럽 자체가 역사적으로, 언어적으로, 건축학적으로 문화 혼종성을 함의하고 있다. 식민지 경영을 위해 건설된 제국의 정거장, 세계 무역과 세계 교류에 바쳐진 성당, 질서에 대한 강박과 기념비적인 특징을 갖고 있는 자본주의 시대의 건축물, 대통령의 이름을 딴 기이한 도서관은 유럽 국가의 역사가 시공간적으로 중첩된 곳이라는 점을 잘 보여준다. "근대적 삶의 특징과 면모를 집약적으로 보여주는 이 공간들은 말하자면 이 도시들의 근대성의 표상인 것이다"(안미현, 2010: 50).

> 이 카르멜리츠카 문헌보관소의 내부 공간은 감옥만이 아니라 수도원, 승마학교, 오페라극장이나 정신병원을 연상시키기도 했는데, 이 모든 상상은 내가 높은 곳에서 내려오는 희미한 빛을 바라보는 동안, 그 빛 사이로 배열된 행랑 위에 빽빽이 몰려 있는 사람들의 무리를 보는 것 같고, 언젠가 출항하는 증기선의 갑판에서 승객들이 그런 것처럼 어떤 사람들은 모자를 흔들거나 손수건을 흔드는 것 같다고 여겨지는 내 머릿속에서 뒤죽박죽 섞여 버

렸어요, 하고 아우스터리츠는 말했다(제발트, 2009: 161).

아우스터리츠는 규율과 통제라는 근대적 가치를 공간화한 카르멜리츠카 문헌보관소 내부 공간 속에서 환각을 경험한다. 건축사학자인 아우스터리츠는 다양한 시대의 건축 양식과 근대적 공간들을 해체하고 서술하면서 "마치 한때 여기 이 어둠 속에 누워 있던 사람들의 시체처럼 스스로는 어떤 기억의 능력도 갖지 않은 수많은 장소와 물건 속에 달라붙어 있는 이야기들"(제발트, 2009: 30)을 '의식의 흐름' 기법으로 발굴해 낸다. 근대 건축물들을 해체적으로 바라보고 서술하는 의식의 흐름은 『아우스터리츠』의 매우 중요한 서술 전략이 되고 있다. '의식의 흐름'[15]을 통해 표현되는 기억 혹은 이미지의 오작동은 아우스터리츠가 실제 경험한 것, 문헌을 통해 이미지화한 것, 순수하게 내면 속에서 표현되는 것 사이의 위계를 분절할 수 없는 상황이라는 것을 단적으로 보여준다.[16] 이러한 상황에서 이루어지는 아우스터리츠의 건축물 독해는 기념비적 건축물의 일상성과 폭력성을 해체하여, 유럽 건축물이 은폐한 역사를 들려준다. 제국의 폭력적 근대 역사를 일상화하고 있는 건축물은 국가주의적이고, 제국주의적 시스템을 내포한 유럽의 문화정체성을 상징적으로 드러낸다.

흥미로운 것은 『아우스터리츠』가 액자 소설로 되어 있어, 아우스터리츠의 삶 자체도 근대 유럽의 건축물처럼 해체되면서 재구축되고 있다는 점이다. 아우스터리츠의 이야기(속 이야기)를 듣는 (겉 이야기의) '나'는 아

15 프랑코 모레티Franco Moretti는 제임스 조이스James A. Joyce의 『율리시즈』에 나타난 '의식의 흐름'을 통해 대도시와 근대적 인간의 의식의 관계를 설명하며 근대 문학의 총체성을 설명하기 위한 활용하고 있다. 『아우스터리츠』에서 서유럽의 대도시와 근대 건축물들이 의식의 흐름 기법으로 기술된다는 점을 놓고 봤을 때, '의식의 흐름'이 근대 문명을 비판하기 위한 중요한 서술 전략이라는 점에 주목할 수 있다(모레티, 2001: 6장 및 보론 참조).

16 "머릿속에는 내가 체험한 것과 책에서 읽은 것, 떠올랐다가 다시 사라지는 기억들, 계속되는 이미지들과 그 속에 전혀 아무것도 존재하지 않는 고통스럽고 눈에 보이지 않는 장소들. 이 모든 것이 뒤섞여 있어요"(제발트, 2009: 249).

우스터리츠의 이야기를 정교하게 전달하는 투명한 서술자로, 아우스터리츠의 재현과 폭로의 이야기를 들을 수 있는 '귀'와 그것을 전달하는 '입'을 가지고 있다. 이러한 귀와 입은 아우스터리츠의 목소리에 진정성을 확보해 주며, 아우스터리츠와 '나' 사이에 지식인으로서의 연대를 강화한다. '나'는 아우스터리츠와 헤어진 후 유대인 학살로 사용된 건축물(요새)을 찾아 아우스터리츠의 방법대로 건축물을 독해하게 된다. 또한 '나'는 아우스터리츠가 준 책 속에서 '빛이 더 이상 도달하지 않는 심연'의 이미지를 언급하며, '자기 가족과 민족이 몰락한 과거는 그 심연으로부터 더 이상 끌어올려지지 않는다'라고 인식한다. "나는 이 모든 것이 무엇을 의미하는지 알지 못하고, 어쨌거나 계속해서 아버지와 마리를 찾을 거예요"(제발트, 2009: 315)라고 아우스터리츠는 말하지만, 여전히 아우스터리츠의 디아스포라는 끝나지 않았고, '의식의 흐름' 표현 속에서 감각과 기억을 통한 자아 찾기는 연민과 자의식으로 가득 찬 디아스포라의 타자성으로 선회하고 만다.

『화두』에서는 『아우스터리츠』의 건축물에 해당하는 것이 바로 '책'이다. 『화두』 속에서 책읽기는 제국의 문화를 대리 경험하는 수단이며, '나'가 현실과는 동떨어진 "자기만의 세계"를 구축하도록 만들어 준다. "책읽기"는 "근대적 자아에 대한 기획이면서 관념화된 근대 가치를 수용하고 모방하는 지적 통로의 역할을 한다." 즉, 책읽기란 지식을 습득하는 과정이면서, 근대적 정체성을 내면화하는 과정이기도 하다. 『화두』에서 '나'는 "책—도서관—우주선—지구 기지—아기집"이라는 연상의 고리를 따라 "도서관에서 나는 무엇인가가 되기 위해 태어나고 있었다"라고 말하며, '〈책환상〉'에 빠지고 '〈말나라〉'의 시민이 되는 꿈을 꾼다. 그러면서 "책의 페이지 위에서 경험하는 시간과 공간의 초월이라든지 사상들의 여행과 다름없이 그것은 현란한 교향악이었다"라고 말할 만큼 책읽기를 좋아한다. 책읽기를 통해 '나'는 경이로운 근대의 '에피파니 Epiphany'를 경험한다. 그러나 '나'는 스스로가 이중 언어 사용자로서 일본 제국의 말로 서양의 이야기를 읽는 것에 대해 열등감을 가지고 있다. "식민지의 아이들과 백성들은 지배자들이 만들어 주는 눈으로 세상을 보고 있다는 것을 깨닫기에는 너무 오래, 너무 철저하게 억압되어 있었다"라고 말할 정도로 자신의 책읽기에 내면화되어 있는 식민주의적 문화와 제국의 지식 체계를 잘 간파하고 있다. 제국의 책을 읽던 눈으로 자신의 정체성을 명료하게 의식하며, "관념의 세계 시민은 될 수 있을지언정 현실의 세계 시민은 될 수 없다"라는 모순을 깨닫게 된다.

그러한 탈이데올로기적 의식과 존재의 불확정성[17]을 극복하기 위해 『화두』는 '화두 던지기'의 서술 전략을 사용한다. 일반적으로 '화두'란 "이야기의 말머리이거나, 선종에서 수행자가 깨달음을 얻기 위해 참선하면서 연구하는 과제"[18]라는 뜻이다. 『화두』에서 '나'는 자신과 함께 이방인의 삶을 산 '아버지', 『낙동강』을 쓴 조명희의 삶을 화두로 삼는다. 1970년대에 미국으로 여행을 갔을 때, 미국에 살고 있던 아버지는 '나'에게 미국에서 같이 살자고 말한다. '나'의 아버지는 '나'와는 달리 여러 번의 디아스포라 경험 과정에서 단 한 번도 정체성에 의문을 품지 않았던 사람이다. 거대한 역사의 흐름 속에서 자신의 소신과 성실함으로 '이국의 문화와 정서'를 자기화하는 사람이다. 부친은 "여기서 사는 것이 어떠냐"라고 질문하면서 '나'에게 화두를 던진다. 아버지의 질문에 '나'는 "식민지의 시민으로 살 것인가? 제국에서 망명자로 살 것인가?"를

17 『화두』의 초판본에서 작가는 스스로를 "아직 공룡(인류)의 몸통에 붙어 있는 한 비늘의 이야기"로 인식하며 "20세기 말의 꼬리의 비늘들"에 대해 쓰고 있다고 말한다. 이것은 제국의 식민지 지식인이 스스로를 형상화하는 비유법이다. 비늘은 "거대한 몸의 운동에 따라 시간 속으로 부스러져 떨어지"기도 한다. 이러한 '우주적 시간'과 '역사' 사이의 불일치하는 시간 감각을 통해 자기 존재의 불확정성을 인식하고 있다.

18 민중 엣센스 국어사전.

선택해야 하는 딜레마에 빠진다. 또한 '나'가 보기에 일제 식민지 시대의 조명희는 "식민지 조선이라는 조건에서 조선인이 취해야 할 마음가짐과 행동의 모범을 흠잡을 여지 없이 문학자의 입장에서 대표하는 인물"(최인훈, 1994: 142)이다. 조명희는 "동양 지식인들의 전통적 정신 형성 과정인, 자아의 탐구와 우주론적 허무주의를 거쳐, 마침내 화두의 매듭을 사회혁명에서 찾고, 그 철저한 실천을 위해 세계 혁명의 요새로 찾아간" (최인훈, 1994: 265) 사람이다. 그러나 그는 책을 통해서밖에 경험할 수 있는 이상화된 식민지 지식인일 뿐이다. 이국적 문화를 경험하며 능동적으로 자기 정체성을 구체화해 나가는 아버지나 제국의 식민지 지식인으로서 사회혁명을 지향했던 조명희는 둘 다 탈이데올로기 시대에 식민지 지식인으로 살아가며 '어떻게 살 것인가'를 고민하는 '나'의 화두에 대한 대답은 아니다. '나'의 화두의 답은 선택하고 지향하며 명료한 정체성을 구성하기 위한 것이 아니라, '스스로에게 질문 던지기' 그 자체였던 것이다. 제국의 담론이 식민지인으로서의 정체성을 고정시키려 할 때, '나'는 문제적 상황을 설정하고 질문을 던짐으로써(화두) 그러한 정체성의 고정을 피한다. 삶의 질문을 통해 스스로를 해체하고 재구성해 나가는 과정은 식민지 지식인의 정체성 탐색의 한 모형을 제시하는 것이다. 그래서 '나'는 '존재의 불안(흔들림)과 울렁거림'(김대환, 1994: 198)을 경험하면서도, 혼종적 정체성을 만끽하는 탈식민지의 지식인이 될 수 있는 것이다.

이렇듯 『화두』의 '나'는 스스로를 식민지 지식인으로 인식하며 '읽기'를 통해 제국 이데올로기를 해체하고, 소설이라는 제국의 양식을 전유하며, 경계적 지식인으로의 불확정적 정체성과 제국 담론에 대한 저항 의지를 형성해 나간다. '나'의 저항 의식은 제국의 담론으로 환원 가능한 관념, 언어, 이성으로서의 저항이 아니라 술어들(읽기, 질문하기)의 탈식민주의적 서술 전략 속에서 구체화된다.

4. 나오는 말

이상에서, 한국과 서유럽 소설에 나타난 탈경계 주체가 경험하는 디아스포라와 문화 혼종의 양상, 그것을 재현하는 서술 전략을 살펴보았다. 이 과정에서 한국 소설을 서유럽 소설과 비교하며 논의하는 목적은 한국 소설이 그 범주를 확대하여 "세계 문학적 가능성을 성취"하고 있다는 점을 강조하려는 것은 아니다. 탈경계적 문화 현상의 전지구적 확산 속에서 각각의 디아스포라들이 겪게 되는 역사적 경험이 갖고 있는 차이점과 공통점을 드러내며, 탈국가적 정체성의 보편성과 특수성을 비교문학적으로 밝히려고 했다.

제3세계 문학과 유럽 문학을 비교문학적으로 연구함으로써, 한국 문학 연구의 외연을 확장하고 새로운 문학 연구의 시각을 구체화할 수 있었다. 제3세계 문학연구자가 자국의 언어로 쓰여지거나 번역된 작품들을 대상으로 연구했다는 점에서 논의의 시각과 해석의 내용은 고유의 문학성을 드러내는 데에 일정한 한계를 가질 수밖에 없다. 그러나 서유럽 정전 중심의 문학 연구를 해체적으로 이해하고, 국민문학적 시각에서 이루어졌던 한국 문학 연구의 경계를 넘어서서 서유럽과 제3세계, 언어 간의 번역, 문학적 상상력의 특수성과 보편성을 가늠할 수 있는 트랜스내셔널 문학 연구의 가능성을 점검할 수 있었다.

무엇보다 이 글은 국가 사이, 문화 사이에 존재하는 경계와 문화 혼종을 능동적으로 전유하는 디아스포라의 정체성에 주목했다. 『황금물고기』와 『바리데기』에서는 제3세계 난민인 여성 디아스포라가 서유럽의 문화 혼종 속에서 근원적 생명력과 구원을 추구하는 디아스포라 욕망을 발견할 수 있었다. 『아우스터리츠』와 『화두』에서는 근대 제국 이데올로기의 타자인 경제적 지식인이 근대 지식과 이데올로기의 허위 의식을 해체하는 과정에서 탈근대적 · 탈국가적 정체성을 획득하는 과정을 살펴보았다. 디아스포라하는 과정에서 그들이 갖게 되는 유동적 정체성은 신자유주의 시대가 만들어 낸 타자의 징후이지만 또 다른 면에서는 글로컬 문화 환경 속에서 탐색해야 할 탈경계 주체의 수행성이 될 수 있음을 확인했다.

또한 유동하는 탈경계 주체의 정체성에 대한 관심은 글로컬 문화 환경 속에서 문학이 갖고 있어야 할 윤리적 태도와 지향점을 잘 보여준다. 수잔 손택Susan Sontag은 『타인의 고통*Regarding The Pain of Others*』(2004)에서 "사진이 먼 곳에서 벌어지고 있는 고통을 우리 눈앞에 가져온다는 걸 알았다고 해서 도대체 무슨 일을 할 수 있을까?"라고 홀로코스트를 재현하고 있는 텍스트에 대한 윤리적 질문을 던진다. 디아스포라 경험의 비극성은 바로 현재에도 나타나고 있는 것이며, 소수자의 삶에 대한 진정한 연대를 꿈꾸는 문학적 상상력만이 신자유주의의 세계화와 민족국가주의의 한계를 넘어서서 진정한 소수자 문학의 가능성을 만들어 낼 것이라고 믿는다.

참고 문헌

기본서

르 클레지오, 장 마리 구스타브, 『황금물고기』, 문학동네, 2010.

제발트, 윈프레드 게오르크, 『아우스터리츠』, 을유문화사, 2009.

최인훈, 『화두』, 민음사, 1994.
황석영, 『바리데기』, 창비, 2007.

연구 논문 및 저서

김대환, 「20세기의 정리와 기억의 스펙트럼: 최인훈의 화두를 읽고」, 『영광문화』 16 · 17 합본, 1994.
김성곤, 『하이브리드시대의 문학』, 2009.
모레티, 프랑코, 『근대의 서사시』, 조형준 옮김, 새물결, 2001.
박선아, 「에꼬페미니즘 고찰과 르 끌레지오 『황금물고기』에 대한 분석」, 『프랑스 문화예술연구』 제13호, 2005.8.20.
박선주, 「트랜스내셔널 문학: (국민)문학의 보편문법에 대한 문제 제기」, 『영미 문학연구』 28권, 2010a.
______, 「트랜스내셔널 문학의 소속과 지평」, 2010년 전국학술대회, 한국현대문 학회, 2010b.
버틀러, 주디스, 『젠더 트러블: 페미니즘과 정체성의 전복』, 조현준 옮김, 문학동 네, 2008.
사이드, 에드워드, 『저항의 인문학: 인문주의와 민주적 비판』, 김정하 옮김, 마 티, 2008.
손종업, 「바리의 귀환」, 『실천문학』, 2007년 겨울호.
송승철, 「『화두』의 유민의식: 해체를 향한 고착과 치열성」, 『실천문학』, 1994년 여름호.
스피박, 가야트리, 『경계선 넘기』, 문학이론연구회 옮김, 인간사랑, 2008.
신혜양, 「망각, 고향 상실, 그리고 구원으로서의 글쓰기」, 『브레이트와 현대연 극』, 2007.
안미현, 「W. G. 제발트의 『아우스터리츠』에 나타난 기억과 공간의 수사학」, 『독일어문학』 제44집, 2009.
_____, 「W. G. 제발트의 『아우스터리츠』에 나타난 근대도시의 표상」, 『독일어문학』 제50집, 2010.
양진오, 「세계문학으로서의 한국 문학, 그 위상과 전망」, 『한민족어문학』 제51집, 2007.
윤여탁, 「세계화 시대의 한국 문학가: 세계문학과 지역문학의 좌표」, 『국어국문학』 제155집, 2010.
임채완, 「세계화 시대 '디아스포라 현상' 접근: 초국가 네트워크 사례를 중심으로」, 『한국동북아논총』 제49집, 2008.
초우, 레이, 『디아스포라의 지식인: 현대 문화연구에 있어서 개입의 전술』, 장수현 · 김우영 옮김, 이산, 2005.
최수철, 「표류, 혹은 근원에의 항해」, 르 클레지오, 『황금물고기』, 문학동네, 2010.
칸클리니, 네스토르 가르시아, 『혼종문화: 근대성 넘나들기 전략』, 이성훈 옮김, 그린비, 2011.
홀럽, 르네이트, 『그람시의 여백: 맑스주의와 포스트모더니즘을 넘어』, 정철수 등 옮김, 이후, 2000.
황석영, 「작가 인터뷰: 분쟁과 대립을 넘어 21세기의 생명수를 찾아서」, 『바리데기』, 2007, 창비.

혼종성과 정체성의 서사:
폴리 마셜의 『선택된 장소, 시간 너머 사람들』*

이경란

몇 세기 안에, 미래는 혼혈인의 것이 될 것이다. 미래는 패러다임의 붕괴에 달려 있기 때문에, 그것은 두 개 혹은 그 이상의 문화들의 네트워크에 달려 있다. 새로운 신화를 창안함으로써 — 즉 우리가 현실을 인식하는 방법, 우리가 우리 자신을 보는 방법, 우리가 행동하는 방법을 바꿈으로써 — 혼혈인은 새로운 의식을 창조한다.

–글로리아 안잘두아, *Borderlands/La Frontera*

1. 들어가는 말

국가와 민족의 경계를 넘나드는 문화적 접촉, 문화 간 이동과 융합이

* 이 글은 『현대영미소설』 제18권 2호(2001년 9월)에 실린 논문을 수정 · 보완한 것이다.

일상화된 현대 사회를 설명하는 개념으로 주목받는 것 중 하나가 혼종성hybridity이다. 현재 문화 연구에서 흔히 사용되는 이 용어는 원래 자연과학에서 식물이나 동물의 두 분리된 종을 교배한 결과인 잡종을 의미하는 용어였지만, 서양의 식민주의와 제국주의 담론 안에서 인종 간 결합의 영향에 대한 논의로 확대되었다. 식민주의 담론들은 식민지 경영의 결과 생성되는 문화적, 인종적, 언어적 혼종성에 대해 지극히 부정적이고 경계적인 태도를 견지했고, 이러한 혼종성에 대한 부정적인 시각은 20세기 중반 많은 신생국가의 민족주의 담론에서도 반복되었다. 순수혈통주의나 본질주의 입장에서 볼 때 혼종성은 곧 오염이며 타락이며 위협이었기 때문이다.

하지만 역설적으로 기존의 경계선들을 넘어가는 혼종성은 바로 그 속성 때문에 이 개념에 규범을 위반하는 잠재력을 부여하고, 그 흔적들을 '위반성 자체'로 찬양하는 전환을 가능하게 했다(Brah & Coombes, 2000: 1). 인도계 문화연구가 호미 바바Homi K. Bhabha가 1990년대 초반에 『문화의 위치*The Location of Culture*』에서 한 작업이 그런 작업이다. 바바는 혼종성을 피식민지인과 이주민의 시각에서 접근함으로써 기존의 식민주의적 혼종성 담론의 부정적 함의가 배제된 새로운 해석을 제시한다. 바바의 혼종성 담론 안에서 제국의 문화와 식민지 문화, 주인국 문화와 이민자 문화의 접촉이 만들어 낸 문화적 혼종성의 양가적이고 불안정한 제3의 공간은 순수성 담론을 교란시키는 전복성이 발휘되는 공간으로, 이질적 문화의 접촉으로 새로운 것이 생성되는 가능성의 터로 재해석된다.

바바가 이론 자체가 실제적인 정치적 변화에 기여할 수 있다는 믿음을 가지고 '모방', '틈새', '교활한 교양', '문턱성' 등의 개념을 만들어 내면서 추상적으로 작업한다면, 멕시코의 네스토르 가르시아 칸클리니Néstor

García Canclini는 『혼종 문화: 근대성 넘나들기 전략*Hybrid Cultures: Strategies for Entering and Leaving Modernity*』에서 미국과 멕시코의 국경 지대에서 생성되는 구체적인 문화 혼종 상품들과 시장의 관계에 주목하지만, 그도 역시 "다양한 혼종화의 가능성과 이종성을 회복하는 것이 세계가 동질화의 논리 하에 고착되지 않게 하기 위한 첫 번째 정치적 움직임"(칸클리니, 2011: 37)이라고 주장한다. 동시에 칸클리니는 혼종 문화 상품들이 다국적 문화 산업이나 신자유주의적 시장 논리에 지배될 가능성이 농후하다는 것, 그래서 제3세계 주민들이 어떻게 하면 제1세계 자본에 혼종 문화 상품들에 대한 주도권을 넘기지 않고 보존할 수 있을지가 문제임을 인식(김용규, 2005a: 180-181)하고 있기 때문에 혼종성 자체가 아닌 혼종화를 연구 대상으로 삼을 것을 제안한다. 실제로 2002년에 출판된 타일러 코웬Tyler Cowen의 『창조적 파괴*Creative Destruction*』는 칸클리니가 경계하는 제1세계 중심의 혼종문화론의 한 사례를 잘 보여준다. 코웬은 시장과 자본의 세계화와 세계화가 낳은 상호 문화적 혼합이 세계의 가난한 지역의 문화를 활성화시키고 각 사회의 "혁신과 창조적인 인간의 에너지를 지지"(Cowen, 2002: 17)함으로써 궁극적으로 "각 사회 안에서 더 많은 인간의 자유와 다양성을 가져온다"(Cowen, 2002: 128)고 찬양한다. 하지만 그는 세계 시장에서 취약한 주변부가 겪는 고통에 대해서는 거의 언급하지 않는다. 그러므로 코웬의 제1세계 중심적 담론과 대조적으로 피식민자의 입장에서 혼종성과 혼종화 과정을 분석하고, 그것에서 새로운 사회의 가능성을 찾는 바바와 칸클리니의 작업은 포스트식민적 입장에서 전지구적 문화의 변화를 이해할 수 있는 성찰을 준다는 점에서 매우 중요한 연구들이다.

하지만 바바와 칸클리니의 혼종성 담론이 그들이 다루는 문화적 혼종성이나 혼종 문화 상품들을 생산하는 포스트식민 사회의 현실적인 사회적 불평등에 대한 구체적인 분석이 결여되어 있다는 비판을 받고 있다는 사실에도 주목할 필요가 있다. 베니타 패리Benita Parry는 바바가 혼종성과 양가성의 전복성을 무의식적인 층위에서 작동하는 것으로 설명함으로써 현실적 권력 관계와 구체적인 폭력과 대립의 역사를 담론상의 거래의 장으로 격하시킨다고 비판한다(김용규, 2005b: 42 재인용). 혼종성을 구성하는 문화구성체들 사이나 각 구성체들 내부의 긴장과 차이, 혼종화의 내면에 작동하는 불평등한 현실적 권력 관계에 대한 설명이 미흡하다는 지적이다. 칸클리니의 혼종문화론 논의도 그가 제시하는 혼종 문화의 생산 과정이 마치 조화롭게 이루어지는 듯 보이게 하는 경향이 있어서, 권력의 집중과 문화의 집중이 가려지고 라틴 아메리카 사회에서 점차 강화되어 가는 사회적 불평등이 간과될 가능성을 담고 있다고 비판된다(이성훈, 2011: 459-460 참조). 바바와 칸클리니에 대한 이런 비판에 대해 그들의 작업이 사회적 불평등이 아닌 그런 맥락에서 생성되는 문화적 현상에 대한 연구라고 강조할 수 있다. 세계화와 초국가적 자유시장이 특징인 현재의 혼종성 논의에서 식민적 혹은 포스트식민적 사회 불평등을 논하는 것은 시기적으로 적절하지 않다고 반박할 수도 있다. 실제로 식민지 혼혈인의 심리적 분열과 고통을 분석하고 폭력적인 해방투쟁의 필요성을 강조한 프란츠 파농Frantz Fanon이 『검은 피부, 하얀 가면*Black Skin, White Masks*』과 『대지의 저주받은 사람들*The Wretched of the Earth*』을 생산하게 한 식민지 공간인 알제리는 이미 1962년에 독립을 성취했으니 말이다.

하지만, 그렇다면 과연 혼종성과 혼종 문화의 긍정적 가능성에 대한 논의들이 무성한 이때, 식민적 상처와 혼종적 정체성으로 고통받는 파농의 '대지의 저주받은 사람들'은 지구 위에서 사라진 것일까? 대답은 지극히 부정적이다. 알제리는 독립을 이루었지만 파농의 고향인 카리브해의 섬 마르티니크는 2011년 현재에도 여전히 프랑스의 해외 영토이다. 2005년에 출판된 『라틴아메리카, 만들어진 대륙*The Idea of Latin America*』에서 월터 미뇰로Walter D. Mignolo는 작금의 세계화와 자유 시장이 "세계 인구의 대부분을 점점 더 주변부화하고, 그들의 삶의 질과 적절한 생활 조건을 악화시킨다"(미뇰로, 2010: 173)고 지적하면서 식민적 상처에 대한 치열한 고찰만이 탈식민적 전환을 가능하게 할 것이라고 강조한다.

> 자본을 통제하고 의미와 존재를 지배하는 것도 역시 제국주의 국가들이다. 전 세계 최상위권 대학 10개 중 7개가 미국에 있으며, 나머지 3개는 유럽에 있다. 미래에 세계를 이끌어 갈 지도자를 육성하는 10개의 최상위권 대학이 지식과 의미를 지배하고 있다면, 자본 역시 이들 대학이 속한 나라가 지배하고 있다……. 경제적이고 인식적인 헤게모니는 권위와 국가, 그리고 군대를 동시에 지배한다. 오늘날 전 세계 약 200개 국가의 대부분이 세계화의 여파로 더 허약해졌고 (주로 미국과 지난 500년 동안 대서양 축을 형성하며 제국주의의 위치에 있었던 유럽 국가들로 이루어진) G8 국가는 나날이 더 부강해진다(미뇰로, 2010: 250).

미뇰로의 현실 판단을 받아들인다면, 세계의 '대지의 저주받은 사람들'과 그들이 과거와 현재 겪고 있는 식민적 상처에 대한 담론과 서사에서 아직은 우리의 관심을 거둘 때가 아닌 듯하다. 위에 언급된 바바와 칸클리니에 대한 비판은 그들의 혼종성 담론이 가지는 가치에 대한 부정이 아니다. 혼종성에 대한 문화적 · 담론적 차원에서 긍정적 분석이 자칫 혼종성과 관련된 부정적이고 폭력적인 측면을 간과하게 할 가능성에 대한 염려의 표현이다. 혼종성과 혼종 문화에 대한 찬양이 매력적으로 느껴지고 혼종성의 긍정적 가능성이 크게 보일수록, 우리는 혼종성 연구를 역사화 · 지역화시키고, 포스트식민 공간의 혼종성이 담고 있는 긍정적 측면과 더불어 혼종성을 문제적으로 만드는 사회적 불평등과 개인들이 감내해야 하는 심리적 고통까지 복합적으로 이해하는 포괄적인 안목이 필요하다.

미국의 카리브계 흑인 여성 작가 폴리 마셜Paule Marshall의 『선택된 장소, 시간 너머 사람들 *The Chosen Place, the Timeless People*』[1]은 인종과 문화의 섞임이 식민주의와 신식민주의가 야기한 복잡한 권력의 위계를 통해 구성되고 경쟁하는 방식들을 치밀하게 분석하고 있다는 점에서 포스트식민 관점에서 혼종성을 논의하는 데 중요한 문학 텍스트이다. 마셜의 텍스트는 개인과 공동체에 문제적 혼종성을 야기하는 식민적 상처에 천착하면서도 '대지의 저주받은 사람들'과 그들의 혼종적 사회가 어떻게 새로운 상상력으로 새로운 세상과 새로운 정체성을 꿈꾸고 실천할 수 있을지 전망한다는 점에서 대항 정체성의 서사이기도 하다.

이 글은 마셜의 텍스트에 나타난 카리브 포스트식민 공간의 혼종적 속성들과 혼종 문화의 다양한 양상을 분석하면서 카리브의 혼종적 사회와 식민적 상처가 야기한 정체성의 문제들을 살펴보고자 한다. 혼종성의 긍정성에 주목하는 담론들이 자칫 간과하기 쉬운 혼종적 공간의 현실적 고통과 상처를 드러내면서 동시에 아프리카계 카리브 주민들이 다양한 혼종적 문화 실천을 통해 대항 지식과 대항 정체성을 구축해 나가는 과정도 다룬다. 이러한 분석을 통해, 혼종적 사회를 민속지적으로 충실하게

1 1969년 출판 당시 이 작품은 도시 게토와 흑인 남성을 주로 다루던 당대 흑인 문학의 흐름에서 비켜 있었고, 백인 여성이 파괴적인 권력의 간접적 · 직접적 대행자로 그려져 있으며, 백인 여성과 흑인 여성 사이의 착취적인 동성애 관계가 다루어져 있어서 백인 여성 독자들의 공감도 얻기 어려웠다. 1983년 Feminist Press에 의해 재출판되면서 비로소 이 작품은 많은 비평적 관심을 받게 된다(Denniston, 1983: 98 참조). 국내 논문으로는 마셜의 이산의 서사를 프로이트의 개념 "낯선 친숙함 또는 친숙한 낯섦the uncanny"에 비추어 재해석한 "Negotiating the 'Unhomeliness' through the Diasporic Search for Home in Paule Marshall's *The Chosen Place, the Timeless People and Praisesong for the Widow*"(2005)가 있다.

묘사하고 분석하는 마셜의 리얼리즘적 글쓰기가, 카리브의 혼혈, 혼종 사회가 새로운 정체성을 모색하는 데 필요한 구체적인 문화적 실천의 방향과 방법을 전망하는 정치적 서사이기도 함을 드러내고자 한다.

2. 카리브 혼종 사회: 모순과 역설의 공간

이 소설의 허구적 배경이 되는 번섬은 남미와 북미를 연결하는 카리브해의 작은 도서 국가들 중 하나이다. 작가 마셜의 부모의 고향인 바베이도스를 상기시키는 이 섬은 식민지 상태에서 독립했음에도 경제 · 문화 · 군사적으로 서양 국가들에게 의존하는 지극히 취약한 포스트식민 국가이다. 하늘에서 바라보면 "너무나 작은, 언제든지 바다가 일어나 삼켜버릴 듯 취약하고 무방비 상태인"(Marshall, 1992: 13) 섬이다. 그 작은 섬의 한쪽 끝, 높은 산들과 대서양으로 떨어지는 절벽으로 사면이 고립되어 있는 오지의 땅 번힐스, 그리고 그곳의 가난한 아프리카계 카리브 주민들, 즉 '장소'와 '사람들/민족'이 소설의 제목이 지칭하는 진짜 주인공들이다(Meyer, 1995: 102). 땅이 메말라 사탕수수 이외의 어떤 작물 재배도 불가능한 곳, 미국 원조재단의 특별한 관심을 끌 정도로 낙후된 이 작고 가난하고 외진 주변적 공간에 작가 마셜은 왜 관심을 두고 있는 것일까?

번섬과 번힐스라는 지명에 공통으로 들어 있는 단어 '번bourne'의 사전적 의미는 '경계, 끝, 가장자리'이다. "대륙 전체의 동쪽 경계선을 표시하라고, 그것의 경계로 기능하라고"(Marshall, 1992: 13) 남북 아메리카를 연결하는 카리브해 섬들의 열에서 홀로 벗어나 대서양 밖으로 삐죽 나가 있는 가장자리 섬, 그런 주변적 섬이 번섬이다. 하지만 아메리카 대륙의 끝을 표시하는 섬이면서도 "동쪽 넓은 바다를, 수평선에 숨겨진 거대한 아프리카를 대면하고 있다"(Marshall, 1992: 13)는 섬의 지정학적 위치에 대한 마셜의 묘사가 암시하듯, 무엇의 끝은 무엇이 시작되는 곳이기도 하다. 대륙을 나누는 경계 지역은 "통과 지점만이 아니라 서로 경쟁하는 요소들이 수렴하는 곳"(Slappery, 2001: 90)이 될 가능성도 가진다. 실제로 현재 작은 카리브 섬들에 형성되어 있는 놀라울 만큼 다양한 문화적, 인종적, 언어적 혼종성이 바로 그러한 경계 공간의 역설을 증거한다. 제국주의, 식민주의, 세계화의 글로벌한 세계 체제가 적나라하게 작동해 온 카리브 공간은 그러므로 '글로벌'과 대립되는 '로컬'이 아니라, 촘촘한 글로벌 네트워크가 담겨 있는 로컬이다. 따라서 경계 지역에 서서 그 작고 주변적인 공간에 담겨 있는 세계를 분석하는 마셜의 서사는 미놀로가 "경계 사유"(미놀로, 2010: 47)라고 부른 것, 즉 "유럽 중심적 서사와 철학적 준거를 넘어서는 경험, 느낌, 세계관을 설명"하기 위해 "지정학적으로 경계의 역사에 뿌리박고 있는 탈중심적 지식"(미놀로, 2010: 46)을 생산하는 시도이다.

마셜의 '탈중심적 지식'은 정치적으로 유럽의 식민지에서 벗어난 후에도 백인성과 백인 문화만을 긍정적인 것으로 지향하는 카리브 공간이 얼마나 모순된 곳인지를 드러내고 부정적으로만 평가되던 아프리카계 카리브인들의 문화가 모순된 이산의 땅을 새로운 고향으로 만들어 가는 창의성과 역동성을 담고 있는 문화적 실천임을 강조하는 과정을 통해 독자들에게 제시된다. 번섬과 번힐스의 모순적인 신식민 공간과 혼종 문화를 독자들에게 전달하기 위해 마셜이 선택한 서사 전략은 전문적으로 훈련된 인류학자 연구팀을 번힐스에 투입시켜 낯선 공간인 번힐스를 관찰하게 하는 전략이다. 특히 연구팀을 이끄는 유대계 미국인 사울Saul은 현장 경험이 많은 인류학자일 뿐만 아니라, "한 지역에 돌진해 들어가 그들의 소중한 자료를 모아서는 그들이 다루는 것이 피와 살을 가진 사람들임을 깨닫지도 못하고 서둘러 나와 버리는"(Marshall, 1992: 41) 동료 인류학자들에 대한 환멸로 현지 사람들과의 공감을 중시하게 된 현장 연구자이다. 사울의 공감적인 전문가로서의 관찰력은 현지의 문화적 제의들의 표면뿐 아니라 깊고 다양한 의미까지, 더 나아가 제의를 형성해낸 사회 구조까지 복합적으로 읽어내는 '두터운 기술'(Geertz, 1973: 5-6)을 가능하게 한다. 이런 면에서 이 소설은 '민속지학적 소설'(Coser, 1995: 35)이라고 불릴 만한 특성을 충분히 가지고 있다.

민속지학적 소설이라는 이름에 걸맞게 세세하게 소개되는 번힐스의 독특한 혼종 문화는 다양한 이질 문화들이 위계적인 구조로 작동하며 충돌하는 모순된 경계 지역을 살아내는 사람들의 지혜와 창의력을 담고 있다. 강요된 백인의 언어에 자신들의 거칠고 가혹한 삶의 리듬과 가공되지 않은 시적 아름다움까지 주입시켜 자신들의 언어로 변모시키는 혼종 언어에서부터, 이질적인 문화들이 가진 공통된 특징을 간파하고 그것을 자신들의 아프리카적 문화 틀로 재해석해 내는 인식의 차원에 이르기까지 혼종화는 다양한 방식으로 이루어진다. 번힐스의 혼혈 여성 멀Merle은 식민지인의 마음을 마비시키는 백인 식민주의자들과 환자의 마음을 치료하는 런던의 정신과 의사, 그리고 번힐스의 노예 반란을 주도한 역사적 인물 커피 네드Coffee Ned처럼 서로 공통점이 전혀 없어 보이는 이질적인 사람들이 모두 사람의 마음을 움직이는 능력을 가진 인물들임을 간파하고 그들 모두를 대단한 마술사라고 명명한다. 번힐스 흑인 주민들의 독특한 혼종 문화는 그들의 혼종적 시간 의식이 담겨 있는 달력에서도 찾아볼 수 있다.

> 번힐스의 한 해는 둘로 나뉘어 있다. 추수꾼들이 높은 비탈에서 사탕수수

> 를 베는 '경작기'가 있고, …… 이 기간 동안에는 때때로 사교 센터에서 토요일 밤의 춤이 있다……. 그리고 6월부터 연말까지는 "휴경기"이다……. 하지만 이 두 개의 주된 구분 안에 번힐스의 한 해의 흐름과 사람들이 사건들의 날짜를 가늠하는 축제일들이 들어 있다……. 일 년 중 첫 번째 축제는 카니발이다. 만약 금년처럼 사순절이 늦게 오면 카니발은 '경작기' 시즌이 한참일 때 온다. 그리고 부활절이 있고, 이어서 성심강령대축제일이 5월에 온다. 이때 성심강령제월요일에 도시의 젊은 택시 운전사들은 번힐스에 침입하여 스파이어타운의 중심 도로를 따라 그들의 차를 질주한다. 이후 '휴경기' 동안 해방을 축하하는 8월 제일은행일이 온다……. 한 해가 끝나가는 11월에는 아마도 번힐스 공휴일 중 가장 충실하게 지켜지는 위령의 날이 오고, …… 위령의 날 후에는 한 해를 마감하기 위해 크리스마스가 온다(Marshall, 1992: 267-268).

서양의 시간성과 기독교적 축제일을 현지의 농경 리듬과 구체적인 삶과 타협시키고, 해방이라는 새로운 역사를 찬양하면서도 오래된 조상 숭배의 관습을 잊지 않는 번힐스 주민들의 일년 행사는 "번힐스 주민들이 서양화된 번섬의 주류 사회의 헤게모니 하에서 그들 자신의 삶의 사이클을 교섭하기 위해 창조한 그들 자신의 혼종적 달력 형식"(Kim, 2005: 342)인 셈이다.

그러나 혼종적 달력에 들어 있는 축제나 제의적 행사 하나하나에 대한 마셜의 묘사는 강요된 서양의 문화를 자신들의 것으로 변모시키는 혼종화 과정이 결코 손쉬운 것도 조화롭기만 한 것도 아님을 잘 보여준다. 낯선 이산의 땅과 강요된 이질적인 문화 형식 안에서 자신들의 고통스러운 삶을 지지할 자원을 찾아내야 하는 아프리카계 카리브인들의 모순된 상황과 충돌하는 요소들을 교섭하여 자신들의 혼종적인 문화 형식을 만들어 내는 그들의 역동성은 위령의 날의 변모된 의식들에서 잘 드러난다. 위령의 날은 원래 연옥에 있는 신자들의 영혼을 위해 기도하는 유럽의 구교와 성공회의 종교적 의식이다. 유럽의 종교 형식에 맞추어 마을 사람들은 일렬로 영국 성공회 교회 옆에 있는 마을 묘지를 찾아간다. 하지만 그들이 위해 기도하는 영혼들은 그들 자신의 죽은 친척과 가족들의 영혼이다. 그들은 밤새 가족들과 친척들의 묘를 꽃과 촛불로 장식하고, 원래의 "쓸쓸하고 기쁨 없는 프로테스탄트 애도의 찬송가"(Marshall, 1992: 268)를 가까운 이들의 영혼을 "찬양하고 기억하는 노래, 흥겨운 노래"(Marshall, 1992: 268)로 변모시키고 마치 죽은 자들이 일어나기를 바라는 듯 큰 목소리로 노래함으로써 이질적 문화를 "그들 자신의 것으로 만든다"(Marshall, 1992: 268). "지배 문화인 영국 성공회의 종교적 의식을 아프리카 조상 숭배 의식과 연결"(Denniston, 1983: 107)시켜 카리브 땅에서 노예로, 노예의 후손들로 살았던 자신들의 조상과 자신들의 삶을 위로하는 자신들의 의식을 만들어 낸 것이다.

매주 행해지는 마을의 '돼지 잡기' 같은 일상적인 행사도 다양한 문화적 요소를 교섭하여 자신들의 삶을 지탱하는 의식을 만들어 내는 번힐스 주민들의 창조적인 혼종화 과정을 보여준다. '돼지 잡기' 행사는 매주 일요일 새벽 마을 남자들이 모여 마을 돼지 한 마리를 도살하는 행사이다. 번힐스 사람들은 이 평범한 일을 번힐스 남자들의 유대를 공고히 하는 공동체 행사로 만든다. 마을 남자들 중 한 명이 돼지 목을 따고 심장에 칼을 꽂는 결정적인 행위를 제의적으로 수행하고, 일이 끝난 후에는 남자들이 모두 모여 구운 돼지꼬리와 술을 나누어 먹는 의식적인 행위를 통해 서로간의 유대를 다진다. 이 돼지 도살 행사는 돼지를 희생 제물 다루듯 경건하게 다루는 태도와 돼지의 비명을 "하나님 왜 나를 버리셨나이까?"(Marshall, 1992: 253)라는 예수의 외침으로 해석하는 마을 사람들의 농담이 암시하듯, 아프리카적 문화와 유대 · 기독교 문화가 공통적으로 담고 있는 희생제 문화의 변형이다(Schenck, 1994: 55). 하지만 이 행사는 일주일에 한 번 잡는 한 마리의 돼지가 마을 전체의 유일한 단백질 공급원인 번힐스 마을의 극심한 가난을 나타낸다. 동시에 번힐스에서 여전히 작동하는 식민적 삶이 마을 남자들에게 이런 행사를 통해서만 표현할 수 있는 억압된 폭력성과 분노를 야기하고 있음도 알려준다.

> 그리고 이상하게도, 남자들이 딱딱한 털을 뽑기 시작하고 생선의 아랫배 같은 죽은 흰색 피부가 드러나기 시작하자, 그 동물에 대한 그들의 태도는 놀라운 변화를 보인다. 그들은 갑작스럽게 무뚝뚝해지고 냉담해지고 차갑고 잔인하기까지 하다. 들려진 여물통 주위에 모여 물을 뿌리고 발 아래 진흙을 디디고 서 있는 그들은 아주 야만스럽게 발작적으로 털을 뽑기 시작했다. 그들의 번득이는 칼등으로 그것을 문질러 제거하면서 그러는 내내 암퇘지의 움직이지 않는 몸을 기계적으로 세차게 때려댔다.
>
> 그들은 거의 추상적인 분노로 가득한 목소리로 너무 다루기 어렵다고 돼지를 저주했다. 더 이상 돼지에게 분노를 표시할 수 없게 되자 그들은 그들의 얼굴로 튀어오르고 손을 데게 하는 펄펄 끓는 물의 열기를 저주했다. 그리고는 자신들의 다리 사이를 돌아다니는 초라한 개들을 저주했다. 그들은 서로 말다툼을 하기까지 했다……(Marshall, 1992: 257).

이렇게 위령의 날이나 돼지 도살 행사 같은 번힐스의 혼종 문화는 우리가 혼종성과 혼종 문화를 연구할 때 그 안에서 이질적인 문화들을 교섭하는 식민지인의 창의력이나 혼종성의 가능성을 찾아내는 것 못지않게, 모순적인 혼종적 공간을 살아내야 하는 개인들의 상처와 고통에도 주목해야 한다는 사실을 상기시킨다. 타협 불가능하게 충돌하는 이질적인 문화와 가치들을 한 공간, 한 몸에서 살아내야 하는 개인들의 고통과 갈등은 쉽게 교섭되거나 해결되는 것이 아니기 때문이다.

흑인과 혼혈들에게 고통과 갈등을 야기하는 것은 백인성을 중심으로 계층과 거주 지역까지 엄격히 나누는 혼종적 공간 번섬의 신식민적 위계 구조이다. 도시에 사는 밝은 피부색의 부유한 전문가 집단은 서구적인 것에 동일시하여 마치 서양인이 흑인들을 경멸하듯 자신들의 일부인 흑인성을 경멸한다. 캔터베리 지역의 최극빈층 '붉은 피부 여자red girl'는 자신의 흰 피부가 약속하는 부와 지위를 가지지 못한 모순된 상황에 절망하여 자신이 낳은 흑인 아이보다 금발머리 백인 인형에 더 집착하는 도착성을 보인다. 미국에서 이주 노동자로 일하다 돌아온 가난한 흑인 청년 베르Vere는 미국이나 영국으로 가는 것만을 꿈꾸고, 자동차 조립이라는 미국에서 가져온 기술로 자신의 남성성을 증명하려다 목숨을 잃는다. 영국에서 유학한 후 법조인이 된 라일Lyle 같은 흑인 엘리트도 백인 중심적 가치를 피해 가지 못한다. 비디아다르 나이폴Vidiadhar S. Naipaul의 『모방하는 사람*The Mimic Man*』에 나오는 흑인 정치가처럼 그는 백인성을 모방하여 사회적 지위를 구축한다. 하얀 피부의 여자와 결혼하고, 백인 여자들과 연애하며, 백인 중심의 정책을 펴는 라일의 복장과 태도와 영어는 너무나 완벽하게 영국적이어서 기괴할 정도이다. 마셜은 "아마도 서두르다 과거와 현재의 건축 스타일에서 나쁜 것만 선택하여" (Marshall, 1992: 54) 지어진 듯한 그의 화려한 최신식 하얀 돌 저택처럼, 그의 혼종적 삶이 '실패'이며 '혼란'(Marshall, 1992: 54)이라고 시사한다.

하지만 번섬과 번힐스의 모순적인 혼종성을 가장 잘 구현하는 인물은 소설을 시작하고 마무리하는 혼혈 여성 멀Merle이다. 거의 백인인 농장주 애시턴 본Ashton Vaughan과 "진짜 아프리카인처럼 검은 피부를 가진

뚱뚱하고 예쁜"(Marshall, 1992: 33) 16세의 농장 노동자 클라라Clara 사이에서 태어난 사생아인 그녀는 번힐스의 신식민적인 사회적, 인종적 구조와 식민적 상처의 "상속자이면서 후손"(Marshall, 1992: 1)이다. 백인 아버지의 농장과 저택의 유일한 상속자인 그녀는 자신의 혼혈 몸을 감싸는 기이한 혼종적 의상을 통해 현재에도 여전히 "서로 전쟁을 하는"(Marshall, 1992: 5), 자신의 몸과 삶에 새겨진 이질적 문화들을 조화시키고 싶은 갈망을 나타낸다. 노예 시절을 상기시키는 시끄러운 은팔찌들은 마치 노예 주인처럼 클라라가 "마음에 들어 그녀에게 새끼를 낳게"(Marshall, 1992: 33) 하고도 클라라도 클라라가 낳은 자신의 딸도 버린 백인 아버지에 대한 멀의 혐오와 분노를 담고 있다. 유럽의 성인 모양의 귀걸이는 영국 유학 시절 영국의 부유한 백인 여성에게서 돈과 호의를 받고 자신의 몸과 정신을 팔았던 부끄러운 그녀의 식민적 자아에 대한 반성을 담고 있다. 그녀의 몸을 감싸고 있는 서아프리카 부족 무늬 천은 자신이 누린 백인의 돈과 호의 때문에 상실한 아프리카인 남편과 딸에 대한 해결되지 않는 죄의식과 사랑과 갈망을 표현한다. 서아프리카 부족 무늬와 서인도제도 팔찌들은 서양이 그녀를 타자로 보는 방식에 그녀가 이제는 통제되지 않음을 보여주지만(Demirtürk, 2004: 90), 유럽 성인 귀걸이와 그녀의 갈색 피부를 하얗게 만드는 캘컴 분가루는 그녀의 혼종적 정체성의 갈등과 타자성의 문제가 결코 단순하지 않음을 시사한다. 멀의 의상이 보여주는 의식의 파편화와 자아를 향한 모순적 태도를 멜빈 라밍Melvin Rahming은 "어떤 이들은 유럽 중심적 세계관에 다른 이들은 아프리카 중심적 세계관에 제휴하는, 번힐스의 갈등적 가치와 갈등적 환경"(Rahming, 1993: 79)에서 기인한 것이라고 말한다. 하지만 멀의 정체성의 전쟁 상태는 단순히 다양한 세계관이 혼재하기 때문이 아니라 이 두 세계관 사이에 엄격한 위계가 존재하기 때문이다. 그리고 그러한 위계 관계는 그녀가 게스트하우스로 운영하는 카시아 하우스Cassia House를 채우고 있는 노예 제도의 흔적들처럼 오랜 역사의 소산이다. 일흔네 살에 죽기 직전까지 40여명의 혼혈 사생아 자손을 낳게 하고, 그들에게 자신의 땅을 골고루 상속해 줌으로써 자신의 이름과 가문을 온 섬에 퍼뜨린 백인 대농장 주인 던컨 본Duncan Vaughan이 멀의 아버지인 애시턴 본에게 상속해 준 거대한 침대와, 흑인들을 아프리카에서 데려오는 노예선 그림들이 멀의 침실에는 혼란스럽게 뒤섞여 있다. 이런 멀의 침실은 멀과 멀의 카리브 공간이 아직도 혼종적 역사로 고통받고 있음을 나타낸다. 이질적인 문화들의 흔적이 폭력적으로 새겨 있는 멀의 몸과 멀의 침실은 그러므로 "세계들이 그리고 그 세계의 흔히 폭력적으로 대립되는 믿음 체계들이 만나는 접속 지점"(Slappery, 2001: 108)이며, 멀은 그래서 번힐스 자체이다.

3. 정체성의 재구축: 역사에서 신화적 서사로

카리브 사회와 카리브 개인들에게 정체성은 왜 그토록 문제가 되는가? 정체성의 추구가 기원의 추구를 포함하는 것이라면, 카리브 지역의 거주민은 자신들의 하나의 민족적 · 문화적 · 인종적 기원을 위치시키는 것이 불가능하다. 카리브 사회가 다양한 인종과 민족으로 구성되었기 때문만이 아니라, 카리브에 거주하는 대부분의 사람이 다른 곳에서 온 사람들, 즉 그들을 형성한 중심이 언제나 여기 아닌 다른 곳에 있는 이산자들이기 때문이다. 하지만 카리브의 문화적 · 개인적 정체성이 문제가 되는 것은 카리브 공간이 단순히 이질적인 이산자들이 섞여 있는 공간이어서가 아니라, 카리브 공간의 이산의 역사가 담고 있는 폭력과 상처 때문이다. 대부분의 주민을 폭력적으로 노예 제도와 식민지 구조 안으로 들어오게 한 강제 이주의 역사가 카리브 공간에서 벌어진 인종적 · 문화적 섞임을 백인/주인/문명인과 흑인/노예 노동자/야만인 사이의 폭력적이고 위계적 구조로 작동하게 했기 때문이다. 그래서 카리브 사회의 혼종화 과정은 폭력과 단절과 파열의 흔적들로 가득하며, 카리브인들의 정체성은 늘 혼란스럽고 문제가 된다.

하지만 스튜어트 홀Stuart Hall의 주장처럼 정체성이 "우리 자신에 대해 우리 자신을 말하는 이야기, 서사"(Hall, 1995: 5)이며 그것도 "역사적 환경에 따라 변화하는 이야기"(Hall, 1995: 5)라면, 그리고 "정체성의 특정한 뿌리가 역사적 경험에 놓여 있지만 과거에 발견되도록 놓여 있는 것이 아니라 미래에 만들어지도록 놓여 있는 것"(Hall, 1995: 5)이라면, 카리브 사회와 카리브인들의 정체성 문제는 결국 역사가 상속해 준 복잡한 문화적 유산 안에서 자신들의 정체성을, 정체성 서사를 어떻게 구축해 내는가에 그 해결이 달려 있다고 볼 수 있다. 과거 자체가 문제가 아니라 과거를 어떻게 미래를 위한 자원으로 만드는가가 중요한 것이다. 마셜은 카리브 사회의 혼종성이 담고 있는 폭력성과 모순과 갈등을 사실적으로 분석하는 바로 그만큼의 노력으로, 멀이 '소농little fella'이라고 부르는 하층 흑인 농민들이 자신들의 억압되고 주변화되었던 역사를 자원으로 삼아 자신들의 정체성 서사를 구축하는 과정 자체를 세심하게 묘사한다. 이는 20세기 중반에 중요하게 제기된 문제, 즉 "식민지에서 독립국가가 된 상황에서 어떻게 새로운 지식을 발전시키는가의 문제"(McLean, 2008: 172)에 대한 마셜의 대답이다. 즉, 카리브 혼종 사회가 기존의 백인과 서양 중심성에서 벗어나 지금까지 주변화되었던 흑인들의 역사와 시각이 의미 있는 것으로 포함해야 한다는 대답이다.

마셜은 그러나 흑인들의 경험을 의미 있는 것으로 세우는 주체가 백인

이 아닌 흑인들 자신이어야 함을 분명하게 보여준다. 물론 마셜은 가난한 번힐스의 흑인들이 백인들이 모든 것을 소유하는 신식민적 구조 안에서 얼마나 피폐한 삶을 살고 있는지, 봉건 영주처럼 사파리 복장에 회초리를 들고 제당 공장을 시찰하는 영국인 존 스톡스 경Sir John Stokes의 오만함 앞에서 마을 사람들이 어떤 심리적 마비 상태를 경험하는지 결코 간과하지 않는다. 하지만 마셜은 바로 이렇게 가난하고 배우지 못해 무시당하는 흑인 농민들이 자신의 역사 안에서 자원을 찾아내고 그것에 기대어 자신들의 정체성을 스스로 구축하는 과정에 주목함으로써 이 소설을 정체성의 서사로 만든다.

많은 외국인과 번섬의 지도자들에게 번힐스 주민들은 외부인의 원조가 필요한 끔찍하게 가난한 사람들, 그런데도 무식하고 고집스럽게 변화를 거부하는 게으른 사람들이다. 번힐스 개발 기획을 책임진 미국인 사울이 번섬에 온 첫날 그를 환영하기 위해 모인 번섬의 지도자들은 번힐스 주민들에 대한 경멸을 감추지 않는다. 번섬의 유색인 백인의 특징인 창백한 호박색 피부와 곱슬곱슬한 짙은 금발을 가진 청년 힌크슨Hinkson은 냉소적으로 비웃으며 말한다. "아, 많은 돈이 또다시 사라지겠군!" "번힐스!…… 당신은 그곳을 몰라요. 그곳에는 어떤 변화도 개선도 없소"(Marshall, 1992: 56). 번힐스 토양 보존 프로그램을 추진했던 한 호주인도 이해할 수 없다는 듯 덧붙인다. "이상한 말이지만, 그들은 그곳에서 돌 하나도 옮겨지는 것을 원하지 않는 듯 했소"(Marshall, 1992: 57). 이들은 거의 가진 것이 없는 번힐스 주민들이라도 외부인들이 멋대로 지어준 새집보다 "우리 집, 우리 땅"(Marshall, 1992: 56)을, 자신들의 삶의 방식을 더 귀하게 여긴다는 사실을 이해하지 못한다. 아니 이해하려 하지 않는다. 백인성을 지향하는 사람들이 원하는 것은 흑인과 흑인성을 억압하는 신식민 구조 자체의 변화가 아닌, 표면적인 개

선뿐이기 때문이다.[2]

번힐스의 대부분의 땅과 하나밖에 없는 설탕 공장이 여전히 영국인의 손에 들어 있고, 외부인이 추진하는 개발계획이 주민의 현실이나 의사와는 무관하게 이루어지고, 주민들의 고된 노동에도 불구하고 삶의 질은 여전히 형편없으며, 외부인에 의해 부정적인 정체성이 강요되는 현실 속에서, 번힐스 흑인 농민들이 선택한 "우리 자신에 대해 우리 자신을 말하는 이야기"(Hall, 1995: 5)는 아주 오래전에 번힐스에서 일어났던 커피 네드의 노예 반란 사건이다. 사울은 번힐스로 들어가는 첫날부터 노예 반란을 주동했던 네드의 역사가 번힐스에 생생한 현재로 살아 있다는 사실을 발견한다. 네드가 산 전체에 불을 놓아 번힐스의 모든 땅과 사람을 소유했던 대장원大莊園 주인을 사로잡으며 반란을 시작했다는 파이어 힐Pyre Hill은 아직도 방금 불에 탄 것처럼 파괴된 채 남아 있다. 주민들의 일상적인 인사도 과거와 현재를 포괄하는 이상하고 엄숙한 인사이다. "그들은 오른팔을 법정에서 증언하려는 사람처럼 천천히 들어올렸

2 사울을 환영하는 만찬에 참석한 외국인들과 번섬 지도자들은 수많은 개발계획의 실패를 전적으로 번힐스 주민의 잘못으로 돌린다. 하지만 마셜은 제1세계 자본으로 진행되는 번힐스 계획이 실패할 수밖에 없는 이유가 다른 곳에 있음을 보여준다. 마셜은 번힐스 프로젝트에 연결된 여러 연결고리를 추적하면서 독자에게 소위 번힐스 개발계획의 허구성을 드러낸다. 사울이 추진하는 번힐스 개발계획은 미국의 한 응용사회연구센터에서 진행된다. 이 센터에 돈을 대는 곳은 필라델피아연구소이다. 이 연구소를 만들고 운영하는 주체는 겉으로는 인도주의를 표방하면서 조용히 세금 감면의 혜택을 추구하는 필라델피아 펜실베이니아의 유서 깊은 가족 사업체들의 연합체인 유니코(Unicor: the United Corporation of America)이다. 그런데 유니코의 일원이면서 번힐스 프로젝트에 가장 많은 기금을 제공하는 사울의 아내 해리엇 가문의 부의 원천은 바로 미국과 카리브와 아프리카를 연결하는 삼각무역이었다. 번힐스에 아프리카 노예들과 노예 음식을 공급해 축적한 돈으로 번힐스를 돕겠다고 나선 형국이다. 그뿐만 아니라 유니코는 현재 번힐스의 사탕수수 경제를 지배하는 영국 킹슬리 회사 같은 외국 제국주의적 기업체들과 제휴해 아프리카, 아시아 등 세계 각지를 연결하는 거대한 상업 복합망을 구성하고 있다. 번힐스 개발계획에 관련된 여러 기관과 자본의 연결고리는, 제3세계를 통제하는 가장 현대적인 양상 중 하나가 미국 자본의 오지개발계획임을 시사한다(Coser, 1995: 36). 실제로 소설의 끝에서 유니코의 자본은 번힐스 주민들이나 현장의 연구책임자인 사울이 아닌 사울의 백인 아내 해리엇 개인의 이익만을 위해 움직인다. 마셜은 번힐스 주민들이 외부 개발계획을 거부하는 진짜 이유는 그 모든 계획이 식민적 구조를 건드리지 않으면서 표면적인 변화만을 시도하는 거짓된 기획들이기 때문이며, 따라서 '변화를 거부하는 번힐스 사람들'은 역설적으로 소위 개발계획의 허구성을 폭로하면서 진정한 탈식민적 변화를 갈구하는 사람들이라고 말하고 있는 셈이다.

다. 팔꿈치를 날카롭게 90도로 각을 세우고, 손을 딱딱하게 들고서 손가락들은 곧바로 세웠다. 그것은 안녕과 하직 인사 둘 다를 포괄하는, 과거 시간과 현재 시간을 포괄하는 이상하고 엄숙한 인사였다"(Marshall, 1992: 103). 영국군에게 잡힌 네드의 목이 효수되었던 장소는 오늘도 중요하게 기억되고 보존된다. 마을 남자들은 매일의 일이 끝나면 모이는 술집에서 네드가 어떻게 장원을 장악했는지, 네드가 몇 년이나 영국군에 대항해 버텼는지, 네드가 어떻게 잡혀 교수당했는지 기록도 남아 있지 않은 노예 반란의 구체적인 사항들에 대해 열띤 토론을 벌인다. 주민들의 이러한 일상적 실천은 네드의 역사를 학생들에게 가르친 멀을 학교에서 쫓아내면서 영국인이 쓴 카리브 역사만을 강요하는 제도권 역사 판본에 저항하여 주민들 스스로 자신들의 역사를 전하고 기억함으로써 '문화적 대항 기억'(LeSeur, 2000: 98)을 구축하는 적극적인 실천이다.

번힐스 주민들이 역사 속에서 찾아낸 자원으로 자신들의 정체성을 위한 신화적 서사를 구축하는 가장 극적인 매개는 번섬의 모든 사람이 참여하는 카니발 행사이다. 카니발은 원래 외국 관광객에게 카리브의 다문화적 '전통 문화'를 보여주기 위해 정부에서 시작한 관광 문화 행사이다. 하지만 다양한 문화가 표현되고 공연되는 번섬의 카니발은 정부의 의도와 달리 카리브 혼종 사회가 가지고 있는 문화적 다양성뿐 아니라 다양한 계층과 인종의 억압되었던 갈등과 갈망이 드러나는 장으로도 작동한다. "모든 종류의 사람들, 부자와 빈자, 흑인, 백인, 그리고 혼혈들이 모두 거리에서 함께 춤을 추고, 웃으며 서로서로에게 말하는"(Marshall, 1992: 200) 카니발의 무질서가 영국 여성 도로시Dorothy에게는 고향에서는 억압되어 있던 성적 욕망이 해방되는 장으로 경험되고, 미국인 백인 여성 해리엇Harriet에게는 흑인들에 대한 자신의 억압된 인종주의를 피할 수 없이 대면하게 만드는 충격적이고 혼란스러운 장으로 경험된다.

반면, 번힐스 주민들은 자신들의 정체성 서사를 공적인 장에서 재연함으로써 스스로와 외부인 모두에게 자신들이 어떤 존재인지, 자신들이 어떤 존재이기를 갈망하는지 각인시키는 계기로 카니발을 이용한다. 번섬의 엘리트들은 "그 짐승 같은 놈들이 어리석음으로 카니발의 의미를 변질시켰다"고, "매년 산에서 오는 그 놈들이 오래전에 일어났던 그 저주받은 노예 반란에 대한 똑같은 가면극"을 하는데 "도대체 누가 그 오래된 일을 상기하기 원하겠느냐"고 비난한다(Marshall, 1992: 59). 하지만 번힐스 사람들이 카니발 공연을 통해 하고자 하는 일이 바로 그 일이다. 그 오래된 일을 매년 스스로에게 그리고 번섬 사람들 전체와 외국인들에게까지 상기시킴으로써 자신들의 정체성을 확인하고 구축하는 일이다.

마셜은 마을 사람들이 얼마나 공을 들여 퍼레이드를 준비하는지, 누가 어떤 옷을 입고 어떤 장식을 하는지, 누가 어떤 노래를 부르고 어떤 춤을 추며 어떤 내용을 연극처럼 재연하는지 마치 독자가 직접 눈으로 공연을 보고 있다고 느낄 정도로 세세하고 생생하게 전달한다. 옛날 노예들이 입었음직한 거친 옷과 수갑 같은 팔찌들, 쇠사슬에 매인 다리처럼 발을 질질 끄는 춤, 네드와 노예들의 용감한 전투, 승리에 찬 흥겨운 춤과 노래, 그리고 마침내 패배의 모든 과정이 하루종일 반복적으로 공연된다. 그들을 비웃던 구경꾼까지 그들의 열기에 끌려 그들의 춤에 참여함으로써 번힐스의 이야기가 도시 전체의 이야기로 확대되는 과정의 열기와 흥분이 독자들에게 생생하게 전달된다. 하지만 마셜이 가장 공을 들여 전달하는 초점은 번힐스 사람들이 과거 노예 반란을 공연하는 카니발 퍼레이드를 통해 스스로에 대해 어떤 이야기를 하는가이다.

> "그들은 함께 일했었다!" — 마치 그들의 눈에 이것이 가장 위대한 성취인 듯, 그들이 가장 자랑스러워하는 것인 듯, 그들의 목소리는 찌르는 듯한

> 높은 목소리로 올라가 하늘의 푸른 창공을 갈라지게 할 정도였다. 그들은 노래했다. 커피 네드의 지도하에서, 사람은 그 자신만을 위해 살지 않았고 이웃을 위해서도 살았다고. "우리가 이기적으로 살았었다면, 우리는 절대 살지 못했을 것이다"(Marshall, 1992: 287).

노예 반란의 가장 큰 의미는, 비록 잠시 동안이지만, 백인들의 노예였던 흑인들이 "자유롭게, 평화롭게, 스스로만 믿으며, 독립된 민족으로"(Marshall, 1992: 287) 살았었다는 사실이다. 그런데 번힐스 주민들의 노래는 그런 이상적인 상태를 가능하게 하는 가장 중요한 요소가 반란 노예들의 전투적 용맹함이 아닌 "그들이 함께 일했었다"(Marshall, 1992: 287)는 일체감이었음을 상기시킨다. 동시에 번힐스 주민들은, 위의 인용문이 보여주듯이, '그들'에 대한 노래("그들은 함께 일했었다!")를 슬며시 '우리'의 노래("만약 우리가 이기적으로 살았었다면 우리는 결코 살 수 없었을 것이다")로 전이시킴으로써 노예 반란이라는 과거의 역사를 자신들의 현재와 미래의 정체성을 위한 신화적 서사로 만든다.

번힐스 주민이 자신들의 땅에서 오래전에 일어났던 노예 반란의 역사를 현재 자신들의 삶을 지지하는 서사로, 신화로, 신화적 서사로 만들어내는 문화적 실천들은, 글로리아 안잘두아Gloria Anzaldúa가 혼혈인에게 부여한 가능성, 즉 "새로운 신화를 창안함으로써 — 즉, 우리가 현실을 인식하는 방법, 우리가 우리 자신을 보는 방법, 우리가 행동하는 방법을 바꿈으로써 — 새로운 의식을 창조"(Anzaldúa, 1987: 102)하는 가능성을 실현하는 실천이다. 동시에 마셜은 번힐스의 가난한 흑인들의 행진과 공연을 비웃던 사람들이 결국 그들의 열기에 휩쓸려 하나가 되는 이유가, 번힐스 사람들이 자신의 정체성을 위해 구성한 신화적 서사가 단지 흑인만을 위한 이야기가 아니라 억압받고 착취받는 모든 사람을 위한

"자유와 인식의 탈식민주의적 기획"(미뇰로, 2010: 194)이기 때문이라고 시사한다.

> 그들이 브라이엄, 커피, 그리고 파이어를, 어떤 특정한 사건, 장소, 사람들을 노래하고 있는 것은 사실이다……. 하지만 그들의 목소리가 하늘로 오르고, 만에 배들이 있는 그 오래된 도시를 흔들 때, 그들이 자신들과 번힐스만을 노래하는 것처럼 보이지 않았다. 모든 곳에 있는 그들 같은 사람들…… 권력 있는 자들의 처분대로 학대받고 박탈당한 모든 사람들이 겪는 경험을 노래하는 듯했다(Marshall, 1992: 286-287).

마셜은 번힐스 사람들이 카니발을 통해 스스로에게 재확인하는 '하나됨'의 가치가 마을이 진정으로 위험한 순간에 마을 사람들을 동원하는 실천적인 힘이 될 수 있음을 보이기 위해 카니발 다음에 마을에 하나밖에 없는 제당 공장이 고장나서 멈추는 위기 사건을 배치한다. 또한 카니발의 번힐스 공연처럼, 과거를 서사화하는 과정을 거치지 않고는 자신과의 제대로 된 대면이 어렵다는 것을 보이기 위해 마셜은 카니발 이후 유대인인 사울과 식민지 혼혈 여성인 멀이 서로에게 과거의 상처를 서사화하여 드러냄으로써 상호 치유의 과정에 들어가도록 허용한다.

하지만 마셜은 멀과 사울이 카니발 밤에 서로의 이야기를 나누는 장소를 설탕네 나이트 클럽Sugar's Night Club으로 설정함으로써 카리브 흑인들의 서사화를 통한 치유나 정체성 구축이 어떤 현실적 맥락에서 일어나고 있는지, 일어나야 하는지, 독자에게 결코 잊지 않게 한다. 설탕네 나이트 클럽은 누구나 춤을 출 수 있는 곳이라는 점에서 섬에서 가장 평등한 공간이지만 실제로는 인종과 계층에 따라 엄격하게 자리가 정해진 곳이다. 모든 사람이 유흥을 즐기는 곳처럼 보이지만 실제로는 부유한 현지 백인들과 춤추는 현지 흑인 소년소녀들이 검은 몸을 거래하는 곳이다. 현재는 환상적인 조명으로 화려하지만 과거 노예수용소였고 과거 설탕 창고였던 카리브의 역사적 흔적들을 고스란히 지니고 있는 곳이다. 이러한 설탕네 나이트 클럽에서 멀과 사울이 자기 화해의 과정을 시작한다는 것은 카니발을 통해 가능해진 화해와 자기 창조의 가능성도 모순과 역설로 가득한 카리브 공간의 과거와 현재의 식민적 상처를 외면하고는 결코 현실화될 수 없다는 사실을 시사한다.

4. 나오는 말

마셜이 그려낸 카리브해의 혼종적 도서 국가 번섬은 정치적으로 영국에서 독립했음에도 불구하고 유럽과 미국에 문화적 · 경제적 · 정치적 · 군사적으로 의존적인 신식민적인 포스트식민 공간이다. 번섬은 밖의 백인 국가들과의 관계에서도 자유롭지 못할 뿐 아니라 내부적으로도 백인성 우월 이데올로기를 실천하는 사회이다. 스스로의 국가를 구성하는 다양한 인종과 다양한 문화와 다양한 피부색을 엄격한 위계로 작동시키는 차별적 사회이다. 이렇게 혼종적 포스트식민 카리브 공간이 그 안에 거주하는 개개인들에게 가하는 식민적 상처들에 대해 문학은 무엇을 할 수 있을까? 1969년에 출판된 마셜의 『선택된 장소, 시간 너머 사람들』은 다른 지역, 다른 시대, 다른 맥락에서 반복적으로 질문되는 문학과 정치의 관계, 문학의 정치학에 대한 질문에 하나의 대답을 제시한다. 문학은, 문학적 서사는, 다시 안잘두아의 말을 빌리면, "새로운 신화를 창안함으로써, 즉 우리가 현실을 인식하는 방법, 우리가 우리 자신을 보는 방법"(Anjaldúa, 1987: 102)을 바꿈으로써 새로운 의식을 창조할 수 있고 우리가 행동하는 방법을 바꿀 수 있다고.

마셜은 마치 현장의 문화인류학자처럼 꼼꼼하고 치밀하게 카리브의 혼종 사회인 번섬과 그 안의 산골 오지 번힐스의 풍광과 주민과 문화를 묘사한다. 작품의 끝에 마셜은 이 책의 저작 장소로 "그레나다. 서인도제도. 뉴욕. 야도"(Marshall, 1992: 472)라고 여러 곳을 지시한다. 저작 연도도 하나의 출판 연도나 탈고 연도가 아닌 "1963~68"(Marshall, 1992: 472)이라는 긴 시간으로 표시한다. 오랜 시간 동안 상당한 현지 조사를 거쳐 창작된 작품임을 시사하는 대목이다. 작품 안에서 번섬과 번힐스를 방문해 카리브 공간을 관찰하는 낯선 이방인 사울의 직업을 인류학자로 설정하고 있는 것도 우연이 아니다. 사울의 실패는 제1세계인들이 시도하는 제3세계 개발계획의 한계를 드러내지만, 사울의 훈련된 눈은 낯선 독자들에게 모순과 갈등과 역설로 가득한 카리브 공간을 깊이 있게 소개하는 믿을 만한 안내자로 기능한다.

마셜은 이 사실주의적 묘사로 가득한 텍스트를 꿰뚫고 나아가는 중심축으로 정체성의 서사를 설정한다. 혼종적 카리브 공간에서 주변화된 흑인들이 어떻게 자신의 역사 안에서 주류 사회가 강요하는 부정적인 정체성을 극복할 자원을 찾아내는지, 어떤 구체적인 방법으로 자신의 대항 신화와 대항 서사를 구성하는지 세세하게 다룬다. 마셜의 텍스트는 단순히 특정한 집단이 자신들의 정체성을 구축하는 특정한 과정을 보여주는 것이 아니라, 정체성이 어떻게 구축되어야 하는지에 대한 마셜 자신의 전망과 숙고가 담겨 있다는 점에서 정체성 구축에 대한 메타 서사라 할 수 있다. 마셜이 텍스트 안에 들여온 네드 노예 반란 사건은 어떤 특정한 하나의 역사적 사건이 아닌 카리브와 미국 남부에서 발생했던 여러 흑인 노예 반란 사건을 토대로 허구화된 것이며, 텍스트 안에서도 네드 반란 사건은 실제로 일어난 사건이지만 정확한 기록 없이 구전으로 전해지는 사건으로 설정되어 있다. 즉, 마셜은 과거의 어떤 사건이 의미를 가지려면 후세 사람들의 의식적인 의미 부여 노력을 통해서만 가능한 것이며, 과거의 어떤 사건이 나의 정체성의 일부가 되려면 그 역사적 과거를 나의 이야기로 서사화하는 과정을 통해서만 가능하다고 말하고 있는 것이다. 라밍이 말하듯 "토착적인 문화 정체성의 형성이 문학으로 하여금 더 이상의 기능을 요구한다면, 즉 그 지역의 역사적 소재에서 독창적인 신화들을 창조하여 그 결과 사회의 의식을 반영할 뿐 아니라 '결정'하도록 돕는 시도를 요구"(Rahming, 1993: 77)한다면, 마셜의 텍스트는 바로 그러한 요구에 응해 역사적 참조점들 못지않게 중요한 상상적 참조점들을 제시하고 있는 셈이다.

마셜의 정체성 서사가 가지는 진정한 정치성은 그의 혼종성과 정체성에 대한 서사가 흑인들만의 서사가 아니라는 사실에서 나온다. 물론 마셜은 유럽 문화와 유럽 중심의 대문자 역사가 타자로 간주한 카리브 사회와 아프리카계 카리브인들의 경험과 역사, 즉 카리브 지역의 노예제와 인종 차별과 주변화의 흔적들을 되살려내는 것이 카리브 국가들의 독립적인 문화적 정체성을 구축하는 핵심이라고 분명하게 말한다. 혼종적인 카리브 사회에서 백인 중심적 문화에 의해 억압되고 지워지고 평가 절하되었던 흑인과 혼혈들의 경험과 목소리가 카리브의 문화 정체성에 중요하게 포함되어야 한다고 분명하게 말한다. 하지만 마셜의 텍스트를 흑인 문학을 넘어서는 정체성 서사로 만드는 것은 정체성이 구성되는 과정 자체를 세세히 묘사하는 메타 서사적 속성이다. 그리고 그가 제시하는 새로운 정체성 만들기 방식은 카리브의 흑인과 혼혈들에게만 의미 있는 방식이 아니라, 이 세상 모든 곳에 존재하는 억압받고 주변화된 자들이 의미 있게 취할 수 있는 방식이다. 그런 의미에서 경계 영역의 주변화된 흑인들에 대한 마셜의 텍스트는 흑인들만이 아니라 우리 모두의 의식을 변화시키고 우리 모두의 행동을 바꾸게 할 잠재력을 가진 신화적 서사로 평가할 수 있다.

참고 문헌

김용규, 「문화 연구의 전환과 잡종문화론」, 『영미문화』 5. 2 : 155–188, 2005a.

_____, 「포스트민족 시대 혼종과 틈새의 정치학: 호미 바바 읽기」, 『비평과 이론』, 10. 1 : 29–57, 2005b.

미뇰로, 월터 D., 『라틴아메리카, 만들어진 대륙: 식민적 상처와 탈식민적 전환』, 김은중 옮김, 서울: 그린비, 2010.

이성훈. 「가르시아 칸클리니와 『혼종문화』」, 『혼종문화: 근대성 넘나들기 전략』, 네스토르 가르시아 칸클리니 지음, 이성훈 옮김, 서울: 그린비, 2011.

칸클리니, 네스토르 가르시아. 『혼종문화: 근대성 넘나들기 전략』, 이성훈 옮김, 서울: 그린비, 2011.

Anzaldúa, Gloria, *Boderlands/La Frontera*, San Francisco : Aunt Lute Books, 1987.

Bhabha, Homi K., *The Location of Culture,* London : Routledge, 2008.

Brah, Avtar & Annie E. Coombes, eds., *Hybridity and its Discontents: Politics, Science, Culture*, London : Routledge, 2000.

Coser, Stelamaris, "The Ethnographic Novels of Paule Marshall," *Bridging the Americas: The Literature of Paule Marshall, Toni Morrison, and Gayl Jones,* Philadelphia, PA : Temple University Press, 1995.

Cowen, Tyler, *Creative Destruction: How Globalization is Changing World's Culture*, Princeton : Princeton University Press, 2002.

Demirtürk, Lâle, "Postcolonial Reflections on the Discourse of Whiteness: Paule Marshall's *The Chosen Place, the Timeless People*," *CLA Journal* 48.1: 88-102, 2004.

Denniston, Dorothy Hamer, *The Fiction of Paule Marshall: Reconstructions of History, Culture, and Gender*, University of Tennessee Press, 1983.

Geertz, Clifford, "Thick Description: Toward an Interpretive Theory of Culture," *The Interpretation of Cultures: Selected Essays*, New York: Basic Books, 1973.

Hall, Stuart, "Negotiating Caribbean Identities," *New Left Review* 209: 3-14, 1995.

Kim, Junyon, "Negotiating the 'Unhomeliness' through the Diasporic Search for Home in Paule Marshall's *The Chosen Place, the Timeless People* and *Praisesong for the Widow*," 『비평과 이론』 10.1: 325-359, 2005.

LeSeur, Gata, "'Read Your History, Man': Bridging Racism, Paternalism, and Privilege in Paule Marshall's *The Chosen Place, the Timeless People*," *CLA Journal* 44.1: 88-110, 2000.

Marshall, Paule, *The Chosen Place, the Timeless People*, New York: Vintage Books, 1992.

McLean, Dolace, "Postcolonial Possessions: Place, Space and the Discourse of Property in Caribbean Literature," Ph. D. Diss. New York University, 2008.

Meyer, Adam, "Memory and Identity for Black, White, and Jew In Paule Marshall's *The Chosen Place, the Timeless People*," *MELUS* 20.3: 99-129, 1995.

Rahming, Melvin, "Towards a Caribbean Mythology: The Function of

Africa in Paule Marshall's *The Chosen Place, the Timeless People*," *Studies in the Literary Imagination* 26.2: 77–87, 1993.

Schenck, Mary Jane, "Ceremonies of Reconciliation: Paule Marshall's *The Chosen Place, the Timeless People*," *MELUS* 19.4: 49–60, 1994.

Slappery, Lisa Ann, "Writing Off the Map: The Postcolonial Landscapes of Pynchon, Marshall, Silko, and Vea," Ph.D. Diss. Rice University, 2001.

'문화 번역'의 시각에서 본 량치차오의 희극 개량 담론*

김영숙

1. 들어가는 말

20세기 초 중국 희극戲劇[1]은 역사상 유례가 없었던 거대하고 급격한 변화를 맞이하면서 새롭게 발전했다. 이 변화는 희극 관념에서 먼저 시작하여 사상 내용, 예술 형식, 표현 양식, 극단에 이르기까지 희극 문화 전반에서 발생했다.

우선, 희극의 본질과 가치에 대한 관념이 바뀌면서 소설과 함께 전통

* 이 글은 『중국어문논총』 제53집(2012)에 실린 논문을 수정 · 보완한 것이다.

1 우리나라에서 연극은 공연 양식을, 문학 작품으로서의 극본은 희곡이라고 한다. 그러나 중국에서 희곡은 가무로 된 전통극 양식을 지칭하며 문학 작품으로서의 극본과 무대 공연 양식을 모두 포함하는 개념이다. 또한 근대 이후 서양에서 들어와 발전한 대사 위주의 연극(우리가 일반적으로 연극이라고 부르는)은 중국에서 전통극과 대비해 화극話劇이라고 부른다. 그리고 전통극과 화극을 모두 포괄하는 극 양식을 총체적으로 지칭하는 용어가 희극戲劇이다. 이처럼 연극이라는 용어로는 중국극을 모두 포괄하기 어렵다. 그러므로 이 글은 전통극과 화극은 물론, 문학으로서의 극본과 무대 공연 양식으로서의 연극을 모두 포괄하는 희극이란 명칭을 그대로 사용하며, 전통극 양식을 지칭하고자 할 경우에는 희곡이라는 명칭도 혼용해 사용한다.

사회에서 '소도小道', '말기末技', '아종邪宗' 등 비천한 것으로 취급되어 대아지당大雅之堂에 오르지 못했던 희극의 지위가 크게 제고되었다. 사상 내용은 이전에 없었던 자유, 평등, 민주, 과학 등 서양에서 유입된 신사상과 전통 사회 비판, 제국주의 침략, 군주제 반대와 같은 현실 정치 및 사회 문제 등이 다루어졌으며(아잉, 1962: 1), 소재나 제재에서도 당대를 표현하지 않았던 전통극과 달리, 이 시기의 극은 당대의 시사나 외국 역사 등 다양하게 확대되었다. 예술 형식은 전통 극이 중시했던 궁조, 곡패 등의 엄격한 음악적 규율에서 벗어나 상대적으로 자유로운 새로운 극 양식이 창작되었으며,[2] 극장, 무대 장치, 조명 등 표현 양식도 이전과 다른 변화가 있었다. 그리고 무엇보다 사회의 최하층 신분이었던 배우의 지위가 높아졌다.

이 시기 중국 희극 문화에 왜 이런 급격한 변화가 일어났을까? 그 주요 원인과 배경은 19세기 중엽 이래 지속된 중국과 서양 문화의 대규모 접촉에서 찾을 수 있다. 1840년 아편전쟁에서 서구 제국주의의 물질문명에 충격을 받은 중국은 갑오전쟁의 실패에서 더 큰 패배감과 문화 자존의 상실을 경험했다. 그에 따른 국가 존망의 위기 의식과 부국강병에 대한 절박한 요구가 복잡하게 얽혀 있는 19세기 말 20세기 초의 특수한 역사 · 문화 환경에서 중국은 위기를 극복하고 자기보다 우세한 서양 문화에 대응하기 위해 서양을 소개하는 번역 작업을 활발하게 진행했다. 20세기 초 중국 희극 문화의 극변은 바로 이러한 타문화, 즉 서양 문화와의 대면과 충돌, 자극과 비교를 통한 자국 문화에 대한 비판적 인식과 개혁, 개량의 요구에서 촉진된 근 · 현대극으로의 전환과 변혁의 과정이었다.

2 이때, 이미 음악이 연극에서 분리되기 시작해 극작가들 중 희곡 음악을 아는 사람이 많지 않았다. 이에 대해서는 楊世驥, 「戲曲的更新」(『文苑談往』 第1輯, 中華書局, 1945)에서 자세하게 논하고 있다. 田根勝, 『近代戲劇的傳承與開拓』(上海: 三聯書店, 2005), 234쪽 재인용.

이러한 역사 변혁과 전환을 촉발하고 동시에 그 추동력이 되었던 것이 바로 량치차오梁啓超, 1873-1929의 '희극개량론'이다. 1902년에 제창된 량치차오의 희극개량론은 당시 문화계에 커다란 반향을 일으켰고, 선진 지식인과 문화계 인사들이 적극적으로 그에 호응함으로써 당시 문화의 주류 담론과 실천이 되었다.[3] 그 이후 중국 희극은 량치차오의 희극 개량 담론의 맥락에서 논쟁과 보완을 거쳐 발전되어 온 것이다. 이렇게 볼 때 량치차오의 '희극 개량'은 20세기 중국 희극의 발전 방향을 주도하고 그 현대화 성격을 규정짓는 중요한 발단이다. 그러므로 이에 대한 이해는 대단히 중요하다.

그런데 그런 중요성에도 불구하고 이에 대한 연구는 아직 미약한 편이다. 이는 량치차오의 소설계 혁명이 희극을 포함하고 있어,[4] '희극 개량'이 '소설계 혁명'에 가려져 체계적인 연구가 이루어지지 못했기 때문이다. 최근 량치차오의 희극 개량을 주목한 논문들이 나오고 있기는 하지만, 여전히 대다수의 근대 문학과 문화 연구 논저에서 희극 개량론은 소설계 혁명 논의에 덧붙여 간략하게 언급되고 있을 뿐, 중요하게 다루어지지 않고 있다. 이것이 량치차오 희극 개량 담론 연구의 상대적 공백을 가져온 듯하다.

량치차오의 희극 개량에 대한 올바른 이해와 그에 대한 전면적인 연구는 중국 근 · 현대극 연구에서 선행되어야 할 가장 중요한 작업이라고 할 수 있다. 왜냐하면 이 연구의 출발선이 바로 량치차오의 희극 개량 담론이기 때문이다. 즉, 20세기 중국 희극 문화 발전의 출발점인 량치차오의 희극 개량 담론을 연구하지 않고 그 뒤에 출현한 메이란팡梅蘭芳의 경극

3 龔書鐸, 『中國近代文化探索』(北京師範大學校出版社, 1997), 249-267쪽 참조.

4 청말민초清末民初에는 희극戲劇이 소설小說의 하위 개념으로, 여기서의 소설(또는 說部라고도 함)은 서구에서 들어온 개념으로 허구적인 이야기를 모두 포괄하는 픽션fiction의 개념이며, 희곡, 소설novel, 탄사, 창본 등을 포함한다.

京劇 개량, 5 · 4 시기 전개된 희극 개량 논쟁, 국극 운동 등 20세기 전반에 걸쳐 전개된 희극 개량과 중국극과 서양극의 비교 또는 그와 관련된 이론들을 설명하기가 쉽지 않기 때문이다.

이 글은 '문화 번역'의 시각에서 량치차오의 희극 개량 담론을 분석하고자 한다. 문화 번역은 언어를 포함한 다수의 상징 체계, 사유 양식, 서사, 매체 등 여러 차원에서 이루어지는 복합적인 문화 간 이동, 횡단, 소통 방식을 말하며, 이것은 의미를 등가적으로 교환하거나 초월적 위치에서 매개하는 작업이 아니라, 특정한 역사 맥락에서 타문화를 해석하고 변용해 오는 행위이다(이명호, 2011 : 94). 문화 번역은 문화인류학적 개념으로 출발했지만,[5] 사회학, 민속지학, 포스트식민주의, 이민 등 다양한 학문 분과에서 활용되면서 발전했다. 특히 포스트식민주의와 이민 연구에서의 활용은 문화 번역 이론이 발전하는 데 중요한 촉진제가 되었다(로빈슨, 2002 ; 정혜욱, 2010 참조). 역사적으로 식민지 팽창의 작동과 그 결과 발생된 전 세계적 디아스포라 현상을 통해, 혹은 최근의 전지구화 과정에서의 이주를 통해 문화들이 다른 문화 속으로 전파되고 발전되는 과정의 좀 더 광범위한 효과를 고찰하기 위한 방법으로 문화 번역이 이들 연구 분야에서 활용되었다. 문화 번역의 개념은 양쪽 문화의 개인들이 상이한 문화의 접촉 지대에서 그런 만남을 어떻게 경험하고 해석하는가 하는 현실을 표현하는 방법을 제공해 줄 뿐 아니라, 문화가 지역 언어를 통해, 또한 이주민들이 접촉하는 다른 문화를 통해 이동하고 전달되고 재해석되고 재배치되는 방식을 고찰하는 방법을 제공한다. 이런 것

5 타랄 아사드Talal Asad의 논문 「영국 사회인류학의 문화 번역 개념The Concept of Cultural Translation in British Social anthropology」(1986)에서 인류학자, 민속지 학자들이 서구 대중들에게 원시 문화를 번역하는 데 작동되는 권력 문제를 논의하는 과정에서 이 개념이 부각된 후, 인류학에서 본격적으로 번역 문제를 다루면서 번역을 단순히 어떤 문화를 다른 문화로 옮기는 작업으로 보는 것에 대한 비판으로 문화 개념이 대두되었다.

들이 권력의 문제, 저항과 지배의 문제에 특별히 관심을 가진 포스트식민주의 번역 이론가들의 초점이 되었다(Young, 2011: 5).

포스트식민 문화 이론가 호미 바바Homi K. Bhabha는 이 이론가들 중 문화 번역 이론의 확장과 발전에 미친 영향이 가장 크다. 바바는 그의 저서 『문화의 위치*The Location of Culture*』의 한 장인 "새로운 것이 세계 속에 틈입하는 방법How Newness the World"에서 인도 태생 영국 소설가 살만 루시디Salman Rushdie의 소설 『악마의 시*The Satanic Verses*』(1989)에 대한 논의를 통해 소수자 이민의 문화 번역을 언급하면서(Bhabha, 1994: 212-235, 바바, 2002: 403-445 참조), '문화 번역'의 다양한 개념과 용어들을 사용했다. 예를 들면 "문화 번역의 반란자 행위로서 새로움의 의미", "문화 번역 경계선의 조건", "어떤 계보적 또는 체계적인 친자 관계의 혼종성을 보여주는 문화 번역의 과정", "문화 번역, 의미 표현의 혼종적 장소", "번역 불가능성과 미결정성의 제3 문화 공간"들, 그리고 "문화 횡단적 글쓰기"를 그 자체로 번역으로 보고, 번역가의 행위 주체성이 강조된 번역을 "문화적 소통의 수행적 본질"로 규정한 것들은 문화 번역의 개념을 한 단계 더 확대하면서 번역을 완전히 언어적 차원을 넘어 문화 사이의 번역 개념으로 확장했다(Pym, 2009: 143-164 참조).

이 글에서 사용하고자 하는 '문화 번역' 이론은 일대일 언어적 등가로 번역되는 번역의 개념을 넘어 문화 사이의 넓은 의미에서의 번역이며, 그 특징을 다음과 같이 정리하고자 한다.[6]

첫째, 문화 번역은 고전적인 번역과 달리 원천 텍스트가 없고 일반적으로 고정된 수용 텍스트도 없는 하나의 과정이다. 여기서 초점은 번역물보다는 문화 요소들이 상호 작용하는 과정에 있다. 둘째, 문화 번역은

6 바바의 이론에서 출발해 최근의 여러 문화 번역 이론들을 종합한 앤서니 핌Anthony Pym의 문화 번역 이론(Pym, 2009)을 토대로 기타 문화 번역 관련 자료를 참조해 정리했다.

번역가의 수행적 주체성에 주목한다. 전통적으로 번역은 원본 텍스트의 의미를 충실하게 수용 텍스트로 전달하는 고도의 기계적인 작업으로 생각되었다. 그 때문에 번역가의 주체성은 번역 과정에서 억압되고 드러나지 못했다. 그러나 문화 번역에서 번역가는 원본의 의미를 전달하기보다는 통약 불가능성을 바탕으로 새로운 창조적 실천을 하는 주체적 행위의 수행자 혹은 "문화 교차로에서 문화의 흐름을 매개하는 행위자"로서 위치가 강조된다(김현미, 2001: 137). 셋째, 문화 번역은 번역가의 번역 행위가 강조되는 만큼 두 가지 상징 체계를 조정하는 번역가의 중재자적 위치, 그 위치를 특징지을 수 있는 문화 혼종성, 이 번역가들이 일하는 곳의 문화 횡단의 움직임, 그리고 모든 번역에 의해 문화 경계가 횡단될 때의 문제 발생의 본질에 주목한다.

이상에서 언급한 문화 번역의 시각에서 이 글은 량치차오의 희극 개량 담론을 19세기 말 20세기 초의 특정 맥락에서 형성된 문화 번역의 결과물로 보고, 그 안에 투사된 문화 번역의 형성 과정을 분석하고자 한다. 량치차오의 희극 개량 담론은 동서 문화 교류의 문화 횡단의 장에서 생성되었으므로 번역의 각도에서 고려되어야 한다. 그러나 서로 다른 문화 체계의 모종의 영향 관계가 일대일의 관계로 추적이 불가능하기 때문에 전통적인 번역 개념으로는 설명이 어렵다. 량치차오가 19세기 말 20세기 초 이러한 문화 횡단의 중심에 서서 다양한 문화 흐름을 주도했고, 그의 생활 경력 자체가 문화 간 이동의 문화 혼종의 특징이 두드러진다.[7]

7 량치차오는 전통적인 문인 지식인 가정에서 태어나 18세까지 중국 전통 문화 교육을 받았으나, 그 후 캉유웨이康有爲, 1858–1927를 만나 유교 경서와 불경을 공부하고 번역서를 통해 서양 학문을 접했다. 변법자강운동의 일환으로 서학 도서 목록 정리와 『중외기문』, 『시무보』 등 신문 · 잡지의 편집에 종사하면서 외국 문화를 국내에 소개하고 선교사들을 통해 서양 문화를 접했다. 유신 변법 실패 후에는, 일본에 거점을 두고 신문 매체를 통해 중국 내의 문화계 혁명을 주도하면서 중국, 일본을 포함한 동아시아 각국과 교류하는 한편, 미국, 캐나다, 유럽 등지를 돌아다니며 서로 다른 문화 지역 간의 이동을 경험했다. 이러한 그의 생활 경력은 문화 혼종의 상황과 주체적이고 능동적인 주체 행위에 대해 인식할 수 있는 유리한 조건으로 작용되었다.

그러므로 문화 번역의 각도에서 량치차오의 희극 개량 담론을 고찰할 때 그 특징을 좀 더 정확하게 파악할 수 있다.

희극 개량(소설 혁명 포함) 담론은 지금까지 단선적으로 정치 사상의 개량과 연결해 정치적 도구 또는 선전 도구로 해석되거나, 단순하게 유럽의 선진 문화에 대한 번역과 수용, 모방의 각도에서 읽어온 경우가 많았다. 문화 번역 시각에서의 접근은 이러한 기존의 연구 시각에서 벗어나 중국 희극 근·현대화의 시발점인 량치차오의 '희극 개량' 담론을 특정 역사 맥락과 그 안에서의 인간(문화 번역의 행위자)의 주체적 행위를 통해 좀 더 입체적이면서도 종합적으로 이해할 수 있다. 또한 그것을 통해 중국의 근·현대화 과정과 그 특징을 구체적으로 엿볼 수 있고, 기존의 서양 문화 번역에서 량치차오가 오류를 많이 범했다는 지적과 비판에 대해서도 새로운 시각으로 사유하고 평가할 수 있는 시야를 확보하는 데 도움이 될 것으로 생각된다. 이를 위해 이 글은 다음과 같이 구성된다. 먼저 분석 대상인 량치차오의 희극 개량 담론의 내용과 전개를 간략하게 살펴보고, 그것을 기초로 문화 번역의 전제가 되는 중요한 특징인 혼종성과 주체성의 각도에서 희극 개량 담론을 분석한다. 그리고 이 둘이 희극 개량 담론에서 어떻게 표현되었는지를 살펴볼 것이다.

2. 희극 장르의 개념과 기능에 대한 새로운 이해

량치차오의 '시계詩界 혁명', '문계文界 혁명', '소설계小說界 혁명'은 중국 근대 문화사에서 대단히 중요한 위치에 있으므로, 중국 근대 문학과 문화 서술에서 모두 자세하게 다룬다. 또한 그와 관련된 개별 연구도 적지 않다. 그러나 희극계 혁명, 즉 희극 개량론은 근대 문학 서술에서 따로 언급되는 경우가 별로 없다. 이는 소설계 혁명에 희극 개량 논의가 포함되어 있고, 량치차오 또한 희극 개량을 따로 제창하지 않았기 때문인 것으로 보인다. 그러나 사실상 그의 희극 개량 담론은 희극의 장르와 기능이 소설계 혁명론에서 언급된 것보다 훨씬 범위가 넓고, 그에 대한 체계적인 서술이 아직까지 거의 없으므로 그 내용을 먼저 간략하게 정리하고자 한다.

희극 장르 범주의 재설정

량치차오의 희극 개량 논의는 일목요연하게 정리되어 있지 않을 뿐 아니라, 여러 논저에서 보인다. 그의 희극론은 소설 혁명론에 포함되는가 하면, 중국 시가詩歌 특성 논의에서도 희극에 대한 언급이 포함되는 등 그의 희극 개념과 범위는 표면적으로 모호한 것처럼 보인다. 그러나 량치차오의 희극 개념과 범주는 사실상 소설의 하위 장르인 동시에, 시가의 범주에 속하는 개념이다. 희극 장르의 이러한 범주 설정은 량치차오에게서 처음 보인다.[8]

우선, 그의 논의에서 희극은 소설 범주에 속한다. 만청 시기, 특히 량치차오 시대에는 소설ficton에 희극이 포함되는데, 량치차오 언술에서도 예외는 아니다.[9] 소설 개혁론을 체계적으로 서술한 논문 「소설과 군치의 관계를 논함論小說與群治的關係」에서 량치차오는 사람을 지배하는 소설의 네 가지 힘을 말하면서 왕실보王實甫의 "금심", "수간"(『서상기西廂記』), 공상임孔尙任의 "면향", "방취"(『도화선桃花扇』)를 예로 들었고,

8 당시에 소설은 희극을 포함하는 개념이었지만, 희곡을 "넓은 의미의 시"로 간주한 것은 량치차오에게서 처음 시작되었다(夏曉虹, 『閱讀 량치차오』, 三聯書店, 2006, 95쪽). 이처럼 희극의 범주를 소설과 시가를 포함하는 것으로 규정한 것은 량치차오가 처음이다.

9 량치차오는 戱曲 이외에 "曲本", "劇曲"이란 명칭으로 사용했다.

소설계 혁명 실천을 위해 창간한 『신소설新小說』이 '전기체 소설'과 '월극 및 광동 극본'을 포함하는 것, 또 자신이 창작한 희곡(전기) 『겁회몽』, 『신로마』를 모두 『신민총보新民叢報』의 "소설" 란에 발표하고, 지방희인 월극 『반초가 서역을 평정하다班定遠平西域』를 『신소설』의 "극본"란에 연재한 것 등은 모두 소설이 희극을 포함하고 있음을 보여준다. 또한 잡지 『신소설』의 내용 소개에서 "중국 극단을 위해 새로운 혁명군을 일으킨다"고 한 것에서도 소설(혁명)에 희극(혁명)이 포함되어 있음을 보여준다.

량치차오의 논의에서 희극은 또 시가의 범주에도 속한다. 그는 "넓은 의미에서 사곡류는 모두 시"라고 규정하고,[10] "탕현조湯顯祖, 공상임, 장사전蔣士銓 같은 이들은 시 한 편에 여러 개의 시가를 묶어 수만 자가 되지 않은 적이 없다"고 하면서 희곡을 장편 시로 간주해 시의 범주에 새롭게 귀속시키는 한편, "곡본(희곡)"이 체재에서 "중국 운문" 중 "가장 우수한 양식"[11]이라고 평가했다. 이처럼, 량치차오의 희극 개량 담론은 소설 개혁론은 물론, 시가 담론을 모두 포함한다.

희극 지위의 제고와 희극 개량 기획

량치차오의 희극 개량 담론의 전개는 문학계 혁명론을 제기하던 기간을 포함해 1900년 이전부터 소설, 희곡의 사회적 기능에 주목했으나, 그것이 집중적으로 전개된 것은 소설계 혁명론(희극 혁명론 포함)이 정식으로 발표된 1902년이다. 량치차오는 1902년 2월부터 『신민총보』에 희극 개량의 목적인 '신민설'과 희극 개혁 정신이 표현된 세 편의 전기 『겁회몽』, 『신로마』, 『협정기』를 발표했다. 같은 해 11월 『신소설』의 발간과

10 『소설총화』, 阿英 編, 『晩淸文學叢抄 · 小說戱曲卷』, 中華書局, 1960, 311쪽.

11 『소설총화』, 312쪽.

창간호에 「소설과 군치의 관계를 논함」을 발표함으로써 소설계 혁명을 본격적으로 발의했다. 그의 희극 개량 논술은 그의 전기 창작 동기가 실린 서문과 『신소설』 잡지의 광고문 등 관련 자료, 「소설과 군치의 관계를 논함」, 『소설총화』, 그리고 1902년부터 『신민총보』에 발표되기 시작한 『음빙실시화 飮冰室詩話』에 주로 집중되어 있다.

량치차오의 희극 개량 담론의 내용은 왜 희극을 개량해야 하는가? 어떻게 개량해야 하는가? 두 방면으로 집약된다. 우선, 왜 희곡을 개량해야 하는가에 대한 논의는 희극의 본질과 기능에 대한 새로운 인식을 통해 희극의 지위를 제고했다. 이는 두 가지로 표현된다.

하나는 "문학의 최상승"으로 요약된 인간의 심령에 작용하는 희극의[12] 힘에 대한 인식이다. 량치차오는 이것을 "인성을 지배하는 불가사의한 힘"이라고 표현한다. 사람들이 보편적으로 희곡을 좋아하는 이유에 대해 그는 "오락성"과 "통속성" 때문이 아니고, 희곡이 가진 예술적 감염력, 즉 그것의 "흡인력"과 "감화력"에서 기인한다고 보았다. 그리고 그 예술 감염의 구체적인 작용을 '훈薰', '침浸', '자刺', '제提' "네 종류의 힘"으로 설명한다. 그의 언급에 따르면, '훈'은 연기에 그을리는 것처럼 자기도 모르게 작품의 세계에 빠져 들어가, 그 내용이 마음(관념)을 차지하고 조종하며 이것이 확산되어 "대중을 조종"하는 데까지 확대된다. '훈'이 공간적 개념이라면 '침'은 시간적 개념으로 감화력이 오랫동안 지속되는 것이다. '자'는 순간 어떤 자극을 받아 감정을 주체할 수 없는 것이며, '제'는 몰아의 지경에 이르러 작품 속에 완전히 몰입되어 작품 속의 인물과 동일화되는 것이다. 이 네 가지 힘이 서로 침투되고 상호 작용

12 량치차오가 논술한 것은 소설이지만, 이 소설은 희극의 상위 개념으로 희극을 포함하는 것이므로 여기서는 희극으로 사용하기로 한다. 또한 이하 논의 과정에서 소설이란 명칭을 그대로 쓴다고 하더라도 그것은 희극을 포함하는 것임을 상기하고자 한다.

하면서 사람의 마음과 심령에 흡입되고 그것을 감화함으로써 강력한 영향력을 발휘한다. 이처럼 희극은 쉽게 사람들에게 파고들어가 감동을 일으키기 때문에 영향력이 대단히 크다.[13]

다른 하나는 체제 형식 면에서 "최고등 문학"으로 압축되는 희극이 "중국 운문" 중 가장 고급스럽고 우수한 문학이라는 인식이다. 이렇게 인식하는 근거는 대략 세 가지로 요약된다. 첫째는 진화론의 입장에서 "모든 사물은 정도가 낮을수록 단순하고, 높을수록 복잡하다는 것이 일반적인 규율"인데, "원곡에 와서 그 복잡함이 극에 달했다"[14]는 것이다. 둘째는 체재상 다른 시가에 비해 희극은 네 가지 우수한 장점이 있다는 것인데, 희극은 우선 다른 시에 비해 노래와 동작, 대사가 섞여 등장 인물들이 서로 의미 전달을 보완할 수 있어 더 생동감이 있다. 또 여러 사람이 등장해 더 세밀한 묘사가 가능하다. 그리고 조직과 편폭의 자유로움으로 인해 작가의 창조 여지가 더 많다. 마지막으로 구법과 음률이 자유로워 예술적 기교를 발휘해 새로운 창조가 쉽다.[15] 셋째는 희극이 "읽는 시"인 동시에, "듣는 시"이기도 하다는 것이다.[16] 량치차오는 희극을 음악과 시로 이해했기 때문에 "곡본曲本을 논하는 데 당연히 음악이 가장 중요하다"[17]고 생각했다. 그리고 "이전(명대 이전)의 운문은 반이 음악에 들어갈 수 있는 것들이었다"고 주장하면서, 그 근거로 "『시』 3백 수는 모두 악장이고", "초사의 『초혼』, 『구가』, 한대의 『대풍』, 『백량』이 모두 악기에 맞출 수 있었으니 이름만이 아닌 명실상부한 악부이다", "'운상

13 『論小說與群治的關係』 참조. 陳平原, 夏曉虹 編, 『二十世紀中國小說理論資料』 第一卷(1897–1916), 北京大學出版社, 1989, 33–37쪽.

14 『소설총화』, 312쪽.

15 『소설총화』, 312쪽.

16 淵實, 『中國詩樂之遷變與戲曲發展之關係』의 飮氷識語(『신민총보』 77號, 1906. 3), 夏曉虹, 『閱讀梁啓超』, 96쪽 재인용. 이 논의는 夏曉虹의 논의를 참조했음.

17 『소설총화』, 313쪽.

의상雲想衣裳', '황하원지黃河遠止'와 같은 당대唐代의 절구는 연주되지 않은 것이 없으며", "송사, 원곡 또한 분명하게 알 수 있다"[18]고 했다.

량치차오는 희극의 본질과 기능을 새롭게 인식함으로써 희극의 지위를 재규정하는 한편, 이를 기초로 기존의 희극(구극), 특히 청대 희극을 비판하고 희극 개량을 역설했다. 그는 구극에 대해 두 가지 측면, 사상 내용의 문제와 형식 체제, 즉 시와 음악의 분화에 대해 비판했다. 희극은 감염력이 뛰어난 문예 양식이기 때문에 인성과 사회에 대한 영향력이 지대하다. 그래서 량치차오는 이것이 "잘 전파되면 수백억의 사람들에게 복이 되지만, 잘못 전파되면 수천 년에 걸쳐 독이 된다"[19]고 주장한다. 그는 구극을 "중국 사회 부패의 모든 근원"이라고 생각했다. 그 이유는 구극이 "장원재상", "재자가인", "강호도적", "요괴귀신" 등 부패한 사상을 전파했기 때문에, 사람들이 "과거에 매달리고 부의 축적을 위해 관직에 나가며", "성색性色에 빠져 풍속을 저버리는 행위가 도처에서 행해지고", "녹림호걸들이 각지에서 무리를 지으며", "풍수, 관상, 점에 미혹되어" 사람들의 사상, 행위가 낙후되는 결과를 초래했기 때문이라는 것이다.

희극 형식도 "명대 이전 문학가들은 대부분 음률에 정통했으며, 아악, 희곡을 막론하고 대체로 사대부들이 주관했으므로 비록 쇠미해도 비속함이 심하지는 않았는데, 청조 이래로는 사대부들이 음률학을 다시 관여하지 않게 되자 선왕의 음악 교육은 전적으로 교방의 배우들의 손에 맡겨지게 되어"[20] 희극이 우아함을 상실하고 천박해졌다. 그리고 "속악은 구사회가 애호하여 세력이 큰데, 사대부가 그것을 천박하게 여겨 풍속

18 『飮冰室詩話』, 周嵐, 常弘 編(長春時代文藝出版社, 1998), 63쪽.
19 「論小說與群治的關係」, 33쪽.
20 『飮冰室詩話』, 63쪽.

교화의 권한을 모두 세속의 배우들에게 맡겨 사회 부패가 더 심해졌기"[21] 때문에 희극 개량이 시급하다고 강조한다.

량치차오는 또한 희극 개량을 통해 도달하고자 하는 목표 설정에 대해 논술했다. 그것은 크게 세 가지이다. 첫째는 현실적인 문제로, 희극 개량의 직접적인 목표는 중국인의 정신을 개조하는 것이고, 궁극적으로는 부강한 국가를 건설하는 것이다. 「소설과 군치의 관계를 논함」에서 "한 나라의 국민을 새롭게 하려면, 먼저 그 나라의 희곡(소설)을 새롭게 하지 않으면 안 된다"[22]고 천명한 것은 바로 국민 정신 개조에서 희극의 효용성을 강조한 것이다. 둘째는 동일한 맥락에서 사회문화적으로 국민 정신 개조를 통해 한층 더 수준 높은 민족 문명화에 도달하는 것이다. 계몽과 관련해 "중국의 나약함은 국민의 우매함에서 나온다"는 량치차오의 언급이 표명하고 있듯이, 국가의 부강과 민족의 문명화는 동일선상에 있다. 셋째는 문예 측면에서 외국(서양)에 견줄 수 있는 위대한 문학 작품의 창작과 문화의 창조이다. 당시 희극은 배우들의 손에서 저속해졌지만, 원래 시와 음악이 결합된 고등 문학인 희극으로 지식인들의 손에서 서양 대문호들의 저명한 문학 작품과 같은 문학 창작과 고급한 문화를 창조하는 것이다. 량치차오의 "탕현조, 공상임, 장사전 같은 사람들의 경우 시 한 편이 수만 자가 되지 않은 적이 있었는가? 그 재력 또한 어찌 바이런George G. Byron, 밀턴John Milton의 아래에 있겠는가?"라는 언급은 이를 뒷받침한다.

어떻게 희극을 개량해야 하는가? 량치차오는 희극 개량의 방법을 다음과 같이 제시한다. 전달 언어는 일반인들이 쉽게 받아들일 수 있는 속어俗語를 사용해야 한다. "문학의 진화에는 하나의 커다란 관건이 있었

21 曼殊室主人(량치차오), 『班定遠平西域 · 例言』, 『음빙실시화』, 154쪽.
22 「論小說與群治的關係」, 33쪽.

으니, 고어古語의 문학으로부터 속어의 문학으로 변화되는 것이 바로 그 것이다. ……진실로 사상의 보급을 이루고자 한다면 이 문체를 단지 소설가만 채용할 것이 아니라 모든 문장에서 그렇게 하지 않으면 안 된다."[23] 또한 형식은 기존의 형식을 유보한다. 량치차오는 전기와 지방희를 엄격하게 구분했다.[24] 지식인(문인 사대부)들이 창작한 전기는 체제상 최고등의 문학 형식으로 평가했지만 반면, 지방희에 대해서는 개량을 요구하는 동시에 유보적인 태도를 취했다. 량치차오는 자신이 창작한 월극 『반초가 서역을 평정하다』의 "동작과 대사, 의식 등 모두 속극俗劇을 모방했다"고 하면서 "실제로 속극은 마음에 안 드는 곳이 많아 여러 번 개량이 필요하지만, 지금 그것을 답습하는 것은 무대에 올려야 하므로 구사회의 습관을 따를 수밖에 없다"고 한 데에서 잘 드러나듯이, 관객들의 관극 습관으로 인한 수용의 문제와 극을 연기하는 배우의 표현 문제의 해결이 쉽지 않기 때문이다. 그 다음, 사상 내용은 새로운 것이어야 한다. 그의 창작극이 보여주듯이 극의 내용은 외국과 중국의 역사, 인물 등을 소재로 당대의 현실을 반영하고 미래를 선도하는 내용이어야 한다고 주장한다. 끝으로, 표현 수법은 새로운 구성, 새로운 어구, 새로운 풍격風格을 표현해야 한다. 『신소설』의 "전기체 소설"란의 "셰익스피어William Shakespeare, 볼테르Voltaire의 풍격을 잇고", "결구, 문채가 결코 『신로마』보다 아래여선 안 된다"고 한 것은 이를 잘 설명한다.

이상으로 량치차오의 희극 개량 담론을 간략하게 살펴보았다. 량치차오는 희극의 본질과 기능, 당시 중국 희극의 문제점을 논리적으로 지적하면서 희극 개량의 필요성을 강조하고 그 개량의 방향과 방법을 구체적이면서도 미래 기획적으로 설명하고 있음을 알 수 있다. 다음 절에서는

23 『소설총화』, 308–309쪽.

24 『신소설』의 소설 분류 중 '전기체 소설'과 지방희인 '월극 및 광동 극본'을 구분하는 것에서 알 수 있다.

이상의 담론 내용을 기초로 문화 번역의 시각에서 희극 개량 담론의 특징을 살펴보고자 한다.

3. 동양/서양, 전통/현대 문화의 착종과 융합

앞에서 살펴보았듯이, 량치차오의 희극 개량 담론은 내용이 풍부하고 근원이 서로 다른 다양한 문화 체계의 요소들을 포함한다. 이처럼 이질적인 문화 요소들이 혼재되어 섞여 있는 것을 혼종성이라고 하는데, 문화 번역에서 혼종성은 단순한 뒤섞임이 아니라, 착종과 융합에 의한 새로운 창조의 가능성을 내포한다. 이 혼종성은 량치차오의 희극 개량 담론의 중요한 특징 중의 하나이다. 이 특징이 그의 담론에서 어떻게 표현되었는지 살펴보자.

량치차오의 희극 개량 담론에서 이질적 문화 요소들의 혼종은 대략 다음 몇 가지로 나타난다. 우선, 불교적 요소와 유가적 요소의 혼종이다. 량치차오의 희극 개량 담론은 문학(희극)이 사람들에게 일으키는 예술 감흥인 "불가사의한 힘"에 주목하고, 그것을 통해 새로운 사상과 문명 의식을 전달함으로써 새로운 인격을 갖춘 근대적 인간인 '신민'을 배양하고 사회를 개혁하고자 하는 것이 중심 내용이다. 목적과 내용은 다르지만 큰 사유의 틀에서 보면, 이것은 시교詩教를 통해 사람의 성정을 함양하고 풍속을 교화한다는 유가의 전통 관념에 의존하고 있다. 『국어』의 "시를 가르침으로써 그를 밝은 덕으로 인도하고 넓혀주어 그 뜻을 빛나고 밝게 해 준다"[25]는 『시경詩經』의 효용성 논의를 비롯해, "시는 정감을

25 『국어 · 초어』, 左丘明 · 劉向, 『國語 · 戰國策』, 岳麓書社, 1988, 151쪽.

일으키고, 사물을 올바로 살필 수 있게 하고, 사람들과 어울릴 수 있게 하며, 원망할 수 있게 한다"[26]는 공자의 『시경』을 통한 인성 함양과 인간에 대한 이해, 그리고 "공자가 말씀하시길 그 나라에 들어가면 그 나라 사람의 가르침을 알게 된다. 그 사람됨이 온유하고 돈후한 것은 시의 가르침이요"[27]라고 한 『예기禮記』의 시교 강조 등은 모두 유가의 전통적인 문예를 통한 교화의 기본 관념을 설명한다. 그 점에서 희극의 예술적 감화력을 이용해 국민을 계몽하고 사회를 개조하고자 한 량치차오의 희극 개량 운동은 유가 전통의 시교를 통한 교화 강조와 상통한다.

희극의 예술 감화력, 즉 "불가사의한 힘"의 작용에 대한 분석에서는 사람들이 희극 예술을 좋아하는 이유와 희극의 사람 마음과 정신에 대한 작용을 근 · 현대 심리학적 방법과 상통하는 불교의 의식론을 이용해 설명했다. 량치차오는 사람들이 희극을 좋아하는 이유가 "인간의 본성은 현경계現境界에 만족하지 못하는데," 몸 즉 오감은 접하고 받아들일 수 있는 경계가 지극히 유한하여 "몸 밖의 몸, 세상 밖의 세상"을 접하고 싶어하는 데 있다고 말한다. 그에 의하면, 이런 본성은 예민한 중생이든 보통 중생이든 누구에게나 있다. 경험 세계에서 개체의 육체가 접하는 일체의 경계를 벗어나고자 하는 것이 인간의 본성이고, 희극은 사람들을 현경계에서 타경계로 이끄는 데 도움이 된다는 것이다. 그는 또 희극이 사람의 마음과 정신에 작용해 일으키는 심리 변화의 과정인 "네 개의 힘(훈, 침, 자, 제)"을 불교 수행의 과정을 설명하듯 심층적으로 논술했는데, 그 중 '훈'을 보면 다음과 같다.

훈薰이란 마치 연기 속에 들어가 그을리는 것과 같고, 묵주가 있는 곳에

26 『논어 · 양화』, 『十三經注疏』下, 中華書局, 1991, 2525쪽.
27 『예기 · 경해』, 『十三經注疏』下, 1609쪽.

가까이 가면 검고 붉게 물드는 것과 같다. 『능가경楞伽經』이 말한 "지智에 빠지면 식識이고, 식이 전화되어 지가 된다"는 것은 모두 이 힘에 의지한다. 사람이 소설(희극)을 읽으면 부지불식간에 안식眼識이 미혹되어 흔들리고 머릿속이 요동치며 정신이 현란해진다. 오늘 한둘이 변하고, 내일 한둘이 변하여, 찰나마다 끊어졌다 이어졌다 하는 것이 오래 되면 이 소설의 경계가 마침내 마음에 파고들어가 거기에 자리 잡고 특별한 원질의 종자가 된다. 이 종자가 있는 까닭에 다른 날 또 더 감촉하여 받아들이는 것이 있다. 날마다 그것을 훈도하면 종자는 갈수록 흥성해지고 또 그것으로 다른 사람을 훈도하게 되므로 이 종자는 마침내 세계에 퍼져 나간다. 일체의 기세간(모든 중생이 사는 세계)과 유정세간(모든 생물체들이 사는 세계)이 이루어지고 살게 되는 까닭은 모두 이것이 인연이 되기 때문이다. 그래서 소설은 우뚝 서서 이런 위엄과 덕을 갖춤으로써 중생을 조종한다.[28]

'훈'은 유식론의 '훈습薰習'을 의미한다. 불교에서 인간은 안이비설신의眼耳鼻舌身意의 여섯 가지 감각 기관으로 이루어진 존재이다. 이 중 앞의 다섯 가지(안이비설신)를 전오식이라고 하고, 여섯 번째 의를 육식이라고 한다. 전오식은 '나'라는 주관이 외부의 객관과 교통할 수 있는 통로이며, 육식은 마음이라고 부른다. 육식인 마음은 다시 세 단계로 나뉘는데 그 중 가장 근원적인 마음이 아뢰야식阿賴耶識이다. 아뢰야식은 현대 심리학에서의 무의식을 말하며, 무의식 중에서도 가장 근저에 있는 무의식이다. 이곳은 모든 종자를 갖추고 있는 가능성의 바다라고 한다. 량치차오는 이러한 불교의 유식론을 가지고 희극의 사람의 마음에 대한 작용을 설명했다. 희극의 내용은 독서나 관극을 통해 인식의 가장 바깥

28 「論小說與群治的關係」, 34쪽.

에 있는 전오식인 안식을 통해 마음의 가장 깊숙한 아뢰야식에 침투해 들어가 자리를 잡고 특별한 원질의 종자가 되며 이 종자가 그 안에서 성장하고 성숙하여 구체적인 형상을 가진 인식 활동이 생겨나며, 이것은 타인에게 훈습되어 기세간과 유정세간에 두루 퍼지듯 군체 속에 스며들어 인간과 우주에 두루 퍼진다는 것이다(백지운, 2003: 181-185 참조). 이상에서 드러나듯이, 량치차오의 문학(희극)의 예술 감흥 작용인 '불가사의한 힘'에 대한 논의는 유가의 교화론과 불교의 의식론의 착종과 융합에 의해 새롭게 창조된 문학 예술의 심미 심리에 관한 이론이라고 할 수 있다.

두 번째는 아속雅俗의 혼재, 즉 사대부 문인 계층의 고아문화와 일반 민중의 통속문화의 착종이다. 주지하듯이 중국 희극은 민간 예술에서 기원한다. 중국 희곡 표현의 기본 요소인 "창唱, 념念, 주佚, 타打"는 오랜 시간 민간 백희에서 각종 오락적 기예를 흡수해 형성되어 온 오락 요소이다. 이것이 말해 주듯 오락성은 중국 희극의 본질인 동시에 기능이다. 송원대 이후 희곡 창작에 문인들의 참여가 많아지면서, 『비파기琵琶記』를 높게 평가한 명초 주원장朱元璋, 희곡 소설을 준정통準正統의 위치까지 끌어올린 명말청초 이지李贄, 김성탄金聖嘆 같은 문인들이 희곡의 문학적 지위를 높게 평가했지만, 그것은 극소수에 불과했고, 희곡은 총체적으로 오락이나 소일거리에 해당하는 통속문화의 범주에 속했으므로, 문인 지식인들은 이를 '소도小道' 혹은 '말기末技'로 취급했다. 사대부 문인들이 희극을 이렇게 대하는 것은 희극이 '재도언지載道言志'와 거리가 멀다는 것, 그리고 예술 표현이 저속하다는 두 가지 이유 때문이다. 이는 희극이 표현하는 사상 내용이 유가의 정통 사상과 예교에 어긋나는 하층민의 생활 정서를 직접적으로 묘사하는 것이므로 사대부 문인들이 추구하는 인생관과 대립되었기 때문이다. 명청 시기를 풍미했던 잡극 『서상기』가 "음란하고 예에 어긋난다"는 이유로 보수적인 문인들이 강하게 유통 금지를 제기했던 것은 이를 잘 설명한다.[29] 또한 문인 사대부들이 자신의 감정과 인생을 표현하는 시문은 전아한 문언으로 표현하는 데 비해, 희극은 백화로 일반 민중의 생활을 직접적으로 표현하므로 사대부 문인들이 보기에 그 예술 표현이 저속하고 거칠었다. 총체적으로 아문화와 속문화는 의식 형태는 물론, 심미 의식에서도 서로 대립된다.

이처럼 중국 전통 사회는 사회적 계급과 신분에 따라 향유하는 문화가 달랐는데 량치차오의 희극 개량 담론에서 아속의 상이한 문화 요소의 착종은 신분 계급에 따라 구분되는 전통 문화의 체제를 파괴하는 것을 넘어, 일반 민중이 향유하는 속문학인 희극을 정통 문학인 시문보다 더 높은 '문학의 최상승', '고등문학'의 위치로 끌어올려 전통적인 문체의 등급 질서를 전복시킴으로써 새로운 관념을 창조해 냈다. 그뿐 아니라, 전통 사회에서 경서와 시문을 통해서만 표현하고 전달했던 엄숙하고 고아한 사상(계몽 사상과 같은 엄숙한 사상)을 통속문학인 희극을 통해 전달함으로써 아속의 문화 경계를 무너뜨렸다. 그가 인용한 캉유웨이康有爲의 "육경六經으로 가르칠 수 없으면 소설(희극)로써 가르치고, ……"[30]의 언급과 "구미의 학교에서는 휴업 때 학생회에서 자주 잡극을 공연했다. 희곡은 우미한 문학의 일종으로 상류 사회에서 즐기고, 천하게 여기지 않는다"[31]고 한 데에서 이러한 아속문화의 혼종과 그에 대한 사유 관념의 변화가 잘 드러난다

세 번째는 중국의 고대 지식 분류 관념과 근·현대 지식 분류 관념의 혼종이다. 량치차오의 지식 분류 체계에 대한 관념은 고대 지식 분류 관

29 伏滌修, 『「西廂記」接受史硏究』, 黃山書社, 2008, 243-249쪽 참조.

30 『譯印政治小說序』, 『二十世紀中國小說理論資料』 第1卷(1897-1989), 21쪽.

31 『飮冰室詩話』, 117쪽.

념과 근 · 현대 지식 분류 관념이 혼합되어 있다. 「정치소설 번역 출판 서문譯印政治小說序」에서 량치차오는 소설이 중국 고대 지식 분류 체계의 "구류십가九流十家"에 속하며, "문인들이 모두 그것을 가치 있게 여기지 않았다"고 지적한다. 이는 중국 고대 지식 분류를 대표하는 『칠략七略』의 "제자략諸子略"과 『사고전서四庫全書』의 "자부子部"에 소설 항목이 있지만[32] 소설이 역대로 중시되지 못해 왔음을 말한다. 그러나 중국 고대 지식 분류에 들어간 소설은 문언소설이고, 백화소설이나 희곡은 아예 지식 분과에 들어가지도 못했다. 또 계속해서 량치차오는 캉유웨이가 언급한 "육경으로 가르칠 수 없으면 소설로 가르칠 수 있고, 정사가 들어갈 수 없으면 소설로 들어갈 수 있고, 어록으로 타이를 수 없으면 소설로 타이를 수 있으며, 율례로 다스릴 수 없으면 소설로 다스릴 수 있다"[33]는 내용을 인용하면서 중국 전통 사회에서 사람들의 사유와 행위를 규범화하는 데 중요한 역할을 했던 중국 고대 지식 분과를 대표하는 '육경', '정사', '어록' '율례'가 그것을 이해하는 사람들이 적어 사람들에게 영향을 주지 못하는 반면, 소설(희극을 포함하는 개념)은 보통 사람들의 사유와 행위를 규범화하고 그들에게 직접적으로 영향을 줄 수 있다고 강조한다. 그리고 더 나아가 그는 지금 "소설학이 중국에서 『칠략』을 증가하여 『팔략八略』이 되고, 사부四部를 넓혀 오부五部가 되었다"며 소설(희극)을 하나의 학문 분야로 중국 지식 분과의 한 영역으로 격상시켰다. 이러한 언설과 주장은 그의 희극(소설) 개량 목표와 관련된다. 소설(희극)은 글을 모르는 사람들도 향유할 수 있기 때문에 노인부터 아녀자, 아이까

32 『七略』은 서한西漢 시기 劉歆이 편찬한 중국 최초의 도서목록이다. 이것은 당시의 지식을 "藝略", "諸子略", '詩賦略", "兵書略", "數術略", "方機略"으로 분류하고, 개괄적 성격을 띤 "輯略"을 더해 총 七略으로 구성되었다. 지식 분류는 위진남북조 때 4분법四分法으로 전화되기 시작했고 『隋書 · 經籍志』에서 經史子集의 4분법이 사용된 이래 청대 『四庫全書』까지 4분법이 사용되어 왔다. 曾貽芬, 崔文印, 『中國歷史文獻學』, 學苑出版社, 2001, 17–26쪽 참조.

33 『譯印政治小說序』, 21쪽.

지 수용의 폭이 넓어 전 중국인의 정신을 개조하는 계몽의 역할을 충분히 할 수 있기 때문이다. 이 점에서 량치차오에게 "소설(희극)은 국민의 혼"인 것이다.

량치차오는 이러한 사유를 기초로 「소설과 군치의 관계를 논함」에서 소설(희극) 개혁론을 전개하면서 '도덕', '종교', '정치', '풍속', '학예'를 새롭게 하려면 소설(희극)을 새롭게 해야 한다고 주장했다. 여기서는 앞에서와 달리 '도덕', '종교', '정치', '풍속' 등의 새로운 어휘를 사용했는데, 이 새로운 명사들은 외국에서 번역되어 들어온 서양 문화 지식 체계의 대표적인 문화 영역이다. 이것들은 '육경', '정사', '어록' '율례'와 마찬가지로 서양의 지식 체계 가운데서 인간의 사고와 행위를 규범화하고 지배하는 문화의 서로 다른 영역인데, 소설(희극)은 이미 서로 다른 문화 영역 모두에서 영향을 일으킬 수 있기 때문에 반드시 소설(희극) 개량이 되어야 한다는 것이다. 이처럼 그의 소설(희극) 개량 논의에서 착종되어 사용된 지식 분류 체계를 대표하는 어휘들을 통해 중국 전통의 지식 분류 관념이 어떻게 근·현대 지식 분류 관념으로 번역되었고, 또한 어떻게 새롭게 발전되었는지를 엿볼 수 있다.

네 번째는 중국의 것과 외국의 것의 혼종이다. 량치차오가 추구한 희극 개량의 방향은 형식은 중국 고유의 것을 유지하면서 사상 내용은 새로운 것으로 바꾸는 것이다. 이것은 중국 문화 요소와 외국 문화 요소의 혼종을 전형적으로 드러낸다. 우선. 량치차오는 희극 형식을 두 가지로 구분했다. 그 하나가 문인 전기를 서양의 '장편 시'에 해당하는 고등 문학으로 본 것인데, 이는 서양 문호를 시인과 희극가의 이중 신분으로 보았기 때문이다. 량치차오의 바이런 시 번역에 대해 한원쥐韓文擧가 "저자가 시로 알려지지 않았음에도 늘 시계詩界 혁명을 말하는 것은 서구 문호의 의경意境, 풍격을 취해 우리 시에 용해시켜 이미지를 만들면 새로운 영역을 개척할 수 있다고 본 것이다. 셰익스피어, 밀턴, 바이런의 여러 위대한 작품을 취해 희곡 체제로 번역하는 것이 어렵지 않다는 것을 말한다"[34]고 한 총평에서 알 수 있듯이, 량치차오는 희곡 고유의 우수한 형식에 서구 문호의 위대한 사상 내용을 받아들여 변용함으로써 새로운 문학을 창조하고자 했다. 전기傳記의 형식으로 이태리 건국에 관한 내용을 그린 그의 『신로마』 전기는 이러한 중국 고유의 형식과 서양의 사상 내용을 혼합한 혼종의 예를 잘 보여준다.

다른 하나는 신사상을 널리 전파해 민중을 계몽하는 데 지방희가 유리한 도구가 될 수 있다고 본 것이다. 그는 지방희는 형식이 "불만족한 부분이 많아서 누차 개량을 해야 하지만" 배우와 관객이 그것에 익숙하여 바꾸기 어려우므로 구 형식을 그대로 유지하면서 새로운 재제, 새로운 사상 내용으로 구극을 개량해야 한다고 생각했다. 그 예로 량치차오가 창작한 것이 바로 지방희인 월극 『반초가 서역을 평정하다』이다. 이 극은 량치차오가 일본 요코하마橫檳 대동 화교학교 학생들의 실제 공연을 위해 쓴 것으로, 서구 제국주의에 대해 중국 한나라 때 서역 제국을 평정한 반초班超를 "중국 민족 제국주의의 가장 좋은 모범 인격"으로 찬양하고 그를 "세계의 영웅"으로 묘사했다.[35] 이 극은 사실적 묘사를 위해 흉노 사신의 창사唱詞에 다량의 외국어와 중국어가 섞여 사용되었는데, 이는 매우 주목할 만하다.[36] 이처럼 중국 전통극 형식에 새로운 제재와 사상을 주입하여 전통극을 개량하고자 한 "옛날 병에 새로운 술을 담는舊甁裝新酒" 방식의 희곡 개량 특징이 바로 혼종이다.

34 捫虱談虎客, 『新中國未來記』 총비, 『신소설』 3號(1903.1)(『음빙실문집』 下(서울: 以文社, 1977), 1053쪽.

35 中國之新民 『張博望班定遠合傳』 第一, 八, 九節, 『新民叢書』 8, 23號(1902年. 5, 12月). 夏曉虹의 위의 책, 113쪽 재인용.

36 제3막 "平虜"에서 예를 들어 보면: 我個種名做Turkey, 我個國名做Hungrary. 天上玉皇係我Family, 地下國王係我嘅Baby……. 阿英 編, 『晩淸文學叢鈔 · 說唱文學卷』, 419쪽.

『신소설』의 소설 분류에서도 중국 문화 요소와 외국 문화 요소의 혼종이 잘 드러난다. 량치차오는 여기서 소설을 15개로 분류했는데, 이런 분류는 일본의 분류법의 영향으로 처음 사용된 것이며, 15개로 분류된 소설 명칭도 '신악부', '답기본소설'과 같이 중국 전통 양식을 그대로 쓴 것, 내용은 원래 중국에 있었던 것이지만 명칭을 새롭게 한 것, 중국에 없었는데 서양에서 들어온 새로운 양식들이 섞여 있다. 명칭을 새롭게 한 것으로는 '전기체 소설', '사정 소설'이 대표적이며, '철리 과학 소설'은 중국에 없었던 것으로 완전히 새로운 것이어서 "그 제재는 모두 번역에서 취한다"[37]고 명시되어 있다. '정치 소설'도 "정치 사상을 표현"하고 "중국 위주의 입론"이어야 하며 "환상"적인 내용이라고 규정하면서 예로 든 서목의 내용이 모두 서양, 일본 강대국의 정치 사상을 이용해 중국의 미래를 상상한 이야기들이다. 그의 소설 분류에 표현된 중국과 외국의 문화 요소들의 혼종성은 청말민초清末民初 문화의 다원성을 비롯한 다원적 사유를 보여준다.

끝으로, 문학 예술 담론과 과학 담론의 혼종이다. 앞에서 언급한 '시교'론은 중국 전통의 문학론을 대표한다. 시교론이 보여주듯이, 중국의 전통적인 문학예술론은 윤리, 도덕, 심미 이론 중심이다. 중국 고대 사회에서 과학 담론으로 문학 예술을 논한 경우는 거의 찾아보기 어려운데,[38] 희곡도 예외는 아니다. 그런데 량치차오의 희극 개량 담론은 이런 중국의 전통 문학예술론과 달리, 당시 서구에서 유입된 새로운 과학 담론을 문학예술론에 적용해 희극을 설명했다. 예를 들면, 문학 역사관을 진화론

37 新小說報社, 「中國唯一之文學報『新小說』」, 『二十世紀中國小說理論資料』 第1卷(1897~1989), 45쪽.
38 송대 沈括은 『夢溪筆談』의 『譏謔』 편에서 두보의 시 『古柏行』를 논하면서 "霜皮溜雨四十圍,黛色參天二千尺"의 시구에 대해 四十圍는 七尺으로 二千尺 높이에 둘레가 七尺 너무 가늘므로 이 문장은 문제가 있다고 지적한 바 있다. 이는 시 묘사에서의 과장 수법을 지적한 것으로, 중국 문학 비평에서 이런 과장 수법을 논한 것은 있지만 과학 담론을 가지고 문학 비평을 한 경우는 거의 찾아보기 힘들다.

으로 설명한 것, 「소설과 군치의 관계를 논함」에서 사회학 개념인 '군학群學'을 이용하여 문학의 관계를 설명한 것이 그러한 것들이다. 특히 진화론은 량치차오의 희극 개량 담론의 가장 기본적인 이론 근거가 되었다.

> 모든 사물은 그 수순이 낮은 것일수록 간단하고 높은 것일수록 복잡한 것이 통례이다. 고로 중국의 시계詩界는 '삼백수三百首'에서 시작되었는데 사언으로 한정되어 그 체제가 가장 간단하다. 점차 발달하여 오언이 되고, 점차 발달하여 칠언이 되어 조금 복잡해졌다. 점차 발달하여 장단구가 되어 더 복잡해졌다. 장단구는 일정한 가락이 있고, 일정한 악보가 있다. 송대인들의 사는 더 복잡해졌다. 송사에서 더 나아가 원곡이 되니 그 복잡함이 극에 달했다.[39]

19세기 말 20세기 초 중국 사상, 문화 영역에서 가장 강력한 정신적 기호였던 진화론은 새로운 우주관과 세계관으로서 광범하게 해석되고 적용되었다(李金和, 2010: 102). 량치차오는 이 진화론으로 문학의 역사 발전론을 전개하면서 희곡이 "문학의 최상승"이고 "최고등의 문학"인 이유를 논증했다. 중국의 전통적인 문학사관은 역사적으로 가장 먼저 출현한 것일수록 그 가치와 지위가 높다. 문학 유형과 문학 작품에서 모두 그러하다. 시가, 산문이 이보다 나중에 출현한 사, 곡보다 지위가 높으며 『시경』, 『서경』이 모두 성현의 말씀인 경서인 것이 바로 그 예이다. 진화론은 이러한 전통적인 중국의 문학사관을 전복한다. 늦게 출현한 것일수록 더 복잡하고 더 고등한 것으로 보는 직선형 역사 발전론인 진화론은 희극이 중국 문학사에서 가장 늦게 출현했음에도 왜 문학의 최상승

39 『소설총화』, 312쪽.

이고, 고등의 문학인지를 설명하는 이론적 근거를 제공한다.

이상으로 량치차오의 희극 개량 담론에 표현된 혼종성에 대해 살펴보았다. 량치차오의 희극 개량 담론은 동양과 서양, 전통과 현대의 서로 다른 문화 체계에서 근원한 다양한 이질적 문화 요소들이 하나의 목표, 즉 희극 개량을 통한 사회 개조라는 목표를 향해 집중되어 창조적으로 변형되었음을 보여주며, 이러한 다양한 문화 요소의 혼종은 또한 담론의 발언자인 량치차오의 다양한 문화 간의 이동과 횡단의 경험을 드러내 보여주는 것이기도 하다.

4. 희극 개량 담론과 실천에 체현된 주체성

량치차오의 희극 개량 담론에 표현된 또 하나의 두드러진 특징은 주체성이다. 이러한 특징은 담론의 발언자인 량치차오가 명확한 주체 의식을 가지고 있기 때문에 나타난다고 하겠다. 그의 주체 의식은 그의 논술에서 대략 다음 두 가지로 체현된다.

첫째, 독립성이다. 량치차오는 주체적 자아 의식을 가지려면, 즉 자신이 자기의 주인이 되기 위해서는 다음 다섯 가지의 노예가 되어서는 안 된다고 강조한다. 첫째, "고인의 노예가 되지 마라." 이는 고대 성인의 권위를 맹목적으로 우상화하는 것이다. 둘째, "세속의 노예가 되지 마라." 여기서 세속은 대중의 심리를 말하는 것이며, 그것을 맹목적으로 따르는 것을 말한다. 셋째, "경우의 노예가 되지 마라." 여기서 경우는 개인의 불우한 처지 또는 운명을 말하며, 그것을 하늘의 뜻으로 따르는 것이다. 넷째, "정욕의 노예가 되지 마라." 이것은 감각적 쾌락에 빠져 그에 속박되는 것을 말한다. 다섯째, "외국 서양인의 노예가 되지 마라."

이것은 외국의 학설, 제도에 대해 맹목적으로 추종하는 것을 지양하고 분석적 태도를 취하는 것을 말한다.[40] 이 다섯 가지는 어떤 것에도 노예가 되지 않고 스스로 주인이 되는 독립적이고 자주적인 주체성을 말한다. 량치차오는 특히 중국 전통 문화에서 가장 중요한 고대 성현의 권위와 아편전쟁 이후 서양의 우세한 문명에 굴하면서 서양을 무조건적으로 숭배하는 것을 경계하고자 했다. 이는 그가 젊은이들에게 "고인古人을 숭배하는 노예성에서 벗어나, 다시 외국 사람을 숭배하고 자신의 민족을 멸시하는 노예성이 생겨나지"[41] 않도록 해야 한다고 강조하는 것과 학자들에게 독립된 사고를 할 것을 호소하는 데에서 잘 드러난다.

> 첫째, 중국의 구학舊學의 노예가 되지 마라. 둘째 서양의 신학新學의 노예가 되지 마라. 나에게 귀와 눈이 있으니 내가 보고 들은 세계의 일체의 것을 연구하고, 나에게 사고할 수 있는 마음과 정신이 있으니 그 이치와 도리를 연구할 수 있다.[42]

량치차오의 이런 독립적 주체성은 국가와 국가를 구성하는 개인 모두에게 요구된다. 그는 새로운 국가의 국민인 신민新民이 바로 그러한 주체성을 가진 주체라고 말한다. 그는 "무릇 한 나라가 세계에 설 수 있으려면 반드시 그 국민은 독특한 특질이 있어야 한다. 위로는 도덕 법률에서부터 아래로는 풍습, 습관, 문학, 미술에 이르기까지 모두 일종의 독립정신이 있어야 한다"[43]고 주장하면서 "내가 말하는 신민은 서양의 풍조에 심취된 부류들처럼 우리 오천 년의 도덕, 학술, 풍속을 멸시해 버리고

40 「신민설」, 『음빙실문집』 上, 108쪽; 李金和, 2010: 89–93 참조.
41 「論中國學術思想變遷之大勢」, 『음빙실문집』 上, 801쪽.
42 「近世文明初祖倍根笛卡孼兒之學說」, 『음빙실문집』 下, 26쪽.
43 「신민설」, 75쪽.

타인(서양)과 같은 대오에 끼는 것이 결코 아니다. 또한 고대 전적을 묵수하는 부류들처럼 오로지 수천 년의 도덕, 학술, 풍속을 끌어안음으로써 대지(세계)에 충분히 설 수 있다고 말하는 것이 결코 아니"[44]라고 강조했다.

둘째, 창조성이다. 량치차오의 주체 의식은 또한 창조적인 미래의 구상 혹은 설계를 통해서도 체현된다. 그가 추구한 사회 개조를 통해 만들어 갈 미래의 신중국, 그리고 정신 개조를 통해 배양된 새로운 인격의 신민은 이러한 창조성에 의존한다. 이 창조성은 전진과 발전, 그리고 주관적 능동성이 그 기본 속성이다. 이러한 성격을 량치차오는 '소년'의 특성으로 함축한다. 「소년중국설少年中國說」에서 당시 일본과 서양이 중국을 '늙은 제국'이라고 부르는 것에 대해 그는 "내 마음속에는 소년 중국이 있다"며 노년과 소년의 특성을 다음과 같이 비교했다. 노인은 늘 지나간 일을 생각한다. 그래서 거기서 벗어나지 못하고 연연해하며, 보수적이고, 옛것에 머물러 있으며, (많은) 일을 모두 경험한 사람들이므로 기존의 관습을 따른다. 또 늘 근심 걱정이 많아 의기소침하고 그래서 일을 두려워하고 눈앞의 것에 연연해하기 때문에 세계를 멸망하게 할 수 있다. 그러나 소년은 늘 미래를 생각한다. 그래서 희망이 있고, 매일 새롭고 진취적이며, 일들을 경험해 보지 않았기 때문에 기존의 틀과 속박을 깬다. 또 놀고 즐기는 것을 좋아하므로 생기가 넘치고, 힘이 있으며, 모험을 두려워하지 않는다. 그 때문에 세계를 창조할 수 있다.[45] 여기서 언급된 소년의 '진취', '매일 새로워짐', '기존의 규칙과 속박을 깸', '생기', '모험'의 특성은 바로 창조성의 속성들이다. 창조성은 주관의 능동성이 발휘되는 것이 전제되기 때문에 주체성의 한 특성이다. 그리고 이 창조성은 그

44 「신민설」, 76쪽.
45 량치차오, 「소년중국설」, 『음빙실문집』 上, 264쪽.

배후에 전진과 발전이라는 진화론적 사회관을 기초로 하기 때문에 미래는 이 창조성에 의거한다. 량치차오가 "장래의 소년 중국을 창조하는 것은 중국의 소년의 책임이다"[46]라고 한 것은 바로 이러한 창조성의 정신을 강조한 것이라고 하겠다.

「신민설」에도 이 창조성이 강조된다. 량치차오는 국민이 갖추어야 할 소양으로 '희망', '열성', '지혜', '담력'을 말했는데, 희망은 미래의 이상을 실현하고자 하는 바람으로 그것이 충만할수록 진취적이고 모험을 두려워하지 않으며, 열성적일수록 그것을 실현할 수 있는 가능성이 높아지고, 또 지혜를 갖추고 있을수록 적극적이고 두려워하는 심리가 없어지기 때문이다. 이러한 '신민'의 새롭게 창조하는 정신과 진취적 형상은 '소년'과 특성이 같다(李金和, 2010: 104-105 참조).

그러면 이러한 주체 의식은 량치차오의 희극 개량 담론에서 어떻게 표현되었을까? 량치차오의 희극 개량 담론은 당시 지식인으로서 량치차오의 주체 활동을 선명하게 투사한다. 주지하듯이, 중국 희곡은 민간에서 기원하여 오랜 시간 점진적으로 발전한 종합 예술이다. 송원宋元 이후, 문인 지식인들이 이 문예 형식을 계승하여 희곡 창작에 참여하면서 희곡은 잡극, 남희, 전기, 지방희 등 다양한 장르로 발전해 왔다. 그런데 그것은 희곡 자체의 발전 규율에 따른 자연스럽고 점진적인 발전이었지, 어떤 특정한 개인이 출현하여 자기의 주관적 확신에 따라 희극 개혁을 주장하고, 그 발전 방향을 바꾸어 발전한 것은 아니다. 량치차오는 당시의 희극 발전의 방향이 잘못되었다고 판단하고 그것을 새로운 방향으로 개조할 것을 주장하면서 개량 운동을 실천한 최초의 지식인인데, 이것은 그 자체가 주체성의 체현이다. 또한 그의 희극 개량 담론은 전근대에서

46 위의 책, 265쪽.

근대로의 전환을 알리는 미래의 새로운 사회에 대한 구상으로 주체의 주관적이고 능동적인 설계에 의해 만들어진 내용들이라는 점에서 또한 주체성이 강하게 드러난다. 다시 말해, 량치차오의 희극 개량은 계몽 프로젝트의 일부로서 국민 정신 개조의 실천 방안으로 기획된 주체 활동이고, 주체성은 바로 이 주체 활동을 통해 표현된다. 이러한 량치차오의 주체 활동은 다음 몇 가지 방면에서 체현되었다.

첫째, 희극 개량 이론 전개와 적극적인 선전을 통해 희극 관념을 변화시켰다. 량치차오는 전면적인 국민 정신 개조(신민)라는 계몽 프로젝트의 실행이 사회적 영향력이 큰 희곡(소설)의 개량을 통해야 가능하다고 생각했다. 그래서 그는 "대저 국민의 품격과 자질을 개조하고자 하는 데 시가 음악이 정신 교육의 중요한 조건"[47]이라고 했다. 그런 인식에서 량치차오는 희극 개량의 이론 작업을 실행했다. 우선, 그는 희곡의 사람의 정신에 대한 작용에서 출발하여 희곡이 가진 뛰어난 감화력을 논증함으로써 희곡을 '문학의 최상승'의 위치로 끌어올렸고, 희곡을 '넓은 의미'의 '시'로 새롭게 규정하여 희곡이 운문 형식에서 가장 우수한 '고등 문학'이라는 것을 과학적 이론 근거에 의해 논리적으로 증명했다. 그것을 통해 희곡을 시, 소설, 음악을 모두 포괄하는 '우수 문학의 일종'으로 새롭게 정의함으로써 전통적으로 지위가 낮았던 희곡의 문화적 위치를 재정립했다.

량치차오는 또한 중국 희곡을 서양의 장편 시와 병립시킴으로써 그 지위를 격상시켰다. 그는 "서구의 문명사를 보면 어느 시대 어느 국가를 막론하고 문학가의 은혜를 입지 않은 적이 없다. 그 국민들은 여러 문호들에게 또한 가장 공경하는 뜻으로 예를 다하고 숭배했다"고 강조하면

47 『飮冰室詩話』, 63쪽.

서 고급 문학인 희곡을 통해 서양의 대문호 볼테르, 셰익스피어, 바이런과 같은 문학예술가의 사회 예언자적 역할을 강조하고 희곡 작가에게 사상가에 못지않은 위치를 부여함으로써 희곡 관념의 변화를 총체적으로 이끌었다. 이러한 주체 활동은 희극 관념의 근대화 전환에 절대적인 계기를 마련하면서 희극의 현대화 방향을 결정짓는 데 지대한 영향을 주었다.

둘째, 신문 · 잡지 발간 활동을 통해 희극 개량 운동을 발동했다. 잡지 창간을 통한 량치차오의 희극 개량 운동은 일본 망명 시기였던 1902년 2월, 『신민총보新民叢報』 창간 활동에서부터 시작되었다고 볼 수 있다. 량치차오는 우선 『신민총보』 창간호에 희극 개량의 목적인 계몽 사상을 집대성한 「신민설新民說」을 연재함으로써 신문 매체의 전파력을 이용해 만방에 알렸다.[48] 「신민설」은 먼저 "만약 신민이 있으면, 어찌 신제도가 없고, 신정부가 없고, 신국가가 없는 것을 근심하겠는가!"[49]의 논단과 함께 신민의 시급성을 강조한 후, 신민이 되는 방법으로 "각국 민족의 자립의 이치를 폭넓게 고찰하여 그 정점을 선택해 취함으로써 우리가 미치지 못한 것을 보완하는 것"[50]이라고 강조했다. 계속해서 다섯 편의 논술, 즉 공덕론", "진취 모험론", "자유론", "진보론", "상무론"을 통해 신민의 내용을 전개했다. 량치차오는 이렇게 민중 계몽과 사회 개조를 내용으로 하는 '신민설'을 이론적으로 호소하는 한편, 전통적인 희곡 형식을 이용해 창작한 희극 작품을 통해 민중 계몽을 실천했다. 「신민설」을 연재하는 것과 동시에 『신민총보』 창간호에 「겁회몽」 전기를 발표한 것이

48 본격적인 희극계 혁명 운동이 발동된 1902년을 전후로 량치차오가 일본 망명 생활 중 발행한 신문 잡지 『청의보』, 『신민총보』, 『신소설』은 일본과 중국은 물론 우리나라에서도 상당히 유통되었다. 왕수파, 『신채호의 〈이태리건국삼걸전〉 연구』, 대구대 석사학위 논문, 2008, 24쪽 참조.

49 「신민설」, 72쪽.

50 「신민설」, 75쪽.

그것이다. 그는 이 작품의 창작 동기를 "프랑스 루이 14세 시기를 보면, 그때 인심과 풍속은 지금의 중국과 같지 않은가? 다행히 볼테르라는 문인이 있어 많은 소설, 희곡을 써서 결국 일국의 사람들을 꿈에서 깨어나게 했다. 나는 일개 서생으로서 권력도 용기도 없고, 책을 써서 세상에 전할 만한 학문도 없으니, 내가 보았던 일들과 내 마음에 생각하고 있던 일들을 한 권의 작은 전기로 엮어 대인 선생大人先生이나 아이들이 소일거리로 삼게 하고자 한다.……이것이 내가 맡은 국가에 대한 책임을 다하는 것이다"[51]라고 밝힘으로써 자신의 전기 창작이 계몽의 목적을 달성하기 위한 실천임을 표명했다.

또한 량치차오는 소설 혁명을 통해 희극 개량 운동을 정식으로 제기하고, 이를 전파, 확산하기 위해 같은 해 11월 『신소설新小說』을 창간했다. 그는 『신소설』의 창간을 앞두고 『신민총보』 14호에 실린 「중국 유일의 문학 신문 『신소설』」에서 『신소설』의 '전기체 소설'을 통해 "셰익스피어와 볼테르의 풍격을 계승하여 중국 극단에 혁명군을 일으키고자"[52] 하는 것이라고 밝힘으로써 신문 매체인 잡지를 희극 개량 운동의 기지로 삼고 있음을 알 수 있다.

셋째, 직접 신극을 창작해 희극 개량의 모델을 제시했다. 량치차오는 위에서 언급한 『신소설』의 '전기체 소설'은 "구조와 문채가 『신로마』보다 아래여서는 안 된다"[53]고 하면서 자신이 창작한 신극 『신로마』를 모델로 하여 희극 개량의 방향을 구체적으로 제시했다. 『신로마』[54]는 이탈리

51 「겁회몽」, 『신민총보』 제1호(1902. 2. 28).

52 『中國唯一之文學報「新小說」』, 46쪽.

53 『中國唯一之文學報「新小說」』, 46쪽.

54 『신로마』는 량치차오의 신문체 전기 『이태리건국영웅삼걸전』과 동시에 전기로 창작되었으며 7막에서 중단된 미완성작이다. 량치차오의 『이태리건국영웅삼걸전』은 일본의 히라타 히시가 편역한 『이태리 건국삼걸』(東京: 民友社, 1892)과 마쓰무라 가이세키의 『カミロ・カブール』(일본 『太陽』 잡지 4권 1, 2호(1898. 1, 2월))를 근거로 쓴 것이다. 손성준, 『〈이태리건국삼걸전〉의 동아시아 수용 양상과 그 성격』, 성균관대 석사 논문, 85-91쪽 참조.

아 건국의 세 영웅을 그린 것으로, 량치차오는 당시 중국 현실과 유사한 역사 경험을 가진 이탈리아의 건국사를 제재로 역경을 극복하고 건국의 주역이 된 영웅들의 애국심을 통해 중국인들의 정신을 진작시키고자 했다. 량치차오는 극중 인물인 단테의 입을 빌려 "입국立國의 근본은 국민의 정신을 진작시키는 데 있기에, 몇 부의 소설 전기를 쓰고, 많은 시사 가곡을 지었다. 바라건대 시 중에서 낭송되어 부녀자와 아이들이 알고 전해 들으면 장래에는 민기民氣가 떨쳐지고 국치가 씻길 것이다"[55]고 천명했다. 이처럼 뚜렷한 계몽 목적과 주체 의식을 가지고 외국 제재와 새로운 어휘들을 사용한 새로운 희곡의 창조는 역사를 창조하고자 한 량치차오의 능동적 주체성을 잘 드러낸다.

이상으로 량치차오의 희극 개량 담론과 실천에 표현된 주체성을 살펴보았다. 주체성은 희극 개량 담론에 투사된 량치차오의 주체 의식과 주관적 능동성이 발휘된 주체 활동에서 드러나고, 이러한 주체 의식과 주체 활동은 또한 사회 개조를 통한 신중국 건립이라는 거대한 기획의 실천인 희극의 개량 운동에서 체현되었다. 이러한 주체성은 중국 역사의 발전 방향에 지대한 영향을 주었음은 물론, 실질적으로 중국의 근·현대성 형성에 결정적인 공헌을 했다.

5. 나오는 말

지금까지 량치차오의 희극 개량 담론의 특징인 혼종성과 주체성에 대해 살펴보았다. 표면적으로 모순 관계에 있는 것처럼 보이는 혼종성과

55 『신로마』 설자, 『음빙실문집』 下, 918쪽.

주체성은 량치차오의 희극 개량 담론에서 상호 보완적이면서 창조적 통일을 이루는 변증법적 관계로, 이것은 미래의 새로운 중국을 창조한다. 이러한 혼종성과 주체성의 관계는 문화 번역의 시각에서 어떤 가치와 의의가 있을까? 그것은 근 · 현대의 전환이 진행되던 19세기 말 이래 중국을 포함한 동양(특히 동아시아)의 문화 발전 역사의 커다란 맥락에 놓고 볼 때 그 진정한 가치와 의의를 알 수 있다.

중국 문화의 근 · 현대성 형성의 시기는 서양 문화가 유입되면서 전례가 없는 대규모의 동서 문화 교류가 진행되었던 때와 일치한다. 19세기 중엽 이후 활발하게 진행된 동서 문화의 대규모 교류는 서로 다른 이질적인 문화 체계가 섞이고 혼합되는 문화 혼종의 환경을 조성했고, 이 환경은 번역의 개입과 함께 새로운 문화 창조를 요구하면서 중국 문화 체계 자체에도 중대한 변화를 발생시켰다. 이런 문화 환경과 마주한 중국의 지식인들은 두 가지 중대한 문제와 직면하게 되었는데, 그것은 자문화보다 우세한 외국 문화(서양 문화)를 어떻게 대해야 하는가와 그 역학 관계 안에서 자국의 전통 문화를 어떻게 대해야 하는가의 문제였다. 이것은 중국뿐 아니라, 근 · 현대성 형성의 시기가 같았던 동아시아 국가들이 공통으로 직면한 문제였을 뿐 아니라, 20세기 전반에 걸쳐 지속되어 온, 그리고 지금도 여전히 논쟁 중에 있는 문제이기도 하다. 우세한 외국 문화의 유입과 현대화(혹은 현대성 형성)로 압축되는 이 문제에 대해, 중국은 20세기 초 이래 다음 두 가지의 태도를 취해 왔다. 하나는 국수주의로 중국 고유의 전통을 반드시 지켜야 한다는 입장이고, 다른 하나는 전반적인 서화西化를 주장하면서 중국의 전통을 부정하고 완전히 서구화하는 것이 현대화라고 하는 입장이다. 그러나 이 두 입장은 지나치게 자문화(주체성)를 강조하거나 아니면 세계화라는 명목으로 우세한 타문화에의 동화(혼종성)가 강조되어 둘 다 양 극단에 있다는 문제가 제기된다.

그런 점에서 량치차오의 주체성과 혼종성은 조화와 변증법적 창조성이 발휘된다. 주체성은 혼종성에 '신민'이라는 방향을 제시하고, 혼종성은 구체적인 내용으로 주체성에 복무하면서 창조적으로 발전했다. 만약 이 둘의 관계에서 주체성만 있고 혼종성이 더해지지 않는다면, 즉 이질적 요소가 더해지지 않으면 완전히 새로운 창조는 하기 어렵고, 역으로 주체성 없이 혼종성만 있으면 방향성을 갖기가 어려운 것은 물론, 새로운 창조의 속도도 매우 더디게 나타나게 된다. 량치차오의 혼종성과 주체성은 이 둘의 조화를 이루어 치우치지 않고 서로에게 복무함으로써 신중국 창조에 주도적 역할을 담당했다. 이러한 혼종성과 주체성의 표현은 우세한 타문화(서양 문화)의 유입과 그 역학 관계 안에서 자문화를 어떻게 대하는가와 관련된 량치차오의 태도와 전략을 잘 보여준다.

량치차오의 주체성과 혼종성의 밀접한 결합과 상호 보완의 창조성은 우리가 지금도 직면하고 있는 우세한 타문화(서양 문화)에 대한 태도와 현대화의 문제에서 어떤 태도를 가져야 하는가를 사유하는 데 시사점을 제공한다. 그런 의미에서 량치차오의 희극 개량 담론에서 보여준 근·현대화 담론은 대단히 중요한 가치와 의의가 있다고 하겠다.

참고 문헌

左丘明·劉向, 『國語·戰國策』, 長沙: 岳麓書社, 1988.

『論語』, 『十三經注疏』, 北京: 中華書局, 1991.

『禮記』, 『十三經注疏』, 北京: 中華書局, 1991.

阿英 編, 『晚淸文學叢抄·小說戱曲卷』, 北京: 中華書局, 1960.

陳平原·夏曉虹 編, 『二十世紀中國小說理論資料』(第1卷), 北京: 北京大學出版社, 1989.
龔書鐸, 『中國近代文化探索』, 北京: 北京師範大學出版社, 1997.
趙得昌, 『清末民初戲曲改良硏究』, 北京: 北京師範大學校 博士論文, 2001.
裵效維, 『20世紀中國文學硏究: 近代文學硏究』, 張燕瑾 · 呂薇芬 主編, 北京: 北京出版社, 2001.
曾貽芬 · 崔文印, 『中國歷史文獻學』, 學苑出版社, 2001.
郭延禮, 『20世紀中國近代文學學術史』, 江西: 江西高等出版社, 2004.
田根勝, 『近代戲劇的傳承與開拓』, 上海: 三聯書店, 2005.
夏曉虹, 『閱讀梁啓超』, 上海: 三聯書店, 2006.
伏滌修, 『「西廂記」接受史硏究』, 黃山書社, 2008.
李金和, 『平民化自由人格-梁啓超新民人格硏究』, 知識產權出版社, 2010.
김현미, 「문화 번역: 근대적 성찰의 비판적 작업」, 『문화과학』 27호, 2001.
량치차오, 『飮冰室文集』, 서울: 以文社, 1977.
로빈슨, 더글러스, 『번역과 제국』, 정혜욱 옮김, 서울: 동문선, 2002.
바바, 호미, 『문화의 위치』, 나병철 옮김, 서울: 소명출판, 2002.
백지운, 『近代性 담론을 통한 梁啓超 계몽사상 재고찰』, 서울: 연세대학교 박사학위 논문, 2003.
손성준, 『〈이태리건국삼걸전〉의 동아시아 수용 양상과 그 성격』, 서울: 성균관대학교 석사학위 논문, 2007.
왕수파, 『신채호의 〈이태리건국삼걸전〉 연구』, 대구: 대구대학교 석사학위 논문, 2008.
이명호, 「문화 번역의 정치성: 이국성의 해방과 혼성의 지대」, 서울: 이화여자대학교 인문한국사업단 2010 국내학술대회자료집, 2011.
정혜욱, 『번역과 문화연구』, 부산: 경성대학교출판부, 2010.
최형욱, 『梁啓超의 문학혁명론 연구』, 서울: 연세대학교 박사학위 논문, 1996.

Bhabha. Homi K., *The Location of Cutural*, London : Routledge, 1994.

Pym, Anthony, *Exploring Translation Teories*, London & New York : Routledge, 2009.

Young, Robert J. C., *Hybridity and the Otherness of Curtural Translation,* Ewha HK International Conference, 2011.

상호 문화적 소통과 오해:
헤벨의 달력 이야기 「칸니트페어스탄」 분석을 토대로*

김연수

1. 들어가는 말

일반적으로 면대면의 직접적인 소통이든, 다양한 매체를 통해 이루어지는 소통이든 두 사람 이상의 대화나 소통에는 늘 오해의 소지가 있기 마련이다. 동일한 문화권 내에서 이루어지는 대화에서도 그러할진대, 발신자와 수신자 사이에 상이한 언어나 문화가 경계로 놓여 있는 경우에는 의사 소통을 가능하게 하는 기본 토대가 달라 소통을 불가능하게 하거나 오해를 불러일으킬 수 있는 가능성도 당연히 높다. 문화 간 접촉과 소통이 빈번해지고, 언어와 민족 간의 경계가 모호해지며 문화적 상호 침투 현상이 일상사가 되는 글로벌 시대에 '문화 간 혹은 상호 문화적 소통'이 중요하게 다루어지며 '문화 간 소통 능력' 및 '상호 문화적 적응 능력'이

* 이 글은 『독일어문학』 제50집(2010년 9월)에 실린 논문을 수정 · 보완한 것이다.

요구된다. 문화 간 소통에 대한 교육과 훈련에서도 현장과 분리된 '외국어 학습'이 아니라 "타문화의 행위 맥락 속에서 적절하게 행동할 수 있는 능력 함양"(권오현, 1996: 5-51)을 중요시하게 되었다. 즉, '소통'과 '문화'의 관계가 불가분의 관계임을 시사해 주는 것이다.

'상호 문화적 독일어문학Interkulturelle Germanistik'의 연구 영역에서 '상호 문화적 소통' 혹은 '상호 문화적 문학'과 관련해 종종 다루어지는 유머러스한 짧은 이야기가 있다. 바로 요한 페터 헤벨Johann Peter Hebel, 1760-1826의 「칸니트페어스탄Kannitverstan」(1808)이 그것이다. 발터 힌더러Walter Hinderer는 이방학으로서의 상호 문화적 문예학에 대한 방법론을 사유하는 자신의 글에서 헤벨의 이 작품에는 낯선 것을 이해할 때의 인식론적인 어려움이 가시화되어 있다고 본다(Hinderer, 2001: 199-218 참조). 만프레드 두르자크Manfred Durzak도 헤벨의 이 작품을 타문화 경험의 문학적 모델로 볼 수 있는지를 19세기 초 식민주의 팽창에 열을 올리던 유럽의 역사적 맥락과 더불어 살피고 있다(Durzak, 2006: 5-15 참조). 노버트 메클렌부르크Norbert Mecklenburg 역시 헤벨의 탁월한 서사 기법에 주목하면서 이 텍스트의 생산적인 독서 효과 및 상호 문화적인 소통의 문제, 당시 독일인들이 가진 네덜란드인들에 대한 이미지 등을 살피고 있다(Mecklenburg, 2008: 361-375 참조). 이러한 연구는 대체로 '상호 문화적 독일어문학' 연구의 맥락 안에서 이루어진 대표적인 경우로서 '소통'과 '문화'의 문제 자체에 초점을 맞추기보다는 상호 문화적 문예학 논의에 초점을 맞추어 문예학적 사유의 단초로 사용하거나 타문화 경험에서 빚어질 수 있는 사례 정도로 살피고 있다. 이 글에서는 헤벨의 이 작품에서 이야기되는 '실패한 상호 문화적 소통' 분석에 초점을 맞추어, 왜 주인공이 상호 문화적 소통에서 실패할 수밖에 없는지, 그가 오해를 통해 인식에 도달했다는 인생의 교훈이 지니는 의미는 무엇인지, 상호 문화적 소통에서 중요한 것은 무엇인지, 주인공의 출생 문화 맥락과 그가 방문한 타지 문화 맥락 사이의 상이성과 보편성, 주인공의 자기 이해와 세계 이해 대 텍스트에 암시된 세계사 등을 살피면서 '소통'과 '문화'의 관계 양상 및 의미들을 분석하고자 한다.

2. 요한 페터 헤벨과 「칸니트페어스탄」

고등학교 교사로, 신학 교수로, 시골 교회의 성직자로 살며 글을 쓴 요한 페터 헤벨의 이 작품 「칸니트페어스탄」[1]은 1808년 민중 달력의 이야기 『라인지역 가족의 벗*Rheinländischer Hausfreund*』에 발표되었다. 에른스트 블로흐Ernst Bloch는 자신의 철학적 사유를 개진하면서 헤벨의 이야기를 자주 인용하는 것으로 유명한데, 그가 높이 평가한 바 있는 「뜻밖의 재회Unverhofftes Wiedersehen」와 이 작품 「칸니트페어스탄」은 널리 읽혀 왔을 뿐만 아니라 오랫동안 학교 교재용 텍스트로 자주 사용되어 왔다. 프란츠 카프카Franz Kafka, 1883-1924[2]나 엘리아스 카네티Elias Canetti, 1905-1994 같은 작가들도 학교에서 헤벨의 이야기들을 접했고 남다른 독서 경험을 표현하기도 했다. 카네티는 자신의 자서전적인 소설 『구제된 혀*Der gerettete Zunge*』(1977)에서 회상하길, 헤벨의 이야기들에는 잊을 수 없는 교훈이 많았고, 특히 터키를 거쳐 불가리아에 정착한 그의 부모님이 다른 나라 말로 서로 대화를 나눌 때 어린 카네티는 '칸니트페어스탄'의 경험을 했다고 한다. 어린 카네티에게 헤벨의 이 이야기는 언

1 "Kannitverstan"은 "나는 모릅니다"라는 뜻의 네덜란드어로, 이 작품의 주인공이 이 말을 사람의 이름으로 오해하면서 벌어지는 이야기이므로 이 말의 의미를 번역하지 않는다.

2 막스 브로드Max Brod에 따르면 헤벨의 이야기가 카프카가 가장 좋아하는 작품들에 속한다고 한다. Vgl. Max Brod: *Über Franz Kafka*, Frankfurt a. M.: Fischer, 1974, S. 49.

어의 문제로 각인되었고, 그가 쓴 책 중에 은밀히 헤벨의 언어를 기준으로 삼지 않은 책이 없다고 했을 정도로(Canetti, 1977: 323 참조) 작가로서의 카네티에게 영향을 끼쳤다.

19세기 초에는 심지어 암스테르담 여행에서 오해를 통해 인생의 교훈을 깨날은 「칸니트페어스탄」의 주인공에게는 "국민적인 기본 덕목이 체현되어 있다"(Franz, 1995: 169)고 보아 추천되었다. 하지만 공간적으로 동일한 문화권인 독일 내에서도 시간적인 차이를 두고 이 작품이 아주 상이하게 평가·수용된다. 68혁명 이후 독일인들은 이 주인공에 대해 분노를 터뜨리는 수용 양상이 나타난다. 1969년 5월 블로흐가 쥐드베스트풍크 튀빙겐 지방방송에서 헤벨의 이 작품에 대한 코멘트를 한 바 있다. 이때 이 작품 주인공의 출신 지역, 즉 투틀링겐Tuttlingen의 한 고등학교 학생들이 "양같이 온순하고 순종적"인 주인공과 이 작품의 교훈적 모럴에 대해 신랄하게 비판하며 당시 68혁명 시기의 "양같이 온순한 대연정Großen-Koalition"에 대해 교사들과 격렬한 논쟁을 벌였다는 사연을 전했다.[3]

헤벨의 이 작품이 위와 같은 현상을 수반하는 데는 물론 '문학' 텍스트가 일반적으로 가지고 있는 특성인 '다가성多價性, Polyvalenz' 혹은 '다의성多義性, Mehrdeutigkeit', 즉 독자들이 자신의 관심과 경험이나 문화적 맥락에 따라 텍스트의 의미 관계를 새로이 연결지으며 각기 새로운 의미를 생산할 수 있는 문학 일반의 특성으로 설명할 수도 있겠다. 하지만 그 이전에 헤벨의 독특한 서사 기법, 즉 열린 형식을 통해 독자가 문학 텍스트의 의미 생성에 생산적으로 개입할 수 있는 여지를 만드는 헤벨의 '양가적인 서사 전략'을 간과할 수 없다. 발터 벤야민Walter

3 Vgl. Giuseppe Bevilaqua, "……wie sind die Worte richtig gesetzt," Zwei unveröffentlichte Hebel-Kommentate Ernst Blochs, in: *Text + Kritik Heft* 151, München, 2001, S. 11–22, hier S. 11f.

Benjamin, 베르톨트 브레히트Bertold Brecht, 엘리아스 카네티와 같은 현대 작가들이 물론 헤벨의 종교관이나 보수적 견해에 완전히 공감하지는 않았어도 상당히 높이 평가해 온 헤벨의 서사적 기법의 탁월함과 무관하지 않는 듯 보인다. 벤야민은 헤벨을 "산문의 금세공사Prosa-Gold-Schmied"(Benjamin, 1977: 277)라고 부르기도 했다는 데서도 짐작할 수 있듯이, 헤벨의 표현들은 "간단하면서도 정확하고"(Faber, 1995: 154), 그는 "최소한의 단순함으로 최대의 함축성을 내포하는"(Mecklenburg, 2008: 361) 서사 기법을 사용할 줄 아는 이야기의 달인이다. 「칸니트페어스탄」 텍스트 분석에서 제시되겠지만, 헤벨은 완결된 서사 형식을 취하지 않고 있다. 주인공의 시각에서 이야기되는 것과 화자가 이야기하는 것 사이의 미묘한 차이를 서사 기법적으로 표현해 내고 있다. 이러한 서사 관점의 차이는 양가적인 대칭축을 이루는 서사 대상과도 연동되어 있어 텍스트 해석의 독특한 긴장감을 자아낸다.

「칸니트페어스탄」 텍스트에서 양가적인 대칭축을 이루는 서사 대상은 '지방주의적 독일(청년)'과 '메트로폴리스의 암스테르담(사람들)'이다. 이는 헤벨이 늘 보통 사람인 자신의 주인공들이 살아가는 지방 소도시를 세계사적인 맥락과 연관시켜 이야기한다는 그의 서사 특성과 상통하는 지점이다. 예컨대 「뜻밖의 재회」에서도 광부인 약혼자가 불의의 사고로 죽고 그를 잊지 못한 신부가 50년 뒤에 광산에 묻혔던 약혼자의 시신을 만나는 이야기에서도 50년간 세월의 간극을 세계사로 요약하듯이, 포르투갈의 리스본 지진, 7년전쟁, 황제 프란츠 1세의 죽음이나 황후 마리아 테레지아의 죽음과 같은 사건뿐만 아니라 미국의 독립, 프랑스혁명 등 세계사적인 사건을 나열하는 대목이 있다. 이러한 헤벨 이야기의 특성과 관련해 벤야민은 "지방에 국한된 고향 예술"과 "그의 무대의 코스모폴리터니즘"으로 설명한다. 헤벨의 이야기에서는 모스크바와 암스테르담,

예루살렘과 마일랜드가 전지구의 지평을 형성하지만 그 한가운데는 제링겐, 브라센하임, 투틀링겐 같은 시골의 소도시가 있다는 것이다. 그렇게 그는 보통 사람들의 모험을 세계사적인 맥락에 배치시키고, 설사 그의 등장 인물들인 보통 소시민이 그 세계사적인 맥락을 잘 알지 못한다고 해도 코스모폴리턴적인 관계 안에 위치시켜 이야기한다고 벤야민은 설명한다(Benjamin, 1977: 277 참조). 헤벨의 작품들은 "이국적인 것, 기괴한 것을 이야기하는 똑같은 혀로, 그리고 똑같은 애정으로 고향 고유의 사건들을 이야기한다"고 벤야민은 부연한다(Benjamin, 1977: 277). 또한 헤벨은 자신의 독자들로 하여금 자신의 이야기를 읽음으로써 일종의 세계 여행을 하게 만든다. 즉, 그는 등장 인물뿐만 아니라 독자도 세계사적인 경험을 추체험하게 한다.

이러한 서사적 특성은 '지방주의적 코스모폴리턴'으로서 헤벨의 세계관과 무관할 수 없을 것이다. 헤벨은 기독교 세계관을 대변하는 성직자이기는 했지만, 그의 기독교적 시각은 늘 "사회적인 것, 정치적인 것, 보편적인 것으로" 유도되었고, "민중das Volk"을 스스로 사고할 줄 아는 단계로 끌어올리고자 하는 교육적 의도를 지닌 민중계몽가Volksaufklärer이기도 했다(Faber, 1995: 164, 169). 달력 이야기 『라인지역 가족의 벗』을 집필하던 당시 사실 민중 달력은 전통적으로 별자리 운세와 같은 점성술에 탐닉하는 경향이 있었지만, 헤벨은 자신의 달력 이야기에서는 바로 이런 경향을 완전히 제거했다.[4] 그는 하늘의 별을 그저 바라보고 관조하는 것으로 무언가를 인식할 수 있다고 보지 않았고 오히려 수학이나 자연과학 및 망원경 같은 과학 기술의 발달, 즉 '인간의 사유하는 노력과 노동'을 근거로 하여 하늘의 별과 신과 우주를 사유하고자 했고, 볼 수

4 Jan Knopf, ...und hat das Ende der Erde nicht gesehen". Heimat. die Welt umpannende –Hebel, der Kosmopolit, in: *Text + Kritik*, S. 3, 2001.

없는 것을 보고자 했다(Knopf, 2001: 5). 뭔가에 대한 '인식Erkenntnis'은 그에게 인간적인 노동의 결과였으며, 별과 달과 우주에 대해서도 '연대기 기록자'로서 논하고자 했다(Benjamin, 1977: 277). 그는 감히 이성의 눈으로 저 멀리 새로운 무한한 것을 보고자 했다. 그러면서도 그는 다시금 땅으로 내려와, 성직자이자 박애주의자의 동그랗게 뜬 눈으로 세계의 구조를 시골 마을의 경제에 관련시켜 이야기한다(Benjamin, 1977: 277).

지방주의적이면서도 동시에 코스모폴리턴적인 헤벨의 세계관 역시 오롯이 '헤벨' 한 개인의 특성으로 환원시키기는 어렵다. 그 역시 자신이 서 있던 시대적 · 문화적 맥락에서 완전히 벗어난 존재가 아니기 때문이다. 그렇다면 당시의 시대적 · 문화적 맥락은 어떠했나? 헤벨이 달력 이야기를 집필, 발표했던 1808년 전후를 생각해 보면, 18세기의 코스모폴리터니즘적 세계에서 19세기 민족주의적 세계로 넘어가는(마이네케, 2007: 123) 길목이라고 요약할 수 있다. 1806년 프로이센이 프랑스와의 전쟁에서 패하고 나폴레옹의 독일 지배는 확산되어 갔다. 그러나 역설적이게도 전쟁을 거치면서 프랑스혁명의 이념과 제도가 확산되었고, 독일 민족공동체 의식이 차츰 고개를 들기 시작했다. 이 무렵 철학자 요한 피히테Johann Gottlieb Fichte, 1762-1814는 "독일 국민에게 고함"이라는 제목의 강연을 통해 독일 민족의 순수성과 관습 및 언어를 높이 평가하며 독일 민족 의식을 고취했다. 이러한 민족주의적 저작들이 발표되었을 뿐만 아니라 1813년 라이프치히 전투에서의 승리와 같은 역사적인 사건들이 이후 독일 민족운동의 사상적 기반이 되는 데에 기여하기도 했다. 물론 피히테의 민족주의가 모든 민족의 형성을 인류 전체로 확장할 것을 목적으로 삼음으로써 코스모폴리터니즘적인 의미를 내포하고 있다고는 하나(마이네케, 2007: 127-129 참조), 반프랑스적 분위기 속에서 민족의 자유를 회복하고자 했고, 나아가 '민족적 나르시즘'의 싹이 자라게 된 토양이 마련된 시기였음을 부인할 수는 없을 것이다. 이러한 분위기와 더불어 19세기 초에는 이주Auswanderung의 물결, 특히 아메리카로의 이주 물결이 크게 일었던 시기이기도 하다. 처음에는 종교적인 배타성 때문에 독일을 떠나기 시작했지만, 차츰 흉작으로 인해 기아에 시달려서 새로운 세계, 더 나은 삶의 터전을 찾아 떠나게 되었고, 주요 이주지는 아메리카였다(Durzak, 2006: 5 참조). 민족공동체 의식이 고취되어 국가의 (정신적) 경계가 강화되면서도 동시에 지리적 · 문화적 경계를 넘어 이주의 붐이 일어난 시기였다.

이런 시대적 분위기를 염두에 두고 독일의 시골 청년이 당시 메트로폴리스 암스테르담을 여행하면서 보여주는 소통과 불통의 양상을 문화적 맥락에서 살펴보자.

3. 「칸니트페어스탄」에서 제기된 상호 문화적 소통의 문제

'상호 문화적 소통'이란, 일반적으로 "상이한 문화권에서 온 사람들 사이의 면대면 상호 작용"(Jandt, 1998: 36) 혹은 상이한 문화권이나 상이한 인종 그룹 출신의 사람들이 아직 서로 잘 모르거나 아니면 이제 서로 알게 된 지 얼마 되지 않은 경우 서로에 대해 이해하고자 하는 대화를 의미한다(Apeltauer, 1997: 773f. 참조). 둘 이상의 사람이 만나서 대화를 나누는데, 둘 이상의 상이한 문화가 대화 및 소통 과정에 중요한 요인으로 작용하는 경우이다. 소통에 작용하는 '상이한 문화'를 논하기에 앞서 이미 '소통' 자체가 문화의 일부여서 '소통'과 '문화'는 불가분의 관계로 간주되곤 한다. 소통이 가능하기 위해서는 코드화coding와 상징

기호symbols를 필요로 하는데, 이것들은 학습되고 공유되어야만 하기 때문이다. 소통의 참가자들이 이해하고 이해받기 위해서는 소통과 문화 모두 학습되어야 한다는 것이다. 즉, 문화는 소통의 연구 없이는 알려질 수 없고, 소통은 그것이 지지하는 문화를 이해할 때만 가능하다(Apeltauer, 1997: 25). 여기에서 '문화'란 발신자와 수신자, 전달 내용의 메시지, 전달 수단으로서의 채널이나 기호 등 의사 소통을 가능하게 하는 구성 요소 이외에 또 다른 중요한 소통의 구성 요소인 '맥락(상황, context)'에 해당한다고 볼 수 있다. '맥락'이란, 소통이 발생하는 환경 일체(문화)를 의미한다. 협의로는 발화 상황 자체의 맥락을 의미할 수도 있고 광의로는 대화 참가자들의 담지하는 문화적 맥락까지도 포괄할 수 있다. '맥락'은 이해의 다양성을 야기하는 근원으로서, 이에 따라 말의 의미가 달라질 수도 있다. 모든 문화는 고유한 세계관을 가지고 있어서 생각하는 데도 고유한 방법을 가지고 있을 뿐만 아니라, 그 자체로 사회적 조직 체계를 지닌다고 할 수 있다(Apeltauer, 1997: 30). 결국 상호 문화적 소통이 가능하려면 소통의 참가자들이 상이한 문화권의 언어와 맥락(문화)을 함께 공유할 수 있을 때 가능해진다고 할 수 있을 것이다. 이러한 소통의 기본틀을 기반으로 헤벨의 주인공이 암스테르담에서 '소통했다'고 생각하는 소통을 분석해 볼 필요가 있다.

투틀링겐 청년과 암스테르담 사람들과의 만남: '몰이해의 몰이해' 과정

이 작품은 독일 슈바벤 지역의 작은 마을 투틀링겐 출신의 주인공인 수공업 도제 청년이 암스테르담을 여행하면서 그곳 사람들과 나눈 대화를 통해 자신의 삶에 만족하게 되는 소위 '인생의 진리'를 깨닫는 과정을 이야기한다. 그러나 그 과정 자체만이 이 작품의 내용을 이루고 있지는 않다. 화자의 독특한 어법, 유머 및 서사 기법으로 화자의 이야기와 이야기 대상 사이에 일종의 여지Spielraum를 만들어 주인공의 인식 과정 자체에 거리를 취하게 하는 효과를 낳고 있다. 여기에서는 우선 독일 청년과 암스테르담 사람들의 만남에 주목하고자 한다.

독일 슈바벤 지역의 작은 마을 투틀링겐 출신의 이 청년은 어떤 수공업 영역이라고는 제시되어 있지는 않으나 수공업 분야의 수련 과정 중에 있다. 이 주인공은 "크고 부유한 상업 도시"[5]인 암스테르담에 도착해 "그의 시야에 들어오는"(K 26) 것에 관심을 보인다. "크고 화려한 집 한 채", "커다란 배 한 척" 그리고 "장례 행렬"이 그것이다. 그는 크고 화려한 집, 커다란 배, 장례 행렬을 볼 때마다, 그 집과 배의 소유주가 누구인지, 누구의 장례 행렬인지를 옆에 있는 암스테르담 사람에게 물었으나, 우연히도 모두 "칸니트페어스탄"이라는 답만을 들었다. "칸니트페어스탄Kannitverstan"이란, 독일어로는 "Ich kann nicht verstehen", 즉 "나는 (당신을) 이해할 수 없습니다"라는 뜻의 네덜란드어이다. 네덜란드어를 모를 뿐만 아니라, 네덜란드 사람들이 모두 독일어를 할 수 없다는 사실도 고려치 않는, 혹은 두 나라에서는 각기 상이한 언어를 사용한다는 사실조차도 염두에 두지 않는 이 작품의 주인공은 우연히도 상대방들이 동일하게 한 말 '칸니트페어스탄'을 자신의 질문에 대한 답으로 이해한다. 화려한 집과 커다란 배를 소유한 사람이 바로 동일 인물인 '칸니트페어스탄 씨'라고 생각한 이 독일 청년은 "세상에 이렇게 많은 부자 가운데 자신은 왜 이리 가난한 악마인가"라고 생각하며 "정말 슬퍼"한다(K 28). 그런 우울한 생각에 잠긴 상태에서 어느 길 모퉁이를 돌아서자 장

5 Johann Peter Hebel, *Kalendergeschichten, mit dem Nachwort von Ernst Bloch*, Frankfurt a. M. Insel Verlag, 1965, S. 26.(이후에 원작에서 인용되는 경우에는 인용문 바로 뒤에 작품명을 K로 줄여서 표기하고 인용 페이지를 괄호 안에 표기함.)

례 행렬을 만나, 이번에도 죽은 이가 누군지 묻는다. 그때 들은 "칸니트페어스탄"이라는 한 마디로 좀 전에 그를 사로잡았던 우울한 좌절의 기분은 이내 사라지고, 눈물을 뚝뚝 떨구며 "마음이 무거우면서도 동시에 다시금 가벼워지"(K 27)면서 자신의 신세에 대한 위로를 얻는다. 그리고는 이렇게 외친다.

> 가련한 칸니트페어스탄, 당신은 이제 당신의 그 많던 재산 중에서 대체 무엇을 가지고 있나요? 언젠가 훗날 내가 나의 가난으로부터 받게 될, 수의 한 벌과 아마포 한 장이군요(K 28).

그는 무덤까지 그 행렬을 따라갔고 네덜란드어의 장례 미사를 한 마디 말도 알아듣지 못했으면서도 대부분 주의를 기울이지 않았던 여느 독일어의 장례 미사보다 훨씬 감동을 받는다. 그리고는 다시 "마음이 가벼워져서"(K 29) 계속 길을 갔다. 세상에 부유한 사람들이 이렇게 많은데 나만 왜 이리 가난한가라는 생각이 들 때면 그는 그저 이 칸니트페어스탄 씨만 생각하면 되었다. 즉, "그의 큰 집, 큰 배 그리고 그의 비좁은 무덤"(K 29)만을.

이렇게 암스테르담의 여행을 통해 인생의 진리를 터득했다고 생각하는 투틀링겐의 청년과 암스테르담 사람들 사이의 소통은 사실 상호 문화적 소통, 그것도 면대면 대화의 경우이지만 상호간의 이해에는 실패한 경우이다. 짧은 만남이지만 대화에 참여하게 된 쌍방 모두 기본적으로 상대방이 낯선 이방인이라는 사실, 즉 상이한 언어를 사용하고 상이한 문화권의 출신이라는 사실을 거의 고려하지 않고 있다.

우선 주인공의 경우부터 생각해 보면, 그는 타지로 여행을 떠나고 타인에게 자신의 궁금함을 물어보는 데 어떠한 망설임을 보이지도 않고,

음식에서는 기꺼이 여행지의 음식을 선택하는 정도로는 개방적이다(Mecklenburg, 1993: 153 참조). 그러나 그의 개방성에는 한계가 있다. 타국을 여행하면서 그곳의 거주민이 자신의 모국어를 당연히 이해할 거라고 생각하기 때문이다. 이보다 더 심각한 것은 그의 코드 시스템의 폐쇄성 문제이다. 낯선 것에 대한 인식은 자신의 코드 시스템의 자동성을 의식적으로 객관화하고 상대화하고 거리를 취하면서 다른 코드 시스템을 받아들이고 이해할 수 있을 때 비로소 가능한 것이다(Hinderer, 2001: 200). 그런데 이 독일 청년의 경우에는 자신의 질문을 들은 암스테르담 사람들이 모두 그의 독일어를 이해할 거라고 전제하고 그들의 짧은 답변을 자신의 코드 시스템 안에서 자신의 방식대로 해석하고 허구의 '칸니트페어스탄' 씨를 만들어 낸 것이다. 그의 질문에 대한 암스테르담 사람들의 짧은 반응인 '칸니트페어스탄'이라는 답변의 언어적 정보를 그는 그저 청각적으로, 음성학적으로만 인지하고, 나머지 의미론적인 차원에서는 그의 코드 안에서 자신의 방식대로 해석한 것이다(Durzak, 2006: 8 참조). 그로 인해 얻은 그의 교훈은 새로운 경험으로 자신의 인식 지평이 확장된 결과라기보다는 타지에서 그의 시야에 들어온 '시각적인' 자극들을 통해 이미 자신이 희미하게 알고 있던 것을 기억해 내고 재확인하는 것에 지나지 않는다. "기이한 우회로"를 통해 소위 "진리 인식에"(K 26) 이른 그의 여정은 상호 문화적인 배움, 이해, 소통의 실패를 의미할 뿐이다.

암스테르담 사람들의 경우에는 독일 청년이 깨달은 교훈, 즉 이승의 모든 부귀영화의 무상함을 모르는 듯 바쁘게 일하고 돈 버는 일에 여념이 없는 것 같다. 장례식을 치르는 과정에서도 머릿속으로는 이윤의 주판알을 튕기고 있는 지경이다. 그들은 낯선 이방인에게 시간적 · 심리적으로 배려할 마음의 여유가 없어 보인다. 대도시 거주민의 전형적인 스타일에 해당되는 행동 방식이다. 그들은 독일 청년이 독일어로 무언가를 말해 오는데 자국어로 "이해할 수 없다"고 말하고 만다. 그들 자신은 말을 건네오는 이방인을 이해하지 못한다는 것은 인식했다. 그러나 그들이 이해하지 못하는 이방인이 그래도 그들이 그를 이해하지 못한다는 것을 이해할 것이라고 전제하는 듯하다. 실상 그들의 화답은 대화 상대자에게 전달되지 않는다. 그리고는 그 이상 낯선 이방인에 대해 관심이 없다.

결국 이 대화 참여자들은 모두 서로 이해하지 못했는데, 그러한 사실 자체도 밝혀지지 않은 채 대화가 끝난다. "몰이해의 몰이해ein Nichtverstehen von Nichtverstehen"(Mecklenburg, 2008: 361)라는 악순환으로 독일 청년은 거침없이, 아무런 방해 없이, 자신의 코드 시스템 안에서 자신의 코드에 대한 성찰 없이 자신의 방식대로 의미를 생성하고 만다. 이들의 대화는 결국 각자의 독백으로 끝나고 만다. '상호 이해'라면 서로 다른 점, 낯선 것, 차이를 없애는 것이 아니라, 낯선 것에 대한 인식과 더불어 자신에게 친숙하고 고유한 것의 관점에서 낯선 것의 차이를 인식하면서 자신의 것도 성찰하는 과정이 쌍방에서 이루어져야 하는 것이다. 그래서 대화 참여자들이 상호 침투적으로 교호하면서 각기 자신의 것을 인식하고 좀 더 풍요롭게 증대시키거나, 새로운 혼종 내지 창의적인 것으로 나아갈 수도 있다. 또는 이와는 달리, 더 이상 이해할 수 없는 경계선에 부딪히게 되면, 서로 상대를 인정하는 방식으로 용납하는 자세가 필요한 것이다. 상호 문화적인 소통에서 요구되는 능력이 있다면, 개방적인 자세로 타자의 입장에서 역지사지할 수 있는 공감 능력Empathie일 것이다. 이는 단순히 "감정 차원의 문제가 아니라, 내적으로 상대의 입지에 자신을 세워보며 이해하기einfühlendes Verstehen"이고, 곧 "하나의 '삶의 형식'에 참여할 수 있는 능력"을 의미한다(Apeltauer, 1997: 783). 이러한 능력이 사실 외국어 습득보다 더 필요한 전제일 것이다. 이 작품의 대화자들 사이에는 바로 외국어 자체에 대한 능력보다 이런 공감 능력, 혹은 상대 입장이 되어 보려는 마음의 준비가 결여되어 있는 것이 더욱 소통을 불가능하게 이끌었다고 본다. 투틀링겐 청년과 암스테르담 사람들의 상호 문화적 소통이 상호 침투적으로 이루어지지 못한 까닭은 위에서 언급한 공감 능력의 결여 이외에 대화 참가자들의 문화적 맥락에 대한 몰이해 때문이기도 하다. 이를 좀 더 자세히 살펴볼 필요가 있다.

상호 문화적 오해와 문화적 맥락에 대한 몰이해

투틀링겐 출신의 청년과 암스테르담 사람들 사이의 면대면 대화는 위에서 살펴보았듯이 사실상 실패한 대화였음에도 불구하고 청년은 아주 흡족하게 소위 '인생의 진리'를 깨달았다고 생각한다. 그는 오해와 자신의 상상으로 암스테르담 어느 부호의 허구적인 생애사를 구성해 놓고는 타문화 경험을 통해 진리 인식에 이르렀다고 생각한 것이다. 그가 암스테르담의 여행에서 깨달았다는 '인생의 진리, 교훈'의 실체는 무엇일까? 이를 문화적 맥락에서 본다면 어떤 의미 맥락이 드러나는가? 암스테르담 사람들이 투틀링겐 청년과의 소통에서 간과된 문화적 맥락은 무엇인가?

우선 실패로 끝나기는 했어도 상호 접촉과 만남은 이루어졌던 암스테르담 사람들과 투틀링겐 청년은 각기 자문화의 담지자들이었지만 서로 대화 상대자의 문화적 맥락은 인지하지 못한 것이다. 암스테르담 사람들이 낯선 이방인 투틀링겐 청년을 어떻게 보고 인지했는지는 적극적으로 묘사되어 있지 않다. 그들의 바쁜 움직임과 무뚝뚝한 대답 정도로 낯선 이방인에게 관심을 둘 여유가 없는 정도로만 묘사된다. 그들이 포착하지 못한, 투틀링겐 청년이 담지하고 있는 문화적 맥락은 전통적인 경제 시스템인 '장인과 도제 훈련의 수공업 문화'이다. 이 청년이 고향 마을을 떠나 암스테르담까지 오게 되는 여정은 당시의 문화사적인 측면에서 볼 때 그의 직업 수련 과정의 일환이다. 당시 수공업 종사자들은 어느 장인에게서 실습 훈련 과정을 마치면, 장인이 되는 시험을 보고 조합의 인정을 받기 이전에 다른 지방이나 다른 나라에서 일을 하며 새로운 경험을 쌓기 위해 여행을 떠나는 것이 일종의 필수 과정이었다. 독일의 민중시나 삽화에서 어렵지 않게 볼 수 있는 모습, 즉 괴나리봇짐 하나 장대에 매달고 길을 떠나는 청년의 모습이 이 작품의 주인공이다. '수공업자'들은 당시 시민 계급의 하층에 속하고 조합의 회원제로 운영되어, 여행을 떠나는 수공업 도제들은 대체로 조합원들의 도움으로 숙박을 해결하며 일을 했다. 그들은 특별히 교양 교육이나 외국어 교육을 받지는 않았다. 하지만 그들은 이 시기 '낯선 문화 경험의 대행자'였고, 상호 문화적인 경험의 수집을 직업 훈련의 한 과정으로 삼아 세상에 대한 시야를 넓혀 갔던 것이다.

반면 투틀링겐 청년은 당시의 메트로폴리스 암스테르담을 여유 있게 거닐며 도시의 이곳저곳을 바라보고 이 사람 저 사람에게 말을 걸기도 하면서 소위 '타문화'를 경험하고 있기는 하지만, 그가 보고 의미를 부여한 대상은 "크고 화려한 집 한 채", "커다란 배 한 척" 그리고 "장례 행렬"뿐이다. 이 독일 청년은 암스테르담에서 자신의 눈에 들어온 이 세 가지를 자신의 사고틀 안에서 '칸니트페어스탄'이라는 한 개인사로 축약해서 해석하고 의미를 부여한다. 다시 말해 화자가 혹은 작가 헤벨이 암스테르담을 이야기하면서 19세기 초 상업의 발달로 암스테르담의 풍부한 자본과 팽창하고 있는 자본주의 및 식민 정책을 암시하는 당시 유럽의 정치경제적인 거대사를 서사의 포석으로 깔아둠으로써 독자는 알 수 있는 당시 암스테르담의 문화적 맥락을 이 주인공 청년은 포착하지 못한 것이다. 그는 자신의 "고향 마을 수준의 눈"(Franz, 1985: 41)으로만 보아 이런 메트로폴리스의 분위기, 즉 타지에 가서 타문화의 정치적 · 경제적 · 문화적 맥락을 전혀 파악하지 못하고 있다. 주인공은 화려한 집 한 채를 보면서 고향에 계신 자신의 아버지 집 문보다 그 집의 창이 더 크다고 놀라워하고 있다. 또한 창가를 화려하게 장식하고 있는 "튤립, 이스터, 레브코엔"을 보지만 이 독일 청년이 네덜란드의 '튤립'을 보고 그곳의 자본주의 발달, 경제적 흐름의 변화를 떠올렸을지는 독자로서는 알 수 없다. 아마도 거의 몰랐을 거라고 생각할 수밖에 없다. 왜냐하면 그는 그 집을 보고 이 집의 소유주가 누구인가에만 관심이 집중되었기 때문이다. 이 짧은 텍스트에서 '튤립'이 두 번(K 27, 28)이나 언급되고 있다는 것을 생각하면, 이를 단순히 수식용 소품이라고만 보기는 어렵다. 튤립은 네덜란드를 상징하는 대표적인 꽃이지만, 이 꽃이 사실 네덜란드에 투기 광풍을 몰고왔던 적이 있다. 그 광풍의 결과 바로 '튤립 공황'이 일어났다. 본래 터키에서 재배되고 왕실과 귀족들이 좋아하던 꽃이었는데 16세기 후반 유럽에 알려지면서 귀족과 대상인 사이에 유행하게 되자 재배가 시작되면서 가격이 오르고 부를 획득하는 호재로 떠올랐다. 1633년부터는 튤립의 알뿌리를 현물 거래가 아닌 선물 거래가 가능해지면서 아직 피지도 않은 튤립을 놓고 거래와 투자가 이루어졌다. 귀족은 물론 하층민까지도 전 재산을 털어서 알뿌리 선물 거래 계약을 했고 이중삼중의 사기 계약도 횡행했다. 이것이 알뿌리의 가격을 폭등, 폭락시키면서 최초로 '전前자본주의 공황'을 일으켰다. 튤립 광풍은 황금기 네덜란드 사회 내에서 하층민들이 일시에 빈곤 상태를 벗어나고자 하는 투기 심리, 사업 확장을 노리는 중소 상인들, 사회 중상류층만을 보호할 수밖에 없던 당국의 태도 등 여러 면모를 보여주는 사건이었다(주경철, 2002: 236-242 참조). 이러한 네덜란드의 경제문화사의 맥락이 이 이야기 서사의 기저에 흐르고 있다. 즉, 암스테르담의 자본주의의 발달로 인한 근대적 경제 체제와 문화적 맥락이 독일의 수공업 중심의 전통적 경제 체제와 대칭을 이루고 있으나 타지를 여행 중인 우리의 주인공은 이런 문화적 맥락을 미처 보지 못했다.

그뿐만 아니라 '커다란 배 한 척'을 묘사하는 대목에서도 유럽의 식민주의 역사가 암시적으로 삽입되고 있다. 커다란 배를 단순히 상업적 무역용 선박으로 묘사하지 않고, "설탕과 커피, 쌀과 후추로 가득 찬 통들"을 싣고 "얼마 전에 동인도에서 온"(K 27) 배라고 묘사하고 있기 때문이다. 네덜란드 동인도회사의 배를 지시하고 있음에 틀림없다. 역사상 최초의 근대적 주식회사로서의 조직을 갖춘 동인도회사는 유럽과 아시아를 오가며 향신료, 후추, 설탕, 차, 커피, 곡물 등을 실어 날랐다(주경철, 2008: 91–92). 이 작품의 화자는 주인공이 암스테르담에 도착했을 때 그 도시를 "화려한 집들, 출렁이는 배들, 상업에 종사하는 사람들로 가득한 크고 부유한 상업 도시"(K 26)라고 묘사한다. 네덜란드의 경제적 번영이나 당시 식민 정책에 이 주인공은 관심을 기울이지 않는 것으로 보인다. 독일 슈바벤의 작은 마을과는 상당히 대조되는 도시 풍광이지만 주인공은 사회적인 차원에서보다는 부유한 '개인'의 차원에만 관심을 두고 있기 때문이다.

이와같이 암스테르담 사람들이나 투틀링겐의 청년은 서로 소통하기 위해 필요했던 공동의 언어도 공유하지 않았을 뿐만 아니라 서로의 문화적 맥락도 제대로 포착하지도 못했다. 이렇게 실패한 경우의 상호 문화적 소통을 이야기하는 가운데 화자 혹은 작가 헤벨은 이야기의 달인답게 이 두 문화의 담지자들 사이의 차이 내지 대조적인 관계를 함축적으로 보여준다. 암스테르담과 투틀링겐의 도시 문화적 차원의 대조보다도 더 눈에 두드러지는 대조는 암스테르담 사람과 투틀링겐에서 온 이 주인공사이의 인성적인 차이이다. 이 독일 청년이 말을 건넨 암스테르담 사람들은 모두 바쁜 도시인들이다. 주인공이 집의 소유주가 누구냐고 질문을 던진 암스테르담 남자는 "아마도 뭔가 더 중요한 것을 해야 하는" 남자로 묘사를 하고 주인공의 질문에 "짧고 무뚝뚝하게"(K 27) 대답한다. 주인공이 배의 소유주가 누구냐고 물어본 암스테르담 사람은 얼마 전에 동인도에서 설탕, 후추, 커피 등이 담긴 "상자 하나를 어깨에 들쳐 메고 나르는" 사람이다. 그의 대답 역시 "칸니트페어스탄" 한 마디가 전부였다. 이 사람에게 질문을 던지기 직전에 주인공은 "한참을 바라보다가", "마침내"(K 27) 한 사람에게 물어 보았다고 화자가 전한다. 이를 보면 부둣가 선착장에는 모두 바삐 움직이며 짐을 부리거나 일을 했던 것으로 보인다. 반면에 여유롭고 한가로이 타지를 거닐고 있는 이 이야기 주인공의 모습과 상당히 대조적이다.

마지막으로 누가 죽었는지에 대한 우리 주인공의 질문을 받은 암스테르담 사람은 심지어 장례 행렬 맨 마지막 대열에 함께 하고 있었지만 자신이 파는 면綿을 "100파운드에 10 굴덴으로 가격을 올리면 얼마의 이윤을 벌게 되는지 계산하고 있던"(K 28) 상인이다. 인생의 무상함을 느끼며 눈물을 뚝뚝 흘리던 나이브한 독일 수공업 도제 청년과는 너무나 대조적인 사람들로 그려지고 있다. 이제 막 번영의 가도를 달리는 자본주의적 상인이라는 직업군에 속하는 사람과 전근대적 경제 구조 속에서 생성, 전래되어 오던 수공업이라는 직업군에 속하는 사람과의 차이를 짧은 이야기 속에 탁월하게 엮어내고 있다. 이렇듯 상이한 두 문화의 차이를 서로 인지하고 자신의 문화를 성찰할 계기를 갖지 못한 두 문화 담지자들의 이야기를 통해 독자로 하여금 상호 문화적 소통의 문제를 생각하게 한다. 그렇다면 투틀링겐 청년이 감명받으며 깨달은 소위 '인생의 진리'란 실제로 무엇이었나?

'메멘토 모리': 타문화 경험을 통한 진리 인식?

위에서 암스테르담 사람들과 투틀링겐 청년 사이의 상호 문화적 소통의 문제를 살펴보면서 암스테르담 여행을 통해 투틀링겐 청년이 얻은 교훈은 타지에서 그의 시야에 들어온 '시각적' 자극들을 통해 이미 자신이 희미하게 알고 있던 것의 재확인에 지나지 않는다고 했다. 타지에서 그가 만난, 아니 그가 만났다고 생각하는 '칸니트페어스탄 씨'의 삶을 통해 얻은 '위로'와 소위 '인생의 교훈'이라는 것은 사실 타지에서 경험한 새로운 인식이 결코 아니다. 그의 질문에 대한 암스테르담 사람들의 짧은 반응인 "칸니트페어스탄"이라는 답변의 언어적 정보를 그는 자신의 코드 안에서 자신의 방식대로 해석했을 뿐이다. 다시 말하면, 어떤 새로운 사실에 대해 그에게 이미 익숙한 사고의 틀 속에서 해석한 것 이외에 다름아니다. 일차적으로 언어적 소통이 이루어지지 못했다는 점을 차치하고라도, 그가 자신의 머릿속에서 그린 허구의 '칸니트페어스탄 씨'의 생애에서 얻은 교훈은, '그가 부유해서 "행복한 남자"(K 28)이지만 그도 사람이므로 죽는다'는 것이다. 한마디로 '죽음을 기억하라Memento mori'이다.

이 주인공이 얻은 교훈 이면에는 기독교적인 어조가 상당히 짙다(Kaiser, 1996: 403). "메멘토 모리Memento mori"라 하면 '인간 존재의 유한성', '이승의 무상함', '내세의 준비'와 같은 부가 의미들을 수반하기 마련이고, 이는 기독교의 기본 사상과 크게 다르지 않다. 즉, '허무, 무가치, 공허'를 의미하는 '바니타스Vanitas'라는 개념과 함께 '메멘토 모리'는 삶과 지상의 재산이 덧없음을 상기시키며 하나님과 기독교 신앙에 헌신할 것을 호소하는 내용이다(분덜리히, 2008: 14 참조). 이를 뒷받침해주는 근거는 바로 화자의 코멘트이다. 화자는 이 주인공의 경험을 이야

모습만 읽히지 않는 데서 이 작품의 다층적 의미 구조를 읽을 수 있다.

화자의 내레이션을 통해 이 독일 청년의 경험을 이야기하게 하는 작가 헤벨의 텍스트는 단순히 지배 질서 유지와 민중 계몽의 의도로만 해석되도록 쓰여 있지 않다. 헤벨을 '이야기의 달인'이라고 보는 비평가나 현대 작가들을 굳이 인용하지 않아도, 텍스트 자체에서 몇 가지 서사 기법으로 인해 독자가 주인공의 깨달음에 대해 다른 시각을 가질 수도 있는 여지를 화자 혹은 작가가 만들어 두고 있음을 발견할 수 있다.

첫째는, 이 작품의 서두에서와는 사뭇 다르게 이 작품의 종결부에서 화자는 서사의 전면에서 물러나 주인공 뒤에서 주인공의 시각으로 이야기를 한다는 점이다(Mecklenburg, 2008: 362).

> 이 세상에 그렇게 많은 사람이 그리도 부자인데, 그 자신은 그리도 가난하다는 점이 다시금 그를 우울하게 만들면, 그는 그저 암스테르담의 칸니트페어스탄 씨를, 그의 커다란 집, 그의 풍요로운 배, 그리고 그의 비좁은 무덤을 생각한다고.

화자 스스로가 주인공의 깨달음을 보편적인 '진리'라고 못박아 말하지 않고 있다. 철저히 주인공의 머릿속, 그의 내면의 차원에서만 '인생의 진리'로 작용하고 있는 것을 보여주고 이야기를 끝마친다. 화자는 '칸니트페어스탄 씨'의 존재가 이 독일 청년이 창안한 허구적 인물임을 알고 있으면서도 그의 시각에서 그대로 '칸니트페어스탄 씨'를 언급하고 있다. 이 대목은 화자의 목소리보다는 화자의 목소리로 전달되는 주인공의 목소리가 더 크게 들린다.

둘째는, 이 주인공의 깨달음이 진정한 인생의 진리로 받아들일 수 있을 정도로 화자가 진지하게 이야기한다기보다는 끊임없이 키득거리는 웃음을 자아내는 유머를 사용하고 있다는 점이다. 화자 스스로도 이야기를 하면서 입가에 미소를 머금고 있을 듯한 서술 상황이다. 이러한 웃음 내지 유머를 통해 주인공이 깨달은 교훈과 이 이야기 사이에는 일종의 '벌어진 틈새' 같은 '여지Spielraum'가 있다.

그러면 화자는 이런 서사 기법을 통해 우리 주인공의 깨달음을 희화화하는 것일까? 이렇게까지 극단적으로 볼 수는 없다. 당시에 이 주인공에게서 국민적인 기본 덕목이 체현되어 있다고 보았을 정도의 수용 상황을 고려하면 이 텍스트는 어떤 면에서는 주인공이 깨달은 교훈의 의미를 분명히 형상화하고 있다. 그러나 이 교훈을 상대화하는 서사 전략이 숨겨져 있다는 것 또한 간과할 수는 없다. '지방주의적 코스모폴리턴'인 작가 헤벨의 이야기 특성 중의 하나가 앞에서 언급했듯이, 작고 기이한 지방의 사건들도 코스모폴리턴적인 맥락과 관련시키는 것인데, 이 작품에서도 주인공의 이야기에 초점이 맞추어져 있으면서도 그와 거의 동일한 비중으로 당시의 암스테르담과 그곳 사람을 기록하고 있다. 앞서 상호 문화적 소통에서 이해하지 못한 문화적 맥락을 분석하면서 언급했듯이 암스테르담과 그곳 사람들에 대한 묘사는 거의 주인공 독일 청년과 대척점을 이루는 서사 대상이다. 두 가지 문화 혹은 삶의 양식이 거의 비슷한 비중으로 다루어지고 있다.

대조적인 사회문화적인 시스템과 경제 구조, 그리고 그런 환경 안에서 살고 있는 사람들과의 차이를 통해 암스테르담에 있는 독일 수공업 도제 청년의 모습은 다소 "고루하고 촌스러워" 웃음을 자아내면서 독자로 하여금 비판적인 거리를 취하게 한다. 무엇보다도 이 작품의 주인공은 '부와 빈곤' 같은 대립 문제도 새로이 융성하는 자본주의적 시스템 차원에서 분석적으로 접근하는 것이 아니라 "운명"(K 26)의 문제로 본다. "그리도 많은 부자를 보게 되면 자신의 초라한 모습 앞에서 '메멘토 모리

Memento mori'의 교훈을 떠올리며 현재의 불평등이나 불만에 대해 침묵하고 현재의 삶에 만족하려고 한다. 이 작품에서 투틀링겐 청년의 삶의 양식과 암스테르담 사람들의 삶의 양식이 상당히 대조적으로 비교되고 있다고 할 수 있다. 이 작품을 사회사적으로 삶의 양가적 형식을 '상징'하는 대표적인 예라고 보았다면[6] 바로 암스테르담의 삶과 투틀링겐의 삶이 보여주는 대조적인 면을 의미할 것이다. 즉, 경제 시민 대 수공업자, 바쁘고 이윤 추구하는 생활 대 한가롭고 만족을 중시하는 생활, 네덜란드의 메트로폴리스 대 독일의 지방주의, 일과 성공과 이윤을 선택받았음의 증거로 보는 캘비니즘적 자본주의 정신 대 '메멘토 모리'의 교훈을 상기하며 주어진 삶의 조건과 신이 주신 것을 감수하는 루터적 자세,[7] 근대적 자본주의와 세계 무역의 발달과 더불어 확대되는 제국적 팽창 대 민족공동체 의식 고취의 분위기 등 이러한 대조적 삶의 양상과 세계의 변화를 작가 헤벨은 열린 결말로 제시하면서 독자 스스로의 성찰을 요구한다고 볼 수 있다.

4. 나오는 말

헤벨의 이 짧은 이야기에서는 실패한 상호 문화적 소통의 경우를 통해 상호 문화적 소통의 문제들을 가시화해 주고 있다. 헤벨은 원래 프랑스 귀족의 경험담을 토대로 이야기한 것이다. 프랑스어로는 어디에서나 통할 수 있다고 생각한, 거만한 젊은 귀족이 암스테르담을 여행하면서 아름다운 집, 멋진 여자, 행운의 복권 당첨자, 장례 행렬을 보면서 엄청 부러

6 Vgl. Kurt Franz, *Kalendermoral und Deutschunterricht*, S. 181.
7 Vgl. Norbert Mecklenburg, Das *Mädchen aus der Fremde*, S. 373.

울 정도로 행복한 남자도 결국 죽기 때문에 가련해질 수 있다고 생각하는 이야기가 샤를 드 페소넬Charles de Pessonel의 『번호*Les Numeéros*』(1782)에 실렸고, 1783년 『언어에서 민족적 자긍심에 관한 단편*Fragment vom Nationalstolze in Sprache*』이라는 제목으로 번역되어 이를 헤벨이 자국의 문화적 맥락에서 변형하여 작품화한 것이다. 프랑스어 버전이 독일어로 번역된 책의 제목이 시사하듯이, '언어'와 '민족적 자긍심' 내지는 '민족주의'와의 관계에 대한 질문을 이 에피소드는 함축하고 있다고 볼 수 있다.

언어, 즉 자국어 내지는 공동의 민족어가 언어 민족의 단결과 문화 지표로서 '만들어진' 것이고 19세기 민족주의를 확산시키는 데 중요한 역할을 한 것이 사실이다(벨러, 2007: 81-84). 루터의 종교 개혁과 성경 번역, 그리고 구텐베르크의 인쇄술 발명 이후 일반 독일인들에게 독일어에 대한 자의식과 민족 공동체 의식을 고취한 데 기여한 것 역시 사실이다. 그러나 헤벨은 이를 인정하면서도 동시에 「칸니트페어스탄」의 주인공의 모습으로 당시 '언어 헤게모니'를 쥐고 있다고 믿는 프랑스 귀족과 근본적으로는 다르지 않은 '언어 내셔널리즘'의 문제를 유머러스하게 제시하고 있다고 볼 수 있다. 이와 더불어 지방주의와 코스모폴리터니즘 사이의 황금률 찾기를 독자의 과제로 함께 제시한 것은 아닐까. 당시 피히테의 "독일 국민에게 고함"이라는 강연이 이루어지고 '독일 국민'이 강조되는 분위기와 이런 분위기에는 이후 파시즘의 싹을 배태하고 있었다는 점을 생각하면 암스테르담(사람들)과 독일 지방(청년)을 대치시키는 헤벨의 서사 전략은 독일 민족 의식의 고취를 긍정하는 듯하면서도 동시에 그 위험의 가능성을 유머러스하게 제시하기 위함일 것이다.

아무튼 헤벨의 시기든 오늘날이든, 문화와 문화, 국가와 국가의 경계를 넘어서는 대화는 불가피하다. 이러한 상호 문화적인 소통에서 상호 문화에 대한 이해 없이는 소통도 불가능함을 헤벨의 달력 이야기 「칸니트페어스탄」에서 읽을 수 있었다. 그러나 여전히 더 숙고해 봐야 할 과제는 지방주의 · 민족주의와 코스모폴리터니즘 사이의 황금률 찾기이다. 이를 위해서는 헤벨 시기에 칸트의 「영원한 평화를 위하여」를 비롯한 코스모폴리터니즘에 대한 담론을 좀 더 치밀하게 연구할 필요가 있고, 이를 오늘날의 맥락에서 고찰할 필요가 있다. 콰메 앤터니 애피아Kqame Anthony Appiah가 말하듯, 서로 다른 삶의 방식을 가진 사람들 사이의 대화는 유쾌할 수도, 불쾌할 수도 있지만, 그런 대화는 불가피하다. 그리고 '지역적인 헌신을 요구하는 세계 시민주의', 즉 '지방주의적인 코스모폴리터니즘'의 입장을 정치하게 마련할 필요가 있다(애피아, 2008).

참고 문헌

권오현, 「간문화적 커뮤니케이션으로서의 외국어 교육」, 『독어교육』 제14집: 5-51, 1996.

마이네케, 프리드리히, 『세계시민주의와 민족국가』, 이상신 · 최호근 옮김, 서울: 나남, 2007.

벨러, 한스 울리히, 「허구의 민족주의」, 이용일 옮김, 서울: 푸른역사, 2007.

분덜리히, 울리, 『메멘토 모리의 세계: '죽음의 춤'을 통해 본 인간의 삶과 죽음』, 김종수 옮김, 서울: 길, 2008.

애피아, 콰메 앤터니, 『세계시민주의. 이방인들의 세계를 위한 윤리학』, 실천철학연구회 옮김, 서울: 바이북스, 2008.

주경철, 『네덜란드. 튤립의 땅, 모든 자유가 당당한 나라』, 서울: 산처럼, 2002.

______, 『대항해시대 해상 팽창과 근대 세계의 형성』, 서울: 서울대학교출판부, 2008.

Apeltauer, Ernst, *Lernziel – Interkulturelle Kommunikation*, 1997.

Benjamin, Walter, "Johann Peter Hebel 〈1〉 Zu seinem 100. Todestage," in: *Ders. GS*, Bd. II.1, S. 277–283, 1977.

Bevilaqua, Giuseppe, "□ wie sind die Worte richtig gesetzt," Zwei unveröffentlichte Hebel-Kommentate Ernst Blochs," in: *Text + Kritik Heft* 151, S. 11–22, München, 2001.

Brod, Max, *Über Franz Kafka,* Frankfurt a. M.: Fischer, 1974.

Canetti, Elias, *Die gerettete Zunge,* München: C. H. Verlag, 1977.

Durzak, Manfred, "Hebels Kalendergeschichte "Kannitverstan" als literarisches Modell der Fremderfahrung?," in: L. Bluhm, u. C. Schmidt, (Hg.): *Kopf-Kino*, S. 5–15, Trier, 2006.

Faber, Richard, "Rückblick auf Johann Peter Hebel und in die Zukunft," in: R. Fabe u. B. Naumann (Hg.): *Literatur der Grenze*, S.147–182, Würzburg: Königshausen & Neumann, 1995.

Franz, Kurt, *Johann Peter Hebel : Kannitverstan; ein Mißverständnis und seine –* München [u.a.]: Hanser, 1985.

______, *Kalendermoral und Deutschunterricht. Johann Peter Hebel als Klassiker der elementaren Schulbildung im 19. Jahrhundert,* Tübingen: Max Niemezer Verlag, 1995.

Hebel, Johann Peter, *Kalendergeschichten, mit dem Nachwort von Ernst Bloch,* Frankfurt a. M.: Insel Verlag, 1965.

Hinderer, Walter, "Das Phantom des Herrn Kannitverstan. Methodische Überlegungen zu einer interkulturellen Literaturwissenschaft als Fremdheitswissenschaft," in: Wierlacher, Alois (Hg.): *Kulturthema Fremdheit*, S. 199–218, München: iudicium, 1993.

______, "Das Phantom des Herrn Kannitverstan. Methodische Überlegungen zu einer interkulturellen Literaturwissenschaft als Fremdheitswissenschaft," *Kulturthema Fremdheit*, iudicium, 2001.

Jandt, Fred E., *Intercultural cummunication,* London: Sage, 1998.

Kaiser, Gerhard, "Über den Vorteil, keine Fremdsprache zu sprechen," in: U. Stadler (Hg.), *Zwiesprache. Beiträge zur Theorie und Geschichte des Übersetzens*, S. 399–408, Stuttgart, 1996.

Knopf, Jan, "… und hat das Ende der Erde nicht gesehen," Heimat. die Welt umspannend – Hebel, der Kosmopolit," in: *Text + Kritik*, S. 3–10, 2001.

Mecklenburg, Norbert, "Kannitverstan oder die Kunst des Lesens," in: *Alman Dili ve Edebiyati Dergisi*, 8, Istanbul Üniversitesi, S. 139–163, 1993.

______, *Das Mädchen aus der Fremde. Germanistik als interkulturelle Literaturwissehschaft,* iudicium, 2008.

| 찾아보기 |

| 저자 소개 |

이수안 : 독일 프랑크푸르트대학교에서 사회학으로 박사학위를 받았다. 저서로 『이미지 문화사회학』과 『후기 근대의 페미니즘 담론』(2004 문화관광부 우수학술도서)이 있고, 2012년 한국연구재단 기초학문육성 10년 대표 성과로 선정된 연구 프로젝트의 결과물인 『한국사회의 문화풍경』 등 다수의 공동 저서가 있다. 현재 이화여대 이화인문과학원의 HK교수로 문화 혼종화와 혼종 문화 양상에 대한 연구를 진행하고 있다.

클레어 알렉산더Claire Alexander : 영국 런던 정경대학 사회학과 교수를 역임하고 현재 맨체스터대학교 사회학과 교수로 재직 중이다. 주요 연구 관심 분야는 인종, 민족성, 남성성 그리고 청년 정체성이다. 주요 저서로 *The Art of Being Black*(OUP, 1996), *The Asian Gang*(Berg, 2000)이 있고, 현재 *The Bengal Diaspora*(Routledge, 2013년 출간 예정) 단행본 출간을 준비 중이다.

이선주 : 이화여자대학교와 동 대학원에서 영문학을 전공하고 「디킨즈의 소설에 나타난 근대성 연구」로 박사학위를 받았다. 저서로는 『디킨즈와 신분과 자본』(2007 문화관광부 우수학술도서), *When the Korean World in Hawaii was Young 1903-1940*이 있고, 역서로는 I. A. 리처즈의 『문학비평의 원리』(2007 대한민국학술원 우수학술도서) 등이 있다. 현재 이화여대 이화인문과학원에서 HK연구교수로 혼종 문화, 주체의 행위성, 이주, 소수민족 문학을

연구하고 있다.

심보선: 서울대학교 사회학과에서 학사 및 석사학위를 받았고 미국 컬럼비아대학교에서 사회학으로 박사학위를 받았다. 현재 경희사이버대학교 문화예술경영학과 교수로 재직 중이다. 시집 『슬픔이 없는 십오 초』 외에 『지금 여기의 진보』(공저) 등의 저서가 있으며, 현재 '행복의 사회학'을 화두로 단행본을 준비 중이다. 주요 논문으로 「문화사회학적 견지에서 바라본 문화예술 경영의 시론적 고찰: 시민성, 지역성, 예술성 개념을 중심으로」 등이 있다.

김수자: 이화여자대학교와 동 대학원에서 한국사를 전공하고 「대한민국 초기 이승만의 권력기반 강화과정 연구」로 박사학위를 받았다. 저서로 『이승만의 집권 초기 권력기반 연구』(공저), 『한국정치의 이념과 사상』(공저) 등과 역서로 『현대 정치사상의 파노라마』(공역) 등이 있다. 현재 이화여대 이화인문과학원의 HK교수로 '근대 문화 경험과 정체성의 재구성'이라는 테마로 연구를 진행하고 있다.

김영숙: 이화여자대학교에서 역사교육을, 도쿄대학교에서 일본 근현대사를 전공했으며 「일본외교에서의 새로운 국제질서의 모색: 만주사변에서 일소중립조약까지」로 박사학위를 받았다. 저서로 『근대 일본의 동아시아 정책』, 역서로 『만주사변에서 중일전쟁으로』가 있다. 현재 이화여대 이화인문과학원 HK연구교수로서 근대 일본의 소비문화, 일본의 만주 이주와 귀환 등을 연구하고 있다.

윤정화: 이화여자대학교와 동 대학원 국어국문학과에서 현대소설과 문학비평을 전공하고 「재일한인 작가의 디아스포라 글쓰기 연구」로 박사학위를 받았다. 저서로 『재일한인 작가의 디아스포라 글쓰기』, 『1960년대 문학지평 탐구』(공저) 등이 있다. 현재 이화여대 이화인문과학원 HK연구교수로 문학과 영화에 나타난 디아스포라와 문화 혼종성 연구를 하고 있다.

백소영: 이화여자대학교에서 기독교 사회윤리를 전공했으며 미국 보스턴대학교에서 "Transcending the World and Transforming the Church: Korean Non-church Christian Movement, 1927-1989"로 박사학위를 받았다. 현재 이화여대 이화인문과학원 HK연구교수로 재직 중이다. 관심을 둔 학문적 키워드는 개신교와 근대성, 여성주의 신학, 세계화와 혼종성 담론 등이다. 저서로 『세상을 욕망하는 경건한 신자들』, 『잉여의 시선으로 본 공공성의 인문학』(공저), 『엄마되기, 아프거나 미치거나: 21세기 한국 개신교 기혼여성의 '모성' 경험』, 『우리의 사랑이 義롭기 위하여: 한국 교회가 무교회로부터 배워야 할 것들』 등이 있다.

오윤호: 서강대학교 국어국문학과를 졸업하고 동 대학원에서 석사 및 박사학위를 받았다. 저서로는 『현대소설의 서사 기법』이 있으며, 주요 논문으로는 「탈경계 주체들과 문화혼종 전략」이 있다. 현재 이화여대 이화인문과학원 HK교수로 재직 중이며 문학평론가로도 활동하고 있다. 이야기하기의 서사적 정체성에 대한 책을 준비하고 있으며, 근대 문학의 형성과 과학 담론의 교섭 과정에 대한 일련의 논문을 집필 중에 있다.

이경란: 이화여자대학교와 동 대학원에서 영어영문학(미국소설)을 전공하고 「새러 오언 쥬엇과 케이트 쇼팬에 나타난 여성 정체성 연구」로 박사학위를 받았다. 저서로는 『젠더와 문학』, 『미국 이민소설의 초국가적 역동성』 등이 있다. 현재 이화여대 이화인문과학원의 HK연구교수로 있으며, 소수민족 문학, 탈/경계 문학, 여성문학 등을 연구하고 있다.

김영숙: 이화여자대학교 중어중문학과를 졸업하고 중국 베이징 사범대학과 난징대학에서 중국 희곡으로 각각 석사학위와 박사학위를 받았다. 주요 저서로 『琵琶記版本流變硏究』, 『중국 전통극의 공연과 문화』(공저)가 있고, 최근 논문으로는 「양계초 희곡 창작에 나타난 현대성 특징」 등이 있다. 현재 이화여대 이화인문과학원 HK연구교수로 중국 근대문학과 문화에 관련된 연구를

하고 있다.

김연수 : 이화여자대학교와 동 대학원에서 독문학을 전공하고, 독일 쾰른대학교에서 우베 욘존의 역사소설 연구로 박사학위를 받았다. 상호문화성, 오리엔탈리즘, 번역의 문제 등에 관심을 가지고 연구하고 있다. 역서로 엘프리데 엘리네크의 『내쫓긴 아이들』, 하인리히 뵐의 『카타리나 블룸의 잃어버린 명예』, 슈테판 츠바이크의 『체스 이야기, 낯선 여인의 편지』 등이 있다. 현재 이화여대 이화인문과학원 HK교수로 재직 중이다.